系統神學叢書

上帝論
全球導覽

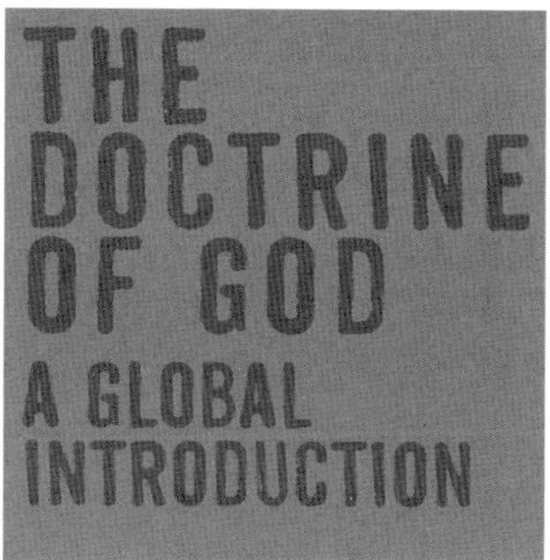

卡維里 著
鄧紹光 學術審閱
陳永財 蔡錦圖 譯

基道出版社

▼

系統神學叢書

上帝論：全球導覽

The Doctrine of God
A Global Introduction

作者
卡維里 Veil-Matti Kärkkäinen

譯者
陳永財、蔡錦圖

學術審閱
鄧紹光

責任編輯
吳國雄

裝幀設計
奇文雲海

■

出版 / 發行
基道出版社
香港沙田火炭坳背灣街 26 號富騰工業中心 1011 室
LOGOS PUBLISHERS
Unit 1011, Fo Tan Ind. Centre, 26 Au Pui Wan St., Shatin, Hong Kong
電話：(852) 2687-0331　傳真：(852) 2687-0281
網址：http://www.logos.com.hk

承印
海洋印務有限公司

●

11/2007 初版
Cat. No. LP238A
ISBN: 978-962-457-339-8
Originally published in English under the title *The Doctrine of God*
by Baker Academic, a division of Baker Book House Company,
Grand Rapids, Michigan, 49516, U.S.A.

刷次	11	10	9	8	7	6	5	4	3	2
年份	2025	2024	2023	2022	2021	2020	2019	2018	2017	

中文版序

對於可以為《上帝論：全球導覽》（英文原書於二○○四年由 Baker Academic 出版）一書的中文版撰寫序言，我深感榮幸和欣喜。我恭敬期待，中文讀者可以對本書感到興趣。作為一個來自歐洲小國芬蘭的神學家，能夠擁有一本神學著作，得以翻譯為東方的古老語言，而那是比現今任何語言更多為人所使用的，這讓我感到極大的榮幸。

在本書中，我盡可能廣泛地探討上帝論的不同觀點和解釋，既橫跨基督教歷史，也涉獵當代神學家。誠然，我會受限於一己的閱讀——或因而有所不足——以及我自己的獨特立場。即使我曾經在亞洲居住和教學多年，而且曉得講說東方最古老的一種語言（泰文），我仍然有許多可以從亞洲同工學習的地方。故此，當本書的中文譯本出版時，我也邀請中國神學家一同參與全球性對話交流，協助西方及其他神學家明白更多這位在聖經中的上帝的智慧和奧祕。

本書謹獻予上帝之榮耀及祂降臨的國度。

卡維里

系統神學教授，美國加州富勒神學院

二〇〇七年八月二十一日

學術審閱序

古教父奧古斯丁（Augustine）和安瑟倫（Anselm）都說信仰尋求了解（Faith Seeking Understanding）。只是信必有對象。如果我們說，我們信上帝，那麼，問題就來了，上帝是誰？然而，信的時候，我們不就已經認識上帝了嗎？這是一種直接的親知的認識，是不經反省的。信，其實是一種認識的方式。那麼，為甚麼還要尋求了解呢？

了解並非外在於信的。一方面這是指到沒有獨立於信以外的了解，了解總是以信為起點的。另一方面，信不單是了解的起點，並且同時是了解的對象。了解也有其對象，它以甚麼為其對象呢？它就以信為其對象。這樣一來，信透過了解來展示出它自己的內容，讓我們更豐富地認識信，或是讓我們更明白信的豐富性。

信經豈不首先展示出所信對象各別的豐富性嗎？然後歷世歷代的信徒都不斷地、未曾歇止地尋求了解我們所信的。信經標示出我們相信上帝、我們相信耶穌基督、我們相信聖靈。尼西亞信經更表明我們所信的上帝（父）、耶穌基督和聖靈，雖是三位，卻是一體的，雖有分別，但不分離。是以，在尋求了解我們所信的對象時，分別地認識各別的身分和工作，是很自然的進路。

芬蘭神學家卡維里近年先後撰寫了多卷介紹基督教各項教義的作品，為教會在了解所信的提供了全面的學習及參考的資源。卡維里不單縱貫地闡述各個時代不同神學家對某一教義的看法，並且同時橫貫地介紹歐洲之外其他地區信徒對信仰的思考及體會。這就使得卡維里的作品具有大公性及普世性，而不是囿於某一地域或某一時段或某一派別，讓我們可以看見一幅多層次的拼布。因為是縱貫古今，所以是多層次的傳統累積與承傳。因為是橫向綜攝整個世界各個地區，所以是多元的結合。

當然，這塊多層次又多元的拼布，尚需更多深入的思考與整合，好去蕪存菁，但這卻不是一時三刻就可完成的。信仰尋求正確的了解，大體是不可中斷、竭力投入的歷程。在這樣的歷程中，卡維里為我們做了基本的工作，他以簡要但精確的文字闡述了古今中外對信仰的了解，大大減省了我們的時間和精力，為我們提供了方便。當然，這並非表示我們可以繞過原典的閱讀和消化，但沒有了卡維里的地圖，恐怕我們只會事倍功半，容易迷失。地圖並非實體，卻是旅程中、路途上不可或缺的指引。

我們計劃翻譯及出版卡維里一連串的神學著作，就是希望能加快華人教會及漢語神學界吸收大公及普世的神學了解。藉著已經繪畫下來的地圖，以辨識的眼光發掘出對信仰豐富的了解，對上帝、對基督、對聖靈能夠不偏於一隅之看法，卻可以欣賞各別地區和歷史中信徒的深思，從而回過頭來，繼續深化和開拓、修正和重塑自己對上帝、對基督、對聖靈的了解。

本書由陳永財及蔡錦圖兩人分工合譯。第二部至第五部以及＜跋＞，主要出自陳永財，餘下的則為蔡錦圖的譯筆。吳國雄負責全書翻譯的統一工作。在這裏順及書中幾個譯名的問題。首先是

Being，本書譯作「存有」，指的是事物的本性及上帝的本性。其次是 beings，譯作「存在物」或「存有物」，有別於「存有」。而 entity 一語，此字既可指上帝，也可指一般的事物，故譯為「東西」。最後則是 vision，一蓋譯作「視象」。譯事不易為，盼望方家不吝指正。

願我們的上主悅納並使用卡維里的著作，造福祂所至愛的教會一羣體。

是為序。

鄧紹光
基督教思想（神學與文化）教授，香港浸信會神學院
二〇〇七年九月八日於香港·西貢（北）·西澳

原書序

本書是論上帝、基督和聖靈的三冊作品的圓滿實現。《聖靈論：全球導覽》（*Pneumatology: The Holy Spirit in Ecumenical, International, and Contextual Perspective*）一書強調有關聖靈那豐富的神學和聖經傳統，開啟了三部曲的寫作。而接下來的是《基督論：全球導覽》（*Christology: A Global Introduction*）。本書與同系列的前兩本書一樣，以同一的格式和目標，集中解釋三一論語言（trinitarian language）所稱之父（Father）。

我在歐洲、亞洲和美國有教學的經驗，這些經驗教導我的，差不多等於不斷閱讀那些來自我們正日漸縮小的地球村當中，不同角落的男男女女所撰寫的神學作品。我謹把本書獻給我的學生，他們在不斷教導我和驅使我提出關於上帝有限度的思考，雖是如此，他們卻沒有要我交上學費！我衷心感激富勒神學院出版部（Fuller Faculty Publications Department）的蘇珊·伍德（Susan Wood），她費心地核對本系列三冊作品的英文。Baker Academic出版社的范恩金（Melinda Van Engen）編輯這三冊作品，同樣應接受最深的致謝，她在許多方面協助我，使我的表達更加清楚，以及使本書更方便讀者使用。Baker Academic 出版社的霍薩克（Robert N. Hosack），實有助於這三部曲的塑造，並且給予熱切的支持。

卡維里

目錄

古今的「言說上帝」

God-Talk Then and Now

蔡錦圖譯

・「言說上帝」的責任——以及其不可能性・

基督教會的偉大神學家和哲學家，五世紀的奧古斯丁（Augustine），為任何對上帝奧祕的探究定下基調。這位希坡（Hippo）主教，在他著名的《論三一》（*De Trinitate*）中寫道：

> 親愛的讀者啊，你在甚麼地方像我一樣有把握，就請與我一道前進；在甚麼地方像我一樣躊躇，就要同我進行探討；在甚麼地方發現自己錯了，就要回到我這裡來；在甚麼地方看見我有錯誤，就要叫我回轉；好使我們共同進入仁愛的大道，向祂迸發，經上是這麼說祂的：「時常尋求祂的面」。這是我所作出既虔誠又明智的協議，在我的主上帝面前，在我一切的著作中，……因為沒有甚麼錯誤是比這裡的更危險，沒有甚麼探討是比這裡的更艱辛，沒有甚麼發現是比這裡的更有益的了。[1]

1 Augustine, *On the Holy Trinity*, vol. 3 of *A Select Library of Nicene and Post-*

作為神學家，我們必須要言說上帝，不只是因為**神學**（theology）是言說／談論（logos）上帝（theos），因而必然會涉及上帝；更主要的是，因為基本上「對於一切宗教系統而言，是相信實在（reality）是超過那可以察知（perceived）的，而感官的（sensory）經驗，只是在傳達那真正真實（real）的表面現象
9 （appearance）」。因此，「我們所看和所聽的事之下或之上，是一個『超越卻臨在（transcendent yet present）的實在』，那是超越感官的、超越自然的、屬靈的、神聖的，或這一切。」[2]

故此，我們要面對談論上帝的責任，同時承認那類論述（discourse）的不可能性（impossibility）。沒有人比巴特（Karl Barth）這位二十世紀的教父更有力地表達這個兩難的困境：「作為牧者，我們應該談論上帝；不過，我們是人，因而不能談論上帝。故此，我們應要同時認清我們的責任和我們的無能（inability），並且因這種深切的認知，歸榮耀給上帝。這就是我們的困惑。」[3]

我們只要把聖經關於上帝的材料放在一起，就可以迴避這個挑戰。不過，從本質看來，比起聖經，神學要走得更遠，以及處理聖經所沒有處理的問題（即使做神學的習慣，會牽涉到查看聖經的材料，以及評估在神學的論述中，聖經的指引可被允許使用至甚麼程度）。北美非常重要的福音派神學家布洛施（Donald G. Bloesch）以恰當的觀點處理這個問題：

Nicene Fathers (Grand Rapids: Eerdmans, 1956), 1.3.5；中文譯文參奧古斯丁：《論三位一體》，周偉馳譯（上海：上海人民出版社，2005），頁30。

2 Ted Peters, *God—The World's Future: Systematic Theology for a Postmodern Era* (Minneapolis: Fortress, 1992), 83.

3 Karl Barth, *The Word of God and the Word of Man* (New York: Harper & Brothers, 1957), 186.

> 在定義上帝這艱巨的嘗試之中，比單純重複聖經敍事（narrative）中那主要為比喻性（figurative）的語言，神學必然要做得更多。它也必然要運用哲學的概念性（conceptual）語言，為的是闡明上帝的奧祕，祂在聖經歷史和主要在耶穌基督裡，啟示了祂自己。聖經不是形而上學（metaphysic）的論著，然而它的肯斷（affrimations）有著不能根除的形而上含義。它沒有把一套完善的存有論（ontology，或譯「本體論」）呈現給我們，不過它對上帝的描述，卻擁有一種明確的存有論特質。[4]

因此，神學就要處理「談論上帝」這幾近不可能的任務了。在第三個千年的開始，我們可以怎樣做？

・「言說上帝」的新視野・

當我們生活在第三個千年開始之際，我們得面對一個「最有創意的弔詭」（most creative paradox）。一方面，在啟蒙運動（Enlightenment）之後，特別是在後現代主義（postmodernism）冒升之時，不能否認，言說上帝是有難以克服的困難的；假如有任何論述是會被視之為相當有問題的話，那就必然是有關上帝的言說了。另一方面，聽起來可能有點諷刺，不能否認，當邁向第二個千年的結束時，上帝的教義（doctrine of God）——不論是哲學的神學（philosophical theology）或系統神學（systematic theology）——均呈現了新的相干性 10
（relevance）。許多叫人振奮的發展仍然在進行中，其中不少在

4 Donald G. Bloesch, *God the Almighty: Power, Wisdom, Holiness, Love* (Downers Grove, Ill.: InterVarsity, 1995), 31.

本書中都會加以強調。

在二十世紀初，蘇格蘭神學家俄爾（James Orr）在他著名的作品《教義的前進》（*The Progress of Dogma*）中，[5] 宣稱在不同的時代和處境中，各樣不同之教義會處於討論的最前方。神學歷史的學生知道，基督論和三一論的辯論（christological and trinitarian debates），隨著愈來愈對拯救的教義（doctrine of salvation）那方面的興趣增加，支配了最初數世紀。在中世紀時期，贖罪的教義（doctrine of atonement）十分盛行。教會的教義（doctrine of the church）一直潛伏，直至宗教改革運動（Reformation）。邁向第二個千年的結束，聖靈的教義（doctrine of Holy Spirit）呈現出新的意義，以及上帝的教義在不同層面上有所復興，尤其是上帝與世界的關係（上帝是否受歷史中所發生之事影響）。對於上帝—世界（God-world）的動態性的理解，提出了新的建議，例如那些來自進程神學（process theology）的。「言說上帝」（God-talk）的界限，開始受到從世俗（secular）至神死（death-of-God）至政治（political）至（最近期的）生態（ecological）或綠色（green）神學的新詮釋所挑戰。隨著女性主義運動（feminist movements）的興起，婦女參與關乎上帝的論述，質疑性別主義者，正如她們所認為的，把上帝說成為「父」。

由一九七〇年代早期開始，愈來愈多西方處境以外的作品受到注目。拉丁美洲解放神學（Latin American liberation theolgoy）把上帝的言說聯繫於社會、政治和經濟的議題；非洲神學（African theologies）把「言說上帝」植根於祖先、精靈和地方主義（communalism）的文化中；而亞洲人對上帝的解釋是從亞洲的神契性（mystical）、美學性和多元性的處境中出發的。

因此，我們是處於一個對於上帝的論述最令人興奮、充滿挑

5 James Orr, *The Progress of Dogma* (Grand Rapids: Eerdmans, n.d.).

戰，或許甚至紛亂的更新之中。本書綜覽（或評估）大部分上帝教義的重要發展。不過，近期的發展與以往的情況究竟有何關係？換言之，基督教傳統與對上帝當前的詮釋之間有何關係？在以下的綜覽中，這個問題是十分重要的，也影響了材料的選取。

・備受抨擊的古典上帝論・

在系統神學中，習慣上是用「古典上帝論」（classical theism）一語作為總稱，以指稱關於上帝的論述的傳統取向。這個廣受爭議的用語的意思，以後在討論中會更顯明白，不過現在可以提出一個嘗試性的描述。古典上帝論，是指早期基督教神學 11
——當致力在希羅哲學範疇的協助下表達對聖經中的上帝的信仰時——那些後聖經時代（post-biblical）的發展。這些發展在中世紀經院哲學（medieval scholasticism）的高度哲學性、玄思臆測性（speculative）的系統中，達到頂峯；而且藉著諸如宗教改革運動之後（post-Reformation）的新教正統主義（Protestant orthodoxy），進一步去蕪存菁。

由哲學性、玄思性的磨坊所產生的上帝圖像，儘管配合早期護教學（apologetic）和後期玄思性的哲學的神學之目標，自從十八世紀的啟蒙運動之後，在一些神學運動中已經備受批評。控訴是有許多方面的：古典上帝論的上帝作為不動的推動者（an Unmoved Mover），享有祂自身存有（being）的完全圓滿（perfect fullness），遠離這個世界，不受歷史事件所影響，與基督徒生活無關（更不必說社會和政治鬥爭了），諸如此類。此外，來自許多不同傳統的批評家都說，這種上帝也有別於聖經（尤其在舊約中）那動態的、敘事的、涉及生命的論述。[6]

6　某些神學家對「古典」上帝論和「聖經」上帝論作出區分；參 Bloesch, *God the*

不能否認，當代有關上帝的論述之興趣的復興，其活力大多數——不論是在西方或在第三世界——根源自渴望徹底修正古典的取向：

> 許多對上帝教義的重新詮釋，都可以追溯至對古典上帝論愈來愈多的抗拒；古典上帝論是希臘文化（Hellenism）的遺產，而後者對基督教神學留下難以磨滅的印記。上帝在此被描繪成是不變的（immutable）、自足的（self-contained）、一切充足的（all-sufficient）、不動情的（impassible），至高地抽離痛苦和受難的世界。這樣的上帝，怎能吻合真誠地關心祂子民的聖經中的上帝——甚至在祂兒子道成肉身和贖罪之死中親自承擔他們的痛苦和罪過？[7]

因此，本書有兩個主要目的：首先，綜覽在基督教歷史上對上帝的詮釋，包括聖經的見證；第二，讓古典上帝論的傳統與它的挑戰者互相對話。

關於上帝以及上帝與人類之關係的見證，即使在聖經中已開始其多元性。我們要作的不是壓制其多元性，而是需要仔細聆聽這豐富交響樂般的聲音。故此，在此的綜覽是試圖盡力包括所有主要解釋，不論是聖經的、歷史的或當代的（不論是主流和處境性的，例如婦女和其他少數羣體的聲音）。在交代基督教神學中那刺激和迂迴的上帝論的發展之後，我們會強調那些間中是極端對立的觀點。

本書的計劃是這樣的：首先是在近代學術研究的亮光下，探
12 究聖經對於上帝的見證。舊約比新約得到較多的注意，因為基督

Almighty, 14；另參頁 22, 29, 109。

7 Bloesch, *God the Almighty*, 21.

教正典的前半部分擬具了上帝教義的主要概念。耶穌和早期教會接納舊約的耶和華就是他們的上帝。

縱覽聖經之後，本書會追溯基督教上帝教義的發展，始自早期教父，下迄二十世紀初。主要目的是強調不同——往往有創意——的方式，如何讓聖經材料被鑄就為合乎處境的思想形式。這歷史的綜覽，雖然注目於重要的主題，也會強調邊緣聲音的貢獻。

本書主要的焦點是當代對上帝的詮釋，這分成兩個主要部分。西方有關上帝的神學思想，同時會討論歐洲與北美的各種類型。書中以巴特和田立克（Paul Tillich，或譯「蒂利希」）開始，他們兩位是大多數二十世紀神學的先驅，本書會檢視主要歐洲神學家對上帝的詮釋，例如莫特曼（Jürgen Moltmann，或譯「莫爾特曼」）和潘寧博（Wolfhart Pannenberg，或譯「潘能伯格」）。關於北美對上帝的詮釋，本書會思考對於古典上帝論的挑戰，例如神死神學、進程神學（process theology）和開放神論（Open theism）。接著是冗長的篇幅，集中於處境性的取向，例如女性主義神學（feminist theology）和黑人神學（black theology），以及在移民羣體（非裔、亞裔和拉丁美洲裔〔Hispanic〕美國人）和美洲土著（Native Americans）當中的神學思想。

在一個大多數基督徒是生活在歐洲和北美以外地區的時代中，非洲、亞洲和拉丁美洲的神學甚少在教科書中提及，更不必說是有公平的處理，這實在太不像話。本書最後一部分是在西方學術機構以外對上帝的當代詮釋，藉著討論非洲人、拉丁美洲人和亞洲人對上帝的理解，試圖更正在差不多所有系統神學著作中對第三世界聲音的可悲忽略。

第一部

古典上帝論的傳統
聖經的取向

Classical Theistic Traditions
Biblical Orientations

蔡錦圖譯

按照基督教信仰，上帝是誰？上帝有何特性？基督教的上帝與其他神明不同之處是甚麼？探討這些問題的最簡單方式，就是引導探究者到聖經那裏。畢竟，任何時代的基督教會都會宣稱，他們的信仰是建基在聖經的啟示之上。然而，宣稱聖經正是**那份**基督教上帝觀的指南——彷彿只要仔細閱讀聖經經文，加上完善而有系統地把相關經文分類，就可以回答一切關於上帝的問題——是一個需要界定的宣稱。首先，聖經不是一本現成教義的文集，即使自古以來，教會的宣講者和教師，經常這樣對待聖經。反之，聖經是出自不同處境和不同觀點的關於上帝的見證之編集。聖經的體材，大部分是——而舊約肯定是——故事、見證、史事、崇拜的頌詩、向上帝的提問；等等。換言之，只有通過仔細聆聽舊約的敍事

（narrative），我們才能得到「上帝是誰」（who God is）的觀點。這個問題並非總是被基督教神學家所承認的。舊約神學家高定基（John Goldingay）的提醒值得留意：

> 基督教神學總不習慣以敍事的用語來言說上帝。例如，信經的結構，是環繞著父、子和聖靈的位格，而系統神學也經常以上帝的三一本性（trinitarian nature）作為它的架構原則。在三一論思想於二十世紀後期復興之前，系統神學往往強調上帝屬性（attributes）的基本涵義，例如無所不能（omnipotence）、無所不知（omniscience）、無所不在（omnipresence）和完美（perfection）。

14 第二，作為一本歷時多個世紀，由許多人撰寫和編輯的一本書，聖經是珍視多元聲音的。這本書不是同質性的（homogenesous），也不應以單義（univocal，編按：以之為只有單一的意思）的方式來閱讀。就以四卷福音書或兩組基本上是重複相同材料的歷史書（撒母耳記至列王紀，以及歷代志）的存在為例吧。再一次，基督教會宣稱，那是有共同的核心的，並在合法的多元性中間有共通的信念的。故此，那不是支離破碎的不和諧雜音，而是有許多旋律，以及和聲變化的交響樂。因此，我們不應該只聽其中一個調子，而排斥其他。

第三，上帝在聖經中的啟示，具有一種發展中、增長中、呈現中的性質。當我們翻開聖經，開始在創世記中，讀到關於上帝這創造主時，我們不能擁有像在啟示錄結束時所擁有的一切觀點。若要公平對待聖經的上帝觀，我們就要有耐心，並且順著「流遍正典的不同河流」走下去。

按照本書的目標——本書是系統（systematic）神學，而不是聖經（biblical）神學——但查看聖經資料的工作，甚至是更為需要的。系統神學應該經常正視聖經的資料，不過在本質上，它的任務比起聖經的啟示要走得更遠——但願不是違反。接著，到了最後，就要覆核那些神學觀念是否與聖經的取向一致。系統神學所提出的許多問題，在聖經的啟示中都是沉默的。關於上帝的教義方面，以下是一些例子：我們如何以一種包容的方式（an inclusive way）來談論「父」上帝？一些特殊的世界觀和哲學體系，對上帝的教義的影響是甚麼？我們談論基督教上帝的方式，如何可以與其他現存的信仰相關聯？

上帝的教義之聖經取向，這樣的探究，是始於對舊約中的不同見證和指引的查考。我們將會花上一些時間在聖經的首部分中（那是值得投入好些時間的），而不會忽略或不大留意舊約說了甚麼關於上帝的話，只為了要急於進到新約（新約是大多數基督徒喜愛的正典部分）。這樣做有兩個理由：首先，舊約是基督教教會的正典的一部分——而且就此而言是較大的一部分，故此，它對這個題目說了甚麼是要緊的。此外，聖經的第一部分，構成了第二部分（即新約）的基礎。事實上，就上帝的教義而言，這首交響樂的主要中心思想是在舊約中構成的。使徒教會（apostolic church）基本上接納亞伯拉罕、以撒和雅各的上帝為它的上帝。至於某些教義，例如教會的教義或救恩的教義，新約就作出了重要的貢獻。不過，就上帝論而言，舊約是相當重要的。在討論舊約的上帝觀之後，第二章就會討論新約如何形塑和承接前人所建之基礎。

1

舊約
猶太一神主義的興起

The Old Testament
The Rise of Jewish Monothesim

・ 上帝作為舊約的主題 ・

舊約是探討上帝論的一個很好的起點，套用卓越的美國舊約神學家布魯格曼（Walter Brueggemann）的話，這是因為「舊約神學最根本的主題當然是上帝」。[1] 在說了這番話之後，布魯格曼趕緊補充：

> 不過，由於舊約沒有（而且從沒有意圖）給我們提供一個連貫而全面的有關上帝的建議，這個議題比我們所想像的更艱困、複雜和難以定論。舊約大部分經文給我們的只有暗示、痕迹、隻言和片語，而沒有示意這一切元素可以如何併合一起——假如那真是可行的話。無論如何，這顯示出，大家要留意**舊約那難明卻又是主導性的主題，是不能以任何先入**

1 Walter Brueggemann, *Theology of the Old Testament: Testimony, Dispute, Advocacy* (Minneapolis: Fortress, 1997), 117.

> **為主的範疇來理解的**。舊約的上帝不易符合基督教教義神學（dogmatic theology）的期望，也不易符合任何希臘化永恆哲學（perennial philosophy）的範疇〔編按：「永恆哲學」指人類最終的真理其實具有一種普世的性質〕……在如此耐心的研究中將會浮現的那位，至終將會仍然是難明和使人十分意外的。[2]

若要公平對待關乎上帝這主個題的聖經神學，我們需要保持 16
兩個基礎性主張之間的動態張力：一方面，上帝是舊約的主題；另一方面，上帝的教義（doctrine of God）本身並不見於聖經之中（起碼就系統神學的意思而言）。一般而言，可以這樣說：「在希伯來宗教中，上帝是藉祂所做的事被認識的。上帝所做的，是以歷史（history）——那是上帝與人類相遇的歷史——來被記念和回憶的。在這些相遇中，那些曾遇見上帝的人，把祂作為擁有可被定義、可供識別之性格特質的上帝來記念。」[3]

布魯格曼的《舊約神學》（*Theology of the Old Testament*）為這個原則提供了一個重要的例子。布魯格曼運用了法庭的用語，主張「以色列的核心見證」（“Israel’s Core Testimony”，第一部分的題目）有三種形式，全是直接或間接與上帝所做的事有關的：以動詞語句來表述的見證（即關於「上帝大能作為」的見證），以形容詞來表述的見證（即關於當一個人考慮到祂的行動時，「上帝像甚麼」的見證），以及以名詞來表述的見證（即關於「如何稱呼那位行動和拯救的上帝」的見證）。此外，高定基撰寫的《舊約神學：以色列的福音》（*Old Testament Theology: Israel’s Gospel*）

2　Brueggemann, *Theology of the Old Testament*, 117；強調為原文所有。

3　C. Thomas Oden, *The Living God: Systematic Theology*, vol. 1 (San Francisco: Harper & Row, 1987), 40.

就完全是以上帝的行動來勾勒的：

- 上帝發動（創造）（God set in motion [created]）
- 上帝重新開始（God started over）
- 上帝應許（God promised）
- 上帝解救（God delivered）
- 上帝許諾（God sealed）
- 上帝給予（God gave）
- 上帝調適（God accommodated）
- 上帝角力（God wrestled）
- 上帝保守（God preserved）
- 上帝差派（God sent）
- 上帝高升（God exalted）[4]

17 這樣闡述和考慮舊約對於上帝的觀點，以及這些觀點與以後的神學反省的關係，是仿傚這兩位重要的聖經學者的。在探討希伯來上帝觀的根源和出現，以及猶太一神主義（Jewish monotheism）的興起之後，本章會藉著上帝兩個主要名字，即 *Elohim* 和 *Yahweh*〔譯按：大多數英文聖經譯本把 *Elohim* 翻譯

4 John Goldingay, *Old Testament Theology: Israel's Gospel* (Downers Grove, Ill.: InterVarsity, 2003), 13。我完全留意到，布魯格曼和高定基對於研究舊約是不同的方法論取向和哲學取向。布魯格曼的取向，是典型後現代「修辭學式」（rhetorical），在其中研讀聖經經文的學生不敢採問聖經陳述的歷史性（「事實性的」）基礎（historical ["factual"] basic），而只是探索它的字句形式（verbal form）（參 Brueggemann, *Theology of the Old Testament*, 65, 118～119）。高定基則採用一個「福音派」（evangelical）的取向。雖然他完全承認舊約的修辭學和敘事文體，以及承認在舊約的故事中有很多事件，若要嘗試確定其歷史基礎，根本是難有把握的，但他沒有把史實性（historicity）的問題放在一旁。在這意義上，高定基的取向，雖然在其他地方與馮拉德（Gerhard von Rad）及其他上一代巨擘的「現代主義」（modernism）相當有分別，但他的取向是更接近他們的議程的。留意取向上的這個基本分別，我相信我可以放心為本書的目的而借用這些作者的觀點。

成 God，中文可音譯成「伊羅興」，而在中文聖經譯本中，*Elohim* 則被翻譯成「上帝」或「神」。*Yahweh* 即「耶和華」（Jehovah），部分中文書籍把 *Yahweh* 譯作「雅巍」；除特別註明或直接引用外，本書把 *Yahweh* 通譯作「耶和華」〕，來看看舊約最初如何對上帝命名。然後，文中會觀察上帝做了甚麼（上帝的行動）和上帝像甚麼。這讓我們可以追溯對上帝命名的事情。換言之，隨著以色列人愈來愈認識上帝的行動和祂的特點，他們開始把不同的稱謂賦予上帝。最後，本章討論舊約的上帝與其他神明的關係。

・　猶太一神主義的出現　・

「一神主義」（monotheism）一詞源自兩個希臘字：*monos*（「一」）和 *theos*（「神」）〔譯按：*theos* 一般英譯作 God 或 god，除特別註明或直接引用 *theos* 一語外，本書通譯作「神」〕，而這詞描繪出舊約信仰的特點。這個一神論信仰的最佳說明，見於著名的「示瑪」（Shema），那是以色列人的「信條」（confession of faith）：「以色列啊，你要聽！耶和華——我們上帝是獨一的主。」（申六 4）以色列人在相當早期已拋棄了「唯尊一神論」（henotheism）——即只會崇拜他們的上帝，但承認其他神明存在的一種信仰（假如唯尊一神論曾經在以色列人中存在過的話）——而擁抱一神主義。這是怎樣發生的？以色列人的一神主義，即基督教會所採納的觀念，其源頭究竟是甚麼？

據近期一本教科書所言，那「毫無疑問的，即那些偉大的一神論宗教，包括伊斯蘭教（Islam），其神學上的理解主要都是來自聖經經文的見證。」[5] 即使我們與許多學者一樣，承認古代的以色列人起初是唯尊一神論者，這陳述仍然適用。據此觀點，亞伯拉罕及

5　Gerald Bray, *The Doctrine of God* (Downers Grove, Ill.: InterVarsity, 1993), 112.

其後裔只參與膜拜耶和華這位原先閃族（Semites）的部落神明。他們相信耶和華，很快使他們的信仰顯得獨特。到了王國時期（始於約公元前一千年），敵對神明之存在，被視為是對國家的統一及其崇拜的威脅。以後，據上述理論，猶太一神主義藉著與希臘及神祕宗教對話而發展，最後被基督教傳統所採納。

上述一神主義出現的概要（並非毫無學術異議）是有分歧的。其中最具爭議性的問題是：早期以色列人曾否是多神論者（polytheists，即相信幾個神明的人）。現在，大部分宗教學者承認，在以色列人中早就存在著一神主義，並認為這不是長期發展的結果，而是猶太信仰與眾不同的標記。在本書的有限篇幅中，我們不能處理這一複雜討論。但按照我們的目的，我們可以有把握地說，舊約信仰是建基在一神主義的觀念上，相信獨一上帝，而且這個信念是由耶穌及作為基督教教會先鋒的使徒們所持守的。

18 驟眼看來，以色列似乎與四圍的民族沒有很大分別，後者本身的諸神明保證了他們人民的統一。赫人（Hittites）、以東人（Edomites）和許多其他民族都膜拜自己的諸神。不過，以色列的獨特之處在於敬拜獨一上帝。無疑，許多別的民族也承認有一位至高的神（one supreme God），即一位「至高神」（a “high God”）。不過，以色列敬拜的是獨一真神（one true God）。而且，以色列人從起初就不像四周許多民族那樣。以色列人對於為他們的上帝立像，或以性別用語來思考他們的上帝，是十分謹慎的。這些特色不只使以色列的一神主義與眾不同，更保護以色列人免於宗教淫亂（cultic prostitution）等行徑，而宗教性淫亂在以色列歷史中並不是陌生的行為，卻總被主流的宗教領袖所拒絕。

以色列人也認為上帝是以獨一無二的方式行事的：

> 其他民族當然會把他們的女神或諸神描述為在歷史中行動

> 的，例如，瑪爾杜克（Marduk）協助巴比倫人維護繁榮和抵抗外敵。而以色列認為耶和華是在自然的世界和季節的循環中行事的。可是，耶和華**主要**是在民族歷史的重大事件中行動的，而鄰邦的神祇（deities）一般卻**較多**是守護著植被〔編按：植被形容植物覆蓋地面的情形〕每年的循環生長。換言之，相對於只是保證同一事物不斷發生的一眾神明——耶和華使**新的**事物發生。祂的子民離開埃及，定居在一片**新的**土地上，諸如此類。[6]

換言之，以色列的宗教對歷史改變和世界事件特別感到興趣。以色列的上帝與其他大多數神明不同，祂不只是道德規範的保證者，更可以引導和批判君主政體。上帝不是服膺於人民的，人民是被上帝所管轄的。

當然，猶太一神主義「經歷過許多階段的發展，才達到一個超越的（transcendental）和屬靈性的（spiritual）上帝的概念。首先要有十誡（Decalogue）和約書（Book of Covenant）來嚴格防範多神主義和所有偶像崇拜的形式。」[7] 不過，這評論帶我們超越了我們所要述說的內容。以下的討論，將會集中於舊約關於上帝的幾個見證上。

‧　如何稱呼上帝　‧

前約（first testament，譯按：即「舊約」）——基督教正典的第一部分——很唐突地介紹了它的主角的名字：「起初，上帝

6　William C. Placher, *A History of Christian Theology* (Philadelphia: Westminster, 1983), 20；強調為原文所有。

7　Edmund J. Fortman, ed., *Theology of God: Commentary* (New York: Bruce Publishing, 1968), 8.

〔*Elohim*〕……」沒有辯解，沒有護教，只是平白地說出來。創世記
19 是以上帝開始的。它不像現代法律文件般，以定義關鍵用語來開始的，創世記就在事件中開始，就像經文的敘事一樣。「上帝」是一個實實在在的角色，然而我們只有通過往後的故事，才可以發現這個角色是怎樣的。當然，創世記原先的讀者們是認識這位上帝的，他們對這位上帝的性格之認識，也是理所當然的。不過，創世記的現代讀者們卻要逐步發現這是誰，而且到了故事的結尾，他們就會處於一個位置，可以重讀「起初，上帝……」而有更大的理解。[8]

事實上，在聖經的這第一部分中，有許多名稱是用於這位上帝的。對於以後的神學來說，最重要的兩個名稱是：*Elohim*，大多數英文聖經譯本把它翻譯成 God；以及 YHWH 這個「四字母詞」（tetragrammaton），YHWH 經常以英文相應的字母翻譯（transliterated）成 Yahweh 或 Jehovah，在英文聖經中則有譯作 LORD〔譯按：YHWH 在中文聖經多譯作「耶和華」，也有類似 LORD 的譯法，如「主」、「上主」〕。或許，聖經的第一頁把上帝描述成 *Elohim*（古代世界對「神明」〔god〕的通用名稱），是關於這位上帝是誰的一條線索：*Elohim* 是人在沒有特殊啟示下，可以與之聯繫的一位。上帝在祂所創造的世界中，以某些方式被知曉。

Elohim 是一個複數字。「在其他地方，複數可以是指數值上的複數，意即眾神。不過在用於獨一上帝時，它是一個增強語氣的複數（intensive plural），暗示這位上帝是體現了所有神性的。」[9] *Elohim* 及其字根 *'el* 是上帝的類稱（generic designations），通行於所有閃族語言。字根 *'el* 作為一個普通名詞（common noun）出現（意為「那位神明」〔the god〕、「神明」〔god〕），也用作某一神明的專名（proper name）。在摩西五經

8 Goldingay, *Old Testament Theology*, 51.

9 Goldingay, *Old Testament Theology*, 51.

中，也顯示了這種類稱性用語（the generic term）被廣泛使用。由於 *El* 不是必然指至高的神明，列祖就用 *El Elyon*（至高的上帝〔God Most High〕，創十四 18～22）來指**那位**上帝。

與舊約的敘事性質一樣，許多稱呼上帝的名字都是源於實際的生活處境。在列祖的敘事中，當上帝在曠野向夏甲說話之後，她說出了 *El Roï*（看顧人的上帝〔the God who sees me〕，創十六 13）這名字。亞伯拉罕在上帝差遣一隻公羊代替他的兒子以撒之後，稱上帝為 *Yhwh yireh*（耶和華必預備〔Yahweh will provide〕，創二十二 14）。雅各稱上帝為 *El Bethel*（伯特利之上帝〔the God of Bethel〕，創三十五 7），諸如此類。

上帝其他的名稱，還有 *El Shaddai*（全能上帝〔God Almighty〕）和 *Yahweh Sabaoth*（萬軍之耶和華〔Lord of Hosts〕）。*Adonai* 這特別的名稱——在大多數英文聖經中翻譯成「主」（Lord，英文頭一個字母不是小寫的）——約在公元前三百年出現，原因是猶太人不願把上帝的「四字母詞」（即 YHWH）讀出來。這名稱後來翻譯成希臘文的 *Kyrios*（字面意思是「主」、「主人」或「先生」），在新約中用這名稱來指父上帝（God the Father）、耶穌基督，或者神格（Godhead）的通稱。

「耶和華」（*Yahweh*，或譯「雅巍」）這個聖名（divine name）的起源和意思，一直是極多爭論的課題。推斷它來自外來宗教的各種嘗試，都沒有說服力。建議這個名字源自 *ya-huwa*，意思是「噢！他」（O he），也沒有多大前景。近期的學者，普遍認為，這名稱與動詞字根 *hwy* 或 *hwh* 有關，意思是「是」（“to 20
be”）。這點從以下的觀察得到有力支持：出埃及記三章上帝顯現（theophany，或譯「神現」，即指神的自我顯現）的記載，是舊約惟一解釋耶和華這名稱的地方。在出埃及記三章中，摩西面對著燃燒的荊棘，並且被告知：「我是你父親的上帝，是亞伯拉罕的上帝，以撒的上帝，雅各的上帝」（6 節），就確認了這位上帝為以色列以往所信仰的。正如高定基評論說：

> 上帝的自我確認（self-identification）進一步表明位格性相遇的真實性（actuality of personal meeting）。「**我是你父親的上帝，是亞伯拉罕的上帝，以撒的上帝，雅各的上帝**」這句話，就給系統神學提供新資訊的意義而言，並沒有啟示；但對那說話者的身分的確認來說，那無疑是一次啟示。這樣的啟示是十分重要的。它表明這說話者確認為那曾與摩西，以及昔日曾與祂的子民相關聯的那一位。就摩西和他同時代者所關心的，即使這是一個新的啟示，但這並不是新的上帝。[10]

隨著上帝與摩西繼續交談，摩西詢問，若有人問差他的上帝叫甚麼名字，他應該如何回答。接下來的經文，吸引了歷代的解經者：「我是那位所是者」（"I AM WHO I AM"，出三 14；譯按：本節中譯按原書英文聖經 NIV 翻譯，而《和合本》譯作「我是自有永有的」）。

不僅「耶和華」（*Yahweh*）這名稱的起源充滿爭議，出埃及記三章 14節，即*'ehyeh asher 'ehyeh* 的正確翻譯也是充滿爭議的。NRSV 在邊欄提供了另外兩個譯法，反映了這種不確定性：「我是那位所是者」（I AM WHAT I AM）和「我將是我所將是的」（I WILL BE WHAT I WILL BE）。對此，提出的解釋方法多達五種：

> (i) 這個回答是故意隱誨的，因為保持隱祕（hidden）是上帝的本性，或因為認識上帝的名字，可以使人有能力主宰祂。不過與此相違的是，這名字在第15節中已向摩西啟示出來。

10 Goldingay, *Old Testament Theology*, 205；強調為原文所有。

> (ii)上帝是永恆存在者。(iii)「我是因為我是。」(I am because I am)這是說，除上帝自身之外，再沒有使其存在之因。(iv)「我將是我所將是的」(I will be what I will be)，或「我將是我所想是的」(I will be what I intend to be)。(v)「我是祂所是者」(I am he who is)，或「我是那位所是者」(I am the one who is)。祂是那位惟獨祂才有真實存在的上帝。[11]

上述的譯法，在語言學方面都是合理的。不過，在舊約神學的亮光中，最有可能的解釋，是 YHWH 一名，啟示了上帝的恆常性和可依靠性(constancy and dependability)。它傳達了一個觀念，就是上帝總是一樣的。它是否有例如「我是祂那存在者」(“I am he who exists”，指那真正存在和／或永恆的一位)的相關意義，不能在舊約中這早期啟示的亮光底下得到澄清。後來的猶太教和基督教神學得到那樣的理解，似乎是不可避免，不過這一點在救 21
恩歷史上，舊約卻沒有言及。

摩西詢問差派他者的名字的問題，並不是以一個抽離的哲學性詢問來提出的，而是反映了一個對神聖行動者(divine Actor)的啟示最自然和可以預期的反應。動詞形式 *'ehyeh* 是希伯來文的未完成時態，表示行動的**類型**(kind)，而不只是行動的**時間**(time)——在這情況下，一個行動仍然有待完成。這可以是對「耶和華」這名字的主要取向的另一線索：即耶和華是一個存有(being)，其活動是「可以在過去中已經開始，或在現今開始，或在未來將會開始，不過要用某些時間來完成」。[12]

11 C. Brown, “God, Gods, Emmanuel,” *New International Dictionary of New Testament Theology*, ed. C. Brown, 4 vols. (Grand Rapids: Zondervan, 1975～1985), 2:68.

12 Ben Witherington III and Laura M. Ice, *The Shadow of the Almighty: Father, Son, and Spirit in Biblical Perspective* (Grand Rapids: Eerdmans, 2002), 11.

不論準確的意思是甚麼，顯然上帝把自己確認為耶和華，不是為了回答神聖存有（divine Being）的本性或屬性的哲學性提問，而是要說明「上帝將會如何與祂的子民共處……這相當符合以色列人極其需要詢問這名字的理由。他們需要知道的，不只是上帝存在，更是上帝是會並很快為他們行事。」[13] 以色列的上帝是那位可被信賴、可被依靠者。故此，在舊約中確認上帝的方式，清楚顯示上帝期待人透過祂正在做甚麼事和祂將會做甚麼事來認識祂。

・ 上帝是行動的那一位 ・

上帝是創造的那一位

在舊約中，關於上帝最基本的陳述是：上帝是創造者（Creator）。[14] 創世記（創始之書）的敘事者以下述的話開首：「起初，上帝創造天地。」上一代的舊約神學家主張，在以色列與耶和華的關係中，創造不是扮演一個主要的角色；相反地，他們的關係是建基在救贖的盼望上。[15] 那些日子已經過去了，舊約學術界現已一致肯定，創造的教義對以色列人信仰的中心性，[16] 不過，在被擄的境況中，這教義才得以完整表達。面對著完全被上帝遺棄的威脅，以色列人緊握著他們對耶和華的信仰，祂是天地及住在其間
22 的一切的創造主。那位創造的上帝，是較巴比倫諸神更有能力的。因此，以賽亞宣告對耶和華的能力有信心，那是基於耶和華是創

13 Witherington and Ice, *The Shadow of the Almighty*, 11～12.

14 在這段及以下兩段中，我跟隨布魯格曼在 *Theology of the Old Testament* 的簡綱，也會不時引用高定基的觀點。

15 這觀點差不多被馮拉德極具影響的著作塑造為經典：Gerhard von Rad, "The Theological Problem of the Old Testament Doctrine of Creation," in *The Problem of the Hexateuch and Other Essays*, trans. E. W. Trueman Dicken (New York: McGraw-Hill, 1966), 131～143。

16 簡略的概要，參 Brueggemann, *Theology of the Old Testament*, 159～164。

造的上帝這事實：

我造地，
　　又造人在地上。
我親手鋪張諸天；
　　天上萬象也是我所命定的。
我憑公義興起塞魯士，
　　又要修直他一切道路。
他必建造我的城，
　　釋放我被擄的民；不是為工價，也不是為賞賜。
這是萬軍之耶和華說的。（賽四十五12～13）

上帝有能力引導古列（一位異教的君王）的方向這事實，是由於上帝有能力去創造諸天及其萬象。

高定基指出，在創造敘述中有一個釋經學者經常忽略的重點：耶和華以獨特的洞見和智慧，造成祂所創造的一切。[17] 箴言提供了這類重點的出色例子：

耶和華以智慧立地，
　　以聰明定天，
以知識使深淵裂開，
　　使天空滴下甘露。（箴三 19～20）

在創世記一章的精神中，詩篇三十三篇6至9節把創造歸因於上帝，在祂的靈（Spirit）和祂的道（Word）的協助下，祂造成了天與地。

17 Goldingay, *Old Testament Theology*, 30.

在創世記一章和讚揚創造的經文中（例如以賽亞書四十二章5至6節），表示創造的用字是 *bara'*，「這是上帝作為創造者的行動最崇高的用語，〔*bara'*〕這個動詞的主詞只會用於耶和華以色列的上帝。那是耶和華以色列的上帝創造了天地和萬物，祂召喚、命令、支持和統管一切實在（reality）。」[18] 當然，還有幾個希伯來動詞是用於上帝的創造性行動，例如 *yatsar*（「形成」、「像陶匠般去塑造」），可是 *bara'* 有一個特別的含義。*bara'* 所強調的，是上帝行動的主權。

23 最著名的創造經文——可見於舊約最早的開始之處——沒有探究上帝如何創造，反而是一首禮儀性的讚美詩，頌揚上帝的能力造成天與地。[19] 上帝被描述成至高的權力，祂不只是創造，也把受造的各元素安放在合適的位置上，包括受尊敬的日、月和星宿。這是舊約確認上帝的主權、能力和仁慈的一種方式。創造的上帝是值得信賴的，這也是以賽亞書的信息：

> 在以賽亞書四十五章9至12節中，耶和華就像一個陶匠般在設計和塑造，就像一個父親般生育，就像一個母親般分娩，就像一個藝術家般創造，就像一個族長在鋪展（四十四章24節把耶和華描繪成像一位金屬匠在鋪展著），以及就像一個君王般發出命令。把這些形象併合在一起，暗示創造者之工的精確、有目的、愉快、痛苦、關懷、努力、主權和有效。[20]

18 Brueggemann, *Theology of the Old Testament*, 146.

19 在本書的有限範圍內，既沒有空間也沒有需要加入如何翻譯這段經文的複雜技術性討論，不論是「起初上帝創造（從頭開始？）」或「當上帝開始創造」，暗示第二節是主要的開首子句（main opening clause）：因此，意即上帝已經在工作，而當下之實況被描述為某種混亂的狀態（chaos）。

20 Goldingay, *Old Testament Theology*, 42.

上帝是應許的那一位

當上帝向亞伯拉罕確定祂的應許時，表達上帝行動的動詞是*shaba*‘（發誓）。由於沒有人比自己更高，上帝便指著自己起誓：「我便指著自己起誓說：論福，我必賜大福給你；論子孫，我必叫你的子孫多起來，如同天上的星，海邊的沙。你子孫必得著仇敵的城門，並且地上萬國都必因你的後裔得福，因為你聽從了我的話。」（創二十二 16～18）在此，我們見到幾個關乎以色列對耶和華的信仰的關鍵主題：關乎上帝對祂的應許之信實的肯定；關於土地和子孫，以及更重要的是關於上帝的祝福的一個應許；以及按照上帝的誡命塑造一個人的生命的一個勸勉。這樣的敘事，在舊約的大部分地方中出現。那位應許的上帝，保證祂的目的不會受挫。

與上帝的應許行動相關的，是祂渴望賜予；應許與祝福是緊扣在一起的：「這樣，耶和華將從前向他們列祖起誓所應許的全地賜給以色列人……耶和華應許賜福給以色列家的話一句也沒有落空，都應驗了。」（書二十一 43、45）

上帝是解放的那一位

上帝提出慷慨的應許，也保證這些應許不會因人類的背叛而
受挫。在出埃及記的開首（那是關乎上帝信實的歷代標準參考）， 24
上帝確認：「我是耶和華；我要用伸出來的膀臂重重的刑罰埃及人，救贖你們脫離他們的重擔，不做他們的苦工……你們要知道我是耶和華——你們的上帝，是救你們脫離埃及人之重擔的。」（出六6～7）上帝是解放者（deliverer）和救贖者（redeemer）這對雙生的主題放在一起，也預示了新約的教導。

在以後的艱難困境中，以色列被要求一再重述出埃及的故事，那正是慶祝上帝作為拯救者的角色。這樣的情況，其中一次見於約書亞記，那時百姓面對跨越約但河進入應許地的挑戰：「因為耶

和華——你們的上帝在你們前面使約但河的水乾了，等著你們過來，就如耶和華——你們的上帝從前在我們前面使紅海乾了，等著我們過來一樣，要使地上萬民都知道，耶和華的手大有能力，也要使你們永遠敬畏耶和華——你們的上帝。」（書四 23～24）即使在許久之後的被擄期間，以色列對上帝的信仰，仍然繫於上帝是使他們離開埃及的解放者的鮮明記憶（例如：摩九 7）。

上帝是命令的那一位

> 在舊約最普遍的證詞中，舊約的見證主張：「我今天所吩咐（*swh*）你的，你要謹守。」（出三十四 11）這條誡命主導了以色列對耶和華的見證。耶和華是一個至高的統治者，祂對世界的旨意是清楚明白的，並且有強烈要求。以色列作為接受命令者，其存在及興旺是在於它在順服中回應這些誡命。[21]

上帝是命令的那一位，上帝的子民以色列要順服。布魯格曼認為表示誡命的主要動詞（*swh*），是指「耶和華與這個動詞的關聯，對舊約來說是根本性的，而且或許是耶和華的**關鍵性和特徵性的標誌**。」[22] 結果，耶和華的命令支配了西乃傳統（Sina tradition，出十九章～民十章）和申命記。以色列核心文獻（律法書）的重要部分，就是耶和華的誡命。

耶和華最基本的命令是要求惟獨對祂忠誠；這是十誡的序言（出二十 2～3）。律法的頒布是伴隨著上帝的自我彰顯，而律法的條文和內容是來自上帝的口。上帝的誡命支配著以色列人的一切生活，不論是與上帝或與同胞的關係，甚至包括寄居者。

21 Brueggemann, *Theology of the Old Testament*, 181.

22 Brueggemann, *Theology of the Old Testament*, 182；強調為原文所有。

上帝的誡命要求百姓不只是順服上帝，也要歸上帝為聖，即分別出來、奉獻、委身給上帝。在利未記及其他地方，這是禮儀法規的要點。其標準是在於耶和華本身的特性：「你們要聖潔，因為我耶和華——你們的上帝是聖潔的。」（利十九 2）然後，在這段基礎陳述之後的一系列誡命，詳細說明了像耶和華一樣成為聖潔是甚麼意思。以色列的祭司和祭祀的機制，是上帝所賜的媒介，協助這羣子民竭力追求聖潔和純潔，那是對他們作為上帝子民的要求。 25

上帝是供應的那一位

耶和華被頌揚和尊崇的其中一種方式，是關乎在以色列民族的漫長旅程中，耶和華作為那位供應和指引者的角色：「你也要記念耶和華——你的上帝在曠野引導你這四十年，是要苦煉你，試驗你，要知道你心內如何，肯守他的誡命不肯。」（申八 2）離開埃及和進入應許地，都是在於上帝，而在旅程之中，上帝就像這民族的慈愛、管教的父親（申八 5）。耶和華供應嗎哪、鵪鶉、水、保護、以雲柱和火柱引領，並與他們同在。

・　上帝像甚麼　・

除了通過上帝自身的行動來描述祂之外，舊約作者也運用形容詞，為以色列的上帝繪畫出更具體的圖像。聖經的經文有好幾些形容詞，突出了上帝最顯著的特徵。例如，出埃及記三十四章6至7節記載：

> 耶和華，耶和華，是有憐憫有恩典的上帝，不輕易發怒，並有豐盛的慈愛和誠實，為千萬人存留慈愛，赦免罪孽、過犯，和罪惡，萬不以有罪的為無罪，必追討他的罪，自父及子，直到三、四代。

耶利米哀歌敍述了耶路撒冷陷落的災難，藉著注目於耶和華的特性，從絕望走向確信。在承認「我的力量衰敗；我在耶和華那裏毫無指望」（三 18）之後，作者斷言：

我想起這事，
　　心裏就有指望。
我們不至消滅，是出於耶和華諸般的慈愛；
　　是因他的憐憫不至斷絕。
26 每早晨，這都是新的；
　　你的誠實極其廣大！
我心裏說：耶和華是我的分，
　因此，我要仰望他。（三 21～24）

有時，耶和華對祂的新婦以色列的慈愛和眷顧，是以親密的用語來作出肯定的：「我必聘你永遠歸我為妻，以仁義、公平、慈愛、憐憫聘你歸我；也以誠實聘你歸我，你就必認識我——耶和華。」（何二 19～20）

基於上帝在獨特境況中所展現的特性，以色列人可以歸納出上帝的本性。例如，耶和華的慈愛憐憫「必不離開你」（例如：賽五十四 10；哀三 21～23）。聖經對上帝的描述是如同一種信仰的認信，是基於觀察而來的陳述。它們指向上帝在未來仍是可信和可靠的。同時，這些措辭是高度關係性（relational）的：「它們清晰地表達了耶和華與『我們』（即與以色列）關聯的方式，即是與任何在獨特見證之宣講中，成為耶和華的伙伴之關聯的方式。」[23] 總括上述各類的陳述，布魯格曼描繪了上帝像甚麼：

23 Brueggemann, *Theology of the Old Testament*, 225.

- 沒有誰像耶和華一樣，祂的整個存在是委身於與以色列的關係上。
- 沒有誰像耶和華一樣，這位上帝的特徵，是對祂統治的子民極度忠誠和休戚與共。
- 沒有誰像耶和華一樣，祂有無窮的信實，有時卻又嚴厲對待祂所愛的伙伴。[24]

・ 再論如何命名上帝 ・

在探討上帝的行動，以及以色列對於上帝所擁有的特性的見證之後，我們可以從另一方面觀察舊約如何命名上帝。根據布魯格曼的看法，藉著使用名詞去命名和描述耶和華，「以色列把（或承認）恆常性和實體（constancy and substance）等元素歸給耶和華，使耶和華以某些方式讓以色列認識和聯繫。」[25] 然而，這些名詞，卻不應被理解為後來才歸給上帝的屬性那樣，有固定的意義，這些名詞也肯定不被視為上帝的實體，而是較為動態和較不固定的方式。從這意義看，它們就像是隱喻（metaphors）。

這些隱喻可以被歸類為統管的隱喻（metaphors of governance），27
在其中，以色列見證了耶和華有能力統管和命定生命，並且確立權威；這些隱喻也可以被歸類為供應的隱喻（metaphors of sustenance），那是傳達上帝養育、照料和提升生命的意思。

統管的隱喻

統管的隱喻如下：耶和華是審判者、君王、戰士和父親。每一點都涉及權力和約束，而且反映了上帝建立秩序的能力。

---

24 Brueggemann, *Theology of the Old Testament*, 228.

25 Brueggemann, *Theology of the Old Testament*, 229.

• 耶和華是審判者

審判者的隱喻，啟示出以色列的上帝是承擔「公正的律法」的規條，以及祂是那些需要保護和正直的人可以轉向的那一位。祂代表祂的子民介入，並且被認為是喜愛公平（詩九十九 4；賽六十一 8）。由於上帝不僅是以色列的審判者，更是全世界的審判者，那便有秩序和公平：「人在列邦中要說：耶和華作王！世界就堅定，不得動搖；他要按公正審判眾民。」（詩九十六 10）

耶和華作為列邦的審判者這角色，是個人可以呼求耶和華的公義（righteousness）的基礎（詩七篇）。上帝的審判不只引導列國踏上公義之路，也曉得男女心底的祕密。

• 耶和華是君王

君王的形象與審判者相當密切，因為統治者是秩序和公正的至高保衛者。在舊約中，耶和華被描繪成不只是以色列（上帝的子民）的君王，更是整個宇宙的君王：「洪水泛濫之時，耶和華坐著為王；耶和華坐著為王，直到永遠。」（詩二十九 10）這一篇詩篇，就像其他的一樣——「人在列邦中要說：耶和華作王！」（九十六 10）——承認上帝對自然和列國的主權。

• 耶和華是戰士

上帝是戰士的形象，是與君王和審判者的形象相繫的。「正如一位審判者承擔了律法的規條，耶和華是戰士則指祂是那位盡力安定、維繫或實踐那些規條的一位，君王可以按照這些規條管理。」[26] 耶和華作為戰士這角色，祂對抗和戰勝那不正當地覬覦權力者。[27]

28 出埃及記十五章1至18節記載，耶和華介入出埃及的事件之後，祂是被頌揚為一個「戰士」（RSV 稱之為 "man of war"）。同

26 Brueggemann, *Theology of the Old Testament*, 241.

27 對於耶和華作為戰士的不同方面，可靠的指引參 Patrick D. Miller, *The Divine Warrior in Early Israel* (Cambridge: Harvard University Press, 1973)。

樣的見證，出現在許久之後的被擄時期：「主耶和華必像大能者臨到；他的膀臂必為他掌權。他的賞賜在他那裏；他的報應在他面前。」（賽四十 10）

以色列相信耶和華不只是在一般意義上的「戰士」（man of war），還是**為**（for）和**代表**（on behalf of）以色列而戰的戰士。作為「萬軍之耶和華」，這位神聖的戰士是軍隊的領袖，與以色列和耶和華的敵人作戰。「當日，耶和華這樣拯救以色列人脫離埃及人的手，以色列人看見埃及人的死屍都在海邊了。」（出十四 30）這樣，以色列可以確信「在你們前面行的耶和華——你們的上帝必為你們爭戰」（申一 30）。

• 耶和華是父親

由於上帝父親的身分（最初是與耶穌基督相關的，然後衍生至跟那些在耶穌基督裏的信徒有關）是新約對上帝的描繪的一個重點，在下一章，對此會有更多討論。不過，雖然耶和華作為父親的形象在舊約比在新約較少見到，但諸如出埃及記四章22節和何西阿書十一章1節及其他經文，卻清楚指出以色列是耶和華的（首生）兒子。

供應的隱喻

雖然供應的形象在舊約中沒有那麼主導性，它們卻組成了以色列對上帝的見證的一個重要部分。這些隱喻包括耶和華是藝術家、醫治者、園丁、葡萄園丁、母親和牧者。

• 耶和華是藝術家

作為藝術家，耶和華被描繪成一個熟練的陶匠，從塵土中把人塑造出來（創二 7），並且造出了動物和雀鳥（創二 19）。不過，即使作為一個藝術家，耶和華是擁有大能大力的。這特別見於耶利米書十八章，在其中耶和華把自己比作一個陶匠，可以隨自己喜好對待泥土——在此是指以色列。

• 耶和華是醫治者

耶和華是醫治者，包括預防和治理病患者。出埃及記十五26節作出應許，假若人跟隨神聖醫治者的訓誡，便不為病患所困。申命記應許了實際的醫治：「我使人死，我使人活；我損傷，我也醫治。」（三十二 39）事實上，耶和華的醫治，是「埃及人的病」之外的另一選擇（申二十八 60）。耶和華不只醫治個人，也使城市和人民復元（耶三十 17；何十四 4；等等）。

29 這位醫治者的事工之所以獨特，是在於它結合了憐憫和同情。醫治的行動並非總是耶和華的能力的表達。有時，它表達了耶和華的慈愛和關懷。例如，在耶利米書八章 22 節中，耶和華感受到祂子民的苦況：

> 在基列豈沒有乳香呢？
> 　　在那裏豈沒有醫生呢？
> 我百姓
> 　　為何不得痊愈呢？

• 耶和華是「園丁－葡萄園丁」

作為神聖的園丁，耶和華栽種園子，視之為創造之工的一部分（創二 8），並且增加土地的豐收（民二十四 6）。然而，園丁的形象更多是用於耶和華對待以色列人：「萬軍之耶和華的葡萄園就是以色列家；他所喜愛的樹就是猶大人。」（賽五 7）

• 耶和華是母親

聖經的經文，雖然在一個由男性主導的世界中撰寫，卻經常運用女性或母親的形象來指稱上帝。神聖的父親，有能力像神聖的母親那樣行動。其中一段最著名的經文是來自以賽亞書：「母

親怎樣安慰兒子，我就照樣安慰你們；你們也必因耶路撒冷得安慰。」（六十六 13）

當以色列——在被上帝遺棄的感受之中——對於是否遭耶和華拒絕而疑惑時，耶和華的回答是以母愛的形式出現的：

婦人焉能忘記她吃奶的嬰孩，
　　不憐恤她所生的兒子？
即或有忘記的，
　　我卻不忘記你。
看哪，我將你銘刻在我掌上；
　　你的牆垣常在我眼前。（賽四十九15～16）

「也許耶和華作為母親的形象，並不包括任何『在耶和華作為父親的形象中所沒有具備的』層面」，這或者是真實的；然而同樣真實的，是「整體而言，母親的隱喻是正面而安慰的」，[28] 而且在今天的世界中，對性別歧視的神學回應這也是相關的。

・耶和華是牧者

耶和華是牧者的形象與統管的隱喻相關，因為君王經常被描
述為羊羣的牧者（賽四十四 28）。「這個形象提出了一個智慧的、關 30
懷的、體貼的執行者，他照管、守護、餵養和保護一羣易受傷害、易受攻擊、依賴和需要這等協助的羊羣。」[29] 牧者的意象在詩篇中最為多見（例如很多人喜愛的詩篇二十三篇），集中於被擄時期，那時候以色列需要有智慧、有愛心、神聖的牧者再三的安撫：

他必像牧人牧養自己的羊羣，

28 Brueggemann, *Theology of the Old Testament*, 259.

29 Brueggemann, *Theology of the Old Testament*, 259.

用膀臂聚集羊羔

抱在懷中，

慢慢引導那乳養小羊的。（賽四十 11）

以同一的語調，先知耶利米向以色列保證：「趕散以色列的必招聚他，又看守他，好像牧人看守羊羣。」（三十一 10）舊約最完整地解釋耶和華的牧者身分之處，見於以西結書三十四章，這段經文延續至新約，並且應用在耶穌身上（約十章）。

・ 與上帝角力 ・

在諸如母親和戰士的形象之間，是一種動態的關係——甚至存在張力。關於以色列對上帝的見證，作為完全和平衡的記述，必然不可以忽略耶和華讓人不感安心的一面。

以色列的耶和華不是地方的神明，在櫃中供奉，而是擁有主權的主。以色列人對耶和華的看法和見證，不只傳遞著安慰和肯定，也有敬畏、懼怕和困惑。這些感覺是來自一種張力（一種動態的分裂），處於在耶和華的行動與對待以色列人那似乎是對立的特徵之間。出埃及記三十四章提供了這種張力的一個教科書般的例子。在一連串關於耶和華沒有止境的愛之肯定後，突然出現一段關乎祂的審判的警告：

耶和華，耶和華，是有憐憫有恩典的上帝，不輕易發怒，並有豐盛的慈愛和誠實，為千萬人存留慈愛，赦免罪孽、過犯，和罪惡，萬不以有罪的為無罪，必追討他的罪，自父及子，直到三、四代。（6～7 節）

以色列的上帝既有慈愛和關懷，也是一個擁有主權的主，祂 31
對待祂子民的行動，有時出乎意料之外。撒母耳記下六章那個大家熟悉的故事，說明了這個原則：烏撒試圖使上帝的約櫃穩定下來，卻被擊殺。

因此，對耶和華的看法與耶和華不可預料的行動之間，人不斷掙扎，使舊約的上帝形象出現張力。布魯格曼提到，即使是上文提過的供應的隱喻（一般那是呈現出照顧、供養和同情的特徵），都是充滿張力的。一方面，耶和華是陶匠、園丁和牧者的形象，顯示耶和華有能力去塑造、種植和引導。另一方面，陶匠有時會打碎造形不佳的器皿（耶十九 11）；園丁既會栽種，也會拔毀（耶一 10）；牧人會趕散羊羣（耶三十一 10）；醫治者不只會纏裹，也會擊傷（伯五 18）。然而，在祂一切叫人驚訝、不能預期的行動中，耶和華仍然是可信賴的。打碎器皿的同一個陶匠，也會再次塑造；忍耐的園丁，耐心等待果子；牧人聚集分散的羊羣；而醫生尋找受傷者。[30]

布魯格曼藉著指向耶和華的公義來處理這個張力，耶和華的公義以三種相關的方式啟示出來：

- 耶和華的榮耀（glory），「關乎能力、威權和主權的宣稱和氛圍，必然是在鬥爭中建立，在威權中行使，以及被甘心的跟隨者或挫敗的抵抗者所承認的」。換言之，耶和華擁有正當的統治權。法老的心硬不只拯救了以色列，也建立了耶和華在列國之間的名聲。[31]
- 耶和華的聖潔（holiness），「是指到耶和華的徹底他性（otherness，或譯「異在性」），祂不是易於接近的，不能與其他人或其他東西混淆，而且祂獨居於一個「禁區」之中——在其中，以色列只可以謹慎地、刻意地，並冒極大的險地去親近之。」事實上，耶和華被稱為

30　參 Brueggemann, *Theology of the Old Testament*, 277～282。

31　Brueggemann, *Theology of the Old Testament*, 283.

「以色列的聖者（the Holy One）」（賽二十九 19）。[32]

- 耶和華的忌邪（jealousy），這當然是與祂的榮耀和祂的聖潔有關，那是指「耶和華對任何有意冒犯其特權、殊榮、權勢或主權之強烈情感的回應（emotional response）。」這在西乃山宣告十誡的序言中，已經清楚表達出來（出二十章）。事實上，耶和華有時被稱為「忌邪的」（出三十四 14）。[33]

耶和華的這三方面，顯示祂期望以色列尊祂為獨一的上帝。
32 耶和華藉著立約，也向以色列作出永遠的委身。「全權上帝（The sovereign God）耶和華，祂彰顯榮耀、聖潔和忌邪，在列國之間被稱為『以色列的上帝』。」[34] 為甚麼？因為耶和華已經親自與以色列立約。故此，耶和華致力保存以色列，以之為祂立約的子民——「我怎能捨棄你？」（何十一 8）——而以色列致力堅信耶和華的信實，在形勢不利於他們之時亦然。那麼，難怪在以色列對耶和華的一眾見證之中，正是充滿那些被布魯格曼恰當地稱為「反見證」（countertestimonies）的見證。它們表達了模稜兩可、困惑、懼怕、懷疑和抱怨。在舊約上帝觀的描述中，沒有一處是完全沒有論及以色列對上帝的信仰的這一方面的。

當以色列人面對他們的上帝嚴厲的一面時，他們對耶和華的詢問有幾種形式：[35]

> 耶和華是在我們中間不是？（出十七 7）
> 耶和華啊，你為甚麼站在遠處？
> 　　在患難的時候為甚麼隱藏？（詩十 1）

---

32 Brueggemann, *Theology of the Old Testament*, 288.

33 Brueggemann, *Theology of the Old Testament*, 293.

34 Brueggemann, *Theology of the Old Testament*, 296.

35 參 Brueggemann, *Theology of the Old Testament*, 319～324。

耶和華啊，你忘記我要到幾時呢？要到永遠嗎？

　　你掩面不顧我要到幾時呢？

我心裏籌算，終日愁苦，要到幾時呢？

　　我的仇敵升高壓制我，要到幾時呢？（詩十三 1～2）

這些問題——要到幾時？為甚麼？上帝在哪裏？——不是源自枯燥的神學探究，而是來自與上帝的實際角力。上帝是可以信靠的嗎？上帝是如我們所想的嗎？

在以色列的見證中，不只有詢問，更有怨言和控訴。一種經常被稱為哀歌詩篇（Psalms of Lament）的文體，佔據了以色列讚美詩（hymnody）的一個重要部分，它們不只可以在詩篇中被找到，也遍及各處，例如耶利米書十至二十章。他們抱怨的一個主要原因是「被擄」（exile）。人們期望從耶和華所得的一切事物——永恆的王朝，不滅的聖殿，以及上帝子民能在拜偶像者之間生存——似乎隨著他們被擄而消失。故此，他們失望地問：「你為何永遠忘記我們？為何許久離棄我們？」（哀五 20）那不像是對上帝的信心！許多時，耶和華似乎忽略了與祂立約的子民。

對於耶和華的反見證，也會以一種較為微妙的方式表達。智 33
慧文學，沒有慶祝耶和華的偉大，而是相當實際地——而且深刻地——反映出「耶和華似乎是隱藏的」之奧祕。[36] 這樣的隱藏性，增加了耶和華的模糊不清。故此，以色列人向耶和華提出更多額外的問題，這些問題在許多神學家看來都是相當大膽的。例如，耶和華會欺騙嗎？耶利米疑惑上主是否「引誘」了他（耶二十 7，譯按：《和合本》譯「勸導」，《新譯本》譯「愚弄」）。希伯來用語 *patah* 有欺騙和引誘等幾個含義。耶和華事實上承認「引誘」了假先知（王上二十二 20～22）。對於向耶和華發問和與耶和華角力

36　參 Brueggemann, *Theology of the Old Testament*, chap. 9。

這一漫長而一直增加的名單，還可以加上約伯與其他人（例如詩篇七十三篇的亞薩），他們不只對上帝的行動抱怨，也詛咒自己的生辰（伯三章）。或以傳道書來說，書中——有別於大部分智慧文學假定了上帝的世界之美善和公義——質疑生命的意義，即使同樣有上帝同在。作者沒有否認耶和華對人類生命的意義，但他也沒有提出簡化了的答案，正如當代基督徒有時在維護上帝時所提出的。

・ 耶和華與其他神明 ・

關於上帝在舊約中所呈現的圖像，最後一個要考慮的問題，關乎耶和華與其他神明之間的關係。探討它們的關係是（在芸芸其他事情之中）宗教神學（theology of religions）的目標，宗教神學是基督教神學其中一個發展最快的領域。或許有人會推想，當談到這個問題時，舊約並沒有提供一幅完整的圖畫。然而，沒有任何舊約上帝觀的綜覽可以忽略這個問題，尤其是涉及它對我們這時代的迫切性。

一個良好的起點，是承認在這領域做了廣泛研究的兩名聖經學者所作的評論：「對於這個問題〔即基督教與非基督宗教之間的關係〕，在聖經中難以找到綜合的答案，不過它卻提出了某些指引。」[37] 究竟這些作者所謂的指引是甚麼？一方面，聖經的宗教深深植根在以色列四周文化的宗教中。猶太教不是始於一個固定和自主的宗教，而是採納自異教徒的宗教。另一方面，隨著以色列的自我意識被塑造，其他宗教便被判斷為是沒有價值的偶像崇拜，並且是對耶和華崇拜的挑戰。

正如上文所述，舊約論到眾神明之任何事，其基礎性肯斷是

37 Donald Senior and Carroll Stuhlmueller, *The Biblical Foundations for Mission* (Maryknoll, N.Y.: Orbis, 1983), 345.

「示瑪」（Shema），這是以色列的信條：「以色列啊，你要聽！耶和
華——我們上帝是獨一的主。你要盡心、盡性、盡力愛耶和華—— 34
你的上帝。」（申六 4～5）在以色列歷史的起始階段，那是難以完全承認耶和華**對以色列來說**是惟一的上帝。「除了我以外，你不可有別的神。」（出二十 3）隨著舊約發展，上帝的子民承認和信奉耶和華的能力延展全地。然而，直至被擄之後，以色列才最終認識到，耶和華不只比其他神明更有能力，而是實際上沒有其他神明存在。求助其他神明，等於訴諸於一個無望的人類建構（參：例如，詩一一五 3～7）。在以賽亞書中，充滿了對其他神明的貶抑說法（四十三 10～11，四十四 6～9，四十五 6～22）。

然而，這並不是舊約對其他神明及宗教的觀點之全部所在。在耶和華信仰的排他主義與謹慎地認可其他宗教的價值之間，是存在著內置的張力的。前者是常規，後者是例外。「首先貶低其他神明，並最終否認它們的存在」，但與這立場相反的是，那些能以較正面態度看待其他宗教的追隨者的故事，在舊約中可以得到充分發揮。這些故事包括了古列的領導，他是一個異教的君王，卻擔當仿如耶和華的「受膏者」（anointed，字面意義是「彌賽亞」）（賽四十四～四十五章）；尼尼微城的悔改，那是一個被先知約拿審判的異教城市；還有別的故事，顯示出以色列人雖是懷著對待假神的一切疑慮和抗拒，仍然偶爾會承認和接觸其他信仰。

而且，值得留意的是，有許多慶賀耶和華為宇宙的君王的經文，甚至邀請其他民族一同讚美上帝。許多詩篇提供了例證：詩篇七十四、九十三、九十七、九十八和九十九篇。以賽亞的讚歌邀請列邦「向耶和華唱新歌」（賽四十二 10）。

在堅定地審判其他民族和別的神明之亮光中，舊約關於埃及的未來的預言是惹人注目的：「耶和華必被埃及人所認識。在那日，埃及人必認識耶和華，也要獻祭物和供物敬拜他，並向耶和華

許願還願。」（賽十九 21）甚至埃及也成為「上帝的子民」。瑪拉基書一章11節同樣惹人注目：「萬軍之耶和華說：從日出之地到日落之處，我的名在外邦中必尊為大。在各處，人必奉我的名燒香，獻潔淨的供物，因為我的名在外邦中必尊為大。」許多先知清楚表明了耶和華對於普世的能力和目的，祂所交往的不只限於祂所揀選的子民。異教的君主尼布甲尼撒表明「稱頌至高者，讚美尊敬活到永遠的上帝」（但四 34）。大利烏王也承認，耶和華是永活的上帝，下令所有臣民要對這位上帝「戰兢恐懼」（但六 26）。

對於耶和華與其他神明之間的關係的討論，還應該補充很重要的一面。按照高定基的看法，在耶和華的角色與四周民族的神明的角色之間，有著重要的重疊之處：「在創世記中，耶和華與伊勒（El，譯註：神的稱謂）有類似的輪廓，後者是一位如父親般的
35 創造神明，在迦南人的諸神中為首。在出埃及記中，耶和華的行事就像巴力（Baal）一樣，那是一個侵略型、戰士型的形象。當以色列人定居在迦南時，他們需要一個及於自然界的神，而巴力也就是這樣的一個神明。」故此，「若說耶和華首先像伊勒般行事，然後就比較像巴力，就暗示了在前約的宗教與迦南人的宗教之間，有相當大的重疊。」接著，高定基總結說：

> 那麼，耶和華與伊勒、巴力，與其他神明之間有何分別？一個分別是耶和華是獨一的，而迦南人的神學，本身存在著許多神明，彼此間有一些非固定的權勢等級。前約本身可以假定眾神（*'elohim*）的存在，不過它也會問：**耶和華阿，眾神之中，誰能像你**（出十五 11），堅稱耶和華是萬神之神（“God of gods”，申十 17），而且宣告所有神明都要向耶和華屈身下拜（詩九十七 7）。故此，當它把眾神（*'elohim*）用於有別於耶和華的其他存在者（beings）時，那是從屬的存在物

> （subordinate entities，或譯「從屬的東西」），我們可以稱之為屬天的存在者（heavenly beings），而不是神明。相對於它們，耶和華擁有完全至高的地位。耶和華的能力不能被克勝。耶和華的活動範圍，涵蓋了一切實在（reality）；其在世界的神聖活動，在各種力量之間是不會被分割的。[38]

以色列人費了許多世紀的掙扎鬥爭，才完全明白他們的上帝——耶和華——往往有別於其他神明和宗教。這種對於上帝的獨一性（oneness）的基礎性信念，在上帝的子民邁向彌賽亞來臨之時，得以清晰和成形。當新約宣告耶穌基督是認識上帝的惟一途徑時，值得注意的是，祂是通往認識舊約的上帝——耶和華——和亞伯拉罕、以撒和雅各的上帝的途徑。

38 Goldingay, *Old Testament Theology*, 374.

2

新約 基督教的三一上帝

The New Testament
The Christian Trinitarian God

・ 耶和華是新約的上帝 ・

以下對於上帝信仰的新約背景的陳述,也適用於舊約;這也說明了新約是如何受惠於舊約的:

> 新約沒有試圖證明上帝的存在。上帝的論證(theistic proofs)是屬於後來的護教學和系統神學的。新約神學開始於某些驚人的前設——即上帝存在,祂創造了人並且一直保持對人關心。事實上,早期基督教思想的整個結構都視之為理所當然……以哲學的方式試圖證明上帝的存在,其價值無論有多大,新約沒有提出指引。[1]

1 Donald Guthrie, New *Testament Theology* (Downers Grove, Ill.: InterVarsity, 1981), 75;中譯本可參古特立:《古氏新約神學》,高以峯、唐萬千譯(台北:中華福音神學院,1990)。

「新約的上帝等於耶和華——即舊約的上帝，這觀點完全為新約作者所假定，雖然他們從來沒有明確地稱祂為耶和華。」因此，正如阿蓋爾（A. W. Argyle）出色地建議說，新約的上帝可以描述成「一位沒有名字的上帝」（a nameless God）。[2] 新約的上帝是有稱銜（designation）的，例如君王和父親，上帝是復活和
永生的肇始者。不過，上帝不是以個別的名字（personal name） 37
來稱謂的，好像希臘人的宙斯（Zeus），摩押人（Moabites）的基抹（Chemosh），或希伯來人的耶和華（Yahweh）。這種沒有名字（namelessness）的特徵，事實上在七十士譯本（Septuagint，舊約的希臘文譯本）中已經見到，在其中以色列上帝的個別名字**耶和華**，並沒有以任何形式出現。正如陶德（C. H. Dodd）觀察到的：「單單藉著抹去上帝的名字，七十士譯本對一神主義的界定作出了貢獻。」[3]

故此，我們可以總結的，不單單是新約上帝教義的根源是見諸於舊約的，而是新約中有關上帝的教導，是以舊約對上帝的闡述為前提的。新約加添了一些上帝的特徵於舊約的神學之中，並強調某些方面，特別是上帝作為父親和君王的身分，這是向更全面理解上帝裏的多元性（plurality）邁進——即邁向三一論信仰（trinitarian faith）——但新約沒有任何地方是始於對上帝觀的「無中生有」或「從頭開始」的。耶穌和祂的門徒以及使徒，都是在會堂中接受培育的，運用著舊約耶和華信仰的範疇和思想形式。「廣義來說，我們可以說新約的上帝即是舊約的上帝，後者在耶穌基督的位格和工作（Person and Work）的亮光中，被再詮釋和被更完整地啟示出來。」[4]

2　A. W. Argyle, *God in the New Testament* (London: Hodder & Stoughton, 1965), 9.

3　C. H. Dodd, *The Bible and the Greeks* (London: Hodder & Stoughton, 1954), 3.

4　Argyle, *God in the New Testament*, 10.

視耶穌基督的位格為進入新約中上帝觀念的門檻，是新約中決定性的一步：

> 從來沒有人看見上帝，只有在父懷裏的獨生子〔the Only Begotten〕將他表明出來。（約一 18，參 NIV 的另讀〔alternative reading〕）
>
> 我就是道路、真理、生命；若不藉著我，沒有人能到父那裏去。（約十四 6）
>
> 人看見了我，就是看見了父。（約十四 9）

耶穌是認識上帝的途徑。不過，按照舊約的見證，耶穌的上帝正是猶太人信仰的上帝。祂是亞伯拉罕、以撒和雅各的上帝（可十二 26～27），這位上帝是以色列在他們的示瑪（Shema）中宣認的（可十二 29；參申六 4）。舊約的上帝正是耶穌吩咐信徒盡心去愛的上帝，那是首要的誡命（太二十二 37～38）。

38 由於新約的上帝就是舊約的上帝，藉著和通過耶穌基督而被得知，上帝的教義在兩約中呈現的方式是相似的：

> 正如舊約上帝的觀念不是由抽象思想或形而上的探索所形成的，而是在（in）及藉（throught）以色列歷史中逐步的和局部的神聖者自我揭示（Divine self-disclosure）所賜予的，故此，新約中較完整的上帝概念，並不是哲學性玄思臆測的成果，而是啟示於耶穌基督在歷史中的降生、生活、事奉、受苦、死亡、復活和升天，然後藉著基督，上帝的靈的恩賜被賜給初期教會。[5]

5 Argyle, *God in the New Testament*, 11～12.

雖然新約對上帝的信仰是分享了希伯來信仰的遺產，早期教會卻是生活在希臘文化中。用於上帝的標準希臘用語 *theos*，在新約中隨處可見，其詞源卻是不清楚的；惟一確知的，是它起初是一個稱銜。除了 *theos*（上帝在新約中的主要稱謂）之外，作者都使用 *kyrios*。「七十士譯本的特徵，是以色列人──猶太一神主義的希臘化，以及約減上帝的稱謂。」[6] 故此，希伯來字 *'el* 及其派生詞，一般都翻譯成 *theos*，只有在偶然的情況下才譯作 *kyrios*。

在希臘文化中的神明概念，既是多神論式的，也是非位格化的（nonpersonal）。眾神往往是以擬人化的形式出現而為「位格性的存在物（personal beings），對於世界和人類命運擁有決定性的影響力，可是它們自己受制於在其之上的命運。」由於它們不是創造的神明（creator gods），「它們沒有被想像成是在宇宙之外的和超越的。」[7] 希臘的神明不是公義的；它們有時會自私地追逐自己的計劃。新約對上帝的觀念是源自舊約的，以意義深遠的方式挑戰著希臘的觀念。兩者之間也有其平行之處，早期基督教神學家很快便挪用了。

正如已經暗示的，新約對於舊約以上帝為以色列的耶和華這概念，有意義深遠的加添。有三點對後來的神學發展具深遠意義：耶穌與作為父的上帝的關係親密，耶穌注目於上帝的國度並因而是注目於國度的上帝，以及三一論信仰的出現。雖然這些概念沒有一樣不是屬於舊約的，在上帝藉著耶穌基督的位格的啟示中，這三個主題有了新的意義，而且使新約上帝的教義獨一無二。我們現在轉而探討這些發展。

---

6 J. Schneider, "God," in *The New International Dictionary of New Testament Theology*, ed. Colin Brown (Grand Rapids: Zondervan, 1976), 2:70.

7 Schneider, "God," 2:66.

39

· 上帝作為父親 ·

舊約中的父

上帝父親的身分（fatherhood，或譯「父性」）這觀念在舊約中並不陌生，但也不是一個重要的主題。[8] 當然，有一些例子是把耶和華描繪成父親的。有幾位先知，特別是當他們期望呼召以色列回到對耶和華的忠誠，就運用了父親的意象：「我又說：你們必稱我為父，也不再轉去不跟從我。」（耶三 19）何西阿書十一章親密的談到耶和華教導以色列——祂的兒子——行事，不過即使在那裏，希伯來字 *'ab*（「父」）也沒有出現。在詩篇一〇三篇 13 節中，實際用上「父」一語。類似的經文，有箴言三章 12 節和申命記三十二章 6 節的「摩西之歌」。

另一處把上帝稱為父的——表達了一段親密的父子關係——是關於以色列的君王的經文：「耶和華曾對我說：你是我的兒子，我今日生你。」（詩二 7）在新約耶穌的講論中，這些經文對父親的意象是十分重要的。

以父親這種親密用語（father language）稱呼上帝，在舊約中是相當罕見的。聖經學者認為在早期猶太教文獻中，沒有明顯證據指出在耶穌時代之前，百姓向上帝禱告，視之為「阿爸父」（*abba*，這是一個親密的亞蘭文〔Aramaic〕用語）。當我們翻到新約時，尤其是耶穌運用「父」這個用語，我們發現了這個用語的意義，有著值得留意的增添，以及新的層面開始進到重要的位置。[9]

---

8 Ben Witherington III and Laura M. Ice, *The Shadow of the Almighty: Father, Son, and Spirit in Biblical Perspective* (Grand Rapids: Eerdmans, 2002), 1；對於在舊約中父親形象如此缺乏，背後可能的原因參頁 4～6。

9 參 Witherington and Ice, *Shadow of the Almighty*, 16, 19～20。

耶穌的父

耶穌稱呼上帝和介紹上帝的方式，完全集中於上帝作為父。耶穌信息的中心，是宣告上帝的國臨近了，不過即使如此，耶穌用了天父（heavenly Father）這名字，來指稱其統治正臨近的上帝：

> 上帝藉著照料祂的受造物，顯示祂自己是父（太六 26；比較路
> 十二 30）。祂叫祂的日頭照亮，把祂的雨降給義人和不義的人
> （太五 45）。父是耶穌教導愛仇敵的一個榜樣（五 44～45）。
> 祂樂意赦免那些轉向祂的人（路十五 7、10、11及下），那些
> 祈求祂的赦免（十一 4），以及饒恕他人（太十一 25；比較六
> 15，十八 23～35）。祂讓自己就像父親一樣被祈求，而且像地
> 上的父親一樣，並且比他們更甚，當祂的兒女祈求時，就把好
> 東西給予他們（太七 11）。故此，耶穌教導祂的門徒向天父禱 40
> 告，就包括了為日用飲食的祈求，即一切地上需要的總和，以
> 及祈求赦免，那是繫於願意赦免（路十一 3～4）。這段禱文也
> 表明，耶穌對上帝父親般美善的宣告，是關乎祂對上帝統治臨
> 近的終末性（eschatological）信息。以三個祈求來開始的那個
> 禱告，是朝向父上帝的主權的來臨的。[10]

在所有福音書中，都有上帝的父性這主題，不過顯然有一個奇怪的發展。馬可福音這最早的福音書，只記載過四次。馬太福音有三十次提到這個主題。然而，在數十年後撰寫的約翰福音，卻有不少於一百二十次！對於這一點，即使是聖經學者，也沒有提供一個確實理由，但明顯「父」一語的使用是經年增加。

把上帝稱為父親是甚麼意思？湯普森（Marianne Meye

10 Wolfhart Pannenberg, *Systematic Theology*, vol. 1 (Grand Rapids: Eerdmans, 1991), 259.

Thompson）在她近期的研究《父親的應許》（*The Promise of the Father*）中，提出了三方面：

1. 上帝是父，父的意思是指作為人的家庭的源頭而言。
2. 上帝是父，父的意思是指他供應和保護他的兒女。
3. 上帝作為父，這父親期待順服和尊榮。[11]

近期某些人認為，在舊約，對於父親意象使用的躊躇和在新約中的常見之間，其分別在於舊約是從父的角度觀看，而在新約中是從子的角度來看父。換言之，耶穌造成了差別。[12] 故此，留意福音書如何述說耶穌在祂的一生與事奉中所運用的「父」這個字，那是恰當的。

對父最親密的稱呼——「阿爸」（*abba*）——開始進到耶穌祈禱中重要的位置。耶穌不只稱呼上帝為「阿爸」，祂也教導門徒這樣做。耶利米亞（Joachim Jeremias）的經典著作《耶穌的祈禱》（*The Prayers of Jesus*）的基本論點，[13] 是儘管耶穌的上帝觀不是全新的，祂稱呼上帝的模式卻是新穎的——因為祂與上帝的關係是獨特的。以耶利米亞的話來說，「在耶穌的禱文中，以阿爸來稱呼上帝其全然新穎和獨特之處，顯示這用語表達了耶穌與上
41 帝之關係的核心。」[14] 當老一輩的學者——今天流行的教導亦然
——認為，「阿爸」的稱呼，性質有點像「爹地」（Daddy-like），

11 Marianne Meye Thompson, *The Promise of the Father* (Louisville: Westminster John Knox, 2000), 39.

12 C. Seitz, *Word without End* (Grand Rapids: Eerdmans, 1998), 258；以及 Witherington and Ice, *Shadow of the Almighty*, 20。

13 Joachim Jeremias, *The Prayers of Jesus* (Philadelphia: Fortress, 1967).

14 Joachim Jeremias, *New Testament Theology: The Proclamation of Jesus* (New York: Scribner's, 1971), 67.

那是基於幼童的用語，聖經學者指出，這個用語也可用於成年兒子和父親的親密關係中。

> 「阿爸」一語，很清楚是運用家庭的語言來親密地稱呼上帝的方式，不論是由一個小孩或成人發出，比起稱上帝為上帝或主，這也沒有那麼拘謹……重點是，耶穌選擇這個用語，揭示耶穌意識到祂與上帝的特別關係。[15]

在耶穌稱呼天父的用語的方式中，可以見到有幾個獨特的特色。[16] 首先，不論何時耶穌直接稱呼上帝時，祂總是向作為父的上帝說話。[17] 耶穌從來沒有稱呼上帝為君王或主人。第二，耶穌在客西馬尼園的極大傷痛中（可十四 36），稱呼上帝為「阿爸」。顯然，「阿爸」不只有親密的含義，更是指對上帝的完全依靠。第三，在福音書中，惟獨耶穌用「我父」（my Father）這親密的表達方式。即使是在福音書以外，那句話也只有出於耶穌的口（啟二 27，三 5、21）。門徒被教導要稱呼上帝為「我們的父」（our Father）。有趣的是，直至領受聖靈之後，早期基督徒才開始稱呼上帝為「阿爸」，暗示有需要由聖靈引導耶穌的跟隨者，進入耶穌與父上帝那同一種的親密關係中（羅八 15～16；加四 6）。不過，保羅和其他早期基督徒很有節制地使用這個表達，到達一個程度，以致到了新約步向結束之時，這用語便消失了。但鑑於「阿爸」的禱告，被視為是耶穌禱告的獨特形式，所以這還是可以理解的。[18]

---

15 Witherington and Ice, *Shadow of the Almighty*, 22.

16 關於這方面的觀察，參 Witherington and Ice, *Shadow of the Almighty*, 22～24.

17 馬可福音十五章34節是一個例外，因為耶穌在此引用詩篇二十二篇：「我的上帝，我的上帝。」

18 Thompson, *Promise of the Father*, 65.

所有人的父

雖然在新約中，父那父親的身分，首先是跟耶穌作為子有關的，並且由此而衍生至父與耶穌自己的子民之間的關係，但這個概念也可擴大至包括其他一切人在內。耶穌教導上帝就像是父親一樣愛所有人，在其中，我們看到這一點。然而，「父親的身分是上帝國度的禮物」也是真確的，[19] 因此在上帝國度的來臨中，這完整的福氣為那些把他們的生命委身於上帝——君王和父——的統治的人存留著。

正如上文所建議的，以上帝為父和以上帝為國度的統治者等觀念是不能分開的。這兩個概念之間的親和性，經常出現在終末性的場境中。

42 在這終末性的拯救中，義人將會進入他們的父的國度（太十三 43）。祂是那為蒙福者預備國度這個終末遺產〔用聖經用語「基業」或「產業」的父親（太二十五 34）。祂是那把國度這份禮物贈予耶穌門徒的父親（路十二 32）。上帝的父性的至高恩賜，是在上帝的主權中分享，那是在全世界中行使的〔是有分於上帝的主權，而這主權將施行於全地〕。到那日，耶穌將會與祂的門徒在天父的國度中享受更新的團契（太二十六 29）。[20]

19 George E. Ladd, *A Theology of the New Testament*, rev. ed., ed. Donald A. Hagner (Grand Rapids: Eerdmans, 1993), 52；中文譯本可參賴德：《新約神學》，馬可人、楊淑蓮譯（台北：中華福音神學院，1998）。

20 George E. Ladd, *Theology of the New Testament*, 83.

・國度的上帝・

上帝的統治

當代新約學者普遍贊同的少數幾個觀點之一，就是上帝的國度是耶穌的中心信息（可一 15 及平行經文）。[21] 這個信息及它所提到的上帝，其背景是甚麼？再一次，近代學者一致認為，舊約是這背景。[22] 雖然「上帝的國度」的說法在舊約中沒有出現過，上帝統治的觀念卻是清楚見於舊約的，並主要以兩種形式出現：上帝是以色列的君王（出十五 18；民二十三 21；賽四十三 15），也是全地的君王（王下十九 15；詩二十九10；賽六 5）。

希伯來字 *malkut* 與希臘字 *basileia* 一樣，都是翻譯成「國度」（kingdom）的，不過翻譯成「統治」更適當。上帝的國度是關乎上帝主權的統治。大多數學者都同意，耶穌教導說，上帝的統治既是現今的（「既濟」〔already〕），也是在它的終末性實現中來臨的（「未濟」〔not yet〕）。

正如上文提到的，舊約沒有用過「上帝的國度」這片語，即使上帝統治的概念顯然存在。舊約天啟主義（apocalypticism）的用語，涉及對末時的期望，相當接近這種表達方式。以此方式，但以理書二章 44 節說：

> 當那列王在位的時候，天上的上帝必另立一國〔*malkut*，「統治」〕，永不敗壞，也不歸別國的人，卻要打碎滅絕

21　馬太也用「天國」（kingdom of heaven）一語，尊重猶太人不願意使用上帝的名字的做法。另有一些措辭的例子，例如「父的國度」和「人子的國度」，不過學者把它們歸類為第二重的基督徒發展。

22　例如，參 Leonhard Goppelt, *Theology of the New Testament*, vol. 1 (Grand Rapids: Eerdmans, 1981), 45～51；中文譯本可參郭培特：《新約神學》，古樂人譯（香港：種籽，1991）。

那一切國，這國必存到永遠。

43 ## 上帝是那位統治的

關於新約的上帝觀，上帝的國度有甚麼啟示？這國度是上帝的國度，而不是人類的國度。此外，作為上帝，上帝的統治屬於祂的「本質」（essence）。沒有統治，上帝就不成上帝。因此，「國度的臨在，是從上帝現今活動的性質來理解的；而國度的未來，是祂在末時的君王統治的救贖性彰顯。」[23]

賴德（George E. Ladd）強調了上帝國度的四方面。[24] 首先，這國度的上帝是那位尋找的上帝（the seeking God）。耶穌對國度的宣告中那新穎的元素，與祂對上帝的教導中的新穎的元素相平行，那就是：上帝是一位尋找的上帝。耶穌有關國度的信息所宣告的，就是上帝最終將會採取行動，而且上帝已經在歷史中採取救贖性的行動。上帝已經通過實現彌賽亞的應許，眷顧祂的子民。[25] 耶穌有一些比喻說明了這個真理，其中最清楚的或許是路加福音十五章的三個比喻，強調上帝渴望挽回失喪者。

第二，這國度的上帝是那位邀請的上帝。耶穌描繪終末性的救恩是由上帝預備的，祂邀請了許多賓客，準備一場筵席或盛宴（太二十二 1～4）。

第三，這國度的上帝是如父親般的上帝，上文已經討論過這一方面。

第四，這國度的上帝是審判的上帝。

上帝尋找罪人，並且把國度的禮物施予他或她，與此同時，祂

23 Ladd, *Theology of the New Testament*, 79.

24 Ladd, *Theology of the New Testament*, 80～88.

25 Ladd, *Theology of the New Testament*, 80～81.

> 對於那些拒絕這個恩慈施予的人，仍然是一個賞善罰惡的上帝。祂對於失喪者的關懷，沒有使神聖的聖潔消失在仁慈友好之中。上帝是尋找的，但祂也是聖潔的愛。[26]

在福音書以外，甚少地方直接提到上帝的國度。我們偶爾會讀到傳講國度或關乎國度的經文（徒八 12，二十八 31），不過這些表達並沒有福音書出現得那麼多。即使在約翰福音中這也較少出現。雖然上帝統治的觀念——基於新約對舊約上帝觀的採納——沒有消失（我們只需要想想新約最後一卷書啟示錄就可以了），耶穌對於國度用語的獨特用法，已被其他用語取代，就是那些最經常指到基督對教會、世界和各種權勢的統治的用語。

或許新約塑造舊約上帝觀之最獨特方式，是更嚴肅地採納了在舊約中最初出現的神格（Godhead，或譯「神」、「神性」、「神性源頭」）的多元性。在新約中，基督教上帝的三一性概念握開始浮現了。 44

・　基督教三一思想的根源　・

在舊約中上帝的多元性

在本書的第一章中，綜覽了一神主義在猶太人中間的興起和鞏固。我們已經看過，新約接納了這個「一神—耶和華主義式」（monotheistic-Yahwistic）的上帝，成為基督教信仰的上帝。不過，基督教的上帝是三一的（triune）。我們如何說明這一點？歷代以來，當基督教神學試圖解決這個難題，要不是訴諸彌賽亞來臨之前，舊約的信仰那種尚未完全發展的性質，就是——較經常地——在聖經中尋找可能的三一論印證經文（proof texts）。這些印證經文由創世記

26　Ladd, *Theology of the New Testament*, 85.

一章 26 節（「要照著**我們**的造⋯⋯」）——這段經文當今的釋經，是視之為一個威嚴的複數（plurality of majesty）的例子（有點像君王個人以「我們宣告⋯⋯」的方式作出宣稱）——以至以賽亞書那著名的三重「聖哉！聖哉！聖哉！」的感歎（六 3），直到例如創世記十八章的經文，其中「耶和華的使者」的神現（theophanies），被視為是三一（Trinity）中第二位格（the Second Person）在道成肉身之前的顯現。不過，在當代釋經的亮光中，這些或類似的例子，都是站不住腳的。它們也會衍生如何達至一套獨特的三一上帝觀的問題——例如，為何不可以是二一的（binitarian）。此外，認為舊約的上帝觀是稚嫩的這種觀念，是很有問題的，特別是因為新約——以及耶穌自己——都不是如此理解之。[27]

當代神學以不同的進路在猶太一神主義的亮光中，說明早期基督教對三一上帝的信仰的出現。這意味著要重訪和修正（revisiting and revising）神學學術研究的某些準則：

> 新約學者的傳統智慧一向以為，神聖本質歸給耶穌是源於以色列以外的希臘文化衝擊，以及這個文化對神聖者（Divine）的概念所造成的結果。這個假設是，早期猶太人調較他們的一神論用語，除了耶和華之外，不會把這等語言用於任何一位神明之上。上帝的一性（oneness），排除了在神格中多重位格的說法。[28]

最近期對這個假設提出反對的是包衡（Richard Bauckham），
45 他是神學家和新約學者。包衡認為，早期猶太人對上帝的定義，是

27 經典的研究，參 A. W. Wainwright, *The Trinity in the New Testament* (London: SPCK, 1952)。

28 Witherington and Ice, *Shadow of the Almighty*, 68.

可以包括子的位格而不違反一神主義的。[29] 把耶和華式的信仰與多神主義式（polytheistic）的信仰作出區別，並不是想要把耶和華置於一個神明等級的頂端，而是把祂置於一個「絕對獨一無二的範疇，不可與其他東西比擬」。[30] 換言之，即使是備受高抬的——尤其是在天啟文學中——至高天使或空中權勢，儘管參與上帝對地上的統治，也沒有分享上帝的本質。然而，在一個神格之內的區分，例如在上帝的靈與上帝的道之間的區分，不必然被理解為對神聖的合一性（divine unity）的妥協。最後，包衡總結說——這對於新約三一論看法是十分重要的——「第二聖殿的猶太人對於神聖的獨特性（divine uniqueness）的理解……並沒有使得在神聖身分之內的區分變成不可思議。」[31]

雖然在舊約中對上帝的合一性有不能否認的強調，但也有元素是指向多元性的。[32] 例如，上帝的「智慧」、「道」和「靈」有時作同義性的使用，而且並不總是可以系統性地區分。按照歐柯林（Gerald O'Collins）的看法，這三個用語都是「生動的位格化」（vivid personifications），既等同於上帝，也有別於上帝，代表「神聖行動的位格化踐行者」（personified agents of divine activity），經常是以位格化的特徵而行動。[33] 箴言指出，「智慧」是由上帝在「在耶和華造化的起頭」所創造的（八 22）。「道」總

29 Richard Bauckham, *God Crucified: Monotheism and Christology in the New Testament* (Grand Rapids: Eerdmans, 1998), 13；中文譯本可參包衡：《被釘的神——新約的獨一神論與基督論》，李樹德譯（香港：基道，2002）。

30 Bauckham, *God Crucified*, 15.

31 Bauckham, *God Crucified*, 22.

32 最有幫助的討論參 Gerald O'Collins, *The Tripersonal God: Understanding and Interpreting the Trinity* (New York: Paulist, 1999), 12～32。關於統一性中的多元性（the plurality in unity），另參 Peter Toon, *Our Triune God: A Biblical Portrayal of the Trinity* (Wheaton: Victor, 1996), 95～112。

33 O'Collins, *Tripersonal God*, 23.

是主動的、有力的（賽五十五 11），而且是創造性的（創一章）。有時「靈」與「道」相關聯，正如詩篇的作者對創造故事的解釋（詩三十三 6）。「靈」一語本身（*ruah*，「氣息」）在舊約中出現超過四百次。[34]

基於上述考慮，當代學者相信三一論信仰的逐漸出現，是與舊約的見證一致的——儘管比它走得更遠。新約如何處理舊約這種上帝的統一性與祂的多元性之間的動力？

在新約上帝觀中的三一取向

念基督教神學的學生，聽到最近一本討論三一論的教科書如
46 何總結新約對三一論的取向，可能會感到失望：「新約沒有提過『三一』一詞。不過，我們從新約作者身上發現的，是始終如一地指出耶穌基督與舊約的天父是擁有獨特的父子關係。」[35] 雖然當今的學者的這個撮要，似乎沒有作出許多承諾，不過正是在這種二一思想（binitarianism）中，我們可以識別出發展得更成熟的新約三一論神學的根源。顯然地，新約是通過耶穌基督的位格，引介其三一思想（trinitarianism）的——按照早期基督徒的看法，耶穌基督正是分享著父上帝神性的那位。

在耶穌的一生中，祂宣稱自己是由上帝差派來的（約五 37），而且更重要的是，祂被賦予給予生命的權柄，正如天父一樣（五 21），並且正如天父一樣施行審判（五 22）。事實上，耶穌宣稱任何人若是不尊敬子，就是不尊敬父（五 23）。馬太福音中的耶穌指

34 參 Veli-Matti Kärkkäinen, *Pneumatology: The Holy Spirit in International, Ecumenical, and Historical Perspective* (Grand Rapids: Baker Academic, 2002), 25～27。

35 Roger E. Olson and Christopher A. Hall, *The Trinity* (Grand Rapids: Eerdmans, 2002), 6；中譯本可參奧爾森、霍爾：《基督教三一論淺析》，蔡錦圖譯（香港：基道，2006）。

出：「除了父，沒有人知道子；除了子和子所願意指示的，沒有人知道父。」（十一 27）

在耶穌被釘十字架和復活之前，耶穌就宣稱擁有祂父親的權柄和認可。正如羅馬書一章3至4節主張，當耶穌藉著祂的父從死裏復活時，早期基督徒認為這是神聖的確證。這樣的信念對於耶穌的神性之教義的出現是十分重要的，這宣稱當然被耶穌在世時的猶太對手所強烈質疑，他們控訴祂褻瀆上帝（約五 18）。

此外，新約把「主」（*Kyrios*）的稱銜用於復活和升高的子，而在七十士譯本中，那是父所專用的。可以向主（*Kyrios*）——即子——祈求（這是林後十二章 8 節的一個可能的解釋），而在多馬的認信中，這稱銜是等同於「上帝」（*theos*）一語的（約二十 28）。此外，保羅和希伯來書的作者，都論證子的先存性（preexistence，西一 15～16；來一 2～3）。[36]

顯然地，那是有足夠的基礎談論二一性的根據。那麼，在後期神學的發展中，三一的第三員又如何？聖靈被描述為「耶穌與天父的團契的中介，以及信徒有分於基督裏中介者。」[37] 耶穌基督從死裏復活，聖靈宣告祂神聖兒子的身分（羅一 4）；把耶穌從死裏復活的上帝將會藉著祂的靈——祂是住在那些相信基督的人中間的——把永生賜給身體終必朽壞的人（八 11）。賜給基督徒的子的靈（八 15），就是基督的靈（八 14）。福音書也把耶穌和聖靈連繫一起。馬 47
可把耶穌的神蹟看成是聖靈的工作（三 29～30），馬太認為那趕鬼的是同一位聖靈（十二 28），而路加描述耶穌是被聖靈充滿的（四 1、14；等等）。[38]

36　即使可以論證（例如 Pannenberg, *Systematic Theology*, 265）早期基督徒不相信在基督的先存性確立其神性，也不否認耶穌的先存性是蘊含了神性。

37　Pannenberg, *Systematic Theology*; 266，我受惠於他在頁 264～269 的仔細說明。

38　參 Kärkkäinen, *Pneumatology*, 29～30。

潘寧博（Wolfhart Pannenberg）正確地概述了在新約中三一論取向的興起：

> 聖靈參與上帝臨在於耶穌的工作中，以及參與子與父的團契中，是以下事實的基礎：基督徒對上帝的理解，是在三一的教義中找到成熟和決定性的形式，而不是在父和子的二一的教義中……新約的論述沒有澄清三者之間的相互關係，但它們卻清楚地強調了祂們是相互有關的事實。[39]

一併提及神格中的三員的經文並不多。[40] 早期出現的洗禮公式語（baptismal formula，太二十八 19），無疑是對於浮現中的三一論式上帝觀作出重大貢獻。耶穌本身的洗禮敍述，見於四卷福音書（太三 13～17；可一 9～11；路三 21～22；約一32～34），當中均記載了天父從天上對子說話，而聖靈則像鴿般降在祂身上。此外，三一論的公式語，還有祝福語（benedictions，「願主耶穌基督的恩惠、上帝的慈愛、聖靈的感動常與你們眾人同在！」〔林後十三 14〕），和某些似乎是按照三一論模式建構的經文（羅十五 16，十五 30；林後一 21～22），以及聖經中某些較長的段落，例如以弗所書一章1至14節。這些只是少數例子，說明耶穌——作為父在聖靈的能力中所差遣的那一位——的出現，如何引導新約作者把上帝理解為三一的。

39 Pannenberg, *Systematic Theology*, 268～269.

40 約翰壹書五章7至8節一度被視為是**那**三一論的經文，對於「父、道和聖靈」（“the Father, the Word, and the Holy Spirit”）有不同的讀法，不過這段經文現在被視為是後期加添的。

．新約的上帝與其他神明．

我們會藉縱覽新約對其他神明的觀點，來結束這次對新約上帝觀的檢視。這種考量的起點是

> 「界限」(boundaries)的問題仍然是早期教會主要關注的問題，正如耶穌自己也曾關注過的。早期教會掙扎要超越以色列的限制，以及對外邦人開放，是保羅書信和大部分福音書傳統的主要論題。[41]

與舊約的信仰一致，當教會要用更包容、更友善的態度對待 48
外邦人時，面對著一個痛苦的掙扎。彼得最後下結論說：「我真看出上帝是不偏待人。原來，各國中那敬畏主、行義的人都為主所悅納。」(徒十 34～35)然而，他得出這個結論，是一位天使所促使的。除了例如使徒行傳十四章16至17節的經文：「他在從前的世代，任憑萬國各行其道；然而為自己未嘗不顯出證據來」，以及其他諸如保羅那著名的亞略巴古演說(徒十七 22～31)之外，新約甚少暗示早期基督徒多有承認在他們的上帝與列國的神明之間有共通之處。

安全的說法，是那些關乎早期教會對其他宗教和神明的觀點的聖經材料，頂多只能算是「稀少」。早期教會採納了猶太一神主義，並且堅持上帝的位格和本性，是普世性的(universality)。同時，教會致力傳福音給萬民，包括猶太人和外邦人。保羅這位最首要的外邦人使徒，傳講基督的福音讓「萬國的民……信服真道」(羅十六 26)，暗示他並不大相信其他神明可以施行拯救。保羅

41 Donald Senior and Carroll Stuhlmueller, *The Biblical Foundations for Mission* (Maryknoll, N.Y.: Orbis, 1983), 157.

相當廣泛地接觸其他宗教，以及其他宗教的追隨者，不過，即使他也沒有處理如何與其他神明相關聯的問題——除了指出人們應該離棄偶像，歸向真神（帖前一 9）。

有兩段摘自一位當代作者的文字，說明了新約對於其他神明和宗教的主要取向：

> 結論是，宗教可以是黑暗、欺詐和殘酷的。它藏匿著醜陋、驕傲、錯誤、虛偽、愚昧、殘忍、邪惡、冷酷、盲目、盲信和欺詐。認為世界諸宗教其一般能作為得救之途，是危險的胡說和一廂情願的想法。[42]
>
> 另一方面，根據聖經的觀點，在列國也存在宗教的信仰，它承認的信仰——既不是猶太人的也不是基督徒的——是高貴的、振奮人心的，和穩當的。我們早在異邦聖徒這等範疇中，碰見過這種信仰，就像亞伯、以諾、挪亞、約伯、但以理、麥基洗德、羅得、亞比米勒、葉忒羅、拉哈伯、路得、乃縵、示巴女王、羅馬兵丁、哥尼流等信徒。這些存著信心的男男女女——與上帝有一個正確的關係以及像聖徒般生活——是處於上帝與挪亞所立的那較廣闊之約的條款之下的。[43]

第一段引文，給予規限；第二段，則給予一個蒙福的例外。新約沒有解決這種張力。再一次，後來的神學討論，嘗試去理解對上帝的排他主義式的信仰（exclusivistic faith），以及那位所有人的
49 上帝——那位仍然似乎承認人們在立約羣體之外如何思想祂，是有其相對價值的。

42 Clark H. Pinnock, *A Wideness in God's Mercy: The Finality of Jesus Christ in a World of Religions* (Grand Rapids: Zondervan, 1992), 90.

43 Pinnock, *Wideness in God's Mercy*, 92.

‧ 上帝的教義 ‧
——從聖經材料到以後的神學發展

此際，在轉往討論上帝教義在基督教歷史中的發展之前，適當的做法，是對我們曾經覆蓋的範圍作一縱覽，而且也再一次重訪那基礎性的問題，那是在這段有關聖經對上帝概述的這部分的起頭曾提出過的問題：即聖經如何處理上帝這課題？聖經對於上帝教義的理解有何貢獻？我們可以用下面的方式，總結聖經材料的某些主要特徵。

首先，在舊約和新約中均有大量關於上帝的圖畫。這些圖畫或見證分享了一個共同的基礎——上帝是萬有的源頭，並照顧萬有，並擁有權力定下規範，而且最重要的是祂乃惟一真正的活神——不過這些圖畫也保存了不可避免的動力，涉及許多見證和故事。

第二，新約接納舊約的耶和華信仰。換言之，新約的上帝是舊約的上帝。

第三，循著宗教改革運動（Reformation）的原則，讓聖經既是（系統）神學建構的來源，也是它的批判者，我們對於聖經是死板和枯燥的指責應該小心處理。古典上帝論經常指出，聖經所啟示的上帝是動態的、回應性的，以及活潑的。完全承認聖經對上帝的見證所具有的敘事性、見證性的性質，應該有助我們更好地評估古典的觀點及對它的挑戰。

在接下來本書的第二部分，當討論到上帝教義的歷史發展，尤其是關於教父神學（patristic theologies）時，我們仍然有機會繼續與聖經的傳統對話。稍後期的發展，尤其是在起初四或五世紀之間，那就不只是建基在聖經材料上，會超越它們，嘗試與基督教信仰身處的那些豐富文化、哲學和宗教背景聯繫起來。

究竟後期的發展有多忠於聖經的引導，要給這問題下一個最終判定，那是超越了本書的範圍；那應是另一個獨立的研究。專家之間的意見相當不同——正如跟著的縱覽可以表明的——即使指責教父神學和後期神學為把基督教神學「希臘化」了（即過分依賴希臘哲學和思想模式）幾成陳腔。一代又一代都返回聖經的材料，這實乃必須的檢核，以確定後期的神學架構「是否」忠實反映了「聖經的」——因而是「權威的」——傳統，以及「至甚麼程度」。

第二部

古典上帝論的傳統
歷史的發展

Classical Theistic Traditions
Historical Developments

陳永財譯

第二部分研究關於上帝的教義那豐富的歷史傳統。為了為這探索作準備，我們更詳細地討論一個重要的背景問題：「古典上帝論」(classical theism) 這個詞的意思，以及它與本書其餘部分的關係。接著的四章會以四個神學思潮展示上帝教義的歷史。我們的目標是突出主要的取向——最重要的神學家和古典上帝論傳統的運動——並容許不同，有時甚至是互相衝突的聲音交流。

歷史故事包括四個主要部分：

1. 教父對上帝的觀點和他們的宗教及哲學背景。上帝的教義那些界定性的問題（包括三一論和基督論）是在頭四或五個世紀建構和辯論的。因此，這些發展值得更細心地注意。

2. 中世紀上帝觀的里程碑。這一章選擇性地討論第六到十五世紀。它突出幾位主要神學家的重要性，包括坎特伯雷的安瑟倫（Anselm of Canterbury）和阿奎那（Thomas Aquinas）。他們建基於教父時期建立的傳統並對此作出重要的貢獻。這個時期確定了古典上帝論的最終規範。

52 3. 新教改教家（Protestant Reformers）。雖然馬丁 · 路德（Martin Luther）和加爾文（John Calvin）沒有專注於上帝的教義，但這教義在他們的思想中仍然扮演重要的角色。

4. 現代對上帝的追尋。從啟蒙運動時期（Enlightenment）和之前（十六世紀後期）開始的那急劇的智性上的轉變，標誌著基督教神學歷史的分界線。從那時到二十世紀，上帝的存在這個問題，以及傳統上帝的觀念的意義性，都前所未有地受到質疑和重塑。如果不考慮好像笛卡兒（René Descartes）、康德（Immanuel Kant）、士萊馬赫（Friedrich D. E. Schleiermacher）和黑格爾（Georg W. F. Hegel）等思想家，便不可能明白二十和二十一世紀的神學。

3

古典上帝論
它是甚麼？

Classical Theism
What is it?

‧ 追尋一個定義 ‧

到目前為止，我們都類稱性地使用「古典上帝論」這個詞，來指過去基督教神學傳統處理上帝教義的方式。這本書的導言清楚表明我們在討論聖經、歷史和當代的上帝觀時，會留意這些經常使用的詞語的一個或多個意義，怎樣定義，以及這種上帝論怎樣受到挑戰。在這個時刻，我們需要停下來，更仔細地研究古典上帝論這個概念。很大程度上，歷史部分材料的選擇，是根據它們與「這個對古典上帝論的意義之探究」，以及「對古典上帝論潛在的多樣性的探討」的適切性而作出的。

聖經部分已經令我們警覺到，不同時代的不同作者，對上帝的觀念是多麼不同。可能甚至被稱為古典上帝論的傳統——這往往被反對者諷刺為大一統和一成不變的運動——也沒有一致性。我們在第二部分結束時會再處理這個問題。由於這本書不是建構性的研究，而是一本描述性的教科書，我們不會嘗試確立古典上帝論或它的挑戰者的正當性或缺失。我們的目的是，幫助讀者在應付「理解上帝觀這個基督教神學的大雜燴」這個龐大的任務時，能
54 夠提出正確的問題，並保持探究的心，能夠將古典和當代、西方及非西方的觀點放在恰當的視角裏。

基督徒哲學家那榮諾（Ronald H. Nash）在簡短但有用的著作《上帝的觀念》（*The Concept of God*）中，很好地提出這個探索的議題：

> 很多近期的哲學和神學文獻，都反映了兩個互相競爭的上帝觀之間的爭鬥。這些對比的理論有不同的名稱。較舊的傳統觀點，經常只是被稱為上帝論（theism，或譯「有神論」），往往也被稱為基督教上帝論（Christian theism），有時稱為古典上帝論（classical theism），偶然也稱為托馬斯式上帝論（Thomistic theism，編按：即阿奎那傳統的上帝觀）。當代的挑戰者，則有萬有在神論（panentheism）、新古典上帝論（neoclassical theism）和進程神學（Process theology）等名稱。[1]

「古典上帝論」是甚麼意思？它包括甚麼？雖然批評者的聲音通常不是最準確，更不是最平衡的；但卻往往在突出問題方面有幫助。進程神學家格里芬（David Ray Griffin）近期提出他認為是對古典上帝論一個公正和準確的分析。雖然格里芬的分析可能不是權威的，但卻可以作為對話的伙伴和進一步探索的工具。格里芬特別將他的分析對準上帝論一個發展得更好的形式，也就是阿奎

1 Ronald H. Nash, *The Concept of God: An Exploration of Contemporary Difficulties with the Attributes of God* (Grand Rapids: Zondervan, 1983), 19.

那在十三世紀基督教經院哲學的黃金時代所提出的形式。格里芬指出，阿奎那以教父的觀念為基礎，特別是五世紀的奧古斯丁的觀念（奧古斯丁和托馬斯式的上帝觀都會在以下幾章討論）。

根據格里芬的分析，古典上帝論專注於以下幾個上帝的屬性：

- **純實現性**（pure actuality）：根據亞里士多德（Aristotle）的哲學，存在的一切都是形式（form，或譯「理型」）和物質（matter，或譯「質料」）的結合；因此一切都擁有實現性（actuality）和潛在性（potentiality）。對亞里士多德來說，潛在性表示欠缺完美（perfection），它表示仍有些東西未出現。因此，為了保存上帝完美的本性，基督徒思想家需要否定潛在性與上帝相關。結果是上帝是絕對的實現性，純粹的形式，因此沒有物質實現祂的潛在性（actualize his potentiality）。
- **不變性和不動情性**（immutability and impassibility）：雖然這兩種屬性並非完全相同，但卻是有關連的。前者表示上帝不改變，後者指上帝不可能受影響。不變性往往——但並非總是——被解釋為上帝不能在真正情感的意義上受「感動」（moved）；聖經有些地方似乎暗示上帝哀傷或歡喜，但這些經文被視為只是比喻（metaphor）。
- **非時間性**（timelessness）：上帝的永恆存在是不受時間限制，在時 55
間以外的。雖然從奧古斯丁（他認為上帝創造了時間作為創造的一部分）開始，大部分古典上帝論者都接受這個陳述是真實的，但以前和現在這都是有爭議的問題。因此這個元素不是古典上帝論決定性的特點。[2]

2　有關近期就上帝的時間／永恆性一個有用的討論，參 Millard J. Erickson, *God the Father Almighty: A Contemporary Exploration of the Divine Attributes* (Grand Rapids: Baker, 1998), 114～140。

- **簡單性**（simplicity）：上帝不是由部分（parts）組成，正如存在的其他一切事物那樣。當然，上帝這種屬性和很多其他屬性有關，例如祂的不改變性（changlessness）。如果上帝沒有部分，上帝便不能改變，因為沒有任何部分讓祂失去或者得到。
- **必然性**（necessity）：這種屬性有兩方面。一方面上帝的存在是必須的，意思是上帝不可能不存在。除了上帝以外，一切存在都是出於偶然（contingently）（倚賴上帝）。另一方面，必然性表示上帝的本質本身——「上帝擁有的特別一套屬性」[3]——是必要的。它並非偶有的（accident），也不能不是這樣；上帝不能不是祂那個模樣。
- **無所不能和無所不知**（omnipotence and omniscience）：這些屬性源自上文所說的話。無所不知表示上帝知道一切真理，沒有任何虛假的信念。無所不能表示在上帝自己屬性的「限度」（limits）之內，上帝有能力做任何事情。[4]

這是簡單、不帶批評地提出的上帝的屬性；不單古典上帝論的批評者，連它的支持者也對所有這些屬性進行過辯論，特別是那些與改變、能力和知識有關的屬性。[5] 不過，正如我們已經提出，這個解釋只是為了教學目的而作的一個探索，一個參照點。因此我們對這個分析的各種評估，會留待本書較後部分進行。古典上帝論獨特的地方是它代表一種努力，要在哲學論證的幫助下，將聖經關於上帝的教導系統化，而這些教導以故事、敍事、見證、經驗和形象的形式出現。要加深我們對古典上帝論及它對基督教關於上帝的思想史的意義的認識，我們現在轉而檢示這個觀點怎樣在新約時代以後出現，以及它的主要含義。

3 Nash, *Concept of God*, 22.

4 David Ray Griffin, *God, Power, and Evil: A Process Theodicy* (Philadelphia: Westminster, 1976).

5 作為開始，可參 Nash, *Concept of God*。

・古典上帝論與新約上帝觀的關係・ 56

尋求更深地理解古典上帝論，一個很自然、作為開場白問題是：如果這個傳統植根於新約，它是怎樣植根於新約？關於聖經對上帝的見證的性質，我們已經說了足夠多的話。聖經不是系統，也不是哲學；而古典上帝論則嘗試既成為系統，也成為哲學。

格蘭特（Robert M. Grant）的研究《早期基督教的上帝教義》（*The Early Christian Doctrine of God*）在這裏可以給我們幫助。他以一個肯斷（affrimation，或譯「斷言」、「主張」）開始：「我們在耶穌談論父的話中，不應該期望能夠找到關於上帝的哲學性教導。耶穌宣告而且實際上開展父的統治。」[6] 我們必定不能忽略這個出發點的重要性。但格蘭特想到，會不會還有「橋樑」，把聖經和在教父神學（patristic theology）中頗為早期便出現的上帝的哲學性教義連繫起來。格蘭特承認，沒有太多這些橋樑，但也有幾條，例如保羅在哥林多前書八章6節斷言「只有一位上帝」（呼應以色列的示瑪〔Shema〕，申六 4）。另一處是「有稱為神的，或在天，或在地」並不存在（林前八 4~6）。格蘭特論證說，保羅是回應一些有影響力的希臘思想家的信念，使用（在接著的經文以及羅馬書十一章 36 節）典型的哲學論證結構來提出他的論點：「很明顯，保羅至少用與哲學有關的語言來描述上帝。」[7] 格蘭特引述的其他例子，包括使徒行傳十四和十七章，在那裏，保羅在基督教及當時存在的哲學和宗教思想形式中，找到相似之處。教牧書信的一個段落（提前一 17），藉著與哲學取向有點相似的用語言說上帝：「那不能朽壞、不能看見、永世的君王，獨一的上帝」。**不**

6 Robert M. Grant, *The Early Christian Doctrine of God* (Charlottesville, Va.: University Press of Virginia, 1966), 3.

7 Grant, *Early Christian Doctrine of God*, 6.

能朽壞（immortal）和**不能看見**（invisible）這些詞語反映一種哲學取向。[8] 而且，加拉太書的其中一段將上帝和那些「本來不是神」（who by nature are not gods）的神作比較（加四 8）的經文，運用了當代的哲學性區分。[9]

以新約的保羅傳統作為基礎，格蘭特總結說：

> 我們應該指出，在保羅的思想中，永恆、不滅、創造性和活著的真神，與短暫、會滅亡、無作用和沒有生命的偶像成對比。哥林多前書〔八章〕便是這樣，帖撒羅尼迦前書一章9節也是這樣，基督徒從偶像轉向事奉那「又真又活的上帝」。在加拉太書四章8至10節，那對比是在創造者和祂創造的一般的靈之間。[10]

57 格蘭特繼續談到好像雅里斯底德（Aristides）、提阿非羅（Theophilus）和亞歷山太革利免（Clement of Alexandria）等基督徒作家：

> 因此，這些早期的基督徒作家，雖然在每次回應上帝的自我啟示時，都堅持信仰的首要性，但卻毫不猶疑地使用上帝的啟示和在希臘猶太教以及在希臘—羅馬哲學中普遍流行的表達方式之間的接觸點。
>
> ……由於基督教信仰並非完全脫離理性建構，新約作者使用他們和同代人共用的一些詞語。對他們和別人來說，上帝

8 這些都是當代和後來的哲學家用來指稱諸神的用語。

9 非基督教的哲學的其中一個主題，是探索神性的條件（conditions of diety），也就是甚麼令一個神成為「神」。

10 Grant, *Early Christian Doctrine of God*, 10～11.

> 是不能看見、有能力、永恆和不滅的。對於上帝，可以引用關於因果關係（causation）的流行哲學用語。頗為明顯的是，所有這些語言與信仰的首要肯斷（primary affirmations）相比，都是次要或從那裏派生出來的。但可以引用這種語言這個事實，卻留有讓不同種類的哲學性神學發展的空間。[11]

要合理地看這些評論，我們需要明白，雖然後來稱為古典上帝論的種子可以在新約中找到，新約的取向既非哲學性，也非系統性。我們也需要明白，正如這個研究將會顯示，叫人驚奇的是，在很早時期，基督教神學已經決定性地從新約的救恩─歷史、敍事─見證的風格，轉為系統性、哲學性和建構性的取向。古典上帝論這樣做的其中一個方法，是專注於上帝的屬性。如果——直到目前為止——古典上帝論有任何特點的話，那就是列出被視為神格（Godhead）必須有的，以及建基於聖經的啟示的屬性。

‧ 界定上帝的本性和屬性 ‧

舊約的研究顯示，描述上帝的其中一個方式是以祂的不同特點或特徵——或者用後來的哲學性神學用語，即屬性——來描繪祂的圖像。例如：出埃及記三十四章6節說：「耶和華，耶和華，是有憐憫有恩典的上帝，不輕易發怒，並有豐盛的慈愛和誠實。」新約偶然也延續這種做法，正如我們在保羅傳統中看到。但教父和較後期的神學傳統，則特別專注於上帝的本性（nature）和屬性（attributes），這種做法很快便成了古典上帝論的特點。

很明顯，隨著舊約的希伯來語言在希臘化時期讓位於希臘式

11 Grant, *Early Christian Doctrine of God*, 13～14.

58 闡釋（Greek formulations），更概念性、哲學性和系統性的上帝教義便開始浮現。因此彼得斯（Ted Peters）宣稱，希伯來和希臘概念綜合的核心，是將上帝與存有的來源（source of being）等同。猶太哲學家亞歷山太的斐羅（Philo of Alexandria），將出埃及記三章14節的「祂所是者」（he who is，和合本作「那自有的」）等同希臘的「那所是者」（that which is, *to hon*）時已經作出這種舉動。拿先斯的貴格利（Gregory of Nazianzus）和大馬士革的約翰（John of Damascus）跟從他，稱上帝為「無限和無界的存有海洋。」[12]

普雷斯蒂奇（George L. Prestige）在《教父思想中的上帝》（*God in Patristic Thought*）中，突出地說明早期神學怎樣走向古典上帝論。他的研究，考察教父最早對上帝的觀點，並嘗試界定「上帝論的元素」。建基於對無數早期作家的著作的引述，好像提阿非羅、亞歷山太的革利免、亞歷山太的狄奧尼修斯（Dionysius of Alexandria）及很多其他早期作家，普雷斯蒂奇得出以下的理解：

- 這種早期神學的特點，是探索上帝的「本性」——甚麼令上帝成為上帝。
- 將諸如不能理解（imcomprehensibiltiy）、不動情、不能分割（indivisibility）、自我認同（self-identity）和無限等屬性歸給上帝。
- 這些教父作者討論的上帝論的基本元素，包括上帝作為聖潔和作為靈。[13]

雖然很多人視這種事業為偏離了動態的聖經神學，朝希臘化

12 Ted Peters, *God–The World's Future: Systematic Theology for a Postmodern Era* (Minneapolis: Fortress, 1992), 88.

13 George L. Prestige, *God in Patristic Thought* (London: SPCK, 1952), 1～23.

（Hellenism）的固定範疇發展——這本書會在適當時候聆聽這些批評者的聲音——很多古典上帝論者認為這不單有幫助，也是無可避免的。用普雷斯蒂奇的話來說：

> 我必須清楚表明我的基本看法。我不相信引入希臘理性主義闡釋和解釋基督教歷史的事實是不合法的。有限的思想永遠都不能充分地用理論說明無限。但人類理性是有用的工具，可以用來揭示人類經驗的含義。理性方法沒有甚麼是特別希臘化的，更不是異教的，除了希臘人幸運地發現和發展了這方法外。[14]

另外一個朝古典上帝論發展的例子來自較後期，這次來自東方傳統，這個傳統被視為更密契式（mystical）和較少分析性，是正確的。七世紀的東方權威大馬士革的約翰，在著名的《正教信仰的闡釋》（*Exposition of the Orthodox Faith*）（1.8）中，列出不少於十八
種上帝獨特的屬性。他列出的屬性，可以根據其是否指向時間（再 59
分為時間的開始和結束）、空間、物質或質量而進一步分類：

- 時間：沒有開始、不受造、不受生（指其開始）；不滅、不朽、永恆（指其終止）。
- 空間：無限、不受限制、無界限、有無限能力。
- 物質：簡單、非複合（uncompound）、無形體、不流動（without flux）。
- 性質：無情感、不改變、不更改、不可見。[15]

14 Prestige, *God in Patristic Thought*, xiii.

15 我要感謝 Gerald Bray, *The Doctrine of God* (Downers Grove, Ill.: InterVarsity,

大馬士革的約翰的清單是那麼決定性，這張清單以某種形式一直被廣泛使用，直到現代。甚至阿奎那的《神學大全》（*Summa theologiae*）也沒有超越它，只是以更溫和的表達作為補充。阿奎那這樣列出上帝的屬性：簡單、完美、良善、不能理解、無所不在、不變、永恆和一性（oneness）。[16]

對古典上帝論來說，因此也是對差不多二千年的主流基督教神學來說，小心地嘗試界定上帝的屬性並非不重要的活動，這可以由兩個較後期的例子說明。公元一二一五年舉行的羅馬天主教會第四次拉特蘭會議（Fourth Lateran Council），這樣界定那些屬性：「我們堅定相信和簡單地認信，只有一位真神，是永恆、廣大（immense）、不改變、不能理解、無所不能和莫可名言（ineffable）的。」這個定義後來在一八七〇年的第一次梵蒂岡會議（Vatican I）中重複。同樣，威斯敏斯特小要理問答（Westminster Shorter Catechism）問：「神是怎樣的神？」答案以祂的屬性提出：「神是個靈，祂的本性、智慧、權能、聖潔、公義、恩慈、誠實，都是無限無量、無始無終、永無改變的。」[17]

這些例子顯示古典上帝論的大致取向和議程。當前的任務是探究神學歷史，研究古典上帝論的不同表現形式。這個編年的（chronological）考察要從教會的教父開始。

1993), 81～82，那讓我留意到大馬士革（Damascus）的清單。

16. Thomas Aquinas, *Summa theologiae*, vol. 2, ed. T. McDermott (London: Eyre & Sporttiswoode, 1964), IA, q. 1～11.

17. 引自 Peters, *God–The World's Future*, 88。中譯引自《歷代教會信條精選》，趙中輝等譯（台北：基督教改革宗翻譯社，2002，修訂一版），頁 292。

4

教父對古典上帝論的貢獻

Patristic Contributions to Classical Theism

神學教義，並非出於智性上的真空，更不是在這樣的真空中運作。因此，這裏考察教父對上帝教義的貢獻，以簡單地研究是時流行的思潮開始。[1] 然後會轉而研究基督教護教者（apologists）的觀點，其他前尼西亞（pre-Nicene）的神學，以及東西方較後期的教父觀點。上一代著名的神學歷史學者凱利（J. N. D. Kelly）可以為我們提供一個有幫助的開始。他寫道：「這世界，即教會在其中勝利地——即使有時是痛苦地——前進的世界，是渴求宗教的。」[2]

・ 哲學和宗教背景 ・

混合主義（syncretism）和多神論（polytheism），是在羅馬

1 對主要的影響一個有用和簡潔的論述，可以在 J. N. D. Kelly 的 *Early Christian Doctrines*, 2nd ed. (San Francisco: Harper & Row, 1960), chap. 1 中找到；中譯本可參凱利：《早期基督教教義》，康來昌譯（台北：華神，1984）。

2 Kelly, *Early Christian Doctrines*, 6.

帝國中早期基督教神學形成時的重要特點。一個國家的諸神被等同為另一個國家的諸神，不同宗教之間有很多交往。神祕宗教（mystery religions）在模塑流行的宗教虔誠和信仰上，扮演重要的角色。大部分神祕的神祇都源於東方（Oriental）。[3]

61 摩尼教（Manichaeism）將基督教、佛教和瑣羅亞斯德教（Zoroastrian，或譯「祆教」）的元素結合在一起，對某些重要的基督教思想家有廣泛影響，特別是早年的希坡的奧古斯丁。根據這個二元的宗教（dualistic religion），實在（reality），由善（good，也就是神）和惡（evil，等同物質）組成。因此摩尼教鼓勵人們從世界退隱。它的神比基督教那身為救贖者（Redeemer）的上帝為低，因為摩尼教的神自己也需要救贖。人類雖然有罪和被困於物質秩序中，但卻分有一點神性。

不過，在當時的混合主義和多神論中，一神宗教的吸引力卻愈來愈大。「人們愈來愈傾向將異教萬神殿（pagan pantheon）中的眾多神祇，理解為一位至高的神明（supreme God）的人格化屬性（personified attributes），或者掌管宇宙的獨一無二的能力（Power）的彰顯。」[4]

除了不同的宗教外，在早期基督教神學中，哲學也發揮很大的影響。基督降生前四世紀的哲學家柏拉圖（Plato）的影響力尤其巨大。[5] 他相信存在著兩個世界：可見的世界，是暫時的；不可見的世界，即永恆理念（eternal Ideas）的世界才是真實的世界。真正的知識，只能夠從超越的理型世界，而不是從物質世界得到。基督教神學很快便採納了柏拉圖的觀點，包括這兩個世界的倫理性區分。物質世界是邪惡的，非物質世界是善的。柏拉圖的思想，也影

3 Kelly, *Early Christian Doctrines*, 7.

4 Kelly, *Early Christian Doctrines*, 8.

5 參 Richard A. Norris, *God and the World in Early Christian Theology: A Study in Justin Martyr, Irenaeus, Tertullian, and Origen* (New York: Seabury, 1965), chaps. 2, 5。

響了身體復活這個新約的觀念。基督教神學很快便採納了靈魂不朽（immortality）的觀念，至使永生不再是上帝的特別恩賜，而是人裏面的神聖（divine）的自然結果。柏拉圖對「善」（the good）的觀念，明顯模塑了基督教上帝的教義。在《蒂邁歐篇》（*Timaeus*，或譯「提麥奧斯篇」），柏拉圖將世界的存在追溯到「造物主」（demiurge，或譯「德謬哥」）——一位神性的工匠，他賦予無形的物質以理型（form），反映「善」的理型之美。我們從中很容易看到與創世記的故事相似之處。但柏拉圖的創造敍事引致至高存有（Supreme Being）和創造者（Creator）之間的二分，而這個觀點是聖經所沒有的。[6]

柏拉圖的學生亞里士多德（Aristotle）對較後期的基督教神學有不容否認的影響。亞里士多德對邏輯——思考的範疇——感興趣。古典上帝論者從邏輯借用了很多工具進行他們的工作。和他的老師不同，亞里士多德否認理型作為獨立實在（as separate realties）存在，而是按我們所認識的接受物質世界的實在性。關於上帝，亞里士多德採納他老師的觀念，發展出神作為存在的一切的第一推動者（Prime Mover，或譯「第一動因」）這概念。這個第一動者成了古典上帝論的不動的動者（Unmoved Mover）。

柏拉圖主義的其中一個主要挑戰者是斯多亞主義 62
（Stoicism）。雖然兩者都接受世界是由靈和物質組成，而神聖理性（divine reason）——邏各斯（*logos*）——在宇宙等級中的頂端；但和柏拉圖主義不同，斯多亞主義專注於物質。根據斯多亞主義者，靈和物質都是質料，意思是它們的最小元素是細小、灼熱的實體（fiery substance）。這個質料系統，容不下柏拉圖那超越的、智思性（intelligible）的世界的觀念。根據斯多亞主義者，可見世界是獨

6　參 Justo L. González, *A History of Christian Thought*, vol. 1, *From the Beginning to the Council of Chalcedon*, rev. ed. (Nashville: Abingdon, 1987), 50～52。

立自足的，我們不應該輕看它。[7] 斯多亞看法，是一種「泛神論式唯物主義」（pantheistic materialism）——一種一元論（monism），教導說上帝（或邏各斯）是瀰漫在物質宇宙的細小物質。[8]

大約於公元五十年去世的著名猶太—希臘哲學家斐羅（Philo），嘗試將柏拉圖和耶和華的上帝觀卓越地綜合起來。雖然斐羅不是基督徒，但他模塑的世界觀，基督徒在當中延續他們的思想。一位近期的評論者甚至說：「斐羅以猶太教的名義把他從外邦人取得的一切收歸旗下」，因為他相信一切——哲學、倫理學、心理學和宗教——都可追溯到摩西。[9] 斐羅認為，上帝是絕對超越的；因此，上帝和世界之間，沒有任何關係存在。上帝是本質性之存有（essential being），在時間或空間中都找不到。相反，時間和空間都在上帝裏面。上帝要與世界交往，需要一個中介，就是邏各斯。「這邏各斯是神聖（divine）的形象，是上帝在創造中的工具。」[10] 斐羅相信，人類不能理解上帝，因為理解表示某種模式的擁有，而人類永遠都不能擁有無限。不過，好像柏拉圖一樣，斐羅也有關乎上帝的一種視象，視之為一個漫長、上升的過程結束時的出神（ecstasy）。一個人越潔淨自己脫離感官感情，讓作為「靈魂監獄」的身體鬆開它的束縛；那個人便越接近上帝的視象。斐羅的見解，在多個世紀的基督教的敬虔中都是為人所熟悉的，在對身體持否定態度的禁慾主義（asceticism），以及對榮福直觀（beatific vision，即見主之面）的渴望中可以看到。

柏拉圖主義的較後期版本往往被稱為中期和新柏拉圖主義（Middle and Neoplatonism）。中期柏拉圖主義（公元前一世紀

7 參 Norris, *God and the World in Early Christian Theology*, 27～30。

8 Kelly, *Early Christian Doctrines*, 12.

9 Erwin R. Goodenough, *An Introduction to Philo Judeaus*, 2nd ed. (New York: Barnes & Noble, 1963), 75.

10 González, *History of Christian Thought*, 45.

到公元後二世紀）的所有變體，都有宗教色彩。它的追隨者渴望有方法達到與上帝有相似。中期柏拉圖主義者結合來自柏拉圖和亞里士多德的觀念，將至高精神（Supreme Mind）（亞里士多德）等同「善」（柏拉圖）。中期柏拉圖主義比它的古典先驅更傾向有神論，因為「在存有（being）的階級的最高峯，存在獨一無二的神聖精神（Divine Mind）。」[11]

新柏拉圖主義將上帝的超越性盡可能帶得最遠。這個系統不單吸收了柏拉圖和亞里士多德的概念，也吸收了斯多亞主義， 63
甚至東方（Oriental）的元素。它的全盛期，是第三世紀中到第五或六世紀教父時期的結束，而它最能幹的代表，是第三世紀一位說希臘語的埃及人普羅提諾（Plotinus）。普羅提諾是一元論者（monist）。他視實在為一廣大的階級（hierarchical）結構。他的最高原則是上帝，那獨一者（the One），存在的一切都自祂流出（emanates，或譯「發散」）。「它本身超越存有，甚至超越精神（Mind）（那是……中期柏拉圖主義將精神等同上帝的），那獨一者是存有形成的源頭，也是它努力要回去的目標。」[12] 有兩個對基督教神學的含義值得留意。首先，新柏拉圖主義對宇宙抱樂觀態度。雖然物質本身是邪惡的，但可見的宇宙反映有智思性的秩序（intelligible order）。其次，存在的一切都自那獨一者流出，而在實在較低層次的，極渴望與更高層次的聯合，最終與那獨一者本身聯合。新柏拉圖主義雖然影響了幾個基督教傳統，但在諸如亞略巴古的狄奧尼修斯（Dionysius the Areopagite）這樣的東方神學家中影響特別大。

對早期基督教神學最後一個值得強調的影響，是諾斯底主義（Gnosticism）。[13] 以希臘詞語 *gnōsis*——「知識」——命名，諾斯

11　Kelly, *Early Christian Doctrines*, 15.

12　Kelly, *Early Christian Doctrines*, 16.

13　參 Norris, *God and the World in Early Christian Theology*, chap. 3。

底主義是一羣不容易界定的運動薈萃在一起。不過，一般來說，這些運動支持將「獲開導」（enlightened）和仍然活在黑暗中的人區分，並支持物質（邪惡）和靈（善）之間的嚴格二元論。諾斯底主義者否認上帝創造世界；相反，跟隨柏拉圖主義的精神，他們將創造賦予一個較次等的神祇，一種造物主（demiurge）。結果，在地上和天上之間需要中介（mediators）。基督教神學在不同時間，或許由初期教會開始，便既被諾斯底主義吸引，又反對這種主義。它被智慧和知識的觀念吸引，但卻因為諾斯底主義對上帝、創造和救恩的觀念與基督教不相容而反對它。

簡單考慮了基督教神學的哲學和宗教背景後，我們預備好開始研究教父的上帝觀。有兩個主要問題在引導這種嘗試：首先，教父怎樣根據聖經的觀念，並涉及既存的宗教和哲學觀念，處理上帝的教義這個問題？第二，教父神學，怎樣嘗試與新約已經明顯存在，但仍未界定清楚的上帝的多元性予以協調？這第二個問題對這本書來說是次要的；三一論的考量，我們只會在其影響獨特的基督教上帝觀的發展時才研究它。不過，由於從一開始，視上帝為三一便是基督教信仰的固有部分，因此任何關於基督教上帝教義的討論，都必須觸及三一的教義。

64 · 使徒教父中上帝作為創造者和超越的存有 ·

凱利表達了探討最初幾世紀出現的上帝的神學的出發點：

> 基督教的古典信條以宣告相信一位上帝開始，祂是造天地者。那一神觀念以以色列的宗教為基礎，在最早期的教父心目中十分重要；他們雖然不是深思熟慮的神學家，但卻完全

意識到這個觀念是教會和異教之間的分界線。[14]

這個方向從使徒教父開始已經很明顯。使徒教父（apostolic fathers）是十七世紀鍛造的詞語，用來指最早期以及第二世紀初期的基督徒作家，但不包括新約的作者。[15] 他們的見證總是受到尊重，因為——正如他們的名稱「使徒」教父所顯示（即使它的歷史真確性不能被確立）——他們被視為最接近使徒。他們的見證是值得注意的，因為它代表第一重後聖經的發展，即使他們生活在其中的時間，新約的正典仍未確定。

根據黑馬（Hermas），第一條誡命是「相信上帝是獨一的（one），祂創造和設立一切，從無造出一切。」[16] 對革利免來說，上帝是「整個宇宙的父和創造者」；而對巴拿巴（Barnabas）和《十二使徒遺訓》（*Didache*）來說，祂是「造我們者」（our maker）。上帝的無所不能和宇宙性主權得到承認，是因為祂是全能的主，掌管整個宇宙的主。[17]

使徒教父的著作，包括創意地結合聖經的教導和哲學。例如：希臘—猶太—基督徒作家羅馬的革利免（Clement of Rome），以建基於斯多亞派的語言模式來描述上帝在世界的運作。這種做法，反映了最早期的基督徒作家愈來愈傾向以進入哲學領域來解

14 Kelly, *Early Christian Doctrines*, 83.

15 被稱為使徒教父的作者和著作包括羅馬的革利免（Clement of Rome）、《十二使徒遺訓》（the *Didache*，早期的基督徒手冊，在教義問答中廣泛使用，也被用作最早期的信仰規條〔rules of faith〕）、安提阿的伊格那丟（Ignatius of Antioch）、士每拿的坡旅甲（Polycarp of Smyrna）、希拉坡立的帕皮亞（Papias of Hierapolis）、《巴拿巴書信》（*Epistle of Barnabas*）、黑馬牧人（the Shepherd of Hermas）和《致丟格那丟書》（*Epistle of Diognetus*）。還有好些篇幅較短的著作，但上面提到的已是使徒教父普遍有代表性的作品。參 J. B. Lightfoot and J.R. Harmer, trans., Michael W. Holmes, ed., *Apostolic Fathers*, 2nd ed. (Grand Rapids: Baker, 1989)。

16 Hermas, *Mandate* 1.1.

17 Kelly, *Early Christian Doctrines*, 83.

釋教會的信仰。護教的著作《彼得的講道》（*Preaching of Peter*）或許是第一本對上帝進行全面的哲學性討論的著作。它言說「一位上帝，祂使萬物開始，並控制它們的結局。」它更將上帝形容為

65 那不可見的，但卻看見一切；
那不被包含的，但卻包含一切；
沒有需要的，但一切都需要祂，而且
　　因為祂，它們才存在；
不能理解，永恆，不滅；
非受造，以祂能力的話語造成一切。[18]

那些否定的形容詞，反映了當時猶太和外邦著作的流行哲學性神學，也呼應了新約歸屬予上帝的屬性，例如「不可見」、「永恆」和「不滅」等。

・ 護教者和哲學家的上帝 ・

第二世紀其中一位最重要的護教者殉道者游斯丁（Justin Martyr）總結說：「那些憑理性而活的人是基督徒，即使他們被視為無神論者。」[19] 護教者是基督徒思想家，他們想面對當代文化和哲學，為基督教信仰提供合理的辯護。他們也尋求在希臘哲學和猶太教之間建立關連，並從而在希臘和基督教思想之間建立關連。除了游斯丁外，第二世紀後期的護教者還有雅里斯底德（Aristides）、他提安（Titian）、安提阿的提阿非羅（Theophilus of Antioch）和雅典那哥拉（Athenagoras）等。

18 引自 Clement of Alexandria, *Miscellanies* 6.39.2～3。

19 Justin Martyr, *First Apology* 46.1～4.

雅里斯底德的《辯護書》(*Apology*)是寫給哈德良皇帝(Emperor Hadrian, 117～138)的,[20] 這本書以一個簡述開始:基於亞里士多德運動的論證,證明上帝的存在。這種做法在聖經正典中是沒有的,但後來卻被不同基督教神學家採納,特別是中世紀的經院哲學家(medieval scholoastics)。

> 考慮宇宙的秩序和美,令他〔雅里斯底德〕相信一位至上存有,祂是第一推動者,雖然祂自己是不可見的,卻居住在祂的創造中。有宇宙存在這個事實,要求有神聖的工匠組織它。祂是至高和主,為人創造了一切……實在(reality)在祂命令下從無而出,祂是不朽壞、不改變和不可見的。祂自己是非受造的,無始也無終;祂沒有形狀、沒有限制、沒有性別。諸天並不包含祂……相反,祂包含諸天,因為祂包含可見和不可見的一切。[21]

對雅里斯底德來說,上帝是亞里士多德的「宇宙不動的推動者和統治者」,因為「任何推動其他東西的都比被推動的更有能力,而統治的都比被統治的更有能力。」[22] 上帝超越性別。他沒有 66
好像憤怒或憤慨等情感,因為沒有人可以抗拒祂,祂也不能犯錯或忘記。藉著列出這些上帝的屬性,雅里斯底德攻擊異教哲學和宗教對諸神的虛假觀念。例如,他指出其他神祇會受苦和死亡,而主耶穌基督的道成肉身卻是上帝主動的行動。[23]

殉道者游斯丁在斯多亞主義者的影響下開始對上帝的追尋。

20 或者可能是寫給安多尼努·庇護(Antoninus Pius, 138~161)。

21 Kelly, *Early Christian Doctrines*, 84。

22 引自 Robert M. Grant, *The Early Christian Doctrine of God* (Charlottesville, Va.: University Press of Virginia, 1966), 17。

23 參 Grant, *Early Christian Doctrine of God*, 18。

他在寫給希臘化的猶太老師那迷人卻符合傳統的著作《與推芬對話》（*Dialogue with Trypho*）中記述了這件事。不過，游斯丁承認，他對上帝甚麼也沒有學到；他的斯多亞老師並沒有這種知識；他們自己也知道。在極渴求上帝中，游斯丁研究其他當代哲學，例如畢達哥拉斯主義者（Pythagoreans）——那位著名哲學家兼數學家的追隨者，但仍然不能感到滿意。最後，甚至柏拉圖主義也不能就關於上帝的問題，給他一個滿意的答案。

在歸信基督教後，游斯丁沒有脫去哲學家的外袍，而是專注於以他的智性和靈性技巧，寫出第二世紀最著名的護教著作，《第一護教辭》和《第二護教辭》（*First* and *Second Apology*）。游斯丁確信哲學——即「喜愛智慧」（love of wisdom）——實際上是對上帝的追尋。不過，無論哲學家知道甚麼真理，最終都可以歸因於上帝，因為，正如他直截了當地寫道：「摩西⋯⋯比所有希臘作者更古老。」無論哲學家和詩人就終極問題說了甚麼，那都是接續先知的建議。[24]《第一護教辭》大膽地，幾乎是傲慢地告訴當時的哲學家和統治者，如果他們是明智的人，他們便會跟從基督教的信仰。明智的人放棄不好的傳統，並跟隨那些好的傳統。他挑戰他那個時代的精英，重新衡量他們對基督教的譴責，他們指基督教是迷信，比最好的哲學次等。游斯丁大膽地維護他對基督教的上帝的信仰：

> 我們的教義超越所有人類的教導，因為我們擁有在基督裏完整的道（the Word），祂已經向我們的身體、理性〔*logos*〕和靈魂完全彰顯出來。哲學家和法律的頒佈者已經發現和表達的所有正確原理，都要歸功於他們發現和思想一部分的道。他們互相矛盾的原因，是他們並不認識完整的道，那就是基督。[25]

24 Justin Martyr, *First Apology* 44.8～9.

25 Justin Martyr, *Second Apology* 10.1～3.

對游斯丁來說，哲學「只包含部分真理，但它本身甚至不能將
那部分真理從它包含在其中的很多謬誤中區分出來……哲學家認 67
識的一部分的道，現在由基督徒整體地認識。」[26]

但基督教信仰中上帝的獨一無二性（uniqueness）又怎樣呢？即使子是**邏各斯**，上帝真正的啟示者（true revealer of God），父又怎樣呢？斯多亞主義者對宇宙的理性（comics Reason）以上的神聖力量一無所知，而中期柏拉圖主義的精神（the Mind）或神聖工匠，很難等同父這個動態的聖經觀念。在這裏，游斯丁雖然同樣緊抓基督教上帝的獨特性，但卻不怕借用柏拉圖主義和其他當代哲學的用語。在幾段文字中，他敢於使用「宇宙的工匠」（Craftsman of the Universe）這個名稱作為父的別號。同時，游斯丁批評好像異端者馬吉安（Marcion）等人，他們假設在聖經的上帝背後，還有另一個神明。游斯丁也清楚表明，他的教義不是柏拉圖主義的多神論，他的上帝也不是非位格（impersonal）的神聖力量，而是聖經啟示的猶太和基督教信仰的上帝。[27]

我們還可以提出很多例子，說明護教者怎樣藉著利用當代哲學中最好的工具為聖經對上帝的信仰辯護。亞歷山太的革利免（Clement of Alexandria）甚至寫道：「哲學賜給希臘人……〔作為〕老師，將希臘思想帶……向基督。」[28] 一般來說，基督教神學認可護教者對聖經的上帝的辯護和理解所採用的進路。但並非所有護教者都熱衷於哲學和神學的結合。有幾個人，例如第二世紀後期的特土良（Tertullian）便懷疑：「雅典和耶路撒冷有甚麼相干？」[29] 他懷疑將信仰和哲學混合是否有

26 González, *History of Christian Thought*, 104.

27 參 Norris, *God and the World in Early Christian Theology*, 58。Norris 在第二章對猶斯丁及他對上帝的觀點的處理是這個題目最有幫助的導言。

28 Clement of Alexandria, *Miscellanies* 1.5.

29 Tertullian, *Prescription against Heretics* 7.

智慧（雖然諷刺的是，特土良也寫護教著作）。特土良和愛任紐（Irenaeus）這兩位第二世紀的神學家，都推進了獨特的基督教上帝教義的探索。

・ 愛任紐和特土良 ・

歷史的神學：愛任紐

里昂（Lyon）的愛任紐在第二世紀中前出生，是第一個發展出全面的歷史的神學（theology of history）的基督教思想家。換句話說，為信仰基督教的上帝的合理性（plausibility）辯護並不足夠。愛任紐尋求從上帝的角度看所有歷史的意義和目標。在他
68 的歷史的神學中，愛任紐確信，在創造中開始的——上帝藉著道（*Logos*）所啟示的——都藉著子在父子的啟示中實現。

愛任紐的主要對手是諾斯底主義。或許由於他不斷對抗諾斯底主義，愛任紐對世俗哲學的同情比很多人都低得多。為了反對異端，愛任紐著重上帝的統一性（unity）。他第一個論點，也是最重要的論點，在《駁異端》（*Against Heresies*）中提出。這個要點指出創造者是獨一的上帝（the one and only God），創造天地者，那些好像諾斯底主義者或異端者馬吉安那樣假定有更高的神明存在，是褻瀆上帝。[30] 以創造的教義強調上帝的統一性時，愛任紐指出人類是按著上帝的形象受造。因此，我們對所有人類生命，包括物質和肉體，都不應該抱負面的看法。

有趣的是，愛任紐雖然批評很多哲學，但在界定自己的觀點時卻沒有避免使用哲學用語。對愛任紐來說，不應該區分對上帝的

30 Irenaeus, *Against Heresies* 2.1.1.

自然（natural）知識（來自受造宇宙的知識）和對上帝的位格性的（personal）知識（基於道的啟示的知識），兩者屬於同一範疇。愛任紐堅定地相信，「藉著創造本身，道啟示了創造者（the Creator）上帝；而藉著世界，道啟示了主這位造世界者（the Maker）。」[31]

愛任紐對基督教上帝教義的其中一個持續的貢獻，是他對關於上帝知識的兩重進路。他將對上帝教義的取向分為：研究上帝存在於自己內的存有（exists in his own inner being），以及祂在世界中——在「經世」（economy）中——彰顯自己。

啟示的上帝：特土良

北非人特土良受到良好的古典文藝教育，包括斯多亞哲學和聖經。他是拉丁神學的建構者。[32] 特土良最著名的是發明了好些神學的主要用語，例如位格（person）（拉丁語 *persona*），特別是關於早期與基督論和三一論有關的爭論。

特土良並不反對理性本身，但他一方面想避免無益的猜測，另一方面也想確定基督教信仰是建基於神聖的啟示。根據特土良，基督教是啟示的宗教。上帝不是哲學家的神明，可以藉著智性的幫助尋找；那是聖經的上帝，祂在基督裏啟示自己。「明智的人」（wise man）不一定是很有學問的人，但卻是「按照上帝心意（而不是違反）而行」的人。[33]

根據特土良的看法，其確定性的基礎是「信仰的規條」（rule 69
of faith），它的內容很簡單：相信一位上帝，宇宙的創造者；相信
耶穌基督，由童貞女馬利亞所生，是創造主上帝的兒子；相信身體

31 Irenaeus, *Against Heresies* 4.6.5.

32 對特土良的上帝教義一個有用的介紹是 Norris 的 *God and the World in Early Christian Theology*, chap. 4。

33 Tertullian, *The Resurrection of the Flesh* 3.1.

復活。[34] 以神聖啟示為基礎，人們認識上帝是創造主和至高的統治者：「我們敬拜的是獨一的上帝，祂為了自己威嚴的榮耀，以祂的道……從無中創造這整個龐大系統。」[35]

特土良的創造主上帝雖然照管和引導世界，但卻是超越的（transcendent）上帝。特土良論證說，真上帝的標記是：祂是永恆、非受生（ingenerate）、非受造和無始無終的。[36] 特土良不懈地為了上帝的威嚴和超越辯護，運用傳統希臘式的對比，即以穩定、不朽的存在，和不穩定、不擁有或本身沒有任何永恆性的存在作對比。[37] 特土良肯定上帝是非時間（timeless）和不動情（impassible）的，這些主題，在較後期的神學引起激烈的辯論，特別是在二十世紀。

雖然特土良強調聖經啟示作為信仰的規條，但他明顯從周圍的哲學採納很多元素。諾里斯（Richard A. Norris）認為特土良基本上同意柏拉圖式的上帝和創造教義，以及斯多亞派認為神明是「物質性」（material）的，「是觸摸不到、有形的實體，某意義上佔有空間」這概念。並非所有人都同意諾里斯這個結論。[38] 但無可否認的是，即使是對哲學抱批判精神的神學家，世俗哲學對他們的神學也有很大貢獻。[39]

---

34 Tertullian, *Prescription against Heretics* 36.4.

35 Tertullian, *Apology* 17.1.

36 Tertullian, *Against Hermogenes* 4.1.

37 參 Norris, *God and the World in Early Christian Theology*, 111～112。

38 Norris, *God and the World in Early Christian Theology*, 112。有趣的是，有關上帝的系統神學和哲學神學，其中一個正在浮現的主題是上帝裏面的空間（space）這個觀念。時間與上帝的關係從奧古斯丁開始已有討論，看到目前的討論有多大程度是從那傳統中得益和借用，是很有趣的。

39 Norris, *God and the World in Early Christian Theology*, 112.

·　三一論教義的建構及其挑戰者　·

形成中的三一論教義

在研究第三和第四世紀及其後的教父的觀點前，我們會簡單地看第二世紀朝三一論教義發展的情況，以及它怎樣首先受到所謂神格唯一論的觀點的挑戰。關於聖經的研究已經指出，舊約包含一位上帝裏面有多元性這個觀念，而新約則傳遞上帝作為父、 70
子、聖靈這個觀念——雖然沒有以任何固定的神學用語來界定這個觀念。

當然，使徒教父承認三一論，即使他們仍未界定這教義。羅馬的革利免在第二世紀之交寫作，他一再提到父、子、聖靈。他將父聯繫到創造，「創造整個世界者」（the Marker of the whole world）（《革利免一書》〔*1 Clement*〕19:2）。他指出，透過「祂所愛的僕人耶穌基督」，宇宙的創造者使蒙上帝揀選的人保持「完整」（59:2）。他視聖靈為聖經的默示者（inspirer）（45:2），基督透過聖靈說話（22:1）。[40]

護教者是最早嘗試對基督和上帝之間的關係達致試驗性理解的人。例如：他們使用好像太陽和陽光這樣的類比（analogies），指出不可能將陽光從太陽中區分出來，因為太陽是陽光的來源。根據凱利的看法，「扼要地說，他們所提出的解答如下：先存的基督是天父的思想或理性（thought or mind），祂在創造和啟示中彰顯出來，祂是父上帝思想的延伸或表明。」[41]

我們可以在雅典那哥拉一篇文章中找到對父和子之間的關係更全面的論述。雅典那哥拉講述了沒有始源、永恆和不可見的上帝

40　Roger E. Olson and Christopher A. Hall, *The Trinity* (Grand Rapids: Eerdmans, 2002), 16～17.

41　Kelly, *Early Christian Doctrines*, 95；譯文參凱利：《早期基督教教義》，頁63。

創造和裝飾了宇宙，並以祂的道掌管宇宙後，他進而將那道等同為上帝的兒子。在回答那些認為上帝有兒子是荒謬的這種反對意見時，他指出上帝的兒子不像人的兒子。相反，祂是「父在意念中和實現中（actualization）的道。」[42]

愛任紐的神學雖然有時容許不同解釋，但對子的神性卻是毫無疑問的：「父是上帝，子是上帝，因為由上帝所生的就是上帝。」[43] 雖然愛任紐從沒有明確地稱聖靈為上帝，但他清楚將聖靈視為神聖的——就為著簡單的原因，即聖靈是上帝的靈。

特土良對三一論教義在用詞方面的進步， 有很大貢獻。他用拉丁語 *trinitas*（「三一」〔Trinity〕）來形容上帝，祂不是「簡單的統一性」（simple unity）的。上帝的三性（threeness），包括父、子和聖靈，每一個都是一 *persona*（即「位格」〔person〕）。祂們分享、或者是一個 *substantia*（即「實體」〔substance〕）。

初期教父使用的比喻和用語顯示，從很早開始，基督教神學家便明白三一取向固有的困難：如果耶穌是上帝，基督徒怎可以宣稱只敬拜一位上帝？耶穌與父有甚麼分別和相似之處？基督徒怎可以稱耶穌基督為上帝——如果父是上帝？不過，正如奧爾森
71 （Roger E. Olson）和霍爾（Christopher A. Hall）指出：「如果我們期望在早期『後使徒』（post-apostolic）作家中找到發展成熟的三一論述，便會感到失望。它根本不存在。那需要更多時間，讓初期的基督教思想和實踐能醞釀和成熟。」[44] 三一論教義的發展的推動力，來自不同的爭論。對這教義的第一個主要挑戰，以一套通常稱為神格唯一論（monarchianism）的運動這形式出現。

42 Anthenagoras, *A Plea for the Christians* 10.

43 Irenaeus, *Proof of the Apostolic Preaching* 47.

44 Olson and Hall, *Trinity*, 20.

父的「獨一掌權」

神格唯一論這個詞的字面意思，是「獨一全權」（sole sovereignty）。神格唯一論質疑基督徒怎可以保持基督教—猶太的一神論，同時又相信除了父以外的另外兩位上帝，即耶穌基督和聖靈。雖然這個觀點被視為異端，它的動機卻似乎是合乎聖經的：它尋求根據以色列示瑪的傳統（Shema，申六 4），以及耶穌和使徒也肯定的信仰，確定父上帝的至高地位。

神格唯一論有兩個次類別：動力式（dynamic）和形態式（modalistic）。兩者都在第二世紀後期和第三世紀初期出現，根據基督教認信耶穌是上帝，強調上帝的獨特性和統一性。動力的神格唯一論（dynamic monarchianism）[45] 藉著提倡上帝具動力地存在於耶穌裏面，令耶穌比任何人類都高，但卻不比上帝高，從而保存父的獨一至高。換句話說，上帝的能力（希臘語是 *dynamis*）令耶穌**幾乎**成為上帝。因此，天父的獨特性得以保存。形態的神格唯一論（modalistic monarchianism）[46] 藉著視三一中的三個位格為不是自存（self-subsistent）的「位格」，而是同一位上帝的「模式」或「名稱」，而維護上帝的獨一至高，父、子和聖靈並不代表真正的區別，而只是上帝在不同時間顯示自己的不同方式。

在對這些觀點提出一個正統回應時，特土良首先指出，保存上帝的「獨一掌權」（monarchy），也就是神格唯一論的主要關注，並不一定要求上帝只有一個位格。正如岡薩雷斯（Justo González）解釋說：

> 「獨一掌權」這個普拉克西亞（Praxeas，或譯「帕克西亞」）和他的追隨者那麼珍惜的詞語，只是表示管治是獨一的，

45 Kelly, *Early Christian Doctrines*, 115～119 有一個有用的闡釋，並引述原始資料。

46 參 Kelly, *Early Christian Doctrines*, 119～123。

> 但並不妨礙那獨一掌權者有一位兒子，或按他的喜好管理他所獨一掌權的——特土良稱為神聖的「經世」（divine "economy"）。而且，如果父這樣希望，子可以分享那獨一掌權而不致破壞它。因此，神聖的獨一掌權沒有理由否定父和子之間的區別。[47]

72 特土良確信神聖的經世中反映的三重性，與神那基本的統一性絕對不是不相容的。為了對抗形態論和多神論，特土良引入上帝作為一個實體（*substantia*）和三個獨特位格（*personas*）這個觀念。歐柯林（Gerald O'Collins）將特土良的實體定義為「父、子和聖靈分有的共同基本實在（the common fundamental reality）。」[48] 特土良的觀點受到普遍接受，有助澄清這個問題。不過，他對神格唯一論的回應以及其他人的回應，沒有決定性地解決這個問題，而是在基督教獨特的上帝觀這個長達多世紀的發展中標誌著一個里程碑。

‧ 從尼西亞到迦克墩 ‧

第三世紀東方教父論上帝

雖然基督教東方和西方的歷史分歧，直到第二個千年（公元一〇五四年）才出現，但早於第二世紀末，基督教神學已經開始出現兩個學派。東方教會以埃及的亞歷山太（Alexandria）為中心。這是一個古老的學問中心。在第三世紀初，這裏是一個不同教導的大熔爐，集合了諾斯底主義、新柏拉圖主義、希臘化猶太教和很

47 González, *History of Christian Thought*, 178，參 Tertullian, *Against Praxeas* 3。

48 Gerald O'Collins, *The Tripersonal God: Understanding and Interpreting the Trinity* (New York: Paulist, 1999), 105.

多其他學說。東方傳統以希臘語表達，它獨特的救恩教義，以神化（deification）或神聖化（divinization）（源自希臘詞語 *theōsis*，意即「代表上帝」）來傳達，意思是「變得像上帝。」教會的西方分支的中心，在安提阿（Antioch），使用拉丁語，主要集中於道德上的服從和因信稱義。

第三世紀亞歷山太學派的兩個主要人物是（亞歷山太的）革利免和俄利根（Origen）。革利免將東方神學朝否定（apophatic）的方向推進。否定這個詞指，一種主要由**否定**（negation）推進的神學；換句話說，這種神學藉著傳達上帝和上帝的作為**不是**甚麼，而不是傳達是甚麼，以反映上帝和上帝的作為的不同方面。對這位亞歷山太神學家來說，上帝是超越、不可言喻和難以理解的。上帝沒有屬性，而且超越物質的範疇。我們不能直接說甚麼關於上帝的話；神聖是不能定義的。[49] 革利免對上帝也持三一論的觀點。在父旁邊，並在整個永恆中，都站著道。[50]

革利免進一步探討上帝那不可言喻的奧祕。上帝是「統一卻超越統一的，也超越單子（monad，編按：哲學用意，意即構成物質世界存在的最基本的和不可分的單位）。」我們認識上帝，只能夠透過祂的道，道是上帝的形象，與祂不能分離，「是祂的思想或理
性。」[51] 這三一、超越的上帝也是創造主，世界是祂行動的結果。因 73
此，對革利免來說，這跟他借用的對象柏拉圖主義者不同，世界並非簡單地自神性（divinity）流出（emanate），也並非只是將先存的物質變得有秩序。[52]

俄利根或許對東方神學及以後，作出了最大的持久貢獻。他是殉道者的兒子，廣泛閱讀當時的哲學和文學著作。在四卷本的

49　參 González, *History of Christian Thought*, 200。

50　Clement of Alexandria, *Miscellanies* 5.1.

51　Clement of Alexandria, *Miscellanies* 5.16；也參 3.7。

52　Clement of Alexandria, *Miscellanies* 5.14.

《論首要原理》（*On First Principles*）中，上帝的教義是主導性（controlling）的原則。諾里斯宣稱，俄利根是「新基督教柏拉圖主義」（Christian Platonism）的建構者。[53] 俄利根富創意地運用來自異教哲學的觀念，但他也清楚表明，對上帝的知識，只能夠透過聖經的啟示，特別是在基督的位格中，才能夠全面知道。

根據俄利根：

> 上帝不能被人類的智性理解。上帝是不可見的，不單是在物質的意義上，也在智性的意義上，因為沒有思想能夠想像神聖的本質。無論我們對上帝的知識可能多麼完美，我們都必須不斷得到提醒，上帝比我們的智性能夠理解的一切都高超得多。上帝是那簡單和智性的本性，超過任何本質的定義。[54]

如果有任何東西是俄利根的上帝教義所必須的話——在這裏他同意他的同事革利免——那就是統一性（unity）的原則，那是絕對的統一，與短暫世界的多樣性（multiplicity）的觀點完全不同，那是柏拉圖主義式的。[55] 俄利根尋求藉著堅持上帝是在時間以外，而父以永恆的行動生出子，保存上帝的超越性和祂的統一中的多元性（plurality in unity）。因此，從沒有任何時間是子不存在的。[56]

雖然俄利根和革利免一樣，肯定三一論，但俄利根也將討論推前一步。他接受難以言喻的那一位（the ineffable One）是三一的上帝（Triune God），而上帝是父、子和聖靈。他也肯定子的共同永恆性（coeternity）。[57] 這永恆的子，不單參與父的神性，正如早期的神

53 Norris, *God and the World in Early Christian Theology*, chap. 5.

54 González, *History of Christian Thought*, 216，參 Origen, *On First Principles* 1.1.5 和 *Against Celsus* 7.38。

55 González, *History of Christian Thought*, 216.

56 Origen, *On First Principles* 1.2.4.

57 例如：Origen, *On First Principles* 1.2.2。

學家所說那樣，祂「在實體（substance）上」也是神。[58] 這是三一論的教義——從將來的發展的亮光來看——很重要的一點：「只是到了俄利根的子永恆受生（eternal begetting）的教義，上帝的永恆三一（eternal trinity）這個概念才出現。」[59]而且，俄利根肯定三一 74
論那三個位格那永恆和獨特的 *hypostasis*（**位格**，或譯「性體」，意即實體〔substance〕、本性〔nature〕、本質〔essence〕）。俄利根和東方愈來愈傾向強調上帝的三性（threeness）——由加帕多家教父（Cappadocian fathers）全面闡釋——的看法一致，他比拉丁教父更強調三一中三個分開的位格。[60] 不過，和東方傳統一致，俄利根承認父在三一中的優先地位，以致令人不禁懷疑，俄利根有沒有損害子的完全神性。[61]

第三和第四世紀教會的東方分支的其他神學巨人，包括亞他拿修（Athanasius）和三位加帕多家教父——女撒的貴格利（Gregory of Nyssa）、拿先斯的貴格利（Gregory of Nazianzus）（或 Nazianzen）和大巴西流（Basil the Great）。我們在下面討論亞流主義（Arianism，或譯「阿里烏主義」）時會研究他們對上帝的教義，特別是三一論教義的貢獻。亞流主義首先在尼西亞（Nicea），然後在迦克墩（Chalcedon）得到處理。

這個研究沒有討論任何第三世紀的西方神學家，並不表示沒有這種神學家。不過，他們的觀點並沒有超越第三世紀開始時的觀點。例如羅馬的希坡律陀（Hippolytus of Rome）和諾窪天（Novatian）討論三一論的教義，但卻沒有產生任何獨特的著作。其他第三世紀的拉丁神學家，將精力集中在其他地方，例如迦太基

58 Methodius, *Oration on the Psalms* 5.

59 Wolfhart Panenberg, *Systematic Theology*, vol. 1 (Grand Rapids: Eerdmans, 1991), 275，參 Origen, *On First Principles* 1.2.4。

60 參 Kelly, *Early Christian Doctrines*, 129。

61 參 González, *History of Christian Thought*, 218～219。

的居普良（Cyprian of Carthage）將注意力放在討論教會和救恩上。

尼西亞危機和三一論教義的進展

• 亞流主義的挑戰

凱利稱第三世紀末發生的事件為「尼西亞危機」[62]。那是關乎正確地解釋上帝的教義。它涉及基督論（Christology），就和涉及上帝的教義一樣重要，因為迫在眉睫的問題，是考慮到已經建立的子的神性（the divinity of the Son）這教義，以及正在出現的聖靈的神性（the divinity of the Spirit）的教義，在這情況下，怎樣維持猶太—基督教的一神論。這就是亞流主義的挑戰。從某種意義來說，亞流主義的目標，只是神格唯一論的目標的一個版本：限制三一中其他位格的神性，藉以給父獨一的神性（the Father sole divinity），也就是說，讓父在神性階級中處於最高地位。

可惜我們不知道亞流具體教導了甚麼，也不知道他是否真的教導了那歸咎於他的學說。但除了歷史性的問題外，亞流或其他人，提出了一種被標籤為亞流主義的觀點。[63] 它的基本假設是，父
75 上帝是絕對獨一和超越的，因此上帝的本質（essence，希臘詞語 *ousia* 同時表示「本質」和「實實」）不能分享或轉移，即使是子。結果是，父和子之間的區分是一種實體（*ousia*）的區分。如果父和子同屬一種實體，那便有兩個上帝了。不然，子並非與父分享同一本質（essence），而是父首先和獨一的創造物。有一個認為是屬於亞流的說法，強調這個關於基督的來源的命題：「祂曾經並不存在。」耶穌比其他受造物更大，但卻比上帝微小。從某意義上說，耶穌站在神性和人性之間。

62 Kelly, *Early Christian Doctrines*, chap. 9.

63 Kelly, *Early Christian Doctrines*, chap. 9 是現在討論的這個問題一個可靠的指引。

尼西亞大公會議在三二五年召開，處理亞流主義的威脅和相關的基督論問題。尼西亞為已經確立的信仰的規條的三重規定辯護：

> 我信獨一上帝，全能的父，創造天地和有形無形萬物的主；
> 我信獨一主耶穌基督，上帝的獨生子，在萬世以前為父所生，
> 　　出於上帝而為上帝，出於光而為光，出於真上帝而為真上帝，受生而非被造，與父一體〔homoousios〕……
> 我信聖靈。[64]

根據〈尼西亞信經〉(Nicene Creed)，基督不是受造，而是「受生於父的實體。」關鍵的詞語，是希臘語的 *homoousios*，字面意思是「屬於同一實體」或「屬於同一本質」。這令基督的神性與父同等。不過，並非所有神學家都滿意這個詞。說希臘語的教會，寧願用 *homoiousios* 這個希臘詞。分別在於一個字母 "*i*"，但卻將意思作出重大改變：*homoi* 表示「相似」(similar to)，而不是「相同」(the same)，後者即 *homo* 的字義。根據這個構想，基督和父不是完全等同，而是和父相似。希臘神學家關心前者這更嚴格的構想，因為他們相信那並不合乎聖經，而且可以被解釋為這顯示了父和子在數值上相同(numerical identity)，而這會帶來形態論(modalism)。雖然東方神學家同意需要對抗亞流主義，維護子的神性，他們也認為保存父和子的獨特「位格性」(personhood)，與保存父的尊貴地位同樣重要。不過，對西方神學家來說，字母 "*i*" 似乎損害了三一眾位格的在神性上的同等，引致某種次位論(subordinationism)。

• 亞他拿修對正統三一論教義的論證

對抗亞流主義和肯定〈尼西亞信經〉的主要正統聲音來自亞

64 引自 Kelly, *Early Christian Doctrines*, chap. 9。

76 他拿修，他是第四世紀另一個重要的東方教父。他關心的，同時是基督論的和救恩論的：如果子是受造物，祂便和其他受造物一樣是受造物，自己也需要救恩，不能夠幫助人類神化（deified），變得好像上帝。只有上帝可以施行拯救。因此，如果耶穌不是上帝成了肉身，祂便不能拯救人類。[65] 亞他拿修也懷疑，亞流主義破壞基督教的上帝教義，暗示神聖三一（divine triad）並不是永恆的，這會引致某種多神論。或許亞他拿修對真正三一主義最持久的貢獻，在於他說如果沒有子，父不會是父；因此祂永遠都不是沒有子的。[66] 換句話說，提及基督教的上帝就是提到三一的上帝。沒有其他的基督教上帝。

• 加帕多家教父論三一的上帝

加帕多家教父，是給第四世紀後半期東方說希臘語的教會的三位主教／神學家的稱號。他們是大巴西流、拿先斯的貴格利和女撒的貴格利。他們繼續亞他拿修和尼西亞的發展，但也藉著更集中於神格（Godhead）中有區別的、分開的位格（*hypostaseis*），增強了東方和西方之間的分界線。

巴西流是第一個為說希臘語的教會建構標準三一論公式（trinitarian formula）的人：一個本質（essence, *ousia*）和三個位格（persons, *hypostaseis*）。對巴西流來說，這兩個詞語，不是同義詞，因此不能互換地用來指稱神格。[67]

> 關於神格，我們承認一個實體的本質〔*ousia*〕，以致不給存在（existence）不同的定義；但我們承認一種獨特的位格（*hypostasis*），以便我們對父、子和聖靈的概念不會有混

65 參 Kelly, *Early Christian Doctrines*, 233。

66 Athanasius, *Defense against the Arians* 1.29；也參 1.14, 36 和 3.6。

67 Basil, *The Letters* 8 最全面地闡釋這些詞語。

> 亂，可以清晰。如果我們對父的身分(fatherhood)、子的身分(sonship)和成聖(sanctification)各自的特點，沒有清楚的認識，而是從存在的一般觀念來形構我們對上帝的概念，我們便不可能對我們的信仰提出健全的論述……神格是共通的(common)；父是特殊的(particular)。因此我們必須結合兩者說：「我相信父上帝。」[68]

拿先斯的貴格利的持久貢獻，是論證說「父」、「子」和「聖
靈」這些名稱，是關係的詞語(terms of relation)。有人聲稱父不
能與任何人分享祂的本質，基督徒不能將祂的行動，歸於三一中
超過一個位格，在回應這些人時，貴格利論證說，「父」不是一個
本質或行動的詞。這個詞代表關係，「存在於父和子之間那本質
的團契(communion)的關係。」[69] 三一的三個位格惟一可以作出 77
的區分是和來源有關。父是「沒有來源的(unoriginate)，因為祂
不出於甚麼。」子「不是沒有來源的，因為祂出於父。」聖靈是「真
正的靈，事實上來自父，但和子的方式不同，因為那不是生出的
(generation)，而是發出的(procession)。」[70] 這三種來源的區
分，成了東方正統神學的一部分。

第三位加帕多家教父女撒的貴格利雖然是較不重要的神學家，但卻透過他對異教哲學和俄利根的思想的深刻知識，對三位教父的工作作出貢獻。他的兩部專著《論神聖三一》(*On the Holy Trinity*)和《論不是三位上帝》(*On Not Three Gods*)雖然沒有新突破，但卻進一步發展了三一論的教義。

---

68 Basil, *The Letters* 236.6.

69 González, *History of Christian Thought*, 314，參 Gregory of Nazianzus, *Theological Orations* 16。

70 Gregory of Nazianzus, *Theological Orations* 39.11.12.

· 奧古斯丁和他的遺產 ·

從第四世紀的東方教父轉移到西方，我們可以討論波提亞的希拉流（Hilary of Poitiers）和他那十二卷的《論三一》（*On the Trinity*），或者聖安波羅修（Saint Ambrose）。但在這個對教父於古典上帝論的貢獻的研究中，佔最後的榮耀位置的，是最偉大的教父，希坡（Hippo）的主教聖奧古斯丁（St. Augustine）。

上帝的知識作為光照

即使奧古斯丁從未真正加入摩尼教，在早期他卻深受摩尼教影響。[71] 他也廣泛閱讀當時的各種哲學，特別是新柏拉圖主義。奧古斯丁的知識理論，是他的神學的重要主題。奧古斯丁受到兩個關於知識的基本問題困擾：知識是否可能？如果可能，怎樣可能？在《駁學究》（*Against the Academics*）這本針對懷疑論的教師的著作中，奧古斯丁指出，即使我們的感官欺騙我們，我們至少可以肯定我們有感覺。同樣，即使是徹底懷疑的人，也至少知道自己在懷疑。[72]

因此，知識的可能性，對奧古斯丁來說似乎是明顯的，但他仍然不禁想，知識是怎樣獲得的，特別是關於永恆和不變的實在（immutable realities）的知識？借用柏拉圖主義者的觀點，他安設有一個智思性（intelligible）的世界存在，在其中存在著永恆的實在。不過，和柏拉圖主義者不同，他指出那永恆的實在，存在於
78 神的思想（God's mind）中，而不是在柏拉圖的創造之神之上的領域中。根據奧古斯丁，知識並不是來自靈魂的先存性（柏拉圖），

71 參 Justo González, *A History of Christian Thought, vol*. 2, *From Augustine to the Eve of the Reformation*, rev. ed. (Nashville: Abingdon, 1987), 18～20。

72 Augustine, *Against the Academics* 3.1.

也不是上帝所持而在靈魂受造時賜給它。相反，知識在「光照」（illumination）中找到，正如《論三一》中的著名段落解釋說：

> 我們倒不如應該相信，理智心靈的本性是被其創造者的布置所形塑的，以自然秩序的方式，被附加上可智思之物（intelligible things），以致可以得見這些事物，所藉著的是一種自成一類的非物體之光（incorporeal light）；正如我們的肉眼在這物體之光裏得見環繞我們的物體一樣，這光是被造來接受的和適應的。[73]

換句話說，人的思想本身，並不能夠認識好像上帝的存在或上帝的本性這些永恆的真理，而是透過上帝的直接光照接受這知識的。「道上帝（God the Word）將永恆存於上帝的關於觀念的知識，放在人的思想裏面。」[74]

很自然地，奧古斯丁對知識的理解，將他帶領到上帝的存在。雖然奧古斯丁對其他證明上帝存在的方法並非無知，但他視真理的存在和可能性，是上帝教義的基礎。

> 我們人類的心靈掌握不變的真理，這真理是我們不能改變或懷疑的，而它的存在帶領我們肯定必定有完美的真理，而那是我們的思想，或宇宙中所有思想都不能創造的。這絕對的真理，或者所有真理的基礎，就是上帝。[75]

73　Augustine, *The Trinity* 12.15.24。《論三一》的中譯，修自奧古斯丁:《論三位一體》，周偉馳譯（上海：上海世紀出版集團，2005），頁328。下同。

74　González, *History of Christian Thought*, 2:36；González 在頁34～37 就 Augustine 的知識理論的討論最有幫助。

75　González, *History of Christian Thought*, 2:37，參 Augustine, *Free Will* 2.1～15。

因此，上帝的存在是不能逃避、必須承認的現實。

上帝作為絕對的存有

基督教的上帝是怎樣的上帝？奧古斯丁從不厭倦地提醒我們，人類對上帝的本性的認識是有限的。正如他說：「如果你明白，那就不是上帝，」[76] 以及：「我們說祂不是甚麼，比說祂是甚麼更容易。」[77]

根據古典上帝論的精神，奧古斯丁主張上帝是存有，那絕對的存有（the absolute being），完滿和完美的存有，「在祂以上，在
79 祂以外，甚麼也不存在。」[78] 在上帝的屬性中，簡單（simplicity）是他所專注的特性。由於上帝的本質，是存有的純粹實現性（pure actuality of being），因此我們不能將祂設想為在潛能中的存有（being in potency），祂首先地就是完美。事實上，關於上帝，奧古斯丁對**實體**（substance）這個詞並不滿意，因為它可以被錯誤解釋，暗示了存有的本質及其偶在的特性（accidental qualities，也就是可以改變或非本質性的特性，而這些是上帝所沒有的）之間的區別。[79]

對奧古斯丁來說，上帝是存在的一切的創造主。上帝從無中——*ex nihilo*——創造宇宙。奧古斯丁論證說，如果上帝從神聖實體（divine substance）中創造宇宙，結果便會是神性的而不是真正的受造物。[80] 這位希坡的主教為創造主上帝的超越性辯護的其中一個方法，是他的時間觀。奧古斯丁確信，上帝沒有**在時間中**

76 Augustine, *Sermons* 117.3.5.

77 Augustine, *Enarration on the Psalms* 85.12.

78 Edmund J. Fortman, ed. *Theology of God: Commentary* (New York: Bruce Publishing, 1968), 120.

79 Augustine, *The Trinity* 7.5.10.

80 Augustine, *Confessions* 13.7.

（in time）創造，而是上帝創造時間。時間是上帝的創造。因此，上帝不受時間限制。一個必然結果是時間不是永恆，而上帝則是永恆的。[81]

三一論教義

奧古斯丁出色地討論過的眾多神學主題中，很少比他的三一論教義有更持久的影響。雖然，奧古斯丁十五卷的《論三一》（*De Trinitate*）不單是聖經和神學性的闡釋，而它本身也是出類拔萃的智性演練，但奧古斯丁沒有視三一論為一種哲學性的玄思。相反，它是啟示的素材，奧古斯丁認為聖經幾乎每一頁都如此宣稱。探討基督教這一高超的教義，正好說明了他的「信仰必須先於和光照理解」（faith must precede and illumine understanding）這個原則。[82]

關於奧古斯丁三一論教義的出發點——其具體輪廓亦然——並沒有確定的共識，[83] 但我們可以追溯奧古斯丁的教義研究的一些重點。對奧古斯丁的三一論教義一個比較舊的描述，把他對上帝的觀念「絕對的存有，簡單和不可分割，超越各範疇」視之為基礎性的。因此，相對於以父為三一的出發點的人，奧古斯丁以神聖的本性（divine nature），即神格本身開始。

最近，對奧古斯丁的觀點的這個解釋受到批評，因為它似乎將奧古斯丁的取向，與加帕多家教父和亞他拿修的進路對立起來，而他們理解三一的內在關係為存有論式的（ontological，即三一是上帝的本質或存有的本性所固有的）。[84] 一個中間的立場認為，雖然
上帝的統一性對奧古斯丁來說是重要的，但我們不能視他的進路 80

81 Augustine, *Confessions* 11.13.

82 Kelly, *Early Christian Doctrines*, 272.

83 一幅有用的圖譜是 Olson and Hall, *Trinity*, 43～49。

84 Colin Gunton, *The Promise of Trinitarian Theology* (Edinburgh; T & T Clark, 1991).

為必定與東方教父的進路有衝突。相反，奧古斯丁將他們的探索推前。他關心的是，根據三一的三個位格都是一位上帝這個假設，詳細闡釋三一中三個位格之間的區別。奧古斯丁從沒有使用神聖本質（divine essence）本身作為他的出發點。[85] 無論關於奧古斯丁的觀點的最終學術判斷是甚麼，這個中間立場似乎是公允地評價了他對上帝本性的觀點。

奧古斯丁承認「父、子和聖靈——每一個都是上帝，三者一起是一位上帝；每一位都是完滿的實體（full substance），三者一起是一個實體。」[86] 然後，有點令人驚訝地——但卻與教父傳統一致——他將位格的統一置於父而不是神性本質。「統一存在於父裏面……而因為父，三全都是一；因為子，全都同等；因為聖靈，全都和諧。」[87] 而且，奧古斯丁強調——在這裏他同意加帕多家教父——三一的外在工作總是不能分開的，[88] 即使根據「共同參與」（appropriations）這說法，有些工作，例如創造，可以主要歸於父。不過，在祂們的內在關係中，三個位格可以區分而不致分割神格的絕對統一。

・ 思想教父的上帝神學 ・

古典上帝論的準則，在基督教思想的頭四百年錘煉出來。那麼，教父怎樣於上帝的教義有所貢獻？

---

85 Philip Cary, "Historical Perspectives on Trinitarian Doctrine," *Religious and Theological Studies Fellowship Bulletin* (November-December 1995): 9，引自 Olson and Hall, *Trinity*, 45。

86 Augustine, *On Christian Teaching* (Oxford: Oxford University Press, 1997), 10，引自 Olson and Hall, *The Trinity*, 46。

87 Augustine, *On Christian Teaching*, 10.

88 Augustine, *The Trinity* 1.4.7；4.21.30；Gregory of Nazianzus, *Oratio in Laudem*

> 他們繼續了或許是西方世界最後的宗教大論爭。可以肯定，在其後的爭論中，問題沒有這樣清楚地表達，和以這種廣度作爭論，因為那代價高得不能估計。在第三、四和五世紀，基督徒的思想受到信仰和哲學教導，與它兩個最大的敵人——諾斯底式的混合主義（syncretism）和希臘式的理性主義——在嚴峻的相遇中碰撞。[89]

教父認真看待聖經的見證，並嘗試令他們的時代能夠理解它。 81
他們也認真看待當代的哲學和混合主義、多神宗教的挑戰。他們運用希臘思想的範疇來模塑動態、合乎聖經的上帝觀，令它變成一個更連貫、理性的護教的系統，而這在他們的環境是有意義的。這只是另一個將福音處境化（contextualizing）的方式。

聖經關於上帝的敍事的動態性質和多元性（diversity），有一部分為了以希臘哲學用語去表達關於上帝的神學而被犧牲掉，但我們不清楚這些發展有助澄清上帝的教義，還是引入一些古怪的元素。不過，除非神學家預備取消他們的文化背景，否則除此以外，他們還能夠做甚麼？

而且，正如在以下的討論會清楚看到，教父神學提供的引導，以超過一種方式發展。例如：阿奎那以他那高度分析性和論證性的神學，以及東方神學家以他們的密契性取向，都宣稱基於同一個聖經和教父基礎。承認中世紀和後期神學傳統的多元化，應該令我們不急於作出判斷。

教父神學雖然得到大量研究，但有幾個重要問題仍然有待更多亮光，例如奧古斯丁的三一論教義的性質（究竟是否典型的「西方」進路——如果曾經被視之為典型「西方」進路的話），以及西方（奧古斯丁）和東方（加帕多家教父）對上帝的進路（人們聲

Basilii 31.9；Gregory of Nyssa, *De deitate Filii et Spiritus Sancti* 2.59.

89 Fortman, *Theology of God*, 101.

稱）的分別這個問題。

以下的討論，從六世紀去到新教宗教改革前夕，在坎特伯雷的安瑟倫、阿奎那和其他人的著作中反映了教父的遺產——以找出古典上帝論的傳統怎樣進一步發展，以及出現了甚麼增生。

中世紀神學上帝觀的里程碑

Milestones in Medieval Theology of God

正如這一章的題目顯示，我們的任務是就中世紀關於上帝的思想，強調一些重要人物和最關鍵的發展。主要的旨趣在於辨別出古典有神論的主要觀念，怎樣根據聖經的見證和教會神學的發展，在中世紀得到挪用和重塑。

‧ 東方否定神學的上帝視象 ‧

東方教會的密契神學[1]

一個合適的出發點，是強調東方基督教神學的貢獻，它受到對上帝的密契式（mystical）和否定式（apophatic）看法吸引。當然，密契式的取向不限於東方。它在較後期的神學家，例如艾利基納（John Scotus Erigena）（會在下面研究），以及西方十四和十五世紀的密契傳統，包括艾哈特（Meister Eckhart）和托馬斯‧肯培

1　這個副題取自 Vladimir Lossky, *The Mystical Theology of the Eastern Church* (Crestwood, N.Y.: St. Vladimir's Seminary Press, 1976)。

（Thomas à Kempis，或譯「金碧士」）中出現。不過，東方的上帝觀，是有神論傳統那豐富和多樣性不可或缺的見證。

83 東方傳統的否定式、密契式取向，可以追溯到東方教父。雖然他們在三一論的教義和相關主題方便作出了智性上的努力，但加帕多家教父承認，神學永遠都不能遠離個人經驗，因為沒有言語可以充分言說上帝。女撒的貴格利主張，對上帝的真正知識，是「包含在看不見中的看見（因為被尋求的，超越所有知識），那在各方面都被不可理解性（incomprehensibility）所分開。」[2] 這個觀點被恰當地稱為一種「有知的無知」（learned ignorance）的傳統。[3]

上帝的視象（vision of God）始於歡慶神聖的奧祕而不是理性地探究上帝的本質和本性。[4] 任何關於上帝的知識——要謹記我們不能定義上帝，只能夠在謙卑的禱告和悔罪中接近祂這個事實——要求結合靈性和理性的淨化，「一種內心的潔淨，除去我們對上帝的所有虛假觀念。」[5] 近年的東方神學權威洛斯基（Vladimir Lossky）這樣描述「上升」（ascending）到上帝那裏的過程：

> 上帝知識的否定方式（negative way），是一種思想的提升，漸進地除去它希望達到的對象的所有肯定屬性（positive attributes），藉以最終達到一種對「那不能被成為知識對象的祂（Him）」的至高無知的領悟。我們可以說，那是在面對一些在理解以外（beyond the conceivable）的事物時思維失效的智性經驗。[6]

2 Gregory of Nyssa, *The Life of Moses* 2.163.

3 Daniel B. Clendenin, *Eastern Orthodox Christianity: A Western Perspective* (Grand Rapids: Baker, 1994), 55～56.

4 參 Timothy Ware, *The Orthodox Way* (Crestwood, N.Y.: St. Vladimir's Seminary Press, 1990), 17。

5 Clendenin, *Eastern Orthodox Christianity*, 56.

6 Vladimir Lossky, *In the Image and Likeness of God* (Crestwood, N.Y.: St. Vladimir's Seminary Press, 1974), 13.

新神學家西緬（Symeon the New Theology）——他被稱為「神學家」，不是因為他的學問或學術成就（他兩者均沒有表現出來），而是因為他的祈禱生活和靈性——將神人相遇比作令人目眩的閃光。對他來說，上帝的視象，好像一個人晚上站在屋內，突然間打開窗，在那一刻突然出現閃光。由於他不能忍受那光亮，他需要閉起雙眼，從窗邊退下來。[7]

密契式的上帝觀：偽丟尼修

中世紀初期，東方傳統中最富創意的視象式神學家（visionary-theologian）是偽丟尼修（Pseudo-Dionysius），一位無名的作者，多個世紀以來，人們都相信他是保羅的門徒。他也 84
被稱為亞略巴古的丟尼修（Dionysius the Areopagite）。[8] 教會歷史學者同意，無論這個人是誰，他的著作——例如《論天階體系》（*On the Celestial Hierarchy*），一本研究天使和其他神性存有的性質的複雜專著；和《論神聖名字》（*On the Divine Names*）及《密契神學》（*Mystical Theology*），深刻地默想上帝——都來自第五世紀後期。

在提升靈性的東方傳統中，偽丟尼修將摩西登上西乃山，與心靈提升至上帝的知識作比較。摩西「到達神聖之上升的高度。即使在這裏，他也沒有與上帝聯合，他沒有默觀上帝（因為祂是不可見的），然而那是祂身處的地方。」[9] 根據偽丟尼修，否定的方式，是跟對「位置」（positions）的肯定的方式（affirmative way）相反的；肯定的方式，表示從存有的較高級程度下降到較低級。對比起來，「去除」（detachment）的否定方式，則是朝神聖的不可理解性上升。[10]

7　Clendenin, *Eastern Orthodox Christianity*, 57.

8　Lossky, *Mystical Theology of the Eastern Church*, chap. 2 是一個有用的介紹。

9　引自 Clendenin, *Eastern Orthodox Christianity*, 60。

10　Lossky, *Mystical Theology of the Eastern Church*, 28.

偽丟尼修以專注於「否定神學」延續東方密契靈性的悠久傳統。我們只能夠描述上帝不是甚麼，而不是上帝是甚麼。只有當「我們懷著敬畏的沉默敬拜那不能說出的真理，並……接近那超越所有思維和存有的神格的奧祕」，才能夠知道上帝是甚麼。[11] 認信者馬克西姆（Maximus the Confessor）是七世紀一位偽丟尼修著作的權威。他這樣評論否定神學的性質：「存有和非存有這兩個名字都應該應用到上帝，雖然兩者都並非真正適合祂……祂擁有的存在是完全不能達到和超越肯定和否定的。」[12] 因此，關於上帝，最好的言語是沉默，對上帝最深奧的知識在於謙卑的無知。「那些在神聖事物方面有智慧的人對上帝無知，不是缺乏知識，而是一種憑沉默認識上帝是不可知的知識。」[13]

以典型新柏拉圖主義的方式，[14] 偽丟尼修視世界為一個有階級的結構，在其中萬物都來自上帝，又回到上帝那裏。每一個實體在神聖秩序的宇宙中都有自己的特定位置，上帝在一切事物的上面，由不能接近的奧祕遮蓋。[15]

85 在這個背景下，這個亞略巴古人介紹他三種親近上帝的方式，這是著名的教義。這個方案在較後期的密契主義中得到廣泛使用，那有淨化（cathartic）或潔淨（purgative）的方法，在其中靈魂被除去它的不潔；也有光照（illuminative）的方法，靈魂藉以接受神聖的光；還有聯合（unitive）的方法，靈魂在出神的視象

11 Dionysius the Areopagite, *On the Divine Names* 1.3.

12 引自 William C. Placher, *A History of Christian Theology* (Philadelphia: Westminster, 1983), 95。

13 引自 Placher, *History of Christian Theology*, 95。

14 Lossky, *Mystical Theology of the Eastern Church*, 29～32，這裏向讀者提出一個警告，不要過分不帶批判地將這亞略巴古人歸類為柏拉圖主義者，雖然他受到柏拉圖主義影響。

15 參 Justo L. González, *A History of Christian Thought*, vol. 2, *From Augustine to the Eve of the Reformation*, rev. ed. (Nashville:L Abingdon, 1987), 93。

(ecstatic vision)中與上帝聯合。由於上帝的絕對超越，這個上帝的視象不是「可以理解的」，而是直覺、密契和不能理解的。[16]

上帝非創造的能量：帕拉馬斯的貴格利

正如在提到教父時已經指出，東方思想的其中一個焦點，是三一論的教義。洛斯基指出，東方的否定神學「不是非位格的密契主義，一種對絕對的、神聖的無有(nothingness)之經驗。」[17] 但同時，東方神學家不嘗試以太具體的用語界定三一論。首先和首要的是，他們的三一神學是「聯合的神學，一種訴諸經驗的密契神學，假設受造的自然有持續和漸進的改變，人與神聖的三一有愈來愈親密的團契。」[18] 但與上帝真實的聯合的可能性這個問題，向基督教神學提出了「不可接觸的本性的可接觸性」(the accessibility of the inaccessible nature)這個二律背反(antinomy)。[19] 在中世紀較後時期，這個問題在東方引起激烈的神學辯論，最終引致十四世紀就這個問題作出會議性的決定。帕拉馬斯的貴格利(Gregory of Palamas)[20] 是第二世紀上半期主要的正統神學家，他有一本名叫《狄奧法內斯》(*Theophanes*)的對話錄，討論不能相通但又可以相通的神性(the incommunicable and yet communicable deity)這個問題。根據貴格利這位帖撒羅尼迦大主教的見解：「對於神聖本性，我們必須說，它同時是排拒參與(exclusive of participation，參與或譯「有分」、「分享」)，而又在某意義上向參與開放的(open to participation)。我們得以參與神

16 參 González, *History of Christian Thought*, 93～95。

17 Lossky, *Mystical Theology of the Eastern Church*, 44.

18 Lossky, *Mystical Theology of the Eastern Church*, 67.

19 Lossky, *Mystical Theology of the Eastern Church*, 69.

20 關於一個基本介紹，參 John Meyendorff, *St. Gregory Palamas and Orthodox Spirituality* (Crestwood, N.Y.: St. Vladimir's Seminary Press, 1974)。

聖本性，但同時它又是完全不可接觸的。」[21]

我們怎樣解決這個表面的矛盾？貴格利加入東方教會的悠久傳統，區分上帝的「能量」（energies）——在其中人類可以透過神化而得以參與（participate through deification），以及上帝的「本質」（essence）——那是完全超越，不能接近的。因此，「說神聖本性（divine nature）不是在其本身，而是透過它的能量可以相通，這就仍然是在恰當的敬虔的界限之中的一種相通。」[22] 幾個教會會議
86 都接受這個基礎性觀點（例如：一三四一年和一三六八年的君士坦丁堡會議），而它也成了東方教會的標準教導。根據洛斯基：

> 這個區別，是在上帝的本質（essence），或正確地說是在祂的本性（nature）中，那是不能接觸、不可知和不能相通的；以及是在能量或神聖運作中，那是對上帝本質的恰當和不可分的力量，在這力量中祂從自身出去，彰顯、相通和獻出自己。[23]

在中世紀和其後，東方神學保存了它對上帝的密契式、否定式的觀點，而且教會東方一翼，其影響力超越了它本身的疆界。中世紀早期其中一位主要的西方思想家埃艾利基納，便是從密契神學拾穗的例子。

‧ 自然中的上帝：艾利基納 ‧

九世紀的約翰‧蘇格徒‧艾利基納（John Scotus Erigena，不

21 引自 Lossky, *Mystical Theology of the Eastern Church*, 69。

22 Lossky, *Mystical Theology of the Eastern Church*, 70.

23 Lossky, *Mystical Theology of the Eastern Church*, 70.

要與十三世紀的約翰·敦司·蘇格徒〔John Duns Scotus〕混淆，我們稍後會討論他對上帝的觀念）是中世紀早期主要的西方神學家。他屬於所謂卡洛林王朝復興（Carolingian Renaissance）時代，這是在一段相對沉寂的日子後的智性復興，伴隨著新的神學研究工作。[24] 這智性覺醒最突出的標記，是回到古老的經典資源。艾利基納是一個在愛爾蘭出生的天才，後來移居法蘭西。他以對希臘和希臘哲學的透徹認識，成了這個趨勢的典範代表人物。他對希臘語的熟悉，令他可以更有效閱讀東方教父的著作，這種技巧是當時大部分西方學者所沒有的。

根據艾利基納，教父透過運用理性找到真理，因此較後的神學應該依從同一條路線。他的結論是理性和權威可以來自同一位上帝。[25] 我們可以稱艾利基納為哲學家和神學家。教科書通常主要將他介紹為哲學家。不過，根據中世紀思想的精神，這兩個學科是有關連的，人們往往視哲學為神學的侍女。如果這兩個學科——被認為是所有人類智性努力的頂峯的學科——沒有聯合起來，古典上帝論在中世紀後期便不能達到它的極盛時期。

在新柏拉圖主義，特別是偽丟尼修的影響下，艾利基納強調上
帝的超越和不可理解性。上帝在一切存有之上，是完全不可知的。 87
我們不能看見祂，也不能理解祂。我們可以知道上帝存在，但不知道上帝是甚麼。我們宣告上帝是無所不能、無所不知等等時，只是嘗試用比喻的語言（figurative language）來說明，上帝比我們可以說的或可以思想的更偉大。[26]

不過——這令艾利基納與東方神學家不同——他對上帝的內在性（immanence）更有興趣，「內在性甚至近乎真正的泛神

24　關於卡洛林時代一個有用的介紹，是 González, *History of Christian Thought*, chap. 4。

25　John Scotus Erigena, *On the Division of Nature* 1.66.

26　參 Edmund J. Fortman, ed., *Theology of God: Commentary* (New York: Bruce Publishing, 1968), 154。

論（immanence amounting to genuine pantheism）」[27]，正如這個段落的標題暗示那樣。對艾利基納來說，神聖本質擁抱一切。除了上帝外，或者在上帝以外，甚麼也沒有。上帝是無界限和不分化（undifferentiated）的存有。道是被規限的（circumscribed）和分割的（divided）存有。[28]「上帝不單在一切中，祂等同存在的一切，因為上帝和創造不是二，而是一以及相同的（one and the same）。」[29]

或許，毫不令人驚訝的是，艾利基納以他對上帝的泛神內在性這個動態觀念，設想一種演化（evolution）。宇宙不是穩定或靜止的，相反，它不斷在發展。

> 從上帝這偉大的一切（the great All），所有事物都來回活動，並找到它們的道路。一切……自然地傾向回到它的來源，而宇宙來自上帝，傾向回到祂那裏。現實中演化和退化的過程，在神聖本性裏面繼續，因為上帝是所有，而宇宙只是祂的表達或彰顯。在揭示神聖本質中，世界出現……最終回到它所的來源。[30]

艾利基納設定了受造的永恆性。如果創造不是永恆的，它便是偶在（accidental）的，外在於上帝。對他來說，上帝的永恆性和不變性，要求受造物也是永恆的。[31] 不過，上帝是先於受造物的，不在時間的秩序（order of time）以內先於受造物——因為上帝不在

27 Fortman, *Theology of God*, 154.

28 John Scotus Erigena, *On the Division of Nature* 1.12, 3.17.

29 Fortman, *Theology of God*, 154, 參 John Scotus Eerigena, *On the Division of Nature* 3.4, 3.17。

30 引自 Fortman, *Theology of God*, 154～155。

31 John Scotus Erigena, *On the Division of Nature* 3.8.

時間以內——而是在存有的秩序（order of being）以內先於受造物。上帝是受造物的存有的源頭。[32]

有趣的是，雖然艾利基納有這些具創意的猜測，但他肯定三一論的教義是基督教上帝觀的基礎，並跟隨較早時界定的正統教義。

・上帝存在的必然性：坎特伯雷的安瑟倫・

十二世紀的坎特伯雷的安瑟倫（Anselm of Canterbury）是不同類型的思想家。他以奧古斯丁的法則作為自己的座右銘：「我相信以
致我可以知道」（“I believe that I may know”），而不是「我知道以 88
致我可以相信」（“I know that I may believe”）。[33] 安瑟倫加入悠久的傳統，肯定所有基督教教義都是真的，因為它們都是由上帝啟示，而基督徒必須根據教會的權威接受這些教義。但同時，安瑟倫堅持教會的信仰的理性性質；因此，教義可以——而且應該——藉智性的能力（intellectual faculties）證明。所以，神學家有雙重任務：為信徒解釋和闡明啟示的真理，以及為非信徒證明它們是真實的。因此，安瑟倫為上帝的存在發展出存有論論證。

雖然安瑟倫的存有論論證，令他有名氣，但這不是他的起步點。在他早期的著作《獨語集》（*Monologium*）（或 *Monologion*，也稱為 *Soliloquy*），安瑟倫尋求不訴諸權威，單以理性為基礎證明上帝存在。他論證說，由於有很多不同種類的善，我們需要相信有一至高的善，透過這至高的善，其他的善都成為善。同樣，我們被驅使承認，有一個存有，比所有其他存有都偉大和更高，透過祂，其他一切存有都得以存在。對安瑟倫來說，無限回溯是不能想像

32　參 González, *History of Christian Thought*, 133。

33　Anselm of Canterbury, *Proslogion* chap. 1.

的。相反，我們必須假設有一個原本自存的存有，一切都源自祂。這就是為人熟悉的宇宙論證（cosmological argument）——由偶然的（contigent）推想到必然的存有，這是阿奎那在邏輯上達致的結論。

這樣令自己滿意地證明了上帝的存在之後，安瑟倫在《獨語集》的餘下部分，考慮上帝的本性。在這裏，他藉著最好的智性工具，以及聖經及傳統資源的幫助，建立了古典上帝論的準則。[34]在一切存在背後的存有（Being），必須比一切都更偉大和美好。用安瑟倫的話來說：

> 它〔上帝〕是至高的本質、至高的生命、至高的理性、至高的救助、至高的公正、至高的智慧、至高的真理、至高的仁善、至大、至美、至高的不朽、至高的無暇、至高的不變動、至高的福樂、至高的永恆、至高的權能、至高的統一等。這一切的陳述也就是等於說它是至高的存在者、至高的活著者等等。[35]

雖然他的論證，在當時是深刻的，這位坎特伯雷的神學家—哲學家仍未完全滿意。他尋求以單一而不是數個證明來證明上帝存在——這也是他的《論證集》（*Proslogion*）（也稱為 *Address*）的目的。這本成熟的著作，依從奧古斯丁的《懺悔錄》（*Confessions*）的形式，以向上帝說話的方式表達，不單比《獨語集》簡短，也更靈修性。安瑟倫在這本書的第二章提出他對上帝的存有論證明：

34 關於這個闡釋，我很大程度上倚賴 Fortman, *Theology of God*, 158～159 那出色的總結。

35 Anselm, *Monologium* chap. 15〔編按：此處應為16章〕；另本註及註36和註41的中文譯文是參考安瑟倫：《信仰尋求理解：安瑟倫著作選集》，溥林譯（北京：中國人民大學出版社，2005）。

> 因此，甚至愚人也會確信那無法設想有比之更大的存在者至 89
> 少存在於理性中，因為，當他聽說這個存在者的時候，他能夠理解；凡為他所理解的，定存在於他的理性中。然而可以肯定的是，那無法設想比之更大的存在者不能僅僅存在於理性中。因為，假如它僅僅存在於理性中，那麼就還可以設想一種比他更偉大的東西，它既存在於理性中，還實際地存在著。所以，如果那無法設想有比之更大的存在者僅僅存在於理性中，那麼，那無法設想有比之更大的存在者自身就成了那可以設想有比之更大的存在者了，但這顯然是不可能的。因此，那無法設想有比之更大的存在者無疑既存在於理性中，也存在於實在中。[36]

即使後來批評安瑟倫的人，[37]特別是康德（Immanuel Kant），他提出一個問題，是否真的需要以一個存在的**觀念**（an idea of an existence）為基礎，設定一個存有；藉此，破壞了安瑟倫存有論論證的力量；我們也不能否認安瑟倫的論證對古典上帝論的價值，特別是在為上帝辯護之時，結合了哲學和神學。不過，雖然最終的批評經過幾百年才出現，安瑟倫的論證還是沒有得到廣泛使用。阿奎那和其他人後驗的（*a posteriori*）取向——「以經驗為基礎」（相對於安瑟倫的先驗的〔*a priori*〕取向，即「脫離經驗」）——佔了優勢。

存有論論證「證明」了怎樣的一位上帝？這位上帝是絕對簡單的；因此，神聖的屬性，就並非偶然的，而是上帝的本質。上帝在每一個地方和時間存在，也不存在於任何地方或時間，因為所有時

36 Anselm, *Proslogion* chap. 2.

37 例如參 Gerald Bray, *The Doctrine of God* (Downers Grove, Ill.: InterVarsity, 1993), 68～69。

間和地方都在上帝裏面。[38] 安瑟倫的上帝，也是三一的，[39] 安瑟倫相信這可以用理性的方法表明，就好像他證明上帝的存在一樣。[40] 安瑟倫不單以傳統為基礎，也以古典上帝論所解釋的聖經的見證為基礎，因為除了聖經的啟示和神學傳統外，哲學家的上帝，不會是三一的上帝。

這帶領我們去到關於安瑟倫的討論的最後一點。雖然他運用邏輯，但證明上帝存在的，總以那相信的心思來從事的。安瑟倫的論證，主要不是為了說服不信的人而進行的護教學——雖然福音工作並非是不相干的——而是為了已經被接受的信仰進行辯護。而且，他的智性著作的基調是敬虔。哲學不單為神學服務，也為敬虔服務，正如從他的《論證集》的序言可以看到：

> 90 主啊，我並不奢想能洞察你的崇高，因為我無法讓我的理解力和你的崇高相比擬。但是，我渴望在某種程度上理解你的真理，我的心相信並愛著這真理。因為我不是尋求理解以便我相信，相反，我是信仰以便我理解。因為我深信：「除非我信仰了，否則，我無法理解。」[41]

在討論中世紀最偉大的神學家，教會的「天使博士」（Angelic Doctor）阿奎那之前，我們需要先稍為離題，討論十二世紀的視象家（visionary）費奧尼的約雅斤（Joachim of Fiore）。我們很難找到研究神學和信仰的取向，是比阿奎那和約雅斤之間的分別更大的；因此，我們同時聆聽兩人的聲音。

38 Anselm, *Monologium* chaps. 16, 17, 20, 21～24；*Proslogion* chap. 12.

39 例如參 Bray, *Doctrine of God*, 180～182。

40 參 Anselm, *Monologium* chaps. 29～65；*Proslogion* chap. 23。

41 Anselm, *Proslogion* chap. 1.

・ 三個時代的上帝：費奧尼的約雅斤 ・

費奧尼的約雅斤是十二世紀的意大利修士。他和安瑟倫的系統式思想沒有任何相似之處。他終生都在修道院默想和研究聖經，特別是啟示錄，在數字、視象和先知講論的意義中尋求歷史那隱藏的意義。他是天啟式（apocalyptic）的傳道者，等候上帝最後接管那脫離了創造者的世界。他在一二〇二年去世時，普遍被視為聖人，雖然他的很多教義，很快便不受歡迎。此外，雖然他以自己的方式相信三一論，但約雅斤主要是聖靈論者（pneumatologist），以靈恩的取向（charismatically oriented）研究聖靈和即將來到的結局。[42]

約雅斤的神學和信仰的結構原則，是將世界歷史作三重劃分。父的時代，是舊約時期；子的時代，是新約時期，包括教會；聖靈的時代，會在約雅斤的時期展開。聖靈的時代的標記，是新宗教運動的興起，這會帶來教會的改革和更新，以及最終在地上建立和平及統一。

在這獨特的三一觀中，約雅斤給每個時代一種獨定的神聖管理方式。父的時代由律法統治，在其中百姓工作和結婚。理想的典範，是舊約的族長。在子的時代，由恩典統治，百姓要去學習，理想的典範，是聖職人員，他們會施行教導。最後，在聖靈的時代會由愛統治，在這個時代，百姓讚美上帝，而理想的典範，將會是充滿上帝的愛的修士。[43] 和其他歷史上的天啟論者一樣，神學家約 91
雅斤提出了具體的日期：每個時代包括四十二代，每代三十年。子的時代，會在一二六〇年結束。[44]

42 參 Veli-Matti Kärkkäinen, *Pneumatology: The Holy Spirit in Ecumenical, International, and Contextual Perspective* (Grand Rapids: Baker Academic, 2002), 53。

43 參 Placher, *History of Christian Theology*, 149～150。

44 近年對約雅斤的主要研究是 Christopher Walsh, *The Calabrian Abbot: Joachim*

・ 古典上帝論的頂峯：阿奎那和經院哲學 ・

中世紀晚期神學的背景

在研究古典上帝論那位傳統最能幹的支持者，即十三世紀的阿奎那的貢獻之前，我們先看看經院神學（scholastic theology）高峯時的智性和屬靈環境。[45] 十二和十三世紀，是大學建立的時期。中世紀的思想，傾向給神學科學皇后（queen of the science）這個尊貴的地位，哲學從屬於它。大學背景帶來最偉大的神學大全（*summas*），例如倫巴都（Peter Lombard）的《四部語錄》（*Sentences*）。同時，好像道明會（Dominicans）和方濟會（Franciscans）等正在出現的托鉢修道會（mendicant orders），花了相當多時間研究基督教神學。

將亞里士多德、阿拉伯和猶太哲學引入大學，並透過受過教育的領袖引入教會，是這幾個世紀古典上帝論最明確的標記。在幾位重要的阿拉伯哲學家中，著名的阿威羅伊斯（伊本—魯什迪）（Averroës〔ibn-Rushd〕）是最重要的。他從亞里士多德找到「至高真理」（supreme truth）後，研究了幾門學科，包括神學，但從沒有放棄《可蘭經》（Qur'an）。他所做的是對《可蘭經》提出一個哲學性解釋。阿威羅伊斯與基督徒和穆斯林（Moslems）一樣，都與最深刻的智性問題——例如信心和理性的關係——搏鬥，但他最終死於穆斯林建制手中。

在中世紀晚期，方濟會和道明會兩個著名的基督教傳統主宰了神學。奧古斯丁的思想遺產，繼續是神學研究和辯論的所有主

---

of Fiore in the History of Western Thought (New York: Macmillan, 198)。也參 Bernard McGinn, "The Abbot and the Doctors: Scholastic Reactions to the Radical Eschatology of Joachim of Fiore," *Church History* 40 (1971): 30～47。

45 經院哲學是基督教神學中，高度智性、哲學和理性的進路，以中世紀晚期的阿奎那和其他人為代表。González, *History of Christian Thought*, chap. 8 是這個主題有用的指引。

要主題的起點。這個遺產，同時帶來新柏拉圖主義的影響。與方濟
會有關的神學家中，最著名的是波拿文士拉（Bonaventure）。他
們十分倚賴奧古斯丁的模式。同時，亞里士多德也被引介進神學
團體。神學家採用亞里士多德式系統的樂意程度是有分別的。阿
奎那當然是批判性地採用了亞里士多德的思想，但卻沒有遺忘奧 92
古斯丁，從而將這些似乎是敵對的思想學派，形成一種新的綜合。
這種綜合便成為了由阿奎那領導的道明會學派的一個特點。

亞里士多德正在增強的影響力，挑戰奧古斯丁—安瑟倫式對於上帝的問題的存有論式進路，而提倡一種更以經驗為基礎的（experience-based）、以宇宙論為取向（cosmologically oriented）的進路，配合慢慢出現的科學。很快便清楚看到，單是上帝的觀念，不足以說服神學家和哲學家相信上帝存在。上帝存在的根據，需要在上帝創造的世界中尋找。這就是阿奎那和他的追隨者的進路。

上帝為自存的存有：阿奎那

• 亞里士多德式形而上學作為背景

阿奎那大部分哲學著作都是對亞里士多德的註釋，雖然他也寫了一些原創的哲學著作，例如：《論存有與本質》（*On Being and Essence*）和《論自然的原理》（*On the Principles of Nature*）。在神學方面，他三本最重要的著作是《四部語錄註釋》（*Commentary on the Sentences*）（關於倫巴都）、《駁異大全》（*Summa contra gentiles*）和《神學大全》（*Summa theologiae*）。

阿奎那跟隨他的老師大阿爾伯特（Albert the Great）的思想，區分由人類理性掌握和由上帝啟示的真理。這些真理並不對立，因為兩者都源自上帝，但它們有自己運作的領域，因此，「自然」（nature）和「恩典」（grace）之間的區分浮現，並發揮

了其力量的極至。阿奎那主張，恩典並不是廢除（nullify）而是成全（fullfills）自然中的事物。為了讓這成全能以發生，地上的實在（realites）和天上的實在，必須有其對應。這對應乃由類比（analogy）的使用而實現：即神聖事物可以藉自然秩序（natural order）專用的用語來描述。[46] 例如：考慮到地上父親的存在，上帝作為父這個觀念便可以被理解。

要研究阿奎那對上帝這個問題的哲學取向，需要解釋專門的詞彙。阿奎那的形而上學，基本上是亞里士多德式的，雖然它也包括一些新柏拉圖式和奧古斯丁式的特質。首先，要界定「存有」（“being”）的具體形式，亞里士多德—托馬斯主義式（Aristolelian-Thomist）的形而上學區分了**實體**（substance）和**偶在**（accident）。實
93 體是存在於其本身的；偶在（或偶在特性）則只存在於實體中。任何實體總是具體和個別的（不是一「永恆的」理念〔Idea〕，那是在個別的存有物〔individual being〕以外存在），[47] 擁有幾個偶在或性質。第二，**質料**（matter）和**形式**（form）之間是有區別的。形式令事物（質料）成為它所是的東西。因此，「形式」這個詞表示的不單是「形狀」（“shape”）。第三，**實現**（act）和**潛能**（potency）之間是有區別的。「那能夠是的，乃存在於潛能之中，卻並非是；那已經是的，存在於

46 阿奎那區分三種說話方式：（1）單義的（univocal）：同一個詞和意義，完全按照相同的意思使用，正如動物指人和驢；（2）多義的（equivocal）：同一個詞被使用，但有不同意義，正如狗既指一種物，又指一顆星；（3）類比的（analogical）：一個詞的普通意義用來顯示不同實體的相似或對應特點，正如父親用來指上帝。參 Thomas C. Oden, *The Living God: Systematic Theology*, vol. 1 (San Francisco: Harper & Row, 1987), 42～43。

47 這個區分說明（亞里士多德）唯名論（nominalism）和（柏拉圖）唯實論（realism）這兩個互相競爭的哲學學派，唯實論相信每類具體事物都有某些「理念」（Idea）、「形式」（form）或「共相」（universal）存在（例如：椅子的理念，相對於無數不同例子的椅子）。唯名論表示反對，認為這樣的共相實際上並不存在，那只是「名稱」（names）。只有具體事物（例如我們在世界上實際有的椅子）存在。阿奎那尋求將這兩種觀點綜合起來。

實現之中。」[48] 可以改變的一切，都仍然在潛能中；完美的存有，不需要生成變化（becoming，無論是更好或更壞），是純粹的實現（pure act）。最後，這個系統區分**本質**（essence）和**存在**（existence），區分物件的「甚麼」（“whatness”）和它的「所是」（“thatness”）。這區分並不表示除了具體的存在外還有本質，或者存在只是本質的謂語（predicate）；而是表示這存在是那實現，而這實現令本質成為真實（that existence is the act that makes essence real）。

在將這個概念性用語應用到阿奎那對上帝的本性和本質的闡述前，我們首先討論怎樣設定上帝的存在這個更基本的問題。這帶領我們進到托馬斯主義那著名的五路論證（five ways）。

• 證明上帝存在的五路論證

《神學大全》的第一個論題提出，「上帝存在」這個命題雖然本身是明顯的，但對人類卻不是明顯的。因此，阿奎那拒絕安瑟倫的命題，根據安瑟倫這命題，上帝存在是自明的真理，因為上帝這個**觀念**（idea）是一個必須的思想。托馬斯主義對古典上帝論的準則，加上一個信念，即相信上帝存在是可以藉著從宇宙、從創造引申出的論證來證明的。這些論證可以被視為類比原則的邏輯延伸。

根據阿奎那，證明上帝存在的第一個論證，始於運動（movement）這個事實。[49] 運動中的一切，都需要被某些東西推動；用托馬斯主義的技術語言來說，它需要從潛能（potency）到實現（act）。只有所有其他推動者後面的一個推動者是不受其他事物推動的。這個存有可以被正確稱為最初或不動的推動者（prime or unmoved mover）或純粹的實現（pure act），也就是上帝。

第二個論證是因果關係（causality）。世界上一切事物都有原因，因此需要有一個最終的原因（final cause）。如果第一因（first

48　引自 González, *History of Christian Thought*, 265。

49　那五路論證可以在 Thomas Aquinas, *Summa theologiae* I, q.2, a.3 中找到。

cause）並不存在，其他一切也不存在。第一因是上帝。

第三個論證是基於偶然（contingent）和必然（necessary）之間的區分。世界上一切事物都是偶然的，倚賴它們以外的一些東西。某意義上來說，它們從另一個東西（being）接受它們的存在。
94 一個東西其自身是必然的（a being necessary in itself），那它需要令其他一切東西存在。對阿奎那來說，那東西是上帝。

第四個論證建基於東西（beings）有不同程度的完美性（perfection）這個觀念。完全完美的東西，是其他一切事物不同程度的完美的原因，這東西就是上帝。

第五個論證與世界上明顯的秩序（order）有關。所有事物都似乎朝對它們恰當的終點移動。沒有目的，這不能發生。這是傳統的目的論論證（telelogical argument，希臘語 *telos*，意即「終點」、「意向」、「目的」）。將事物帶到它們恰當終點或目標的是上帝。

我們很容易看到，所有這五路論證——有時阿奎那以不同方式將它們分類[50]——都依從同一個邏輯。每一個都由透過感官已經知道的事物開始。然後在已知中發現一些善（good）是不完整的，意思是那不是自足的，無論是運動、存在、完美的程度或其他東西。因此，每一種論證都在上帝裏找到最終的原因或完美。很明顯，這種「證明」上帝存在的論證，假設至少某種神明的觀念。[51] 正如已經提出的，古典上帝論並不始於無神論者或不可知論者對上帝存在的懷疑，並嘗試說服他們或別人，上帝是存在的。相反，他們是信徒，想顯示信仰的合理性（reasonableness）。我們也應該指出，這種論證，有別於訴諸聖經的啟示，並沒有為基督教的上帝提供證據，而是指向一般性的上帝概念。

---

50 Aquinas, *Summa contra gentiles* 1.13 包含另外一種分類方式，給予第一種論證也就是第一推動因這個觀念一個特別重要的地位。

51 參 González, *History of Christian Thought*, 266～267 的有用討論。

・上帝的本性和屬性

阿奎那的上帝是怎樣的上帝？跟隨他的形而上學，阿奎那肯定上帝是一實體（substance），可以與其他實體作類比（但並不等同）；而且好像它們一樣，上帝也有其特質，通常稱為屬性（attributes）。對阿奎那來說，上帝不是一非存有（non-being），而是至高的存有（supreme being），是一直活躍的能力。根據福特曼（Edmund Fortman）：

> 貫穿他〔阿奎那〕整個系統的主導觀念是，一切有限存有都由實現和潛能，本質和存在構成。存在（existence）將本質（essence）的潛能帶進實現中，但它本身卻受到那潛能限制。這種對本質和存在的區分是必須的；它是托馬斯主義的慣常做法。因為只有上帝是自存的存在（subsistent being），祂的本質和存在之間沒有區分，也就是祂是全然完美的。最終，我們從偶然的東西（contingent being）推論出上帝的存在。[52]

阿奎那以一種或另一種方式，從上帝的存有推論上帝的所有屬性。這些屬性，關乎上帝在其自身以及與外在（*ad extra*）世界的關係之中的本性與運作。與上帝的存有相關的屬性，首先是一般存有 95
的特質，被提升到至高的完美：簡單或單一、真、善或完美；然後是無限，排除所有本質的限制；廣大和遍在，排除所有空間的限制；以及永恆，排除時間限制。「最後，關於我們的自然知識，上帝的存有是不可見和不可理解的，但卻可以藉著類比而得知。」[53]

要明白阿奎那的系統怎樣看上帝和祂的屬性，我們可以以上帝的知識作為例子。它是普遍的。它的主要對象是神聖的本質，乃

52 Fortman, *Theology of God*, 175.

53 Fortman, *Theology of God*, 183～184.

是由於這明顯包括三一論的所有屬性和關係。但它也伸展到每一個其他對象，所有可能的東西（beings），以及所有在過去、現在和將來實際使之存在的東西。[54] 上帝不在後者本身，而是在祂自己裏面感知這些東西的，祂遠在這些事物實際存在前命定它們存在。它們在永恆中就已經在上帝面前現身了（present to him）。[55] 根據阿奎那的意見，說上帝對事物的知識源自事物本身，便會將不完美歸給上帝：無限的智慧會倚賴著有限。[56] 上帝的完美並不倚賴任何上帝以外的事物。上帝在祂的存有中是完全自足的。

阿奎那對上帝教義的貢獻，最受到爭議的，是他堅持上帝的不動情性（impassibility），這屬性與上帝的不變性緊密相連。由於上帝是完美的，祂是不變的：祂的知識和祂的旨意都不改變。[57] 與亞里士多德的形而上學一致，阿奎那主張神聖存有必須是「純粹的行動（pure action），沒有任何潛在性（potentiality）的混合，因為潛能本身比實現更後起。現在以任何方式被改變的一切事物，都是以某些方式處於潛在性的狀態，由此，明顯的是，上帝不能改變。」[58] 上帝不能受到影響，祂是完全完美的。但情感又怎樣呢？聖經似乎暗示上帝感受到情感。阿奎那區分兩種情感作為回應：愛和喜樂確實存在於上帝中。不過，憂愁和憤怒卻只可以比喻性地歸給上帝，因為它們表示不完美。再一次，內在於上帝裏面的，並不損害上帝的絕對完美；根據阿奎那的觀點，任何結果，如果是上帝受影響的話，都是不可能的。[59]

54 例如：參 Aquinas, *Summa theologiae* I, q. 14, a. 2, 9。

55 Aquinas, *Summa theologiae* I, q. 14, a. 8.

56 參 Fortman, *Theology of God*, 185。

57 Aquinas, *Summa theologiae* I, q. 14, a. 5.

58 Aquinas, *Summa theologiae* IIA, q. 22, a. 1.

59 參 Millard J. Erickson, *God the Father Almighty: A Contemporary Exploration of the Divine Attributes* (Grand Rapids: Baker, 1998), 147～148。

阿奎那與「將真福(blessedness)歸給上帝」這個傳統一致。若說上帝是永恆蒙福的(eternally blessed),表示上帝在向受造物傾出良善、憐憫和愛中享受喜樂。上帝的真福,或者神聖真福(the divine beatitude),表示上帝的生命充滿喜樂——同時在上 96
帝裏面和與造物的相關的時候。阿奎那這樣定義上帝的真福:上帝「的旨意總會成就,而且……旨意是沒有邪惡的。」[60]

在列出上帝的屬性時,阿奎那運用類比的說話方式。這是有卓越的程度的等級的。因此,在談到上帝時,阿奎那將良善和完美的高峯歸給祂。這都是部分為人所知的類比,但卻不能讓人完全認識。[61]

•論三一

關於三一論的教義,阿奎那跟隨奧古斯丁的腳步。他也廣泛討論安瑟倫的建議。一方面,阿奎那肯定奧古斯丁對上帝的統一作為他教義的出發點的堅持。對阿奎那來說,統一的神聖本性(上帝的實體)是一理性─智性的本質(a rational-intellectual essence),也就是一個永恆的心靈(eternal mind),沒有時間性的思想。不過,智性本性要求某程度的多元重性(multiplicity),就好像愛一樣。而實際上,上帝既是智性,又是愛。這就是讓阿奎那另一方面肯定神格中的多元性的切入點:

> 父理智的愛,引致子的永恆受生(eternal begetting),祂與父不同的,只在於祂是由父從永恆中所生(受生)(being generated〔begotten〕)。父和子之間的愛,引致聖靈從祂倆從永恆而出(the eternal procession),作為祂們「愛的結連」(bond of loves),與祂們不同的地方,

60 引自 Oden, *Living God*, 128。

61 參 Oden, *Living God*, 47～48。

只在於聖靈在永恆中從祂們而出。[62]

・ 上帝作為存有：約翰・敦司・蘇格徒 ・

十三世紀另一位巨人，是約翰・敦司・蘇格徒（John Duns Scotus）。毫無疑問，他代表了奧古斯丁—方濟會傳統的頂峯，這是中世紀晚期另一個主流運動。

雖然「精微博士」（Subtle Doctor）蘇格徒從沒有達到「天使博士」阿奎那的學術高度，但他對基督教上帝論的神學的貢獻，也不容否定。[63] 蘇格徒那有點含糊的寫作方法，加上他的著作那些嚴重的文本問題，令研究他的神學成為很大的挑戰。蘇格徒基本上是方濟會神學家，專注於實踐敬虔的生活。雖然延續著奧古斯丁的傳統，但他同時希望修訂它的認識論（epistemology）。他
97 也發覺阿奎那的進路不能令人滿意。根據蘇格徒，奧古斯丁光照（illumination）的教義，很容易令人視上帝為人類智性的對象，而亞里士多德—托馬斯主義式立場似乎暗示，人類的智性的對象，是物質事物的本質。這兩者都有問題。即使在我們以最好的方式去了解這兩種進路，人類對上帝的知識都不是直接或首要的。另一方面，即使阿奎那透過認識世界得到上帝知識的進路，原則上是正確的，它也不能就怎樣超越物質對象，給予令人滿意的答案。因此，蘇格徒並不滿足於類比的教義。

蘇格徒怎樣解決這個困境？對他來說，人類在智性上的對象是存有（being），存有作為存有，沒有任何限制。人類認識「存

62 Roger E. Olson and Christopher A. Hall, *The Trinity* (Grand Rapids: Eerdmans, 2002), 64.

63 我對蘇格徒的闡釋，十分受惠於 González, *History of Christian Thought*, 307～311 的有用討論。

有」這個事實，表示「存有」可以沒有區別地述謂著所有存在物（beings）。當然，蘇格徒在這裏與阿奎那不同，阿奎那提出上帝的存有與其他受造物的存有，是類比性的，不是種類相同的存有。

對比起來，蘇格徒對存有的單義式謂詞（univocal predication），為他以存有本身為基礎以證明上帝的存在立下根基。由於存有總是單義地來述謂的，對於上帝的述謂必然是相等於對於受造物的述謂。蘇格徒界定存有的幾個一雙一雙的特點——「必然和偶然」、「無限和有限」、「非受造和受造」等等——並指出每雙特點中的一個特點，都必須適用於每一個存在物。接著他推論說，由於存在物（beings）擁有以上這一雙一雙的特點中的不完美特點，它也擁有同一配對中的完整特性。必須有一個存有（a being）存在，擁有這雙相同特點的完美特點。我們可以看到，蘇格徒的論證，運用了安瑟倫的存有論和阿奎那的宇宙論進路的一些方面。它的出發點和安瑟倫相似：思想存有的觀念，而不是受造的世界。不過，蘇格徒基本上使用「後驗的」（*a posteriori*）推論（基於觀察到的事實），正如阿奎那那樣，他從具體存在物的存在開始。[64]

蘇格徒的上帝，擁有所有傳統屬性，包括簡單、不變、無所不知等。不過，蘇格徒的上帝教義有一個特點，令他的系統和托馬斯主義不同。阿奎那和他的道明會取向一致，集中於上帝的智性（intellect）。對蘇格徒來說，強調的則在於上帝的旨意（will）。和阿奎那不同，蘇格徒沒有花很多時間嘗試找出上帝行動的理由。他的答案很簡單：「除了那旨意就是旨意外，再沒有理由。」[65]不過，這位上帝不是變幻無常的上帝：在絕對簡單的上帝裏面，合理和旨意是同一的。

64　參 González, *History of Christian Thought*, 310～311。

65　John Duns Scotus, *Ordinatio* 1, dist. 8, part 2, q. 1.24.

・ 社羣模式的三一論的興起 ・

在後教父時期（大約公元五〇〇至六〇〇年），關於三一論的神學著作，在創意和深度方面都顯得遜色。很多神學家，特別是用
98 拉丁語的西方，都視奧古斯丁的《論三一》為最後定論。不過，早期和高峯期的中世紀思想家，卻以傳統為基礎，並將討論推進。[66] 以加帕多家教父那奠基性的作品為基礎，出現了一種社羣模式的三一論（social model of Trinity），這個觀念近年被很多人接受（例如莫特曼〔Jürgen Moltmann〕）。

對十一世紀有密契取向的神學家聖維克托的休格（Hugh of St. Victor）來說，三一論的教義不是關乎智性的推論，而是要歡慶的神聖奧祕。雖然他肯定奧古斯丁以上帝的統一性作為教義的出發點這個觀點，也肯定安瑟倫的基本觀點，但他於中世紀神學重新引入歸屬的教義（the doctrine of attributions）的重要性。這教義主張，雖然三一論關乎世界的所有工作都是不可分的，但獨特的工作卻可以歸給三一中的每一個成員。這個原則幫助基督徒默想三一某一特定位格的恩典，並為此而讚美祂，卻不致暗示上帝的存有是分割的。[67]

聖維克托的理查德（Richard of St. Victor）是休格的學生。和老師一樣，理查德渴望不單從邏輯角度，也從更為密契式的和靈性的角度看三一論。理查德在奧古斯丁的三一論教義中發現一種位格性取向，容許他強調父、子和聖靈的獨特性（distinctiveness），而又不致於損害祂們背後的統一性（untiy）。在他的《論三一》（從沒有完整地翻譯成現代英語） 中，理查德以

66 一個最新、簡明地對中世紀三一論教義作介紹的作品，我極力推薦作為主要人物和運動的介紹的，是 Olson and Hall, *Trinity*, 51～67。

67 Olson and Hall, *Trinity*, 58.

父、子和聖靈的位格和人類羣體中的位格開始。他嘗試表明存在於位格之間的完美的愛，要求本質的統一性（unity of essence），這些位格以某種方式彼此區分。他提議對「位格」要有新的理解，視之為「神聖本性的不能交換的存在（incommunicable existence）。」接著他論證說，上帝必須有三個這種「位格」。為甚麼？因為上帝是愛，正如聖經肯定：

> 那是因為完美的愛，總是指向與自己不同並在某意義上在自己以外的對象。對自己的愛（self-love），是不完美的愛。上帝的愛必定是完美的，並不以任何方式依賴受造之物。因此，上帝的愛必定是在上帝自己裏面而又朝向他者的。正因為這樣，上帝裏面至少必須有兩個位格（不能交換的存在者〔incommunicable existents〕）：愛者（lover）和被愛者（the beloved）。[68]

理查德的主要洞見，專注於上帝的內在三一的愛（intratrinitarian love），提供了除主導的奧古斯丁／托馬斯派解釋以外的另一個選擇。一切都很好。但一個問題很自然地浮現：上帝可以只有兩個位格嗎？理查德論證說，兩者之間的愛，沒有三者之間的愛那麼完美。在只有兩個位格之間相互的愛中，總有自私
的成分。要令愛完美，圈子中需要加上另一個成員。理查德的結 99
論是，完美的愛「不能沒有三個位格。」[69] 當然，這個答案並沒有排除進一步的問題，例如在圈子中再多一位或幾位成員，會不會令那愛更完美？雖然有這些邏輯上的困難，聖維克托的理查德關於上帝

68 Olson and Hall, *Trinity*, 59.

69 Edmund J. Fortman, *The Triune God: A Historical Study of the Doctrine of the Trinity* (London: Hutchinson & Co., 1972), 193.

裏面的社羣性觀念，得到解放神學家、女性主義者和莫特曼等不同思想家的熱情擁護。

・ 思想中世紀神學的上帝觀 ・

這個對從六世紀到十六世紀宗教改革前夕為止的上帝教義的不同取向所進行的選擇性研究，見證了古典上帝論的動態和力量。以教父的奠基性發展為基礎，教會的西方一翼在其時代的哲學—神學氣氛中，引出上帝教義的完整含義。其中一個重要關注點，是以證明上帝存在開始，那不是要說服不信的人，而是要鼓勵相信的人，使他們對基督教的信息的真理，有完全的信心。

經院哲學的興起，將哲學和神學結合。這兩個學科是有區別的，但從沒有對立，都服膺於基督教世界這共同目的，在中世紀的高峯期，在地上實現了無可比擬的地位。對今天活在支離破碎、後現代時代的人來說，幾乎不可能設想一個世界，不單單是神學家，也包括最出色的學者，都磨利自己的工具，以聖經的見證和教父傳統為基礎，建立基督教教義的真理。

不過，古典上帝論並不是同質的（homogeneity）。毫無疑問，上帝論的主線，由阿奎那和他的學派提出，以它高度臆測性，但又基於傳統和聖經的進路，運用柏拉圖和亞里士多德哲學，幾乎達到正典性的地位。它是一個對上帝的教義採高度處境化的進路。不過，在同一時間，在使用拉丁語的西方，以及特別是基督教的東方世界，古典上帝論出現了不同的運動。東方教會的密契、否定神學和西方的契合式的分支，代表了和道明會十分不同的古典上帝論傳統。即使是經院哲學的兩大領導學派，道明會和方濟會，也有很深刻的分別。而且，甚至對好像奧古斯丁這樣的權威的觀點，人們也有不同的理解：
100 三一論的社羣模式提出一個對奧古斯丁的全新解讀，補足了已經確立的觀點（這觀點是集中在上帝的統一性上）。

我們進而討論宗教改革時期的觀點時，基督教上帝教義的增生變得更明顯。馬丁・路德和加爾文，是下一章的主要人物，雖然他們站在奧古斯丁、其他教父和整個中世紀傳統的肩頭上，並以不同方式重新挪用古典上帝論的遺產。

6

改教家論上帝

The Reformers on God

・ 改變焦點 ・

在古代和中世紀，關於上帝的討論大多強調形而上學。換句話說，神學關乎的是上帝作為上帝之在其自己，祂是那絕對、不改變和永恆的存有。不過，在宗教改革時期，事情開始改變，焦點從形而上學轉移到強調「為我們的上帝」（God-for-us）。

例如：雖然加爾文強調上帝的至高主權（sovereignty），但他集中討論上帝的主權對救恩的含義，而不是上帝的主權之在及關乎其自身（in and of itself）。馬丁・路德雖然掙扎於上帝的旨意（will）這個難題，卻沒有單討論上帝的旨意比上帝的理智（intellect）重要。相反，他集中在上帝的旨意，以及罪和稱義之間的連繫上。[1]

1 參 Gerald Bay, *The Doctrine of God* (Downers Grove, Ill.: InterVarsity, 1993), 105；關於改教家對上帝的取向與他們的先輩的分別，也參頁 199～201。

・ 被釘十字架的上帝：馬丁・路德 ・

馬丁・路德（Martin Luther）被稱為因信稱義（justification）的神學家。較少人知道的，是路德神學的建構原則，是兩種神學（two kinds of theology）這個觀念：榮耀神學（theology of glory）和十架神學（the theology of the cross）。這種區分可以追溯到路德 102
早年的靈性和神學事業。

一五一八年四月，路德主持海德堡（Heidelberg）的奧古斯丁修會（Augustinian order）的修士團的爭論。那爭論關乎路德為那次大會所制訂的一系列論題。結果是出現了一個新的詞語，*theologia crucis*——「十架神學」。最近期的路德學者同意，*theologia crucis* 遠遠不單是眾多主題中的**一個**主題，而是路德所有神學背後的**那個**綱領性主題。[2] 對路德來說，真正的神學家，乃從十字架的角度看上帝的問題：「將上帝那不可見的事物，當為在實際發生的事情中清楚可見，那人不配稱為神學家……不過，透過受苦和十字架，明白上帝那可見和顯明[3] 的事物的人，卻配稱為神學家。」[4]

海德堡爭論（Heidelberg Disputation），在一條「可以被視為路德神學和上帝教義的要訣」的論題中，達到高峯：「上帝的愛並不尋求，而是創造它所喜悅的……上帝的愛不求自己的好處，而是湧流出

2　關於有用的指引，參 Alister E. McGrath, *Luther's Theology of the Cross* (Oxford: Oxford University Press, 1985)。我們的闡述，很大程度上得益於 Kari Kopperi, *Paradoksien theologia: Lutherin disputaatio Heidelbergissä 1518* [*Theology of Paradoxes: Luther's Disputation in Heidelberg 1518*], (Saarijärvi: Gummerrus, 1997)。

3　令人驚訝的是，這裏的英譯不單不充分，更是誤導的，它提供的意思幾乎與原意相反：*posteriora*（*Dei*） 這個詞的字面意思是「後面」，也就是上帝的背面（指路德對出埃及記三十三章的闡釋，在那裏摩西只獲准看上帝的背而不是上帝的臉）。

4　*Heidelberg Disputation* [=*HDT*], 19, 20；*Luther's Works* [=*LW*] 55 vols, ed. Jaroslav Pelikan (St. Louis: Concordia, 1955～1986), 31:52.

好處，賜下好處。」[5] 人類總是愛本質上是美好的東西。不過上帝的愛卻朝向不存在的東西，藉以創造一些新事物。根據路德：「這種產生於十字架之愛，並不是尋找自己可以享受的美善，而是要把美善賦予醜惡的和急需救助的人。」[6] 上帝的愛不是在人假設它會出現的地方找到，在天上——在有能力、虔誠和良善之中。相反，上帝的愛——也因此對上帝的任何真知識的可能性——在「隱藏於它的相反之下」（hidden under its opposites）之中找到。[7] 上帝似乎將自己隱藏在卑下中，藉以顯出祂愛的偉大。

路德有時以聖經的意象描述上帝的工作。藉著引述經文：「耶和華使人死，也使人活，使人下陰間，也使人往上升。」[8] 路德引入他「弔詭的神學」（theology of paradoxes）的一個主要方面：上帝相異的工作（*opus alienum Dei*）和上帝恰當的工作（*opus*
103 *proprium Dei*）。上帝相異的工作涉及打擊、殺害、取去盼望，甚至引致絕望。上帝恰當的工作剛好相反：赦免、給予憐憫、扶持、拯救、鼓勵等等。[9] 路德稱相異的工作為「左手的工作」，而恰當的工作為「右手的工作」。重要的是，要明白雖然兩種工作似乎是彼此相反，但卻源自上帝相同的愛。路德實際上說，上帝恰當的工作被遮掩於相異的工作之下，而與相異的工作同時發生。[10] 上帝相異的工作的目的，不是要嚇怕人類，而是要幫助他們認出真正的上帝，一位慈愛和關心的上帝。上帝的愛指向有罪、軟弱和「無有」的人，令他們聖潔、堅強和明智。[11]

---

5 *HDT* 28；*LW* 31:57.

6 *HDT* 28；*LW* 31:57.

7 *HDT* 20；*LW* 31:52；也參 *HDT* 17；*LW* 31:44。

8 撒上二 6（路德錯誤地指王上二 6）。

9 *LW* 14:95.

10 *HDT* 16；*LW* 31:50.

11 *HDT* 16；*LW* 31:50～51.

為了顯示他十字架神學那弔詭性質，路德甚至說上帝的工作不單蒙於相反的東西，有時也會製造壞的結果。[12] 為了說明自己的論點，路德將上帝在世界的工作，比作一個有一枝壞斧頭的工人。雖然工人本身是有技巧的，但由於工具使然，結果卻是壞的。路德進一步論證說，有時上帝甚至使用撒但來進行祂的 *opus alienum*（相異的工作），藉以實行祂的 *opus proprium*（恰當的工作）。[13]

這樣行動的上帝是隱藏的上帝（a hidden God）。榮耀的神學家（theologian of glory）在威嚴和榮耀中尋找上帝，十架的神學家（theologian of the cross）則在十字架的羞辱和卑微中觀察上帝。[14] 在出埃及記三十三章18至23節，摩西要求看上帝的臉時，上帝回應說：「你不能看見我的面，因為人見我的面不能存活。」（三十三 20）。相反，摩西獲准看上帝的背。根據這件事，路德區分上帝可見的特性，例如十字架顯示的謙卑和軟弱；以及上帝不可見的特性，例如德行、神聖、智慧、公義和仁慈。[15] 榮耀神學走錯了路，它「稱邪惡為善，稱善為邪惡」（它稱智慧、能力和榮耀為「善」，但卻稱十字架的軟弱和死亡為「壞」）；而「十字架的神學則按這些事物的實況來稱呼它們。」[16] 對路德來說，知道有上帝和知道上帝是甚麼或是誰，有很大的分別。「理性只知道上帝存在，不知道祂是誰，或誰是真正的上帝。」[17]

路德對三一論的教義有甚麼貢獻？在這裏和在其他地方一樣，
他首先希望成為教父和較後期的基督教傳統的忠實學生。他樂意地 104

12. *HDT* 5, 6；*LW* 31:45.

13 *HDT* 6；*LW* 31:45.

14 *HDT* 20；*LW* 31:52.

15 *HDT* 20；*LW* 31:52.

16 *HDT* 21；*LW* 31:53.

17 Wolfhart Pannenberg, *Systematic Theology,* vol. 1 (Grand Rapids: Eerdmans, 1991), 348.

肯定上帝的合一性（unity）——作為永恆、不可分、神聖的本質，以及肯定位格的三性（threeness）——作為那同一共享的本質（one shared essence）的永恆區分。不過，他訴諸上帝裏面的一種不可理解性，那是理性不能超越的：「這三一之內（inter-trinitarian）的關係怎樣實行，是我們必須相信的事物；因為即使天使不住地懷著喜悅觀看，它也是不能理解的。所有想理解它的人都在努力中失敗。」[18] 因此，路德避免猜測上帝的內在生命。不過，他同時堅持反對那些想放棄這教義（那是救恩所必須的）的人。[19]

路德對三一論的觀點有幾方面很獨特，值得一提。首先，他主張三一不是上帝的隱藏性的一部分。三一的上帝在耶穌基督裏顯明。路德在好像約翰福音十四章9節：「人看見了我，就是看見了父」這樣的聖經經文中，看到隱藏和顯明的上帝的統一性的見證。[20] 其次，路德強調三個位格的區別，這和加帕多家教父相似。第三，他的三一教義呼應聖維克托的理查德（Richard of St. Victor）的社羣模式（social model）的一些主要主題：上帝的三個位格，可以被視為羣體（community）中三個獨特位格之愛。根據奧爾森（Roger E. Olson）和霍爾（Christopher A. Hall）：「宣稱路德是『社會類比』（social analogy）的三一論的例子或提倡者，那是誤導的；但他肯定沒有囿於奧古斯丁式的心理類比（psychological analogy），那是傾向將上帝的眾位格，化約為只是與本源的關係（relations of origin）。」[21]

18 引自 Ewald M. Plass, ed., *What Luther Says: A Practical In-Home Anthology of Luther for the Active Christian* (St. Louis: Concordia Publishing, 1959), 1385。

19 Roger E. Olson and Christopher A. Hall, *The Trinity* (Grand Rapids: Eerdmans, 2002), 69.

20 引自 Pannenberg, *Systematic Theology*, 340。

21 Olson and Hall, *Trinity*, 69.

・　全權上帝：加爾文　・

比路德年輕的改教同道，日內瓦（Geneva）的加爾文，在開始他的大作《基督教要義》（*Institutes of the Christian Religion*，經過幾次擴充的修訂，才在一五五九年有了最終的形式）時提出，知識包括兩部分：對上帝的認識和對我們自己的認識。[22] 察看我們有罪的本性和不足，顯示我們需要對上帝有真正的認識。不過我們應該從對上帝的認識開始，進到對自己的認識，因為「人若不先仰望上帝的面，默想上帝，回過來然後審視自己……便不能清楚認識自己，這是很明顯的。」[23] 對上帝的認識，是透過兩個途徑賜予 105
的：創造和聖經。

加爾文肯定在特殊啟示（special revelaton）外，對上帝可有一普遍的認識。每個人裏面，都自然地察覺到神性（divinity），正如偶像崇拜這種做法證明那樣。[24] 對上帝的普遍認識，是基於對上帝的感覺（*sensus divinatis*），那是由上帝賜下，對上帝存在的察覺的途徑。對上帝的感覺的三種影響是：宗教的普遍性，（由於罪）那在偶像崇拜中顯明；「對上帝那屈從的懼怕」；和困擾的良心。[25] 對加爾文來說，創造作為「上帝的舞台」（theatre of God），指向上帝：上帝的能力透過創造的美和秩序顯明。[26] 不過，沒有特殊啟示，這種認識不能帶來關於上帝的真正的認識。[27]

一方面，對上帝的普遍認識的限制是由於罪性；另一方面，它們是創造主和受造物之間的巨大距離的結果。我們不能認識上

22　John Calvin, *Institutes of the Christian Religion*, trans. Henry Beveridge (Grand Rapids: Eerdmans, 1972), 1.1.1.

23　Calvin, *Institutes* 1.1.2.

24　Calvin, *Institutes* 1.3.1.

25　Calvin, *Institutes* 1.5.15.

26　Calvin, *Institutes* 1.5.1～3.

27　Calvin, *Institutes* 1.5.4, 12～14.

帝，不單因為我們是罪人，也因為我們是有限的造物，而上帝是無限的。這表示我們必定不能在上帝的最高榮耀中尋求認識祂，而只能根據祂的啟示，主要是透過聖經來認識祂。[28] 藉著提供關於三一、創造（包括天使和魔鬼）、人類的原本狀態和上帝特殊護佑（providence，或譯「護理」、「神佑」、「保守」）的知識，聖經的啟示超過了我們可以從創造中學到的。[29]

上帝的啟示，對上帝的真正認識雖然不可或缺，但卻沒有令神聖的本質為我們所知，因為這對有限的人類來說實在太多了：「那些提議探究上帝的本質是甚麼的人，只是以索然無味的臆測欺騙我們；知道上帝是怎樣的，甚麼事情配合祂的本性，更多地是我們的興趣。」[30] 不過，上帝確保聖經有足夠的啟示，讓我們可以將關於上帝的真正認識從虛假中辨別出來。聖經透過「擬人說」（anthropomorphism，或譯「神人同形論」）和「俯就」（accommodation）來言說上帝，即把上帝的語言調適，令它適合我們有限的理解力。[31] 加爾文將上帝的認識，分為兩個獨立但相關的領域：上帝作為創造者的認識和上帝作為救贖者的認識。[32]

有趣的是，加爾文花了很多注意力在魔鬼的教義上，比花在天使上的注意力多得多。不過，他的興趣不是偽丟尼修（Pseudo-
106 Dionysius）或其他中世紀人物那種玄思臆測。相反，這種興趣源自與基督徒生命有關的實際關注，也是他視上帝為全權的之觀點的一部分。魔鬼和他部下的存在，與神聖旨意和預定

28 Justo L. González, *A History of Christian Thought*, vol. 3, *From the Protestant Reformation to the Twentieth Century,* rev. ed. (Nashville: Abingdon, 1987), 138; Calvin, *Institutes* 1.13.21.

29 參 Edmund J. Fortman, ed., *Theology of God: Commentary* (New York: Bruce Publishing, 1968), 231。

30 Calvin, *Institutes* 1.2.3.

31 參 González, *History of Christian Thought*, 138。

32 Calvin, *Institutes* 1.14.1～2.

（predestination）有關。

加爾文以他預定的教義聞名，很多學者都宣稱這教義是他神學的中心。不過，它並非加爾文神學的中心，而是其中一個重要主題。這教義在加爾文修訂《基督教要義》時成長和發展，最後在他關於救恩和基督徒生命的教義中佔一席位。[33] 據加爾文稱：「所謂的預定，乃是上帝的永恆旨意，就是祂自己作出決定，祂對世界的每一個人所要成就的。」[34] 加爾文總是首先是聖經的闡釋者，所以，他視揀選的教義貫穿舊約和新約。為了維護上帝的主權和上帝的超越，加爾文清楚表明

> 神揀選的旨意並不倚靠神聖的預知。預定不單是上帝決定根據祂預知一個人將來的行動和態度而怎樣對待那人。相反，揀選是至高的命令，表示它不倚賴任何人的行動，無論是過去、現在還是將來。那是上帝的獨立決定。[35]

相對於中世紀對神聖旨意（divine will）在神格中（Godhead）的意義和角色那複雜的研究，加爾文的興趣，在於它與基督徒生命的關係。那是他因信稱義的教義的一部分，肯定上帝大能的揀選會拯救他們，這為加爾文的教會教義奠定基礎。而教會是蒙揀選的羣體。

加爾文上帝教義的另一個重要主題，是上帝的榮耀（the glory of God）。上帝在創造和護佑中的大能工作，見證了祂的榮耀和主權。個人自由地降服在上帝的護佑和主權下——而不是以此為沉重的責任——這應該吸引人，視之作為增加上帝榮耀的一種方

33 Calvin, *Institutes* 3.21～24.

34 Calvin, *Institutes* 3.21.5.

35 González, *History of Christian Thought*, 158；參 Calvin, *Institutes* 3.22.1～7。

式。那些拒絕這樣降服的人尋求搶奪上帝的榮耀，從而顯示他們自己的叛逆。

> 因此，讓所有榮耀歸給上帝。上帝是那榮耀，這不單在蒙揀選的人中，也在被棄絕的人中，他們也實現了神聖的旨意。因為甚至邪惡和被棄絕的人，也實行上帝**隱藏的旨意**（hidden will）。他們的邪惡在於抗拒上帝**啟示的旨意**（revealed will），為此他們會受到懲罰。但他們仍然在上帝手中，祂為了公義和神聖的榮耀使用他們的邪惡。[36]

107 雖然他堅持上帝的主權和榮耀，加爾文沒有倡導一位變幻莫測的上帝。上帝從來不單單是至高全權的。祂也是至高地善（sovereignly good），至高地公正（sovereignly just），至高地憐憫和恩慈（sovereignly merciful and gracious）。「至高主權或無償恩慈這些向度，從來都不獲容許制約或控制上帝的憐憫，以致祂可以變成突然地和隨意地無憐憫、不公平和不良善。」[37]

一個相關的問題，是關乎加爾文怎樣處理上帝的情感這個主題。他在大量聖經註釋中處理這個問題。在註釋創世記六章6節時，加爾文寫道：

> 這裏歸給上帝的後悔，並不是專屬於祂的，而是指我們對祂的理解……那後悔不能夠在上帝裏面發生，從一個考慮便可以輕易看到：沒有事情發生是祂沒預期和不預知的。同樣的論證和評論，也適用於以下的話，那裏提到上帝感到傷心。[38]

36 González, *History of Christian Thought*, 143；強調為原文所有，參 Calvin, *Institutes* 1.17.5, 1.18.1。

37 Fortman, *Theology of God*, 236.

38 John Calvin, *Commentaries on the First Book of Moses Called Genesis* (Grand

接著加爾文繼續否認上帝可以哀傷或憂愁；相反，上帝「永遠好像祂自己那樣，在屬天和快樂的安詳中。」當聖經暗示不是這樣時，是在使用擬人說。[39]

三一論是認識上帝的一個方面，是藉聖經啟示的。對加爾文來說，這種認識在其他地方是找不到的。加爾文跟隨正統的傳統，雖然他也察覺到所使用的詞彙在聖經中是找不到的。不過，他接受這是清楚表達聖經的教義，以對抗異端的一種方法。[40]

新教改教家的神學，經過了二百年整合，接著，上帝的教義面對來自啟蒙運動（Enlightenment）及其他智性運動（例如轉化了神學標準的古典自由主義〔classical liberalism〕）的挑戰。本部分歷史研究的最後一章，探索在後宗教改革時期（post-Reformation）出現的發展，大約是現代性的時期（modernity times），直到二十世紀下半部。

Rapids: Baker, 1979), 1:248～249.

39 Millard J. Erickson, *God the Father Almighty: A Contemporary Exploration of the Divine Attributes* (Grand Rapids: Baker, 1998), 148～149.

40 參 González, *History of Christian Thought*, 140。

7

對上帝的現代追尋

The Modern Quest for God

在這一章討論在宗教改革後轉化智性世界的主要哲學、神學和宗教發展前，我們先探索往往被稱為「現代哲學之父」的笛卡兒（René Descartes）及比他年輕的同儕帕斯卡（Blaise Pascal）的觀念。他們是上帝教義的現代進路的先驅。[1]

・ 從對自我的確定性到對上帝的確定性：笛卡兒 ・

十七世紀法國哲學家笛卡兒是耶穌會（Jesuits）的學徒，他將自己那超凡的智力用來為人類知識尋找一個確定的基礎和方法。他接受數學家的訓練，渴望在哲學和神學中找到一種無條件、絕對的確定性（certainty），那是似乎可以在其他科學中找到的。他在著名

1 Philip Clayton 的龐大研究 *The Problem of God in Modern Thought* (Grand Rapids: Eerdmans, 2000) 令所有研究者都得益於它。一本初學者更容易接觸，較舊的著作是龔漢思（Hans Küng）的小心研究 *Does God Exist? An Answer for Today* (Garden City, N.Y.: Doubleday & Doubleday, 1980)。我寫這本書時參考了以上兩部著作。

的《方法論》(*Discourse on Method*, 1637)中提出這些法則。

要實現他那充滿野心的任務，笛卡兒宣稱他放棄所有教義
上的出發點和任何前設。身為思想的主體(thinking subject)，
他發覺自己「彷彿被迫成為自己的嚮導。」[2] 因此，笛卡兒式方 109
法(Cartesian method)的本質——笛卡兒的名字在拉丁文是
Cartesius，因此他的哲學思想，在英語常被稱為 Cartesianism
(笛卡兒主義)——是懷疑所有源自個人感官的知識。個人惟一
可以假定的事情，是純粹理性知識(purely rational knowledge)
的確定性。不過，笛卡兒的方法，並不涉及對知識的可能性(the
possibility of knowledge)的懷疑主義(skepticism)，也不涉及關
於上帝存在的不可知論(agnosticism)。笛卡兒確信絕對真理是
可能的，因此他出發找尋達到絕對真理的真正方法。而且，他是信
徒，並不否定上帝。[3]

根據笛卡兒的觀點，在嘗試證明上帝或世界存在之前，我們需要找一個基礎，好知道個人本身的存在。人們稱笛卡兒提出「一個方法，讓個人自我藉著自己的思考過程確立自身和實在(reality)的存在。」[4] 笛卡兒的古典存有論的推論，是以他在《方法論》中提出的懷疑原則(principle of doubt)為基礎。他指出他預備好「拒絕任何他有絲毫疑問的事情，視之為絕對虛假；經過這個可以稱為全然確定(wholly certain)的程序後，藉此找出會不會留下任何東西。」接著是他的方法的核心：

2　引自 Küng, *Does God Exist*? 7。

3　參 Justo L. González, *A History of Christian Thought*, vol. 2, *From Augustine to the Eve of the Reformation*, rev. ed. (Nashville: Abingdon, 1987), 322～323。

4　Catherine Mowry LaCugna, *God for Us: The Trinity and Christian Life* (San Francisco: HarperSanFrancisco, 1992), 251.

> 如此，由於感官屢次欺騙了我們，我便假定藉助感官而想像的對象，沒有一樣是真實存在……最後，我觀察到清醒時所有的思想，能同樣地在睡夢中出現，雖然沒有一個是真實的，於是我堅決假定從前進入我心靈中的一切事物，無一比我夢中的幻覺更為真確。但是正當我作如此思想，一切皆偽之時，但「這樣思想的我是某物」必然是真的。由於我注意到：「我思故我在」這個真理是如此確實，連一切最荒唐的懷疑假定都不能動搖它。於是我斷定，我能毫無疑惑地接受這真理，視它為我所尋找的哲學的第一原則。[5]

這是著名的「我思故我在」（*cogito ergo sum*）。有了這個假設，笛卡兒可以肯定他在自己思想所經驗到的確定性中建立了確定性知識的基礎。

從這一點，在證明世界存在前，笛卡兒著手證明上帝存在。他沒有跟隨托馬斯主義式的進路（Thomistic approach），以偶然的存在物（contingent beings）的存在為出發點，從那裏論證上帝存
110 在。笛卡兒不願意從世界開始，而只是全面和完全從自我（self）開始。因此，他的存有論進路傾向坎特伯雷的安瑟倫（和他以前的奧古斯丁）。不過，笛卡兒和安瑟倫的分別，是笛卡兒沒有嘗試顯示，上帝的觀念令上帝的存在變為必要。笛卡兒卻想知道上帝的觀念的來源，那是存在於思想的主體的思想中。他認為在他的思想中，有無限和完美的存有這個觀念。他嘗試懷疑這個觀念，但發覺不能這樣做。因此，他必須解釋它的存在。他可以擁有完美的存有這個觀念的惟一方法，正是這個存有將這個觀念放在他思想中。

5 René Descartes, *Discourse on Method and Meditations,* trans. Laurence J. Laufleur (Indianapolis: Bobbs-Merrill, 1960), 24；中譯本參笛卡兒：《方法導論．沉思錄》，錢志純等譯（台北：志文出版社，1986），頁96～97。

他有限的思想本身肯定不能設想這個觀念，它明顯比他的思想更大。他不能產生完美和無限這個觀念。上帝自己將這觀念放在他裏面。因此，笛卡兒視上帝的觀念為人類的固有觀念。但我們肯定我們不是自欺或者被邪惡欺騙嗎？笛卡兒的回應很簡單：如果上帝是欺騙的靈，祂便不可能是最完美的存有。「因此，這個概念本身，或者完美存有這個觀念，不單包括上帝的存在，也包括上帝的信實和良善。欺騙者—上帝（deceiver-God）是不可能的。」[6] 從這一點，再進到物質世界的那一步便不再困難。上帝的信實和良善保證了世界的存在。

笛卡兒並不認為自己反對神學的傳統，雖然他以後很多人都這樣解釋他所作的貢獻。與很多後來持「自然宗教」（natural religion）觀念的現代主義者（modernists）不同，笛卡兒從沒有這樣的思想，而且一直都是忠誠的天主教徒。[7] 他肯定考慮上帝的屬性，有助我們探究其他事物的真相，因為上帝是它們的因（cause）。他談到上帝的無所不能、不變性和廣大（無所不在）。他視上帝為創造者和維護者（Sustainer）。正如克萊頓（Philip Clayton）簡潔地指出：「所有這些因素都令笛卡兒被歷史稱為提供朝自然神論（deism）發展的主要動力這講法，變得有點諷刺，」[8] 更不要說他提供自然宗教或無神論的主要動力了。

6　Küng, *Does God Exist?* 14；也參 Clayton, *Problem of God in Modern Thought*, 63～65。

7　關於神學對笛卡兒的重要性，參 Clayton, *Problem of God in Modern Thought*, 61～63。

8　Clayton, *Problem of God in Modern Thought*, 72.

·從信仰的冒險到相信上帝：帕斯卡·

帕斯卡和笛卡兒同代，年紀較輕。他對上帝教義的進路與笛卡兒十分不同。龔漢思（Hans Küng）設定了帕斯卡的進路的背景：

111 知識的確定性距離生命的保障很遠。我們並非需要總是正視死亡。藉著思考，藉著清楚和明確的思考，我們有可能——或許——得到觀念上的確定性，但永遠得不到存在上的保障。而特別是「純粹的」數學，以它的絕對的確定性，往往引致——一旦它被「應用」——人類生命之缺乏保障，和得到保障同樣多。[9]

帕斯卡具有多種天賦，包括數學、物理學和機械，而且是廣泛閱讀的哲學家。他不滿足於笛卡兒的方法那種準確性，終生都在尋找「心的邏輯」（logic of the heart）。[10] 他承認確定性這理想在數學和科學中的價值，但強烈質疑在人文學科（humanities）中能否達到這種確定性。他也被人類的雙重本質——偉大和不幸——困擾著，這兩者都可以佔上風。

在為自己那根本存在的問題（existential questions）尋找基礎時，帕斯卡面對兩個基本立場：懷疑主義或教條主義（dogmatism），但兩者對他都沒有吸引力。不過，他知道自己需要作決定，因為不作決定也是一個選擇。他的選擇是這樣的：冒著相信上帝的危險（the risk of believing in God），「在祂的亮光中，人的偉大……和人的不幸……都可以得到解釋。」[11] 身為一個重要

9 Küng, *Does God Exist?* 42.

10 Küng, *Does God Exist?* 46.

11 Küng, *Does God Exist?* 56～57.

的科學家,怎樣得出這個結論?「耶穌基督的上帝……只能夠藉福音所教導的方法,才能夠找到……祂只能夠由福音所教導的方法去保存。」[12]

和笛卡兒不同,帕斯卡相信確定性的終極性基礎——在它之上不會有任何疑問——並不是個人自己的自覺,甚至不是上帝的觀念(無論是由論證得到還是本身固有),而是聖經中的上帝。

對帕斯卡來說,如果有具引導性之方法論上的原則的話,那就是避免「兩種過分之舉:排除理性;或者甚麼也不承認,只承認理性。」[13] 憑藉相當富批判性的頭腦,帕斯卡留意到,不單在宗教問題上缺乏確定性,在最日常的事務中也是這樣。生命中充滿不確定性,但我們敢於冒險。他問道,誰可以保證個人在海上或戰場上的安全?要等候完全的確定性,會使人類的生命癱瘓。我們可以尋找的是「可能的法則」(rule of possibility)。應用或然率的計算法則於上帝存在的問題,帕斯卡得出的結論是:假設上帝的存在,不是一個沒有根據的夢,雖然它永遠都是不能證明的;而畢竟個人必須選擇,所以我們必須作出負責任的選擇。[14]

因此,帕斯卡對哲學神學的傳統沒有多大興趣。這個傳統
嘗試證明上帝的存在。根據龔漢思:「對他〔帕斯卡〕來說,重要 112
的,不是**從自我之概念上的確定性,到上帝之概念上的確定性**這條路;而是**從上帝之存在上的確定性,到自我之存在上的確定性**這條路。」[15]

笛卡兒和帕斯卡都以自己的方式,預期和預備一個稱為現代主義的新智性時代。現代主義以啟蒙運動的形式出現,打破了中世紀和宗教改革運動時期的同質性文化(homogenous culture)。

12 Küng, *Does God Exist*? 57～58.

13 Küng, *Does God Exist*? 60.

14 Küng, *Does God Exist*? 61.

15 Küng, *Does God Exist*? 61;強調為原文所有。

我們現在就轉向這知識的分水嶺。

・啟蒙運動作為神學徹底轉化的催化劑・

康德的話「要有勇氣運用你自己的理性」，[16] 反映了十七世紀後期和十八世紀正在浮現的啟蒙運動（Enlightenment，來自德語 *Aufklärung*，意為「澄清」）的世界觀。相信上帝，仍然是可能的——啟蒙運動不一定是無神論的號角聲——但卻不再可能建基於聖經中的神聖啟示，而是建基於自然宗教。這個改變，在廷德爾（M. Tindal，或譯「廷得勒」）於一七三〇年寫的《和創造同樣古老的基督教》（*Christianity as Old as Creation*或《福音：自然宗教的重新出版》（*the Gospel a Republication of the Religion of Nature*）這本具爭議性的書，最能夠說明。這本書將基督教和自然或「理性宗教」（rational religion）相提並論，論證說不需要神聖啟示。英國主要經驗論者（empiricist）洛克（John Locke）較早時的一本著作，《基督教的合理性》（*Reasonableness of Christianity,* 1695）同樣論證一種宗教是可以在理性和常識的界限內界定的。洛克看聖經時，發覺一種簡單的信仰和過道德生活的呼召，沒有很多東西是與理性有矛盾的。在洛克對聖經的解讀中，耶穌揭露多神論和偶像崇拜的錯誤，確立清楚和合乎理性的道德觀（rational morality），並改革他那個時代的崇拜，將它從迷信中解放出來。洛克在耶穌的信息中，找不到任何關於三一論或很多其他傳統教義的話，這些教義在基督教神學中佔有主要的角色。

令啟蒙運動的心態和以前的時代（很多也強調理性）不同的，是理性的**獨立**運用（independent use of reason），脫離教會的權

16 引自 William C. Placher, *A History of Christian Theology* (Philadelphia: Westminster, 1983), 237。

威、神聖的啟示和其他人監護指導。啟蒙運動的理性和知識觀念，已經由笛卡兒相信人類理性有能力達到無可爭議的真理這見解所預示。藉著取代古老的迷信、傳統的宗教信念和權威（無論是世俗還是教會的），科學的新方法許諾揭示世界的奧祕，除去無知、貧窮甚至或許是戰爭的狀況。

基督教神學最決定性的轉向，是聖經或歷史評鑑學（biblical 113
and historical criticism）取得重要的地位。在過去，聖經文本被視為可靠的歷史記載，但現在懷疑和否定卻開始增加。啟蒙運動神學家要求將聖經當為歷史文件，用研究其他歷史著作的方法和原則來研究聖經。沒有傳統教條可以避過這新科學那雙批判的眼睛。和聖經評鑑學一起出現的，是往往被稱為「教義評鑑學」（doctrinal criticism）這工具。十七世紀的神學歷史學家傑魯塞勒姆（J. F. W. Jerusalem）留意到幾個傳統教條，例如基督二性和三一論，在新約是找不到的，是教會後期的產物。因此，他相信這些教義上的偏離，不應該被視為有約束力或合法的，而且應該被揚棄。

啟蒙運動的其中一個繼子，是古典自由主義（classical liberalism）。它對基督教神學的影響是前所未有的。自由主義跟隨新科學和哲學的態度，好像啟蒙運動一樣，它提倡個別思想家擁護那不受權威束縛地批評和重新建構信念的自由。神學的焦點很快便被置於基督教的倫理向度，而不是好像上帝的本質或三一論這些形而上學的教義。伴隨著相信人類有能力建構基督教信息的真理，是轉向上帝的內在性（immanence）而犧牲了上帝的超越性（transcendence）。正統信仰假設了自然和超自然之間，上帝和人類之間有徹底的不延續性（discontinuity）；但自由主義卻主張延續性。這也表示各宗教之間也有延續性。而且，宗教真理不再被視為固定的公式，那是由信徒從神聖和教會性的權威那裏接受的，反之，那應是人類學習而得的一些意見，不斷需要修改和重塑。

所有這些轉變，怎樣在十八世紀開始變為對上帝的全新概念，將會在本書之後各章以主題論述。而這一章餘下的部分，則會討論三位知識巨人——康德、黑格爾和士萊馬赫——的哲學和神學的上帝觀。這個必須是有限和有選擇性的討論，將會帶領我們到二十世紀的開始。

・ 在實踐理性的領域中的上帝：康德 ・

任何對現代性的討論，都必須至少簡短地考慮到康德（Immanuel Kant）。這位哲學家，一方面摧毀所有透過形而上學和科學推論所肯定的上帝存在的基礎，但另一方面，又發覺上帝對倫理學和道德而言是必須的。康德沒有否認上帝或上帝的存在。相反，他將批判指向關於上帝的廉價的形而上學言說。在《純粹理性批判》（*Critique of Pure Reason*, 1781）中，他認為不可能言說上帝。不過，他在另一個處境中發覺言說上帝是可能的，
114 他將它界定為「實踐理性」（practical reason）的領域。在其後的著作《實踐理性批判》（*Critique of Practical Reason*, 1788）中，康德將上帝置於倫理學和道德的範圍。結果，他需要將實在分割成兩個領域：事實的（factual）和倫理的（ethical）。康德將信仰置於道德經驗，並宣稱我們沒有**物自體**（things in themselves, *noumena*，或譯「物自身」或「自在之物」）的知識，只有對它們的**現象**（*phenomena*）或物自體對我們的影響的知識。[17]

要明白這個對實在的致命分割——後來遭另一個現代西方的思想巨人黑格爾有力的抗拒——我們需要研究康德的認識論（epistemology），即他的知識理論。在康德之前，人類的思想

17 在 Immanuel Kant, *Critique of Pure Reason*, trans. Norman Kemp Smith (New York: St. Martin's, 1929), 27 中作為法則提出。

（mind），被視為大致是被動地接收感官經驗和其他經驗。康德將情況扭轉過來，主張思想積極地處理和模塑由感官提供的材料。思想在那存在於人類意識的形式概念（formal concept）的幫助下這樣做。這些形式概念，包括時間和空間。這解釋了在物自體（在人類知識以外的）以及它們對認知者的影響之間的分別。有了這個主觀轉向，康德將知識限制在個人經驗的領域。不能回到個人經驗以外的形而上學推斷。當然，康德沒有否認好像上帝這樣的形而上學觀念，真的可能存在；他否認的是知道它們是否真的存在的可能性。康德和阿奎那以及其他提倡以宇宙證明上帝存在的人完全相反，他論證說，那是沒有方法從知覺經驗去解讀超越的實在，好像上帝、不朽的靈魂和人類的自由。任何超越人類思想範疇的實在，特別是空間和時間，都不能透過感官知道。[18]

以康德的觀點為基礎，我們會假設康德和愈來愈多的啟蒙運動思想家一樣，認為上帝完全不是真實的東西（real entity）。但康德並沒有這樣。相反，他的格言是：「因此，我發覺需要否認知識，藉以為信仰留下空間。」[19] 人類智力的目標，不單是探究「理論知識」，關於事物是怎樣的知識；也要探究「實踐理性」（practical reason），屬責任和道德的領域，甚麼是「應當」（ought to be）的。人類不單是思想者，更是行動者。因此，人類生命的目標，是變得盡可能「實踐地」（practically）理性，用康德的話說，是根據責任生活。呼應耶穌的準則（maxim，或譯為「格律」），康德的「定言命令」（categorical imperative）是：「如此行動，彷彿你的行為的格律會因為你的意志而成為普遍的自然法則（Universal Law of Nature）。」[20] 宗教的任務是幫助個人過更合乎道德的生活。不過，

18 參 Stanley J. Grenz, *The Social God and the Relational Self: A Trinitarian Theology of the Imago Dei* (Louisville: Westminster John Knox, 2001), 75。

19 Kant, *Critique of Pure Reason*, 75.

20 Immanuel Kant, *Fundamental Principles of the Metaphysics of Morals*, trans.

115 康德定言命令的來源不是宗教。相反，那定言命令是普遍知道的。因此，沒有宗教信仰的人也不能逃避。

這打開一條路徑，讓康德可以肯定上帝的存在。沒有人可以在今生實現良好的生命。因此便假設有來生（afterlife）以給人們時間變得成熟。人需要上帝提供這樣的來生。因此，藉著論證實踐道德，康德確立了上帝的存在。不過，康德不是神學家，他沒有促成一套融貫的上帝教義，更不要說三一論了。

但關於聖經中的上帝又怎樣呢？康德承認，雖然基督教是自然宗教的表達，但它也是歷史的、特殊的宗教。作為自然宗教，它並非由任何人建立，甚至不是由耶穌基督建立；耶穌是教導這個宗教的人。這是康德在《單純理性限度內的宗教》（*Religion within the Limits of Reason Alone*, 1793）中的觀點。它吸引啟蒙運動的思想，因為它沒有以啟示為出發點，而是以理性的運用。

・ 上帝與絕對精神：黑格爾 ・

黑格爾（Georg W. F. Hegel）在康德及其他人的基礎上發展，但對他來說，為了有意義地言說上帝而否定形而上學，代價實在太大。黑格爾論證說，如果我們不能認識或談論物自體，我們怎能同意康德，說它們存在？黑格爾的出發點是，將宗教——因而也將上帝——置於理性的領域。和康德不同，黑格爾將神學和哲學結合起來，並藉著這樣做，在宗教中給予玄思性的理性（speculative reason）一個重要的角色。不過，他是藉著將他那包含世界的哲學（world-embracing-philosophy）固定於歷史中。他主張歷史最獨特的地方是它的動態、發展本質。因此，根據黑格爾，真理是一個

Thomas K. Abbott (Indianapolis: Bobbs-Merrill, 1949), 38；中譯本參康德：《道德底形上學之基礎》，李明輝譯（台北：聯經，1990），頁43。

動態的過程（process）和一種辯證（dialectic），這個觀點和他對實在的動態觀點（dynamic view of reality）一致。真理不是靜態的概念，而是論性自身（reasoning itself）的過程。實際上，對黑格爾來說，真理就是歷史。[21]

黑格爾的主要方法論之觀念是簡單卻深刻的：思想的結構和實在的結構之間有基本的連繫。葛倫斯（Stanley Grenz）解釋說：「根據黑格爾，真理不是使用正確論證模式達到的理性結論……而是過程本身；真理是論證的過程的整體、消長、變化，最終引致決定。」[22] 而且，黑格爾主張，論性（reasoning）的過程——他恰當地稱這過程為「概念」（conception）——並不視它的對象為外在於它本身，而是包含在它裏面。這個過程最終引致所有概念集合成一連貫的整體，那絕對者（the Absolute）。

根據這個基礎，我們可以看到，對黑格爾來說，歷史過程和神 116
聖者之間有固有的連繫。啟蒙運動思想家在自然尋找上帝作為它的創造者。和他們不同，黑格爾在「理念」（the Idea）中尋找神聖，觀念是世界過程背後的意義。因此他視所有自然和歷史的過程，為形成一個「統一的整體，從而彰顯背後一個精神原則（spiritual principle），他稱之為精神（Spirit）。」德語 *Geist* 這個詞的意思，比英語的 "spirit" 廣泛。它表示精神和思維（mind）。這個觀念的雙重意思有助解釋黑格爾系統的理性主義（rationalism）。精神也代表思維。「對黑格爾來說，實在是精神（reality is Spirit）：宇宙在某種意義來說是思維的產物，因此是思維能夠理解的。」[23] 所以，整個世界過程是精神的活動：「透過那過程，精神有了客體的

21　參 W. H. Walsh, *An Introduction to the Philosophy of History* (London: Hutchinson's University Library, 1951), 137ff。

22　Grenz, *Social God and the Relational Self*, 26.

23　Walsh, *Introduction to the Philosophy of History*, 137.

形式，完全意識到它自己。」[24]

這帶領我們到上帝的教義。上帝不是世界那超越的創造者，而是遍佈一切的精神。[25] 上帝和世界不是兩個分開的東西（entities，或「譯存在物」），而是彼此相屬。[26] 身為上帝，上帝需要創造一個世界，但那世界是上帝的創造，因此最終沒有與上帝分離：「我們說上帝將自己從自己區分出來，是自己的一個客體時，定義了上帝；但在這區分中，祂與自己完全等同，實際上是精神。」[27] 事實上，即使身為精神的上帝也在生成的過程中（process of becoming）。根據潘嘉樂（Clark H. Pinnock），黑格爾有

> 對上帝的視象（vision），呈現在整個歷史中，形成上帝之所是，透過所有改變和矛盾，實現上帝自己存有的潛在性（potentialities）。他視世界為上帝在上帝的發展中，為上帝在歷史中外化上帝的自我，分階段帶領世界向前和向上，達到上帝的神聖圓滿。實在本身，就正是上帝的歷史，上帝從上帝的自我走出去和回歸其自己。[28]

這個對上帝的觀念，引致黑格爾那獨特的「三一」觀點。[29] 在神裏面，有三個神聖實在的時刻（moments of divine reality）。

---

24 Stanley J. Grenz and Roger E. Olsen, *Twentieth-Century Theology: God and the World in a Transitional Age* (Downers Grove, Ill.: InterVarsity, 1992), 33.

25 雖然黑格爾很少使用上帝這個詞，很明顯對他來說精神等同神／上帝。參 Robert C. Solomon, *From Rationalism to Existentialism: The Existentialists and Their Nineteenth-Century Backgrounds* (Lanham, Md.: Littlefield Adams, 1992), 52。

26 黑格爾代表一種泛神論，在其中上帝／上帝的靈和世界／世界的精神之間不能劃下清楚的分界線。

27 Georg W. F. Hegel, *Hegel's Lectures on the Philosophy of History* (London: George Bell & Sons, 1890), 78，引自 Placher, *History of Christian Theology*, 276。

28 Clark H. Pinnock, *Tracking the Maze: Finding Our Way through Modern Theology from an Evangelical Perspective* (Dallas: ICI University Press, 1996), 103.

29 一個有用、簡潔的闡釋可以在 Grenz, *Social God and the Relational Self*, 26～29 找到。

本質的存有（Essential Being），純粹、抽象的存有，類似父的角
色。明顯的自我存在（Explicit Self-Existence），指抽象的精神
通過世界的創造進入存在（子）。上帝成了不是上帝（受造物）的 117
一部分。自我知識（Self-Knowledge）是精神進入自我意識（self-
consciousness）。上帝透過歷史過程完全意識到自己。所有歷史事
件和精神的過程的最終目標，是上帝在人類中返回祂自己。這發
生在宗教生活中，在其中人類認識上帝，正如上帝認識自己。這是
在實在中的最終復和（final reconciliation within reality）。在基
督的道成肉身中，上帝和人類統一這個觀念在歷史明確表達出來。
神—人合一（divine-human unity）的普遍哲學真理，在一個特定
的歷史個體中實現。[30]

・　上帝和絕對倚賴的感覺：士萊馬赫　・

隨著浪漫主義（Romanticism）這個現代主義重視情感（emotions）、美（beauty）和感受（aesthetics），但不一定犧牲純粹理性的運動興起，很多思想家尋找新方法使他們對上帝的信仰相合。由於康德和笛卡兒式理性主義沒有被排除，理性主義由感受配合和引導。在這事業中，最具轉化作用的人物是士萊馬赫（Friedrich D. E. Schleiermacher），他對基督教神學的影響，現在仍然感受得到，他通常被稱為「現代神學之父」。康德將宗教的焦點放在倫理學上，[31] 而黑格爾則放在理性上，士萊馬赫卻提出宗教的正當焦點是 *Gefühl*——「感覺」（feeling），一種主觀的

30　參 Grenz and Olsen, *Twentieth-Century Theology*, 36～37。

31　我這樣區分康德和士來馬赫，並非否認士來馬赫也深深得益於康德。他和康德一樣拒絕將宗教連繫到猜測的理性和科學，渴望將它連繫到實際的領域。關於這點，參士萊馬赫在 *The Christian Faith*, 2nd ed., ed. H. R. Mackintosh (Edinburgh: T & T Clark, 1928), §2 一書中開始時的評論。

經驗或直覺，或者正如他所說，「絕對倚賴的感覺」（feeling of absolute dependence）。[32] 上帝是這感覺的終極基礎。重要的是，要留意在士萊馬赫的語言，也就是德語，和當時的神學語言中，*Gefühl* 比英語的 “feeling” 意思更廣泛。它也表示直覺、先於反思的（pre-reflexive），而且與虔誠有關。

士萊馬赫神學的主要組成部分是「上帝意識」（God-consciousness）的經驗，承認完全倚賴自己以外的一位。因此，對士萊馬赫來說，救贖涉及發展上帝意識，絕對倚賴的感覺。這必須滲透「整個生命，以致個人的整個存有都透過上帝意識指向上帝的國。」[33]

118 因此，對士萊馬赫來說，宗教經驗是基本的，神學是其次。教義規條是歷史性的，受制於某一特定時間和環境，因此永遠都不是絕對的。士萊馬赫對關於聖靈的形而上學問題沒有興趣。決定性的焦點，是關於人類和耶穌與父的關係，聖靈扮演甚麼角色。

> 不過，這樣的意思是聖靈是上帝臨在於基督徒羣體中，喚醒信仰的生命，基督的門徒身分，賜它活力，並因此獻身於上帝的國。臨在於基督中的同一位上帝也存在於教會中，換句話說，惟一分別，是在其中一方，祂的同在是特殊的；而在另一方，則是在教會的意義上是普遍和集體的。[34]

對士萊馬赫來說，聖靈實際上是由耶穌留下的屬靈影響，它把融貫性（coherence）作為靈性統一體（spiritual entity）賜給教會的生命，因此也給基督徒信仰生命的融貫性。[35] 士萊馬赫排除舊

---

32 Schleiermacher, *Christian Faith*, §4.

33 引自 Gary D. Badcock, *Light of Truth and Fire of Love: A Theology of the Holy Spirit* (Grand Rapids: Eerdmans, 1997), 115。

34 Badcock, *Light of Truth and Fire of Love*, 116.

35 Schleiermacher, *Christian Faith*, §§121～125.

三一論神學的形而上學定義，而選擇倫理和經驗的定義。在耶穌的生命中，絕對的上帝意識由上帝的靈傳遞。聖靈也是神聖本質和人類本性的聯合，以存在於信徒或那些由基督重生的人之中的共同精神（common Spirit）這個形式出現。[36]

現在我們應該明顯看到由基督教傳統發展出來的三一論教義對士萊馬赫是不能引起興趣的。事實上，在他的主要系統著作《基督教信仰》（*The Christian Faith*）中，在差不多長達八百頁的篇幅中，三一論的教義只佔了十四頁。在這本書結束時，士萊馬赫指出：

> 我們只需要理會在我們的自我意識，連同我們對世界的意識中的上帝意識；因此，我們對上帝在自己裏面的存有，與上帝在世界中的存有區分出來，是沒有任何公式的，也不應該從臆測借用任何這種公式，以免證明我們對我們努力的〔神學〕學科的特性不忠。[37]

換句話說，士萊馬赫不會脫離世界和救恩歷史，對一般的上帝教義，以及特殊的三一論教義加以猜測。

・　否定上帝的存在：現代無神論的挑戰　・ 119

雖然詳細交代上帝的哲學觀念的歷史，超出了本書的範圍，但在總結歷史的考察前，簡單地討論源自啟蒙運動，不斷增長的無神論力量也是合適的。一旦聖經作為神聖真理的提供者這個觀點被拋棄，與其他宗教的溝通便開始增加，地上天堂這個前景也開始吸引發展科學的人，還有甚麼位置留給上帝？康德能夠透過他

36　Schleiermacher, *Christian Faith*, §§123.

37　Schleiermacher, *Christian Faith*, §§748.

的理性論性（rational reasoning），為上帝找到一個位置；黑格爾以他的精神解釋，提倡一種泛神論的上帝觀；士萊馬赫將上帝從天上拉下來，放到人類的意識裏面；不過，其他人則沒有留下任何位置給上帝。來自不同無神論運動[38] 的主要挑戰包括：

- 尼采（Friedrich Nietzsche）以人類全面自由的名義宣告上帝死亡。任何位格性上帝的觀念，都會令自由變得不可能。
- 費爾巴哈（Ludwig Feuerbach）視上帝的存在為只是由人類的意識投射到天上的形象。
- 佛洛伊德（Sigmund Freud）反對信仰上帝，因為這對世界和個人有負面影響。
- 馬克思（Karl Marx）將黑格爾式的唯心主義系統（idealistic system）倒轉過來，反對所有關於上帝的觀念，視之為對真實生命的問題的廉價逃避。根據馬克思，宗教是「人民的鴉片」，是讓富有的人實行統治的一種方法。
- 一般認為，任何上帝的觀念最後的致命一擊，是由稱為邏輯實證主義（logical positivism）的強大智性運動發出的。所有關於上帝和其他非感官課題的談論，不單是沒有根據的，更是完全沒有意義的。一旦哲學成了分析語言（analyzing language）的練習，便不容許任何對形而上學的信仰。

38 在神學院中，更詳細地處理無神論的問題屬於哲學的領域。一個好的開始是由神學家—哲學家龔漢思撰寫的 *Does God Exist?*。

8

思想古典上帝論的歷史發展

Reflections on the Historical Developments of Classical Theism

現在，這個對東西方神學關於上帝的傳統怎樣發展的歷史考察，已經來到尾聲，是時候思想一個問題：根據歷史發展，古典上帝論有甚麼模樣？

神學家同意「關於上帝的傳統教義〔古典神論〕有兩個來源：聖經和希臘思想。」[1] 不過，一致的意見就停留在這裏。很多神學家，特別是進程神學家（process theologians）和更近期的開放神論者（Open theists）（也稱為自由意志神論者〔free will theists〕，稍後會討論），都認為上帝的古典教義與希臘哲學的連繫是主要的障礙。他們認為，由於不同的細緻差別，教義整體而言，在那交接點便開始退化── 甚至歪曲。因此，他們就發表好像「上帝的絕對不變性這種異教的教條」（"The Pagan Dogma of the Absolute Unchangeableness of God"）[2] 或「克服異教的遺產」

1 Gerald H. O'Hanlon, *The Immutability of God in the Theology of Hans Urs von Balthasar* (Cambridge: Cambridge University Press, 1990), 1.

2 作者為 R. B. Edwards，見 *Religious Studies* 14 (1978): 305~313。

（“Overcoming a Pagan Inheritance”）[3] 這樣的論題。同樣，這本書的任務不是要論證支持或反對古典上帝論的有效性，而只是要提出古典上帝論，是否正如它一向所宣稱的，以及它的神學對手所
121 描繪的諷刺畫又是否準確。根據歷史的資料，我們可以提出幾個觀察。

首先，舊約聖經關於耶和華，以及初期教會關於耶穌基督的上帝的那種動態、關係性、敘事性和多元的聖經見證，以初期基督教神學來表達——那是採用了當時已經存在的希臘—羅馬哲學的範疇和觀念的。與舊約那嚴格的一神論一致，教父對抗周圍宗教的多神論式（往往是泛神論式）的上帝觀念，他們視之為與聖經的見證相矛盾。不過，雖然他們警告不能將基督教改換成任何人類的哲學——因為對他們來說，基督教是啟示的宗教——但他們頗為開放地採用希臘形而上學和存有論的範疇來建構上帝的教義。基督教神學怎可能不使用公眾能夠明白的用語來保衛其對上帝的獨特觀點？同時，初期的神學面對一種掙扎，即要嘗試同時堅持耶和華主義的一神論，以及正在浮現的三一主義（trinitarianism）。希臘—羅馬哲學的存有論，在三一論的發展中，與對一神論的維護相比，是較為不成功的。

第二，毫無疑問，其後——中世紀及以後——的神學，特別是後宗教改革（post-Reformation）的新教正統神學，以及甚至是十九世紀的梵蒂岡第一次會議結束時的天主教神學，都視教父的觀點為對聖經的合法解釋，因此是規範性的（normative）。這個考察已經顯示，教父傳統——它們本身是動態和多樣的——不是被不加分辨地採納，而是被進一步處境化，特別是由經院哲學家那富技巧的工作。毫無疑問，聖經那動態的上帝觀的多元性，有很多都

3 Clark H. Pinnock, *Most Moved Mover: A Theology of God's Openness* (Grand Rapids: Baker Academic, 2001) 第二章的標題。

喪失了。而上帝論的準則，以適合中世紀那階級制、非平等的封建社會的方式發展。

第三，從一開始，對怎樣將上帝的教義翻譯為當代語言，已經有超過一種解釋。東方的否定式、契合式神學，與說拉丁語的西方，以頗為不同的方式接近上帝。而契合性的取向，不論是在地理上或思想形態上都是被隔離的，但卻在東方繼續有力地發展。在第二個千年開始的幾個世紀，這個傳統透過中世紀契合主義重新進入西方神學。不同的進路，是對古典上帝論那吸收多種影響的能力的一個活的見證。

第四，在古典上帝論的學者中，甚至那些想站在古典傳統上回到教父時代的人，也有些好像馬丁．路德一樣的人，幾乎以他們對上帝的動態觀點，將局面扭轉過來。路德的十字架神學怎能與安瑟倫和經院哲學家的觀點調和？事實上，「古典上帝論」這個詞是學術建構，只存在於神學家的思想中，是一個事後挑選的類稱性概念（generic concept），旨在指出基督教神學家中上帝教義的發展一些主要特點。

第五，隨著啟蒙運動的興起和其後的發展，特別是古典自由 122
主義，基督教神學的正典受到批判性的——雖然往往是如此無知的——重估。雖然黑格爾和士萊馬赫的上帝觀，都不屬於古典上帝論的傳統，但兩人都尋求根據傳統基督教神學表達適切於處境的觀點。進程神學家、開放神論的支持者、神死神學家、解放神學家和女性主義神學家等，藉著回到歷史，特別是過去三百年的歷史，找到他們事業的靈感。在懷德海（A. N. Whitehead）和德日進（P. T. de Chardin）於二十世紀出現前，古典上帝論進行徹底修改的工作已經在進行了很久。或許神學家最好考慮一下，東、西方基督教在自身處境中說話的方式，那往往是極富創意的。處境化是冒險的工作，處境化神學的短暫歷史，也顯示了在個人的處境和聖經的信息之間，要維持平衡是很困難的。處境化本身不是新的現象，雖然作為被認同的事業，處境化可能是新的，但事實上，它經常是基督教信仰的進路——無論是希臘—羅馬、中世紀還是在啟蒙運動的文化氛圍之中。

有了這些說明後，我們現在從關於上帝教義的聖經和歷史傳統的考量中，進到當代的場景。下一部分，將繼續那關於上帝的豐富、多樣化、甚至互相衝突的故事，祂正是在舊約啟示為耶和華，在新約則啟示為耶穌基督的父的那位。

第三部

當代歐洲神學中的上帝

God in Contemporary European Theologies

陳永財等譯

雖然歐洲不再是基督教神學的世界中心，好像它在二十世紀上半部之前那樣，[1] 但任何對上帝教義的研究，都必須留意歐洲神學，因為雖然它們有各種限制，但仍然有助模塑全球的神學。而且，幾乎沒有例外的是，所有非西方和其他處境神學家（contextual theologians），都在歐洲或北美接受學術訓練。很多處境神學，仍然是對好像巴特和莫特曼這等主流西方神學家的回應，以及與他們的對話。

這部分的研究，包括八位神學家，他們就上帝這個主題寫了

1 關於基督教的模樣在全球層面那些轉變的趨勢，參 Philip Jenkins, *The Next Christendom: The Coming of Global Christianity* (New York: Oxford University Press, 2001)。我們在討論非西方的神學時，會回來論述這些轉變的含義。

大量著作，也與上帝論傳統的聖經和歷史基礎，作出互動。他們在神學和教會都有代表性。巴特和田立克是兩位十分不同的思想家，他們在十九世紀和二十世紀的轉折時，以古典自由主義為基礎，代表了二十世紀的上半部。薛斯奧拿（John Zizioulas）是東正教傳統中最著名和受到最廣泛討論的神學家，代表東方的密契式（mystical）、否定式（apophatic）的傳統。龔漢思（Hans Küng）和拉納（Karl Rahner）兩位天主教思想家，都因為第二次梵蒂岡
124 會議（Vatican II, 1962～1965）而取得國際聲譽，但後來在朝聖之旅程中，卻走了相當不同的路，回應西方晚期現代性兩個互有關連的挑戰：如何在世俗主義的亮光中，有意義地談論上帝（拉納）；以及如何在到無神／不可知論的力量中，有意義地談論上帝（龔漢思）。兩位主要的新教神學家，信義宗的潘寧博（Wolfhart Pannenberg）和改革宗的莫特曼，都渴望與那些由啟蒙運動開始（特別是黑格爾、士萊馬赫、康德和其他人）的智性挑戰展開對話，並且超越之。不過，他們的上帝神學十分不同。潘寧博渴望從事科學神學，明顯不受處境影響，並建基於論證和歷史基礎，這是可以吸引西方和非西方世界的。莫特曼尋求向今日世界上所要面對的政治、社會和生態的挑戰展開說話。最後，後來在北美定居的英國的多元論者（pluralist）希克（John Hick），是最徹底地偏離古典上帝論的：他數度由以基督為中心，轉向以上帝為中心，再轉向以實在為中心（reality-centric views）的觀點，大致上揚棄基督教的聖經和歷史傳統，從普救論者（universalist）的世界觀著手。

任何研究都必定是選擇性的。因此，以下各章並沒有包括好像基督教存在主義先驅祁克果（Søren Kierkegaard）；想撰寫「去神話化」（demythologized）神學，超越古代世界觀，向現代的挑戰說話的新約神學家布特曼（Rudolf Bultmann）；設想「上帝在生成中」（God-in-Becoming），從而為二十世紀下半部幾個神學取

向——從進程神學到莫特曼的泛神論及其他神學——鋪路的德國神學家雲格爾（Eberhard Jüngel）；專注於科學與信仰的關係，並嘗試創造一種同時建基於傳統和（後）現代的挑戰的蘇格蘭神學家托倫斯（Thomas F. Torrance）；以及德國的帝立克（Helmut Thielicke），他三冊的《福音信仰》（*Evangelical Faith*）希望在笛卡兒主義和存在主義之間，走一條中間路線，渴望以上帝的道為基礎。這本書並沒有研究他們的觀點，但以下的討論會提到部分這些名字。

9

巴特
上帝作為全然的他者

Karl Barth
God as Wholly Other

‧ 掙扎於古典自由主義的內在主義 ‧

不論是在主題或年份上，以巴特（Karl Barth）開始都是恰當的；按照一位作者的意見，巴特在一九一八年以相當具影響力的《羅馬書註釋》（*Epistle to the Romans*），領進一個「神學的當代復興」。[1] 巴特曾經完全沉浸在十九世紀古典自由主義的傳統中。在自由主義的精神中，偉大的教會歷史學者哈納克（Adolf von Harnack）聲稱，所有基督教教義（尤其是三一論和基督論的教義）都是後來把基督簡單的福音希臘化，這是一種「教義的墮落」（deterioration of dogma）。在巴特的觀點中，古典自由主義把「言說上帝」（God-talk）轉變為「言說人」（man-talk），難以讓他滿意。巴特對士來馬赫的斥責（他認為士來馬赫是那時代普遍的內在主義〔immanentism，或譯作「內在論」〕的骨幹），顯示出他

1 Claude Welch, *In This Name: The Doctrine of the Trinity in Contemporary Theology* (New York: Charles Scribner's Sons, 1952), 45.

的苦惱：「談論上帝意即談論人，無疑是高雅的腔調，但……這就只是與人的信心和行為有關。毫無疑問，人類被推崇是以上帝為代價的——而這位上帝是至高全權的他者（sovereign Other），站在人類的對立面。」[2]

巴特與自由主義的衝突，始於他初版於一九一八年 126
（一九二二年修訂）那《羅馬書註釋》。在該書中，巴特否定了自由主義所視之為理所當然的延續性原則（principle of continuity），並且主張在上帝與人類之間是徹底非延續性的（radical discontinuity），正如在自然與恩典之間一樣。巴特對上帝的觀點，在他那不朽的《教會教義學》（*Church Dogmatics*，1932～1967 年出版）第一冊中闡述說明。

・ 在耶穌基督裏上帝的知識 ・

巴特認為，離開了啟示，絕對沒有任何認識上帝的方法：

> 啟示是上帝的自我獻出（self-offering）和自我彰顯（self-manifestation）……在啟示中上帝告訴人祂是上帝，而且祂本身是他的主。在告訴他這些中，啟示把某些新穎的東西告訴了他，那是若沒有啟示他就不能知曉以及不能告訴他自己或其他人的東西。[3]

我們在哪裏找到這啟示呢？這是巴特對關乎上帝的知識之觀點的第二個公理：耶穌基督。

2　Karl Barth, "The Humanity of God," in *Karl Barth: Theologian of Freedom*, ed. Clifford Green (London: Collins, 1979), 48.

3　Karl Barth, *Church Dogmatics*, vol. 1, part 2 (Edinburgh: T & T Clark, 1956), 301.

當聖經談論上帝時，它把我們的注意力和思想都集中於單獨的一點上……而且只要我們近一點看，並且詢問：我們的注意力和思想所集中的這一點，究竟是誰和是甚麼，可以認出其為上帝？……由始至終，聖經都引導我們朝向耶穌基督這名字。[4]

若是離開了在基督裏的啟示，還有甚麼可能性擁有上帝的知識？巴特是懷疑的。他的思想，從極端肯定「離開啟示別無上帝知識」，[5] 轉往沒有那麼激烈的立場，[6] 不過他的主要觀點並沒有改變。[7] 巴特十分堅決地反對自然神學的任何想法，他的基本理由是，上帝的啟示——首要地作為啟示——有救贖的性質。啟示遠非一種模糊不清的關乎上帝的知識。惟有可幫助我們認識上帝是救主的那種對上帝的知識，才可以稱為基督教的啟示。

127 · 基督徒的上帝是一位三一上帝 ·

巴特可以被譽為是二十世紀三一論神學復興的先鋒。他的《教會教義學》是基於對上帝的三一論觀點，那是一位獨特的基督教上帝。「三一的教義，基本上把基督教上帝的教義區別為基督教的，而且因而已經把基督教啟示的概念區別為基督教的，以有別

---

4 Karl Barth, *Church Dogmatics*, vol. 2, part 2 (Edinburgh: T & T Clark, 1957), 52～54.

5 對於其他宗教與自然宗教的價值之最激烈否定，見於著名的第十七段（超過八十頁！）："The Revelation of God as the Abolition of Religions," *Church Dogmatics*, vol. 1, part 2。

6 Barth, *Church Dogmatics*, vol. 4, part 3 (Edinburgh: T & T Clark, 1961), 97。參 Carl Braaten, *No Other Gospel? Christianity among the World's Religions* (Minneapolis: Augsburg Fortress, 1992), 53～59。

7 參天主教學者保羅．尼特（Paul F. Knitter）的 *No Other Name? A Critical Survey of Christian Attitudes toward the World Religions* (Maryknoll, N.Y.: Orbis, 1985), 80～87，尼特的闡釋是有問題的，他把巴特看成「排他論者」（exclusivist）。

於其他有關上帝的可能教義或啟示的可能概念。」[8]

巴特改變了系統神學的模式，在他的《教會教義學》中以三一論的教義開始，並以此作為基礎。他的起點是他的著名公式：「上帝啟示祂自己。祂透過祂自己啟示祂自己。祂啟示祂自己。」（"God reveals himself. He reveals himself through himself. He reveals himself."）[9] 故此，對於巴特來說，上帝的啟示（God's revelation）和上帝的存有（God's being）是同一的。上帝就是所啟示出來的上帝（God is who God is revealed to be）。[10] 惟有在討論三一的教義之後，巴特才大膽討論那通常被置於三一論之前的論題：上帝的知識、上帝的實在（reality，祂的存有和屬性），以及揀選的教義（doctrine of election）。在歷史上，一般是把上帝的一性（oneness）的討論，放在祂的三一性（triunity）之前。巴特倒轉了這個次序。

那麼，巴特如何形構他的三一論教義？有關三一的三員（three members），儘管古典神學可自由運用**位格**（person）一語，巴特卻不喜歡這個用語，因為它在現代的用法，與早期的用法差距極大。**位格**一詞的現代用法，暗示了三一的三員之存在，是有祂們各自的意志和思維的。巴特喜歡用「存有的形態」（"mode of Being"，源自德文 *Seinsweise*）一詞。[11] 由於上帝只有一個「位格性」（personality），言說三個位格，就與這個原則有矛盾。為了說明這一點，巴特說，假如耶穌基督的「位格性」有別於父，祂就不可能是父的自我啟示（self-revelation）。[12] 此外，若設定了

8 Barth, *Church Dogmatics*, 1/1:301.

9 Barth, *Church Dogmatics*, 1/1:296.

10 Barth, *Church Dogmatics*, 1/1:299.

11 Barth, *Church Dogmatics*, 1/1:355.

12 Barth, *Church Dogmatics*, 1/1:350～351；有用的討論，可參 Stanley J. Grenz, *The Social God and the Relational Self: A Trinitarian Theology of the Imago Dei* (Louisville: Westminster John Knox, 2001), 37。

三重的主體（threefold subject），就會造成為三位神，即三神論（tritheism）。[13]

・ 上帝在歷史中 ・

由於巴特喜歡用**形態**一詞多過**位格**，他經常被指控為形態論（modalism），而這個觀點否認在神格（Godhead）中有真正的區別。假如我們只有他的《教會教義學》第一部分，那麼這個批評可能在某程度上是對的，然而在較後卷數的亮光中，這個批評就不
128 成立了。事實上，巴特是把歷史性（historicity）引進三一上帝中，而且在這樣做時「徹底改革了所謂『古典基督教上帝論』」。[14] 在《教會教義學》最後一卷中，他以最戲劇性的方式這樣做。巴特把道成肉身描述為上帝的兒子前往遠方的旅程（journey into a far land）。就像是路加福音十五章的浪子，上帝的兒子成就了復和（reconciliation），因為這段旅程就是上帝祂自己在子中啟示出來（God himself revealed）。「子的旅程，就是上帝本身的旅程；以及子在誕生、生活和死亡中的自卑（self-humiliation），就是上帝的超越性的表達。巴特藉著這些設定，從而把內在的三一（immanent Trinity）與經世的三一（economic Trinity）連結在一起。上帝是在子的謙卑中被升高的。」[15] 換言之，「上帝的兒子前往遠方國度之路」（"The Way of the Son of God into a Far Country"）——卷四第一部的標題——把歷史帶進上帝的三一生命中，而且清楚啟示出父、子和聖靈是有真實（real）的、存有式

13 Barth, *Church Dogmatics*, 2/1:297.

14 Roger E. Olson and Christopher A. Hall, *The Trinity* (Grand Rapids: Eerdmans, 2002), 97；中譯本可參奧爾森、霍爾：《基督教三一論淺析》，蔡錦圖譯（香港：基道出版社，2006）。

15 Olson and Hall, *The Trinity*, 97.

（ontological）的區別。正如彼得斯（Ted Peters）簡潔地指出，巴特為當前上帝的教義留下的遺產，是表明「耶穌基督的歷史事件是屬於上帝本身的生成（the becoming of God proper）。」[16]

‧　創造作為上帝「自我付出的愛」　‧

巴特在其啟示神學的基礎上，堅持「認為人的存在（existence）與形式（form）以及一切「有別於上帝」的實在〔reality〕——應該在於上帝的創造」，是建基於在基督裏的神聖自我見證（divine self-witness）。[17] 換言之，即使上帝作為創造者（Creator）的知識，也不是源自世界，而只可能藉著在耶穌基督裏的信（faith）而得。依靠哲學的論據或人類經驗的反省，不可能證明世界是「有別於上帝」的實在，或這實在是依靠上帝為創造者的。[18]

不過，上帝為甚麼首先創造世界？巴特的回答十分簡單：耶穌基督。上帝「需要」受造物（creatures），為的是那裏將會有一個受造物耶穌基督。[19] 因此，上帝立了一個約（covenant）。對巴特來說，創造是「約的外在基礎」；它預備好了範圍，在盟約之下的生命將會出現其中。[20] 這約的關係是建基於恩典的——因此，「創造是恩典」[21] ——而上帝與世界之間的關係，在本質上是建基於上帝的愛。創造的行動，是「藉著神聖之愛（divine love）的無所不能 129
（omnipotence），對實在的自由設定」。[22] 這是著名的對上帝巴特

16 Ted Peters, *God as Trinity: Relationality and Temporality in Divine Life* (Louisville: Westminster John Knox, 1993), 82.

17 Karl Barth, *Church Dogmatics*, vol. 3, part 1 (Edinburgh: T & T Clark, 1958), 3.

18 Barth, *Church Dogmatics*, 3/1:5～7.

19 Barth, *Church Dogmatics*, 2/1:579.

20 Barth, *Church Dogmatics*, 3/1:107.

21 Barth, *Church Dogmatics*, 3/1:40.

22 Barth, *Church Dogmatics*, 3/1:27.

式的理解，即把上帝視為「在自由中去愛的那一位」（the one who loves in freedom）。[23]

不過，假如上帝是正如在耶穌基督裏被啟示出來的一位，那麼不可避免地，祂應該創造一個有別於祂自己的世界。[24] 創造和道成肉身湧流自上帝的自我意志的自由決定，讓永恆的「內在之三一之愛」（intratrinitarian love）延伸超出三一的團契之外。這就是在耶穌基督裏啟示出來給我們的上帝，而對巴特來說，再沒有其他上帝了。

23 Barth, *Church Dogmatics*, 2/1:257.

24 Barth, *Church Dogmatics*, 3/1:51.

10

田立克
上帝作為存有的根基

Paul Tillich
God as the Ground of Being

‧ 知識分子的使徒 ‧

田立克（Paul Tillich）是因為納粹統治而移居美國的德國神學家，他這樣表達他的神學格言：「我整個神學工作是指向解釋宗教符號（religious symbols），以致世俗的人——我們都是世俗的人——可以明白和受它們影響。」[1] 田立克來自自由主義背景，與他同代的巴特相似，但他以完全不同的方式回應這份遺產。田立克沒有視信仰（或神學或啟示）與理性（或文化或甚至世俗主義）為對立的，而是致力在現代世俗哲學和基督教神學之間進行關聯（correlation）——如果不是綜合（synthesis）的話。

對田立克來說，神學的任務是「護教」，意思是為基督教信仰

1 引自 D. MacKenzie Brown ed., *Ultimate Concern: Tillich in Dialogue* (New York: Harper & Row, 1956), 88～89。對田立克的神學的不同方面，最有用的簡介是 Stanley J. Grenz and Roger E. Olson, *Twentieth-Century Theology: God and World in a Transitional Age* (Downers Grove, Ill.: InterVarsity, 1992), 114～120。我自己的闡釋得益於他們簡潔、明晰的概述，雖然我通常引述田立克自己的著作。

進行陳述，讓現代男女可以明白它，並將它與他們的需要連繫起來。這護教取向，假設基督教信息和當代文化有一些共同的根基（ground）。用田立克自己的話說：「哲學建構人類存在（human
131 existence）中隱含的問題，神學則在人類存在隱含的問題引導下，建構神聖的自我彰顯（divine self manifestation）隱含的答案。」[2] 他三冊《系統神學》（*Systematic Theology*, 1951～1963）的整個結構依從這條路線：首先有一個與智識及文化處境有關的問題；接著是一個神學答案。對田立克來說，理性並不抗拒啟示，而是尋找它（asks for）；啟示會引發理性的重新整合（reintegration）。

‧ 存有論作為通向上帝觀念的大門 ‧

對田立克的神學而言，哲學的價值是建基於他那關聯的觀念（idea of correlation）。田立克——在基督教的悠久傳統中回到奧古斯丁、安瑟倫和笛卡兒——在哲學的所有範疇中，視存有論為他最親密的對話伙伴。存有論（ontology，來自希臘詞語，意思是「存有」〔being〕）是對存有的研究。根據田立克，存有的問題及其對應——「非存有」（non-being）——的威脅，**那**是現代人的問題。

田立克對存有論並不天真；他沒有期望它提供終極的答案。而是存有論的價值，和一般哲學的價值，在於它為基督教神學提出的問題。

生命的關鍵問題，也應該是言說上帝的神學家關注的問題，是非存有的問題。對現代、世俗的男女來說，對非存有的焦慮，存在於一切有限的事物中。[3] 非存有的威脅（threat）提出關於存有

2 Paul Tillich, *Systematic Theology*, vol. 1 (Chicago: University of Chicago Press, 1951), 61.

3 Paul Tillich, *Systematic Theology*, vol. 2 (Chicago: University of Chicago Press, 1957), 19～24.

的能力（a power of being）的問題，這存有的能力可以克服非存有的威脅，並維持存有。田立克正確地指出，這種存有不能是有限的，而必須是「存有本身」（being-itself），或者正如他後來稱為「存有的根基」，而這裏正是基督教神學所提供的上帝的觀念（the notion of God）的根基：「只有那些為無常的經歷過所震撼，在其中他們察覺自己的有限的焦慮、非存有的威脅，才能夠明白上帝的觀念是甚麼意思。」[4] 這帶領我們去到田立克關於上帝的思考最具爭議性又最有創意的部分。

・　存有的根基和上帝之上的上帝　・

對哲學家的上帝和聖經的上帝之間的關係這個古老的問題，田立克有一個直截了當的回答：「亞伯拉罕、以撒、雅各的上帝，和哲學家的上帝，是同一位上帝。」[5] 這個結論來自存有論的提問。要公平對待他的基礎性假設，即「上帝」不可能是有限的存在的一部 132
分，田立克以最含糊和有可能誤導的方式表達他上帝觀的核心：「上帝並不存在。祂是本質和存在以外的存有本身（He is being itself beyond essence and existence）。因此，說上帝存在，就是否定祂。」[6]

要解釋這簡潔的句子，我們需要留意一個事實，在這裏——正如常見的情況那樣——田立克使用專門用語，而且特別是他自己定義的專門用語。田立克以獨特的方式定義**存在**和**本質**，這是和它們在一般的哲學中使用時不同的。正如我們知道，實在（reality）可以分為這兩個領域。本質是事物的潛在，未實現

4　Tillich, *Systematic Theology*, 1: 61～62.

5　Paul Tillich, *Biblical Religion and the Search for Ultimate Reality* (Chicago: University of Chicago Press, 1955), 85.

6　Tillich, *Systematic Theology*, 1: 205.

的完美。有本質的東西，有存有上的實在，但沒實現性的存在（“something with essence has ontological reality but no actual existence”）。另一方面，存在（existence）乃描述一些從本質（essence）實現和「墮落」（actual and “fallen”）的東西。由於它脫離了自己的完美，雖然仍然倚賴它，但卻不是它本身。[7] 換句話說，存在指有限和墮落的，在某意義上與本質的完美分離。

現在我們可以回到田立克對上帝那富爭議性的定義。田立克不是無神論者——根據這個詞的通常意思——否認上帝的存在，雖然在解釋田立克的思想的人中，這是一個有爭議性的問題。[8] 他否認上帝以跟我們相同的方式存在，以免將上帝變成有限、墮落的存在的一部分。要上帝成為在一切存有背後的支持力量，祂甚至不能是最高或最好的存有。祂必須被視為「存有的能力」，「抵抗非存有的能力」，「存有的無限能力」或終極的「存有本身」。[9] 如果上帝是存在的一部分（以田立克用這個詞的意思），便需要有另一位上帝，即「上帝之上的上帝」（God above God），但這是田立克不希望的。

・ 上帝的超越性與內在性 ・

對田立克的這位上帝，即存有的根基，我們有沒有甚麼話可以說？如果有，我們可以說甚麼？田立克與語言的問題搏鬥。根據他的存有論前設，可以理解的是，他對上帝不能說太多。他嘗試藉著訴諸象徵性（symbolic）語言的範疇，而不是字面的語言範疇，嘗試令言說上帝（God-talk）變得可以接受。即使**上帝**這個詞，也是

7 Grenz and Olson, *Twentieth-Century Theology*, 122.

8 有關這討論一些有用的註解，參 Grenz and Olson, *Twentieth-Century Theology*, 122～123。

9 Tillich, *Systematic Theology*, 1: 235～236.

上帝的象徵符號。我們不能說上帝是「位格性的」（personal），因為這樣會令祂變得有限；我們只能夠象徵地稱祂為「超位格性的」（suprapersonal, *überpersönlich*）。[10] 關於上帝，惟一可以說的是上帝是「存有本身」（being-itself），「存有的根基」。[11]

那麼，田立克怎樣談論超越性和內在性呢？很明顯，內在性不 133
是大問題。他的觀點接近萬有在神論（panentheism）：上帝和世界彼此參與。有限的一切參與存有本身，存有本身是一「存有結構」，一切事物即以之為根基。[12] 上帝絕對和無條件地參與，作為一切事物的根基和目的。[13]

對田立克來說，超越性則是一個挑戰大得多的問題：

> 存有本身（being-itself）不是一切事物的普遍本質（univeral essence），世界背後的實體（substance），因為存有本身超越本質／存在的分裂，世界上的一切事物，由於非存有的元素都經受這分裂。存有本身並不參與非存有，因此無限地超越一切有限的事物。[14]

很多神學家都不禁疑惑，這實際是甚麼意思，田立克是否認為上帝有任何真正的超越性。田立克是萬有在神論者，那是明顯的，但他的萬有在神論怎樣連繫到他自己宣稱的上帝的超越性，這是他的解釋者一直都在爭論的問題。[15]

---

10 參 Philip Clayton, *The Problem of God in Modern Thought* (Grand Rapids: Eerdmans, 2000), 467～471。

11 Tillich, *Systematic Theology*, 1: 238～239.

12 Tillich, *Systematic Theology*, 1: 238.

13 Tillich, *Systematic Theology*, 1: 243～245.

14 Grenz and Olson, *Twentieth-Century Theology*, 125.

15 入門者可以參 Grenz and Olson, *Twentieth-Century Theology*, 126。

・ 基督教的上帝和其他神明 ・

去世前幾年，田立克訪問日本。這個旅程對他產生很大的影響，因為他第一次具體經驗到另一個宗教。他的《基督教與世界宗教的相遇》(*Christianity and the Encounter of World Religions*)[16] 的第三章，是這經驗一個迷人的敘述。田立克沒有視佛教為落後的宗教，而是視它為有動力的宗教。這次相遇是那麼有力，以致他不再能夠稱基督教為絕對的宗教。[17] 田立克指出，這兩個宗教之間有分別，但我們可以視它們為互補而不是互相排斥。聯繫這兩個宗教的關鍵元素，是基督教上帝國度這個觀念，這是一個「社會、政治和人格化的象徵符號」，關乎建立公義及和平，而它在佛教的對應——涅槃(Nirvana)——則是「一個存有論式的象徵符號」，關乎為著有限、分離和苦難，在存有的終極根基(Ultimate Ground of Being)上提供一個答案。基督教視世界為上帝所創造的，它的本質是善
134 的，人類作為負責任的受造物，因著自己有罪的行為，於墮落有分。對佛教來說，世界的存在，預設了一「存在地墮進有限」(an ontological fall into finitude)。人類是「以自我肯定、盲目和苦難，被縛在生命之輪上。」[18]

關於三一論的教義和它對宗教神學的含義，田立克提供有趣的思想。以「宗教經驗的歷史」這個範疇運作，田立克論證說某種形式的三一論思想，在實在之中是有其基礎的。田立克視三性(threeness)為宇宙的結構。他指向上帝作為創造的

16 Paul Tillich, *Christianity and the Encounter of World Religions* (New York: Columbia University Press, 1961).

17 Tillich, *Christianity and the Encounter of World Religions*, 57.

18 Paul Tillich, *The Future of Religions*, ed. Jerald C. Bauer (Chicago: University of Chicago Press, 1966), 65～66.

力量（creative power）、拯救的愛（saving love）和出神的轉化（ecstatic transformation）這三重彰顯。不過我們需要問，為甚麼「三」這個數目字似乎在維持著？為甚麼不是「二」或「四」或其他數目字？田立克的回應，是「三這個數目字，對應著經驗到的生命的內在辯證（intrinsic dialectics of experienced life），因此最適合象徵那神聖者的生命。」[19] 田立克沒有長壽得足以發展這些剛開始的觀念，但他存在主義式取向、以及以存有論為根基的上帝觀，傾向對其他宗教的神明採取包容的觀點。

19 Tillich, *Systematic Theology*, 2: 283；我要感謝 Ted Peters (*God as Trinity: Relationality and Temporality in Divine Life* [Louisville: Westminster John Knox, 1993], 73～74) 找到田立克這句話。

11

薛斯奧拿
上帝作為相通
John Zizioulas
God as Communion

・ 相通的存有論 ・

薛斯奧拿（John Zizioulas）和田立克都視存有論為上帝教義的出發點。不過，我們很難找到兩位二十世紀的神學家，他們對存有論的取向，以及從中得出的含義有那麼大的分別。薛斯奧拿以前是英國的神學教授，現時是希臘佩加門（Pergamon）的主教。過去二十年，他成了東正教密契傳統（往往是否定式的傳統）最著名的解釋者。為他贏得國際聲譽的著作有一個恰當的書名——《存有作為相通》（*Being as Communion*, 1985）。事實上，這本書不是研究上帝，更不是整體和系統地提出一種神學；它是關於教會的文集。不過這本書公正地介紹了薛斯奧拿對上帝和三一論的觀點，因此提出了當代東正教的視角。

對薛斯奧拿來說，沒有相通（communion，或譯「團契」、「契交」）便沒有真正的存有；沒有任何東西是以「個體」在其自身（an "individual" in itself）存在的。

> 從人類是教會的成員這個事實，他成了「上帝的形象」，由
> 於上帝本身存在，他也存在，他有上帝「存有的方式」（way
> of being）。這種存有的方式……是一種與世界，與其他人，
> 以及與上帝的**關係**的方式，一件相**通的**事件，正因為這樣， 136
> 它不能被視為**個體**的實現，而是**教會**的**事實**（an ecclesial
> fact）。[1]

相通是一個存有論式的範疇；甚至上帝也存在於相通中。薛斯奧拿得出一個結論：希臘教父，特別是加帕多家教父，最重要的貢獻是建構了一種特定的存有論，相對於古希臘的存有論，這種存有論視「位格」（person）為一個個體（individual）。[2] 個體離開他者，就不能夠成為「位格」，因為位格性（personhood）不是「附加於存有的，即加給一個位格的一個範疇」。[3] 位格本身是存有的本質。（在這裏薛斯奧拿對**本質**〔essence〕的使用，採用了古代三一論和基督論語言的 *hypostasis*，這來自希臘的用詞，意思是「本質」或「實質」〔substance〕。）

希臘的存有論，基本上是一元論的（monistic）：世界的存有，和上帝的存有，形成一個不能打破的統一性。柏拉圖對創造者上帝的概念，並不能令教父滿意，正是因為從先存物質（preexisting matter）創造的教義，限制了神聖的自由。因此，需要尋找一種存有論，是要避免一元論成為上帝和世界之間的鴻溝。根據希臘教父的觀點，相通成了存有論的概念。沒有任何存在就其自身是可理解的，正如亞里士多德假設那樣。[4] 薛斯奧拿堅持相通不單是描

1　John Zizioulas, *Being as Communion: Studies in Personhood and Communion* (Crestwood, N.Y.: St. Vladimir's Seminary Press, 1985), 15；強調為原文所有。

2　Zizioulas, *Being as Communion*, 16.

3　Zizioulas, *Being as Communion*, 39.

4　Zizioulas, *Being as Communion*, 16～18.

述存有——無論是個體還是教會——的另一種方式，更是屬於存有的存有論（ontology of being）。因此，我們應該談論一種實際的「相通的存有論」（ontology of communion）。

正如已經提過，以他的相通的存有論，薛斯奧拿想提出一種對位格性的新理解，一種「位格性的存有論」（ontology of personhood），相對於希臘的「非位格性」（non-personal）觀點。[5] 希臘用來指「位格」的詞，原本指劇場的演員的面具。接著它有了把某事物加在一個存有上的意思，表示那個「位格」不是他的真正 *hypostasis*（「本質」）。根據這個觀點，位格性並沒有存有論的內容。[6] 教父的希望是在三一的信仰中給予一個存有論式的表達，因而浮現出一種將位格性理解為相通的新理解。換句話說，教父想處理的問題是：說上帝是父、子、聖靈，但卻仍然是一位上帝，那是甚麼意思？加帕多家教父那革命性洞見，是將 *hypostasis*（本質）等同「位格」。特土良（Tertullian）的公式 "*una substantia, tres personae*"（「一個實體／本質，三個位格」）並不符合這個要求，因為位格這個詞缺乏存有論的內容。[7]
137 下一節，會研究這看法怎樣轉換成薛斯奧拿對上帝作為三一相通（trinitarian communion）的理解。

・ 三一作為相通 ・

根據他們的相通的存有論，加帕多家教父批評古希臘的存有論，在其中，上帝首先是上帝（祂的實體），然後作為三一，作為三個位格存在，也就是基督教神學對待上帝的方法。[8] 根據加帕多家

5 Zizioulas, *Being as Communion*, 27，分題使用這個詞。

6 Zizioulas, *Being as Communion*, 32～33，參第一章整章。

7 Zizioulas, *Being as Communion*, 36～37.

8 基本的哲學和神學取向，在 *Being as Communion* 第二章提出。

教父那奠基性洞見，也是薛斯奧拿熱誠地贊同的，「聖三一是一個**原初的**（primordial）存有論的概念，而不是一個附加到神聖實體或跟隨它之後而來的觀念，正如西方的教義手冊，以及可惜的是，現代的東方也相信那樣。」換句話說，上帝的實體，即「上帝」，「離開了相通」，就沒有存有論的內容，沒有真正的存有，這相通乃是愛的相互關係。[9]

上帝不能被認識為「上帝」，只能被認識為相通中的三個位格：「人只能透過子和在聖靈裏接近上帝。」[10] 在三一以外沒有上帝。換句話說，上帝的存有符應上帝的相通位格性（communal personhood）。因此，對薛斯奧拿來說，「上帝的存有只能透過位格性關係和位格性的愛為人所知。存有表示生命，而生命表示**相通**。」[11]

薛斯奧拿的相通存有論和三一論教義，對過去二十年的上帝教義有很大影響，並繼續模塑那景貌。[12] 好像莫特曼、潘寧博、自由主義者博菲（Leonardo Boff）和已故天主教女性主義神學家拉庫尼亞（Catherine Mowry LaCugna）等幾位神學家，都以相通觀念為思想基礎。

9　Zizioulas, *Being as Communion*, 17.

10　Zizioulas, *Being as Communion*, 19.

11　Zizioulas, *Being as Communion*, 16；強調為原文所有。

12　有關近期的評價，參 Stanley J. Grenz, *The Social God and the Relational Self: A Trinitarian Theology of the Imago Dei* (Louisville: Westminster John Knox, 2001), 53。

12

龔漢思
上帝與無神論的挑戰

Hans Küng
God and the Challenge of Atheism

‧ 認真看待無神論的挑戰 ‧

德國圖賓根大學(University of Tübingen)的龔漢思,不單是羅馬天主教在梵蒂岡會議後最多產和最富創意的神學家,也是該教會最具爭議性的人物之一。官方褫奪了他身為羅馬天主教神學家的教學資格;但他仍然可以保留自己在大學的教席,直到退休。他兩部關於上帝教義的著作,《論基督徒》(*On Being a Christian*)和它的回答《上帝存在嗎?》(*Does God Exist*?)[1] 這本重要的哲學—神學著作,是這裏的主要焦點。雖然龔漢思已經轉向宗教間的對話和全球倫理,他關於上帝教義的著作,仍然是二十世紀西方神學的里程碑。

---

1 Hans Küng, *On Being a Christian* (Garden City, N.Y.: Doubleday, 1976);中譯可參漢斯‧昆:《做基督徒》,楊德友譯(台北:光啟,1993)。Hans Küng, *Does God Exist? An Answer for Today* (Garden City, N.Y.: Doubleday, 1980);中譯可參漢斯‧昆:《上帝存在嗎?》,二冊,孫向晨、許國平譯(香港:道風書社,2003)。

龔漢思勇敢地面對兩個對基督教上帝教義的挑戰。一個是無神論和相關的運動，這是他早期著作的焦點。另一個是其他神明和其他宗教，這是他後期事業的焦點。

龔漢思指出，正在出現的無神論者的所有論據「都肯定足以對上帝的存在提出懷疑，但卻不足以令上帝的不存在變得毫無疑問。」同樣地，預測宗教結束「涉及對將來一個終極地證偽的推 139
斷。」[2] 對這位神學家來說，無神論不是中立的立場；它也以不能證明的信心存在，無論是對人本性、社會還是科學的信心。

因此，對無神論的回答，必須絕對認真地處理兩個基礎性、彼此相關的問題：「上帝是否存在？……〔和〕上帝是誰？」[3] 龔漢思論證說，現代無神論要求闡述對上帝之信仰。[4] 大多時候，基督教神學訴諸「神學的撤退策略」（“a theological withdrawal strategy”），以需要或委身來言說上帝，但卻忽視了基督教信仰的真理這個問題。[5] 龔漢思主張，無神論和其他對宗教的批評，很多都是關乎拒絕建制宗教多於拒絕上帝的觀念的。[6] 因此，我們在道德地譴責無神論為故意叛教時，不應該過份地不加分辨。[7]

關於源自笛卡兒和康德的現代理性主義，龔漢思主張，可幸的是科學和信仰現在有機會展開新的對話，加上一些世俗思想家和「世俗的準宗教性」（secular quasi-religiousness），重新發現了超越性。[8] 關於這機會，基督教神學應該「徹底修正路線」（“radical course correction”），[9] 不應該抱隔離心態（ghetto

2 Küng, *Does God Exist*? 329.

3 Küng, *Does God Exist*? xxi.

4 Küng, *Does God Exist*? xxii.

5 Küng, *Does God Exist*? 327～330.

6 Küng, *Does God Exist*? 324.

7 Küng, *Does God Exist*? 334～339.

8 Küng, *Does God Exist*? 553～559.

9 Küng, *Does God Exist*? 115.

mentality）。神學和科學——它們從來都不應該敵對——應該一起承認實在（reality）的複雜性和統一性。[10]

龔漢思也在神學和哲學之間，看見正面的視域。哲學永遠都不能再變成單是語言分析，正如分析哲學在二十世紀開始時所主張的那樣。龔漢思同情黑格爾調和信仰和知識的渴望。[11] 現代哲學教導神學，要認真看待上帝的歷史本性（God's historical nature）和「世俗性」（secularity）。這可以糾正古典上帝論，更支持一位活生生有動態的上帝這個聖經觀點，祂在歷史中以真實的方式行動。[12]

·　對上帝說「好的」·
——對聖經的上帝說「好的」

雖然龔漢思接受無神論和虛無主義（nihilism）的挑戰，但他沒有對上帝的古典證明抱有很大的期望。笛卡兒式那種從至大的
140 存有（the greatest Being）開始的論證，可能可以證明上帝這個**觀念**存在，但卻永遠不能證明上帝存在；而宇宙論證總是能夠有超過一種解讀。即使上帝的存在是可以證明的，也並不引向聖經那位基督教的上帝。正因為這樣，哲學家的上帝不一定等同亞伯拉罕、以撒和雅各的上帝。[13] 否定和肯定上帝都是可能的。[14]

我們對那位上帝，可以知道甚麼？一般（in general）宗教的神明和特殊的（in particular）基督教的上帝，都是有名字的神——不同宗教給神明不同名字[15] ——而哲學家的神卻是沒有名字的

10 Küng, *Does God Exist*? 120～125.

11 Küng, *Does God Exist*? 182；也參 120

12 Küng, *Does God Exist*? 181～188.

13 Küng, *Does God Exist*? 529～535；有關他對自然神學的討論，也參 518～528。

14 Küng, *Does God Exist*? 568～571.

15 參 Küng, *Does God Exist*? 587～602.

神。聖經的上帝是活著的上帝，獨一的上帝，解放的上帝，愛的上帝，耶和華上帝。這位上帝是一位位格者（a person），一位創造者上帝，祂介入世界的事務，帶領世界走向最終的目標。[16] 而且，聖經的上帝是「耶穌基督的上帝。」[17] 耶穌教導信徒相信上帝是天父，既不是暴君也不是家長式的上帝，而是愛和關心的那一位。[18] 最後，由於聖靈被引入聖經的救恩歷史中，龔漢思肯定三一論的教義，雖然他對傳統那抽象、邏輯的表達方式往往感到不滿意。[19]

基督教的上帝與其他神明：跨宗教對話的挑戰

即使考慮龔漢思早年的神學，他在近年從基督教內部（intra-Christian）的考量，轉向宗教神學的範疇，也不令人驚訝。[20] 對他來說，「十分清楚的是，聖經的上帝不單是猶太人和基督徒的上帝，也是所有人的上帝。」[21] 龔漢思並不天真地羨慕世界宗教（world religious）；他承認它們是錯誤的，是需要在耶穌基督裏的上帝啟示。但這並不令它們無效，也不一定令它們敵視聖經的上
帝這個觀念。即使在錯誤中，世界宗教也宣告上帝的真理。「雖然 141
它們遠離上帝，但上帝沒有遠離它們。」[22]

16 參 Küng, *Does God Exist*? 613～666。

17 Küng, *Does God Exist*? 667，chap. G.III 的題目。

18 參 Küng, *Does God Exist*? 667～696。

19 參 Küng, *Does God Exist*? 696～702。

20 在梵蒂岡第二次會議期間，龔漢思已經寫了一篇綱領性文章，原本是一九六四年一個在印度孟買舉行的會議的通訊，文章的題目是〈基督教啟示和非基督宗教〉（最初以〈神救恩計劃中的世界宗教〉為題在 *Christian Revelation and World Religions*, ed. J. Neuner [London: Burns & Oates, 1967], 25～66 中出版）。

21 Hans Küng, "The Freedom of Religions," in *Attitudes toward Other Religions*, ed. Owen C. Thomas (New York: Harper & Row, 1969), 205.

22 Küng, "The Freedom of Religions," 210.

龔漢思從沒有重大地改變這個基本取向，他以頗為令人混亂的方式稱之為「基督教普世主義」(Christian universalism)。但在更近期，他的焦點放在全球倫理，以及宗教對建立和平、和諧的人類社會的貢獻。[23] 他加入稱為世界宗教議會(Parliament of the World Religions)的跨宗教論壇，這情況變得更加強烈。

有人可能以為這些考量，帶領龔漢思接受所有宗教都是同等的，它們對神的觀念是互相補足的這種見解。但事實並非這樣。根據龔漢思的說法，在最深的層次上，特定的基督教準則，只直接適用於基督徒：相信和委身於耶穌基督。基督徒只能夠與別人分享這些。因此，這準則只是間接地適用於非基督徒，基督徒要首先忠心地將它們應用在自己身上。[24] 所以，龔漢思不羞於承認，對基督徒來說，耶穌基督是「**那**(the)道路，**那**真理，**那**生命！」而且「對基督徒來說，耶穌基督是**決定性的規條**(decisively regulative)規範。」[25]

---

23 參 Hans Küng, *Theology for the Third Millennium* (New York: Doubleday, 1988)；和 Hans Küng, *Global Responsibility: In Search of a New World Ethic* (London: SCM, 1991)。

24 Hans Küng, "What Is True Religion? Toward an Ecumenical Criteriology," in *Toward a Universal Theology of Religion*, ed. Leonard Swidler (Maryknoll, N.Y.: Orbis, 1987), 231～250.

25 Küng, "What Is True Religion? " 246～247；強調為原文所有。龔漢思近年與中國學者秦家懿合作撰寫 *Christianity and Chinese Religions* (New York: Doubleday, 1989)，以試驗這些斷言；中文譯本可參孔漢思、秦家懿，《中國宗教與基督教》，吳華譯：(香港：三聯書店，1989)。

13

拉納
上帝作為世界的奧祕

Karl Rahner
God as the Mystery of the World

・對上帝的超越經驗・

已故的拉納（Karl Rahner），是當代羅馬天主教神學的重要人物。和龔漢思一起，他矗立在二十世紀佔有大約一半基督徒的教會的神學上。不過，和龔漢思不同，拉納的神學遠遠沒有那麼得到更廣大的讀者接觸，雖然他的所有主要著作，特別是他的《神學探究》（*Theological Investigations*）和《基督教信仰基礎》（*Foundations of Christian Faith*）都已經翻譯成英語。他的風格是高度哲學性，而且他創造了自己的神學詞彙。龔漢思第一本重要著作的主要對象是無神論和對信仰上帝的相關挑戰，但拉納一生的主要目標，都是普遍的世俗主義，特別是在西方。[1]

討論拉納的上帝神學，一個有用的開始是討論他的「超越方法」（transcendental method）的一些主要概念。「超越的經

1 Karl Rahner, *Foundations of Christian Faith: An Introduction to the Idea of Christianity* (New York: Crossroad, 1982), 46.

驗」（transcendental experiences）顯示了人類是自然地朝向神聖的奧秘（Holy Mystery）——即被稱為上帝的，那是首先以「對上帝的非主題式知識」（unthematic knowledge of God）這形式來進行的。[2] 人類本性上是「靈」（spirit，或譯「精神」），這表
143 示他們對接受啟示是開放的。上帝於人類本性來說，並非異質的（alien），而是人類本質上的一部分（intrinsic part），作為人類主體性（subjectivity）的必須條件。「超越性反思」（transcendental reflection）的任務，是發現人類經驗所必須的先決條件。人類不單是自然的一部分，也朝向一個無限、神秘領域的存有，此即基督徒所認識的上帝。

一方面，生命的普通、日常經驗，在某意義上是朝向上帝。另一方面，它們離開了神聖的奧秘，就最終不會有甚麼意義。雖然在懷疑主義和世俗主義愈來愈普遍的時代，人們看不到這情況，但根據拉納，「上帝」是最自明的實在（the most self-evident reality）。拉納對「奧秘」的談論，並不表示那是任何「無意義和不能明白」的事物[3]，而是超越人類，但又不是在直覺領域以外，或者甚至不是在相遇和反思的較後階段的事物。事實上，矛盾的是，這「奧秘在它的不可理解性中，是在人類生命中**自明的**（self-evident）。」[4] 恩典首先和首要地是上帝的自我溝通（self-communication），以及透過祂的靈臨在於人類的存在之中。[5]

那麼對上帝的自我啟示（self-revelation）的需要，又怎樣呢？雖然拉納的進路和用語都是獨特的，但他仍是傳統的神學家。他區分兩種啟示：首先是他稱為關於上帝「超越」、隱含、非主題的啟示，這是我們剛討論過的。這啟示需由「明確啟示」

2 Rahner, *Foundations of Christian Faith*, 20～21, 53.

3 Rahner, *Foundations of Christian Faith*, 12.

4 Rahner, *Foundations of Christian Faith*, 21.

5 Rahner, *Foundations of Christian Faith*, 116～126；也參 139。

（categorical revelation）補充和完滿，明確啟示是歷史中的特定啟示，透過事件、言語和符號表現出來。這明確啟示並不排除或反對超越啟示（transcendental revelation）。相反，明確啟示揭示上帝的內在實在（inner reality）（這是單透過超越啟示不能被發現的）：包括上帝的位格性特點和祂與人類的自由關係。因此，在聖靈中對上帝的普遍、超越經驗，並不除去對歷史、特殊啟示的需要。

・ 上帝作為絕對的位格 ・

拉納身為傳統的天主教神學家和耶穌會士，他從來都不想拋棄古典基督教的正統標準。不過由於他渴望向現代人說話，他那數量龐大得令人難以置信的著作，包含很少關於上帝的屬性或本質、抽象和玄思性題目的討論——雖然經院神學花很多時間研究這些課題。除了關於三一論（關於上帝的教義，這是他的真正焦點）的著作外，他花了很多精力在「談論上帝」的可能性上——即位格人（the human person）在甚麼條件下能藉有意義的方式認識和談論上帝。

關於拉納的言說上帝（God-talk），有幾個重點。身為「絕對 144
的奧秘」（Absolute Mystery）或「神聖的奧秘」，上帝是內契於人類的經驗中——在人類怎樣接受超越經驗的領域內——即使祂不能被理解。對於上帝，可以說的首先是上帝是位格。[6] 拉納視這為關於上帝的其中一個基本主張，並以上帝的無限性為參照點，來處理「位格」這個經常用於上帝的描述。身為無限的，上帝永遠不能成為人類探究的對象。但這沒有令上帝變成非位格（impersonal）；非位格只能夠產生非位格，不能夠產生位格。拉

6 Rahner, *Foundations of Christian Faith*, 71～75.

納沒有具體解釋他稱上帝為「位格」是甚麼意思。他暗示身為超越、無限的「位格」，上帝的位格，是與人類不同的一種位格，不過卻有一些可類比之處。在討論的最終，他說上帝是「絕對的位格」（Absolute Person），因此上帝在祂的自由中是絕對的。

關於上帝作為創造者，拉納和天主教傳統一樣，肯定從無中（*ex nihilo*）創造，他也為上帝的自由辯護。[7] 上帝是自由的；我們是倚賴的。我們的受造性令我們與上帝完全不同，並完全倚賴祂。在拉納的思想中，萬有在神論完全沒有地位。但更重要的是，上帝和世界之間不容許二元論：上帝和世界雖然不同，但卻不是二元地對立。這是拉納自認為對很多古典上帝論的糾正。[8] 拉納的神學克服二元論的其中一個方法，是透過他對三一論的獨特觀點。內契上帝與世界的交往——作為「經世的三一」（economic Trinity）——正是於「內契的三一」（immanent Trinity）中的「上帝之所是」（who God is）的可靠和準確的表達。

・經世的三一和內契的三一・

被稱為「拉納法則」（Rahner's Rule）[9]——「經世」三一是「內契」三一；而「內契」三一是「經世」三一[10]——的法則，被很多人推崇為三一論教義近年發展的分水嶺。[11] 但這公式實際上有甚麼重要性？彼得斯（Ted Peters）將拉納的上帝和三一

7 Rahner, *Foundations of Christian Faith*, 75～81.

8 Rahner, *Foundations of Christian Faith*, 62.

9 Ted Peters, *God as Trinity: Relationality and Temporality in Divine Life* (Louisville: Westminster John Knox, 1993), 96.

10 Karl Rahner, *The Trinity* (1970; reprint, New York: Seabury, 1997), 22.

11 參 Walter Kasper, *The God of Jesus Christ* (New York: Crossroad, 1984), 274；和 Stanley J. Grenz, *The Social God and the Relational Self: A Trinitarian Theology of the Imago Dei* (Louisville: Westminster John Knox, 2001), 38。

論教義置於正確的視角中：

> 拉納提出這法則，為的是指出一個論題，即上帝是與世界相關的神聖位格的其中的這一員或那一員，而不是神聖存 145
> 有的一位統一性的上帝。我們經驗上帝的方式是透過上帝在歷史中的拯救活動——透過救恩的安排（salvation of economy）——在這裏我們知道上帝在基督裏作為救贖的道和在聖靈裏作為聯合的愛。我們並非一般地認識上帝，我們首先在拯救的計劃中經驗上帝，拉納相信我們可以信任這經驗。在救恩的安排中，上帝是在傳達上帝自己（God is communicating Godself），因此，就上帝之內在而言，上帝是與我們所經驗到的（與我們相關的）神聖是完全一樣的，那就是父、子、聖靈。[12]

這表示上帝與世界關連的方式，是根據三個各別的 *hypostaseis*（即位格，或譯「性體」）的每一位來發現，而不是根據上帝作為統一體來發現的。[13] 根據這觀點，只有耶穌可以成為肉身，不是聖靈或父。耶穌不單是一般意義的上帝，更特別是子上帝。這同樣適用於三一的其他位格。[14] 與巴特相反，拉納願意稱這些 *hypostaseis* 的每一位為「位格」（person）。[15]

拉納關心的是，神學的傳統在救恩歷史以外推斷上帝的存有和上帝的三一性（triunity），因而傾向強調上帝的統一，並很自然地導致忽略三一以及基督徒與三一之間的關係。這將使言說上帝從歷史中抽離出來，令它在本質上變得普遍化（generic）。

12　Peters, *God as Trinity*, 96.

13　Peters, *God as Trinity*, 97.

14　Peters, *God as Trinity*, 100.

15　參 Rahner, *Trinity*, 44。

聖經談論上帝的方法涉及言說一特殊（particular）的上帝，舊約的耶和華，在新約中作為父、子和聖靈。那麼，為甚麼還繼續談論內契的三一？談論內契的三一——上帝在上帝自己裏面的三一性（triune）——是需要的，為了保護上帝的絕對自由，並避免將上帝溶入歷史。[16]

接納是首先留意到他的三一論教義，對上帝的不變這古典觀點的含義。如果將歷史引入上帝裏面，正如巴特已經做了的那樣，而如果經世三一等同內契三一，那麼上帝便在祂與世界的關係中，並藉這關係而有所改變。要處理這個問題，拉納提到道成肉身。他將上帝在神聖存有裏面改變，以及上帝在自己外面改變作出區分。換句話說，他在「內在」（internal）和「外在」（external）改變之間作出區分。拉納指出：「在自己裏面不受改變影響的那一位，自己可以在其他東西裏面受改變影響。」[17] 上帝創造人類造物，以致他們成為「上帝在其自己的生成中表達自己（God's own becoming-in-self-expressions）的恰當媒介……透過道成肉身而取了人性，上帝『成為』（becomes），但同時仍然永恆不變。」[18]

146

·上帝在其他宗教中·

拉納最著名的是他「匿名的基督徒」（anonymous Christians）這個富爭議性的詞語。要明白這個往往被誤解的概念，我們必須留意，對他來說，上帝的明確啟示（categorical

16 Roger E. Olson and Christopher A. Hall, *The Trinity* (Grand Rapids: Eerdmans, 2002), 98.

17 Rahner, *Foundations of Christian Faith*, 220.

18 Grenz, *Social God and the Relational Self*, 40, 參 Rahner, *Foundations of Christian Faith*, 223.

revelation），即真正、主題式啟示，是不限於是教會或基督徒的啟示的。人們在哪裏開放自己接受啟示——原則上他們因為上帝的恩典而有這能力，這恩典將他們提升到他們自己以上——這種突破都可以發生。拉納有信心「在所有宗教中，都有這種成功的中間況態出現的個別時刻……當人對上帝那超自然、超越的關係——那是透過上帝的自我溝通（self-communication）而得的——變成藉上帝的自我反思性（self-reflexive）〔也就是主題式、有意識的〕而得的。」[19]

當然，這並不表示所有宗教都同樣有效地表達神聖的自我啟示。任何宗教都有錯誤。透過基督的死和復活，上帝仁慈的自我相通在聖靈裏面在歷史中變得顯明：「世界由上帝的靈引向屬靈的圓滿，這靈指導世界的整個歷史的所有長度和濶度，朝向它的恰當目標。」[20]

藉著上帝的恩典，一個人即使未明確聽過別人傳講基督教的上帝，透過接受「以隱含的形式存在」的恩典，即〔那〕人在耐心的安靜真誠，在委身於他所關懷的人對他所作出的實質的責任和要求之中，承擔及活出這每天的責任」——也有資格作「匿名的基督徒」。[21] 根據拉納，基督透過祂的靈在其他宗教（因此也在非基督教的宗教）的信徒中臨在和發揮效力。[22] 換句話說，如果非基督徒正確地回應上帝的恩典，例如透過對別人捨己的愛，那麼，那人雖然不客觀地知道，但已經接受了在基督裏啟示的上帝。但由於救

19　Rahner, *Foundations of Christian Faith*, 173.

20　Karl Rahner, "The One Christ and the Universality of Salvation," in *Theological Investigations*, vol. 16 (New York: Crossroad, 1983), 203.

21　Karl Rahner, "Anonymous Christians," in *Theological Investigations*, vol. 6 (Baltimore, Md.: Helicon, 1969), 394.

22　Karl Rahner, "Jesus Christ in the Non-Christian Religions," in *Theological Investigations*, vol. 17 (New York: Crossroad, 1981), 43.

恩不能離開基督，「匿名的基督徒」這個詞語比「匿名的上帝論者」（anonymous theist）更適合。[23]

23 參 Gavin D'Costa, *Theology and Religious Pluralism: The Challenge of Other Religions* (Oxford: Basil Blackwell, 1986), 87。

14

潘寧博
上帝作為未來的力量

Wolfhart Pannenberg
God as the Power of the Future

・ 神學尋求真理 ・

潘寧博（Wolfhart Pannenberg）的三冊巨著《系統神學》（*Systematic Theology*）第一章的標題，「基督教教義的真理作為系統神學的主題」（"The Truth of Christian Doctrine as the Theme of Systematic Theology"），[1] 定下了這個時代其中一位主要的神學家這本神學著作的基調。對抗後現代主義的所有力量，潘寧博勇敢地、融貫地（coherent）、邏輯地提出基督教教義，為真理辯護。根據潘寧博，系統神學的任務，是以與我們對上帝及實在（reality）的整體認識能和諧一致的方式，闡釋基督教教義。[2] 以這個意思，神學的宣稱（theological claims），本質上是需要被試驗，

1 Wolfhart Pannenberg, *Systematic Theology*, vol. 1 (Grand Rapids: Eerdmans, 1991), 1。潘寧博是多產的作者，但在可能的情況下，我都會引述他的 *Systematic Theology*，因為這是他那富創意的著作的總結和最後階段的作品。

2 有關他沿著這思路對神學的定義，參 Pannenberg, *Systematic Theology*, 59～60。

如果可能的話也要被確證的一種假設（hypotheses）。[3] 基督教宣稱的真理，不能是前設的（persupposed），而應該是神學的目標。[4]

在潘寧博追求融貫的真理中，他基礎的人類學的洞見，即對上
148 帝的信仰不是外在於或強加給人的，而是人性固有的。根據他的見解，宗教是人類生命必不可少的向度；向上帝開放，尋求意義和真理，是人類的本性。[5] 當然，人類那「無可救藥」的宗教性，[6] 並不能保證神學宣稱的真實。它只是必須的但卻不令人滿意的證據。[7]

·「上帝所宣稱的真理」的未來確證·

在一九六〇年代，潘寧博和莫特曼開始被稱為「盼望神學家」（theologian of hope）。在潘寧博的盼望神學中，上帝的超越性較少由「空間」，而更多由「時間」來界定：上帝「從未來來到我們這裏。」潘寧博定義上帝為「所有有限的實在（all finite reality）所倚賴的能力。」[8] 上帝是未來的力量（God is the power of the future）。這引進他對真理的理解。

基督教關於上帝的宣稱的真理（the truth of Christian claims about God）——因而也是神學的宣稱的真理——等候它在時間終結時的最終確證（final confirmation）（或缺乏確證）。[9] 現在，

3 Pannenberg, *Systematic Theology*, 50.

4 Pannenberg, *Systematic Theology*, 52.

5 有關一句較短的陳述，參 Pannenberg, *Systematic Theology*, 154～157。有關全面的處理，參他的 *Anthropology in Theological Perspective* (Philadelphia: Westminster, 1985)，那事實上是嘗試在宗教的敵人自己的領域上對抗他們，也就是在心理學、人類學、社會學和歷史的領域。

6 Pannenberg, *Systematic Theology,* 157.

7 Pannenberg, *Systematic Theology*, 93.

8 Wolfhart Pannenberg, *Introduction to Systematic Theology* (Grand Rapids: Eerdmans, 1991), 8.

9 Pannenberg, *Systematic Theology*, 54.

人類有沒有方法至少獲得某種確定性（certainty）？根據潘寧博，「關於基督教的宣稱的真理，其決定在於上帝自己。隨著上帝的國度在祂的受造物中間實現，最終祂作出祂的決定。現今暫時做在人心裏面的，是藉著上帝的靈的定罪工作。」[10] 這裏具決定性的，是基督的復活，這是對基督宣稱自己是上帝的兒子的神聖確證，因而祂將會成為一中介者（agent），在上帝的國度中引入上帝的最後勝利。

最後，在決定「基督教的信息」的真理——因而也是關於聖經
的上帝的存在，以及聖經的上帝的宣稱的真理——的時候，重要
的是「上帝的觀念是否對應真實的實在（actual reality）⋯⋯〔而
且〕能夠照亮人類的存在，以及我們對世界整體的經驗。」[11] 因此，
如果上帝的觀念必須不單照亮人類的生命，也照亮我們對世界的
經驗；那麼神學也應該這樣。[12] 所以，潘寧博並沒有迴避論證基督
教的信息相對於互相競爭的真理宣稱的真實性，即使那不是二千 149
年結束時神學的典型做法。[13]

・　聖經的上帝和哲學家的上帝　・

和拉納一樣，潘寧博承認在現代西方文化中，在大眾的意識中，上帝這個詞不再有實質的內容。和較早期的文化相比，當時這個詞代表一些「真實」（real）的事物；但在後現代世俗文化中，「上

10 Pannenberg, *Systematic Theology*, 56.

11 L. Miller and Stanley J. Grenz, eds., *Fortress Introduction to Contemporary Theologies* (Minneapolis: Fortress, 1998), 132.

12 Wolfhart Pannenberg, "What is Truth?" in *Basic Questions in Theology*, vol. 2 (Philadelphia: Fortress, 1971), 1.

13 參 Wolfhart Pannenberg, "Religious Pluralism and Conflicting Truth Claims," in *Christian Uniqueness Reconsidered*, ed. Gavin D'Costa (Maryknoll, N.Y.: Orbis, 1990), 96～116.

帝的存在不單變得可疑，上帝這個觀念的內容也變得不清晰。」諷刺的是，基督教神學藉著將言說上帝言說連繫到宗教經驗和主觀領域，促成這個災難。因此，關於上帝的真理的宣稱，在公共領域甚至得不到討論，更不要說確證了。[14]

基督教哲學和神學，也因著不願意將「聖經的上帝」與「哲學家的神連」繫，因而鼓勵了與**上帝**一詞有關的實質內容的喪失。根據潘寧博，基督教神學忽略了一個事實，在聖經中，**神**（god）這個詞不單用作專名（proper name），也是一般性的稱號。聖經既包括**耶和華**（Yahweh，是一個專名），也包括**伊羅興**（Elohim，上帝的類名〔generic term〕）。潘寧博指出，專名只有在與種屬的詞語（terms for species）有關連時才有意義。因此，要令言說上帝言說可以理解，基督教神學必定不能與這個一般的詞語（神）分開，以它作為言說言說那特殊（particular）的上帝耶和華，即耶穌基督的父的背景。基督徒如果繼續於「耶穌基督裏獨一的上帝的啟示」的宣講中，發出真理的宣稱，便需要肯定哲學神學中的上帝的概念。否則，神學會「不自覺地……〔退入〕一個諸神的多元性處境中，在其中基督教關於上帝的言說，就只能把聖經的上帝視之為其他神明中的一位。」[15]

我們可能問，那麼潘寧博是否支持使用自然神學（natural theology）和上帝存在的古典證明？答案是否定的。他的理解是創新的。首先，他認為惟一還有相干性的「證明」，是人類學的（anthropological），正如上面解釋那樣：由於人類具無可救藥的宗教性，信仰上帝不是外在於人類本性，正如無神論者假設那樣。不過，人類學視角永遠都不能證明上帝存在；它只令言說上帝變得合理。宇宙論式的證明也有一相干性，但不在於古典的形式，而是

14 Pannenberg, *Systematic Theology*, 63～65，引文在 64。

15 Pannenberg, *Systematic Theology*, 69.

在於關乎對上帝的信仰和上帝的教義這主要任務：能夠在世界和實在中，照亮人類經驗。[16]

其次，關於自然神學，潘寧博指出這個詞的意義徹底改變了： 150
雖然它後期用來指一些「與人類本性和諧的」事情，但原本在初期的基督教神學中，它表示「一些隨著上帝本性而自然形成增生的東西」。言說上帝被視為「自然的」，與上帝的本性和諧一致。因此，這意義上的轉變，讓根據人類理性思考的方式進行的存有論證明和其他證明可以出現。[17] 不過，在教父中，自然神學的任務，卻是保證言說上帝與上帝的本性和諧一致，因為「重要的是關於基督教的上帝的真理是，祂不單是猶太人的民族上帝，也是所有人的上帝。」[18]

・ 基督教的上帝是三一論的上帝 ・

潘寧博修訂了傳統對上帝教義的討論，而最重要的地方，是題目的次序：習慣的做法，是將上帝的統一性（unity），放在三一論（Trinity）之前，但潘寧博將兩者顛倒過來。[19] 對他來說，上帝的三性（threeness）是言說基督教的上帝的方法。潘寧博其他獨特的方法，是他明確將教義建基於啟示而不是玄思推測。因此，關於三一論的言說是建基於救恩歷史。潘寧博主要跟從拉納法規（Rahner's rule）。藉著在耶穌的生命和信息中的啟示的事件中，他察看這三個三一的位格怎樣出現，以及怎樣彼此關連，而應用這法則。惟有基於這位三一的上帝，基督教關於一位上帝和祂的本質及屬性的

16 Pannenberg, *Systematic Theology,* 92～93.

17 Pannenberg, *Systematic Theology,* 76～82.

18 Pannenberg, *Systematic Theology*, 79.

19 一個有用的闡釋，見 Stanley Grenz, *Reason and Hope: The Systematic Theology of Wolfhart Pannenberg* (Oxford: Oxford University Press, 1990)。

陳述，才是能夠被討論的。[20]

對潘寧博來說，對上帝的三一性的理解（因而也是對子和聖靈的理解）的開始，在於耶穌宣告上帝的統治近了。耶穌教導我們認識上帝為天父。耶穌與父的區分和對父的服事，確立了耶穌兒子的身分。[21] 透過參與上帝臨在於耶穌的工作，以及臨在於子與父的團契中，聖靈被引介出來。這就是基督教神學沒有採納二一式（binitarian）的觀點，而是採納三一觀點的原因。[22]

因此，潘寧博三一論教義的關鍵，是「父、子、聖靈的相互性自我區分（the Reciprocal Self-distinction），可作為三一關係的具體形式的。」[23] 潘寧博應用黑格爾的「自我區分」（self-
151 differentiation）觀念（那表示藉著將自己給予自己與之相對應的一方，自己從這他者取得自己的身分），他主張父的身分「依決於」（dependent）子，子和聖靈「依決於」父，也互相依待。[24] 例如：耶穌藉著將自己從父區分但又為上帝的國的來臨而服事——離了上帝的國，上帝就不能是上帝了[25] ——不單得到祂身為子的地位，也確立了父的神性。而且，由於耶穌的自我降卑（腓二5～11），父將國度交給子，最終子將它交回給父（林前十五24），從而使父得到永恆的主權。[26]

---

20 尤參 Pannenberg, *Systematic Theology*, 200，在那裏潘寧博總結他接觸三一論的方法。

21 例如：參 Pannenberg, *Systematic Theology*, 304～305。

22 Pannenberg, *Systematic Theology*, 268.

23 Pannenberg, *Systematic Theology*, 308 的分題。

24 參 Stanley J. Grenz, *The Social God and the Relational Self: A Trinitarian Theology of the Imago Dei* (Louisville: Westminster John Knox, 2001), 48。

25 Pannenberg, *Systematic Theology*, 313 以及其他。

26 關於聖靈，參 Pannenberg, *Systematic Theology*, 315。

・上帝作為靈・

潘寧博從上帝的三性（threeness），進到三一上帝的統一性和上帝的屬性。潘寧博沒有離開上帝的三性，而是嘗試在屬性的教義中，將三性和統一性緊緊連繫在一起。這裏基礎性的洞見（部分從黑格爾和笛卡兒借過來），乃建基於無限這概念上：「無限的真正意思，既包括它與有限的矛盾，也包括無限於有限之中的內在性（its immanence in the finite）。」[27]

視上帝為理性或意志，這是自從俄利根開始便引導神學思考的典型方法，潘寧博將它擱置了。他認為上帝的關係性本質（relational essence）是「靈」（Spirit）。[28] 在這裏，潘寧博看到科學和神學之間有潛在的會合。現代物理學的場論（field theories），不再視場的現象為有形體的東西（bodily entity），而是獨立於物質，只由它們與空間和時間的關係界定。潘寧博相信「場」的概念——他在關乎創造教義的這套系統神學的第二部分裏，作出更詳細地介紹——可以用來解釋上帝作為靈這個觀念。潘寧博對可能就三個位格和祂們共有的神聖本質之間的關係有新的理解而感到興奮。

潘寧博相信，這裏存在著解決三一論教義中的古老問題的方法，這令約翰福音四章24 節的「上帝是個靈」顯得有意義。一方面，靈被視為三個位格共有的神聖本質。另一方面，靈是父和子以外的第三個位格。當然，作為神聖的場（divine field），靈會是非位格的，這個觀點與基督教神學不符。同樣明確的是，靈作 152
為位格，被視為只是一位上帝（one deity）的具體形式，就好像父和子一樣。潘寧博解釋怎樣視靈為既是位格，又是共同之神性

27 Grenz, *Reason and Hope*, 54；參 Pannenberg, *Systematic Theology*, 349～359。

28 Pannenberg, *Systematic Theology*, 370～374.

（common deity）的本質：

> 但靈不單是父和子共有的神聖生命。祂也相對於父和子，有自己的行動中心。如果父和子在神聖生命的統一中是有團契的，只在祂們於相對於聖靈的位格才有團契，那是合理的。正因為神性的共同本質，以靈的形式—以不同方式—彼此相對，因此祂們便藉聖靈的統一而彼此相關。[29]

換句話說，雖然父和子與神格的本質有所區分——而神格本質是靈——但祂們透過三一的第三個位格聖靈而結連在一起。同樣，在這情況中，那位格性的靈榮耀其他兩位，也就是，祂既與祂們有所區分，祂也知道自己與父和子是連繫在一起的。[30] 這個對潘寧博上帝教義的研究，將以簡短地討論他給上帝的兩個屬性作為結束，那兩個屬性就是無限和愛（infinity and love）。

・上帝的無限和愛・

潘寧博指出，聖經只用兩種方法定義上帝：「上帝是靈」（約四 24）和「上帝是愛」（約壹四 8、16）。保羅說上帝的愛透過聖靈澆灌在我們心中（羅五 5），就將這兩者連繫起來。[31] 以約翰壹書四章 8 和 16 節的話為基礎，潘寧博理解上帝的愛為「在三個位格的彼此關係中彰顯自己的」一種力量（power），而且等同神聖的本質。「上帝是靈」和「上帝是愛」這兩句話，代表同樣的一種本質上的統一，藉此，父、子和聖靈得以在一位上帝的團契中統一起來。[32]

---

29 Pannenberg, *Systematic Theology*, 383～384.

30 Grenz, *Reason and Hope*, 61.

31 Pannenberg, *Systematic Theology*, 424.

32 Pannenberg, *Systematic Theology*, 427.

潘寧博承認無限這個詞不是聖經用來形容上帝的。不過聖經對上帝的描述卻有這個暗示，特別是永恆、無所不能和無所不在這些屬性，以及「聖潔」這其中一個最重要的稱號。在無限的觀念中，不受限制不是主要的重點。嚴格來說，無限不是沒有終止，而是和有限相對。因此，從無限作為有限的對立（antithesis）
這個基本觀念——這是上帝聖潔這個觀念的核心：與一切世俗 153
分離——接著有一個重要含義，就是無限也擁抱——包括在無限自己裏面——有限。因此，潘寧博視上帝主要不是作為「第一因」，正如神學傳統最常看祂那樣，而是「無限」：

> 因此，上帝的聖潔既相對於世俗世界，又擁抱它，帶它與聖潔的上帝團契。我們在這裏看到聖經對上帝的聖潔所說的話，與真正無限這個觀念有結構上的相近。只是作為有限的否定（negation of the finite）的無限，仍然不是真正被視為無限……因為它是由從其他事物，也就是於有限的界定中定義。這樣看，無限是與另外一些東西有所區別的，它因而也是有限的。無限只有在超越它自己跟有限的對立，才是真正的無限。在這意義上，上帝的聖潔是真正無限的，因為它相對於世俗，但也進入世俗世界，貫穿它，令它聖潔。在更新了的世界中，那是終末盼望的目標，上帝與造物的區分會仍然存在，但聖潔與世俗的區分卻會完全取消（亞十四 20～21）。[33]

潘寧博也將這有限—無限的原理，應用到關於上帝的永恆、無所不在和無所不能等屬性上。

潘寧博指出上帝另一個基本特性——愛，同樣不是脫離三個

33 Pannenberg, *Systematic Theology*, 399～400；也參 397～401, 349～352。

位格的獨立主題。「作為上帝惟一的本質，它存在於父、子和聖靈中。」[34] 子由父而來，這是神聖的愛的基本實現。因此，只有在三一論之下，那愛才是可以理解的。[35] 上帝的愛也包括好像良善、憐憫、公義、忍耐、智慧和信實等屬性。

34 Pannenberg, *Systematic Theology*, 428.

35 Pannenberg, *Systematic Theology*, 422～432.

15

莫特曼
被釘十字架的上帝

Jürgen Moltmann
The Crucified God

・ 未來的上帝 ・

為年青的德國神學家莫特曼（Jürgen Moltmann）帶來國際聲譽的，是他在一九六〇年代中出版的《盼望神學》（*Theology of Hope*），[1] 這本書與無神論和世俗哲學互動。雖然《盼望神學》在時序上和主題上，都非首在於談論上帝，但卻是開始討論莫特曼的神學一個合適的地方。

在回應無神論者、馬克思主義者和布洛赫（Ernst Bloch）——他在《盼望的原理》（*Principle of Hope*）[2] 中提出「超越而沒有超越

1 Jürgen Moltmann, *Theology of Hope: On the Ground and the Implications of a Christian Eschatology* (London: SCM, 1967)。Richard Bauckham, *The Theology of Jürgen Moltmann* (Edinburgh: T & T Clark, 1995), 29～46 是一個有用的闡釋。和潘寧博不同，潘寧博的神學以最後的著作 *Systematic Theology* 作總結，但研究莫特曼則要依從年代的軌迹，因為莫特曼沒有嘗試作出總結。他的思想在四十年間發展和轉移，而且仍在演化中。

2 Ernst Bloch, *The Principle of Hope* (Oxford: Blackwell, 1986), 210.

性」（transcending without transcendence）這個觀念——堅持盼望，同時又否認超越的形而上學，無論是宗教還是哲學——的時候，莫特曼將基督教的盼望牢牢地建基於歷史，也就是耶穌基督的十字架和復活。藉著忍受自己兒子的死和使祂從死裏復活，聖經的上帝確定祂為垂死的世界帶來新生命和盼望的應許。聖經「叫死人復活的
155 上帝」（羅四 17）這個稱號，對莫特曼來說是一個關鍵。[3] 因此，上帝的啟示，認識上帝的方法，不是好像巴特提出那樣，直接而來的神現（epiphany event），而是應許的事件（promise event）。[4] 盼望的實踐（the praxis of hope）是相信歷史是「向上帝和向未來開放的」（open to God and to the future）。[5]

使耶穌從死裏復活，並因而顯出自己的信實的上帝，是以「未來作為自己存有的本質」的上帝（莫特曼從布洛赫借用這個稱號）。聖經的上帝與哲學家的上帝不同。祂是首先向猶太人宣告為應許的上帝。[6] 這位上帝賜下「生命的應許，作為從死裏復活的結果，以及作為一嶄新存有的完全性中的上帝國度。」[7] 這位未來的上帝是有能力的那一位，祂克服死亡，而死亡就是遠離上帝。

・ 受苦的上帝 ・

莫特曼關於上帝的第一部主要專著，是他廣受稱讚的《被釘十字架的上帝》（*Crucified God*），這本書的副題表達了它的基本觀念：基督的十字架作為基督教神學的基礎和批判（*The*

3 Moltmann, *Theology of Hope*, 30.

4 Geiko Müller-Fahrenholz, *The Kingdom and the Power: The Theology of Jürgen Moltmann* (Minneapolis: Fortress, 2001), 47.

5 Moltmann, *Theology of Hope*, 93.

6 Moltmann, *Theology of Hope*, 141.

7 Moltmann, *Theology of Hope*, 203.

Cross of Christ as the Foundation and Criticism of Christian Theology）。[8] 這本書提出莫特曼神學的另一面：《盼望神學》專注於預期未來，而《被釘十字架的上帝》則以回憶基督的死為焦點。[9] 借用馬丁 · 路德和他的十字架神學，莫特曼否認古典上帝論傳統認為上帝不動情性這個觀念。[10]「如果上帝不能受苦，基督教信仰怎能將基督的受苦理解為是上帝的啟示？」[11] 基督教的上帝，在十字架的苦難和羞辱中啟示出來。十字架將上帝從其他神明區分出來。莫特曼論證說，上帝與希臘形而上觀念那無情感（passionless）的上帝不同。[12] 這表示上帝在祂的相反中啟示為上帝：無神（godlessness）和被上帝遺棄。用具體的話來說，上帝藉著基督——祂曾被上帝所遺棄——的十字架啟示出來。[13]

除了基督的受苦外，談論受苦的上帝的另一個原因，是神聖之愛的本質。根據莫特曼，古典上帝論從「上帝對世界的愛」這個觀念，排除了任何相互性的元素（element of reciprocity）。上帝不能受祂愛的對象影響。不過，對莫特曼來說，上帝的愛是兩重的：那是對他者的行動，也是參與於他者之中。[14] 因此： 156

> 不能受苦的上帝比任何人都更可憐。因為不能夠受苦的上帝是不能參與的存有。苦難和不公義並不影響祂……但不能受

8 Jürgen Moltmann, *The Crucified God: The Cross of Christ as the Foundation and Criticism of Christian Theology* (1972; reprint, London: SCM, 1974)；中譯可參莫爾特曼：《被釘十字架的上帝》，阮煒譯（香港：道風山基督教叢林，1994）。

9 參 Müller-Fahrenholz, *Kingdom and the Power*, 63。

10 參 Bauckham, *Theology of Jürgen Moltmann*, chap. 3。

11 Jürgen Moltmann, *The Trinity and the Kingdom of God: The Doctrine of God* (London: SCM, 1981), 21.

12 Moltmann, *Trinity and the Kingdom of God*, 22.

13 Moltmann, *Crucified God*, 27.

14 參 Bauckham, *Theology of Jürgen Moltmann*, 49～50。

> 苦的也不能愛。因此他也是沒有愛的存有。[15]

而且，人類的苦難，穿透了上帝是否存在這個問題的核心，也提出神義論（theodicy）的問題。上帝並沒有逃避受苦，而是承擔苦難，從而克服它，並帶來盼望。所有苦難都變成上帝的苦難，以致上帝可以克服它。[16] 這再次將我們帶到基督的十字架。莫特曼將詩篇二十二篇的話──「我的上帝，我的上帝，為甚麼離棄我？」這也是垂死的耶穌說出的話──視為表達無辜受害者最大的苦難和痛苦，[17] 以及上父呼喊，祂離棄自己的兒子：「在這裏，父的哀傷和子的死亡同樣重要。」[18] 換句話說，子受苦，在被遺棄中死亡；父也受苦，因為自己兒子的死而哀傷。因此，上帝不單同情受苦的人，與他們休戚與共，「也在自己裏面接受和採納〔苦難〕，令它成為自己永恆生命的一部分。」[19]

莫特曼相信，只有當我們視上帝在十字架的受苦為上帝教義的基礎性原則，無神論和古典上帝論的危險才能夠避免。這樣，神學便從上帝和苦難的矛盾中釋放出來，我們可以大膽地承認「上帝的存有是在苦難中，而苦難是在上帝的存有本身」，因為上帝是愛。[20]

在其後的著作，特別是《三一論與上帝的國》（*Trinity and the Kingdom of God*）這本包含他上帝教義的著作中，莫特曼發展較早時的著作提出的基本概念，帶出這些概念對上帝—世界（God-world）的關係和三一論的含義。

15 Moltmann, *Crucified God*, 222.

16 Moltmann, *Crucified God*, 246.

17 Moltmann, *Crucified God*, 146～147.

18 Moltmann, *Crucified God*, 243.

19 Moltmann, *Trinity and the Kingdom of God*, 119.

20 Moltmann, *Crucified God*, 72；也參 Müller-Fahrenholz, *Kingdom and the Power*, 72～73。

・三一萬有在神論・ 157

在莫特曼的神學中，上帝和世界怎樣互相關連？要回答這個問題，需要簡短地看他的創造神學，這個主題在他事業的較後期出現。直到出現了自己獨特的創造觀，莫特曼才得出一個對上帝—世界關係的觀念，那是可以恰當地被稱為「三一萬有在神論」（trinitarian panentheism）。[21] 和古典上帝論不同，那往往把上帝描繪成遠離世界的超越者；也和泛神論（pantheism）不同，那將世界和神明等同起來；而莫特曼則視上帝和世界之間有真正的相互關係（mutual relationship）。兩者都影響和掣控著對方，但上帝影響世界，比世界影響上帝更多，因為上帝是創造者和維護者。莫特曼的創造教義說明了這個原則：**創造中的上帝**（God in Creation）。

莫特曼主張，世界由上帝的自由意志創造。[22] 巴特視自由和愛為互補的（「在自由中愛的那一位」），表示如果上帝想的話，祂可以決定不創造世界，因為祂自己是自足的。與巴特不同，莫特曼相信「從自由中」創造表示「從愛中」創造。[23] 上帝的自由是愛的自由；愛和自由是同義詞。[24] 是的，上帝可以選擇不創造，但祂沒有這樣做，因為上帝只選擇「對應祂那本質的良善，藉以分享良善並以此作為祂的創造，以及以此作為祂的創造中的良善。」[25] 這帶領我們到基督教萬有在神論（Christian panentheism）的出發點，那是由神聖本質開始的：

21 關於這個稱號，參 Bauckham, *Theology of Jürgen Moltmann*, 17。

22 Jürgen Moltmann, *God in Creation: An Ecological Doctrine of Creation* (London: SCM, 1985), 75；中譯本可參莫爾特曼：《創造中的上帝：生態的創造論》，隗仁蓮等譯（香港：漢語基督教文化研究所，1999）。

23 Moltmann, *God in Creation*, 75.

24 Moltmann, *God in Creation*, 130.

25 Moltmann, *God in Creation*, 76.

> 創造是上帝渴望自己的他者和那他者自由回應神聖的愛的結果。正因為這樣，世界這個觀念從永恆便固有地存在於上帝的本性中……如果上帝的永恆存有是愛，那麼神聖的愛在付出時比在接受時更蒙福。上帝不能在永恆的自愛中找到快樂，如果無私是愛的本質的一部分。上帝在永恆中都是自我傳達的愛。[26]

這就是上帝的愛與上帝的自由的「神聖之必須」（divine necessary，對於創造而言）這個悖論性的觀念。

莫特曼假設一種「無限、無所不在的上帝的自我限制。」莫特曼區分「上帝向外的行動」和「上帝向內的行動」，並指出「上帝在富創意地向自己以外流出前，祂向內地向自己行動，為自己解決，獻
158 出自己，決定自己。」[27] 要在自己「以外」創造一些東西，「無限的上帝必須先『在自己裏面』為這有限創造空間。」[28] 這是「自我限制」（self-limitation）這個著名的觀念。莫特曼創造性地重塑從無創造（*creatio ex nihilo*）這個古典觀點：透過無所不能者「在上帝自我中」的自我退讓（self-withdrawal），無（*nihil*）變成存有。[29] 莫特曼提到猶太卡巴拉文獻（cabalistic doctrine）中上帝隱退（*zimzum*）的觀念，意思是集中和矛盾，並象徵自我之中的退讓，借此描述這種「上帝裏面的收滅過程」，這令宇宙的存在變得可能。上帝退讓祂本身，為的是走出祂本身。[30]

在較後期的終末論著作《來臨中的上帝》（*The Coming of*

---

26 Moltmann, *Trinity and the Kingdom of God*, 138.

27 Moltmann, *God in Creation*, 86.

28 Moltmann, *Trinity and the Kingdom of God*, 109.

29 Moltmann, *Trinity and the Kingdom of God*, 109；以及 Moltmann, *God in Creation*, 86ff。

30 Moltmann, *God in Creation*, 86～87.

God）中，[31] 莫特曼提到「上帝的宇宙性臨在」（cosmic Shekinah of God），作為表達上帝出於祂自由的愛渴望與祂創造的世界一起的一種方式：「上帝渴望來到祂在創造中的『家園』，祂在世界上的身分的家，在其中享受『安息』，並享受圓滿終結的永恆的喜樂。」[32] 這是基督徒的終末盼望。在這終末的臨在（eschatological Shekinah）之中，整個創造都會是新的。上帝的終末居所，是上帝在祂創造物的空間中臨在。[33] 當上帝居於創造之中，「創造主成了可以居住的上帝。」[34] 這實現了莫特曼一貫的終末論視象（eschatological vision），上帝「為萬物之主」（"all in all"，林前十五 28）的存有的一種萬有在神論式的視象（panentheistic vision）。[35] 不過，莫特曼對上帝的萬有在神論觀點是徹底地三一論的。

・ 上帝的三一式歷史 ・

莫特曼是近年復興三一論教義的一位重要人物。[36] 好像潘寧博一樣，他對關於三一論的抽象玄思推斷不感興趣。相反，他視三一論為「以上帝在世界的歷史為基礎」的一個自然結論。對莫特曼來說，三一論的教義不是偏離猶太一神觀的上帝事實上，很少基督徒神學家好像莫特曼那麼努力嘗試在基督教三一論教義和猶太教耶和華示瑪（Shema）之間建立橋樑。[37]

---

31 Jürgen Moltmann, *The Coming of God: A Christian Eschatology* (Minneapolis: Fortress, 1996).

32 Moltmann, *Coming of God*, xiii.

33 Moltmann, *Coming of God*, 265.

34 Moltmann, *Coming of God*, 299.

35 Moltmann, *Coming of God*, 307.

36 參 Stanley J. Grenz, *The Social God and the Relational Self: A Trinitarian Theology of the Imago Dei* (Louisville: Westminster John Knox, 2001), 41～46。

37 參 Müller-Fahrenholz, *Kingdom and the Power*, 138～140。

159 莫特曼闡釋三一論教義的出發點，是耶穌基督和祂在十字架上的受苦，上帝自己裏面的苦難。當然，在這裏他跟從巴特的帶領。主要的分別是莫特曼從上帝的三個不同位格，而不是實體的統一（substantialist unity）開始。[38] 十字架不單是上帝和人類之間的一件事件，「發生在十字架上的是一件上帝與上帝之間的事件，是上帝在自己裏面深刻地分離，上帝遺棄上帝，自相矛盾；同時又在上帝裏面統一，上帝與自己合一和對應。」[39] 因此，十字架屬於上帝的內在生命，它不單在上帝和疏離的人類之間發生，好像古典上帝論接觸這個題目時那樣。[40]

以基督的十字架作為三一論的基礎，莫特曼發展他「上帝的三一式歷史」（trinitarian history of God）這個獨特的觀念：子和聖靈的歷史是一個過程，帶來父的榮耀，因而也將一切帶到終末的統一。莫特曼沒有視父為惟一主動的主體（active subject），而是也倚靠三一的其他成員。十字架和子的復活，聖靈的差派，以及教會的因而興起，都是父那父親的身分（fatherhood）的重要時刻，能以在神聖的三一中構成。最終的目標是三一的終末式統一：「當一切都『在上帝裏』，而『上帝為萬物之主』（God is all in all）」，那麼經世的三一便會升進和超越內契的三一。[41]

從他的三一論教義中，莫特曼得出對政治和社會生活的含義，在他對「抽象的一神論」（abstract monotheism）的嚴厲批評中宣揚平等和友誼。這種一神論往往支持壓迫和極權統治，無論是在教會還是社會。三一不是階級的東西（hierarchical entity），而是位格的團契：「我們理解聖經是見證三一之團契關係的歷史，這關

38 參 Ted Peters, *God as Trinity: Relationality and Temporality in Divine Life* (Louisville: Westminster John Knox, 1993), 103。

39 Moltmann, *Crucified God*, 244.

40 Moltmann, *Crucified God*, 249.

41 Moltmann, *Trinity and the Kingdom of God*, 175.

係向男人和女人以及世界開放。」[42] 根據莫特曼，教會是「平等位格的團契」（"a fellowship of equal persons"）——依照三一論的模式。[43]

42 Moltmann, *Trinity and the Kingdom of God*, 19；也參 17～18, 191～192。

43 參 Veli-Matti Kärkkäinen, *An Introduction to Ecclesiology: Ecumenical, Historical, and Global Perspectives* (Downers Grove, Ill.: InterVarsity, 2002), 128～129。

16

希克
多元論式的上帝觀

John Hick
A Pluralistic View of God

・ 宗教的哥白尼式革命 ・

今天關於上帝的教義，最熱烈的討論不是關於無神論、理性主義或後現代主義，而是宗教多元論。從一九七〇年代初開始便站在這討論的最前線的神學家，是希克（John Hick）。他是英國人，在一九八〇年代移居美國，但仍然與英國保持緊密聯繫。[1] 他由保守的福音派基督徒，變為包容論者（inclusivist），最終更成為多元論者（pluralist），這是一個有趣的靈性旅程，呼應今天在關於宗教神學（theology of religions）的討論中的很多論題。

希克將自己的宗教多元論神學，比作哥白尼（Copernicus）的天文學模式。上帝，那終極的真理（the Ultimate Truth），是所有宗教的中心，這些宗教好像星球一樣圍繞上帝：

1　我的闡釋得益於 Matti T. Amnell, *Uskontojen Universumi: John Hickin uskonnollisen pluralismin haaste ja siitä käyty keskustelu* (Helsinki: STK, 1999)。

> 神學需要的哥白尼式革命(Copernican revolution)，涉及
> 我們對諸信仰的宇宙(the universe of faiths)的概念，以及
> 我們自己的宗教在其中的地位，這都要作出徹底的轉化。它
> 涉及從以基督教為中心這個教條，轉向承認那在中心的，正
> 是上帝；人類所有宗教，包括我們自己的宗教，都服事祂和圍 161
> 繞祂。[2]

希克以這個基礎界定他的多元論(pluralism)：「既有一無限超越的神聖實在(divine Reality)，又有多種人類概念、形象和經驗，以及對那實在的回應的多元性。」[3] 因此，所有宗教，無論是基督教或印度教[4] 或佛教[5]，都受到挑戰，從「托勒密」(Ptolemaic)的觀點——以某特定宗教為中心，而根據那個中心判斷其他宗教——轉為對上帝的真正的多元論式觀點。[6] 要實現這個任務，希克主張我們不能按表面意義看宗教的追隨者的觀點。相反，每個宗教，都要面對挑戰：即減少強調自己的絕對性及排他性的

2　John Hick, *God and the Universe of Faiths: Essays in the Philosophy of Religion* (London: Macmillan, 1973)〔編按：原書缺頁數，應為頁131，中文譯本參約翰．希克：《上帝與信仰的世界：宗教哲學論文集》，王志成、朱彩虹譯(北京：中國人民大學出版社，2006)，頁121。〕也可參例如 John Hick, *The Second Christianity,* 3rd ed. (London: SCM, 1983), 82。

3　Hick, *The Second Christianity*, 83.

4　John Hick, *God Has Many Names: Britain's New Religious Pluralism* (London: Macmillan, 1980), 83；以及 Hick, *God and the Universe of Faiths*, 131。中譯參約翰．希克：《多名的上帝》，王志成譯(北京：中國人民大學出版社，2005)。

5　John Hick, *Problems of Religious Pluralism* (London: Macmillan, 1988), 48；中譯本參約翰．希克：《理性與信仰：宗教多元論諸問題》，陳志平、王志成譯(成都：四川人民出版社，2003)；也參 John Hick, *The Metaphor of God Incarnate: Christology in a Pluralistic Age* (London: SCM, 1993), 134。

6　參 Hick, *Metaphor of God Incarnate*, 135；John Hick, *The Rainbow of Faiths: Critical Dialogue on Religious Pluralism* (London: SCM, 1995), 44；中譯參約翰．希克：《信仰的彩虹：與宗教多元主義批評者的對話》，王志成、思竹譯(南京：江蘇人民出版社，1999)；和 Amnell, *Uskontojen Universumi*, 36～37。

（exclusive claims）宣稱。[7] 希克藉著提到一個來自佛教的寓言，以說明他的觀點：有十個盲人觸摸一隻大象，每個人對大象的描述，都是基於自己有限的經驗。對上帝／神（諸神）／神聖的不同觀念——例如耶和華、阿拉（Allah）、訖哩什那神（Krishna，意為黑天）、高等居所（Param Atma）或聖三一——都只是神聖的某些方面，[8] 就好像彩虹的顏色。[9]

希克的哥白尼式革命的出發點是甚麼？他以宗教的現象相似為基礎。[10] 他也指出一個自明的事實：個人的宗教通常與個人在哪裏生活有關係。[11] 以這些考慮為基礎，他提出「世界宗教的基本共同基礎。」同一的神聖實在，存在於不同的宗教和文化。[12] 因此，希克沒有假設宗教之間的對抗，而是相信所有宗教都有相同的基本進路，有同樣的得救盼望。多元論的主要聖經—神學基礎，是上帝的愛。[13]

162 ・ 上帝言說的神祕本質 ・

要明白希克的宗教神學，我們需要明白他怎樣理解關於宗教和神聖的言說。希克沒有好像很多當代多元論者那樣，否認宗教

7 John Hick, *An Interpretation of Religion: Human Responses to the Transcendent* (London: Macmillan, 1989), 2～3；中譯可參約翰・希克：《宗教之解釋：人類對超越者的回應》，王志成譯（成都：四川人民出版社，1998）；Hick, *Metaphor of God Incarnate*, 135；和 Hick, *Rainbow of Faiths*, 48。

8 Hick, *God and the Universe of Faiths*, 140～141.

9 Hick, *Problems of Religious Pluralism*, 80；和 Hick, *Rainbow of Faiths*, ix～x。

10 參 Hick, *Rainbow of Faiths*, 13；和 Hick, *God Has Many Names*, 4～5。

11 John Hick, "Is Christianity the Only True Religion?" *Theology* 101 (1998): 326.

12 John Hick, *Death and Eternal Life* (London: Collins, 1976), 30；Hick, *God and the Universe of Faiths*, 141；Hick, *God and the Universe of Faiths*, 27, 35, 44；和 Amnell, *Uskontojen Universumi*, 47。

13 Hick, *God and the Universe of Faiths*, 122～123.

語言的認知（cognitive）功能（宗教語言指涉一些真實〔real〕或真〔true〕的東西，相對於只是隱喻的言說〔metaphorical〕），而是運用兩種進路，來處理「互相競爭的真理宣稱」的存在這個問題。

在第一種進路中，希克將不同宗教那似乎是互相矛盾的宣稱的分別，分為三個層面。第一個層面和歷史觀念有關，例如基督教相信耶穌在十字架上受死，相對於古蘭經，那認為這只是似乎是事實。要解決這一層面的衝突的惟一辦法是訴諸歷史證據，而這證據當然是我們缺乏的。[14] 第二個層面是超歷史（suprahistorical）的宣稱，或者正如希克的稱號，「帶有歷史性的」（quasihistorical）宣稱，例如輪迴的教義。很明顯，支持這個觀念（佛教和印度教）和不支持這個觀念（伊斯蘭教、猶太教和基督教）之間的分歧，是不能調解的。因此，處理這個層面的衝突的惟一明智做法，是採取互相尊重和接納的態度。[15] 第三個層面關乎終極實在的概念。關於位格上帝／諸神——例如耶和華、濕婆（Siva）、毗瑟拏（Visnu）和阿拉——以及非位格神——例如梵天（Brahma）、空性（Sunyata）和法身（Dharmakaya）——這些觀念不容易調和。因此，根據希克，這些對神聖似乎是互相矛盾的描述，應該被視為互補。[16]

希克處理互相矛盾的真理宣稱的第二種進路，是訴諸宗教語言的神祕本質。神話（myth）以隱喻為基礎，表示人們以「暗示另一件事物」（suggestive of another）的方式說話。[17] 根據這個理解，隱

---

14 John Hick, "On Conflicting Religious Truth Claims," *Religious Studies* 19 (1983): 485～491；和 Hick, *Interpretation of Religion*, 363～365。

15 Hick, *Problems of Religious Pluralism*, 89～95；和 Hick, *Interpretation of Religion*, 365～372。

16 Hick, *Problems of Religious Pluralism*, 90～95；和 Hick, *Interpretation of Religion*, 374。

17 Hick, *Metaphor of God Incarnate*, 99.

喻並非要人們按字面理解，它們傳達意義，但卻是藉著引起羣體熟悉的情緒和關連，是他們在共同的意義背景中共有的。在這一重要的意義上，神話是擴展的隱喻（expanded metaphor）。雖然神話不是按字面地真，但它「傾向引起一合適的性情態度。」[18] 它的目的，是改變個人的態度，並因而以真實的方式，影響個人的思想。關於佛陀（Buddha）飛到斯里蘭卡（Sri Lanka）的故事，舊約的創造故事，以及濕婆之舞這神話，都這樣發揮功用。[19] 我們不應該探究神
163 話的真實性，而應該問，在它為之而被創造的生命處境和背景中，有甚麼功用。這樣對待神話時，耶和華及訖哩什那神便不是對立，因為他們在自己獨特的領域裏運作。[20]

根據他對語言的理解，希克將宗教的基本元素分為兩個範疇：基本（essentials）的和表面（superficial）的元素。雖然宗教在表面上似乎有重大分別，但希克相信，它們在深層有共同的基礎。對希克來說，表層的分別即使某程度上具認知的性質，也並不帶來不能克服的衝突。例如：希克主張耶穌的神性需要隱喻地理解。[21] 神話地解釋基督論，有潛力為多元論式的宗教神學服務。根據這個觀點，基督被描述為神聖之愛的體現（embodiment of divine love），與關於佛教或印度教的神聖啟示的事物是互補的。[22]

希克往往將這種語言與愛人的語言比較。雖然好像「我比任何人都更愛你」這種話似乎是絕對性的，但卻不是排他的。其他愛人也自由地使用這種話，這些話在不同處境中，在自己要表達的目的上也是真的。

18 Hick, *Metaphor of God Incarnate*, 105。也參 Hick, *Interpretation of Religion*, 99～104, 348；和 Amnell, *Uskontojen Universumi*, 79～81。

19 Hick, *Interpretation of Religion*, 103, 347～372.

20 Hick, *Interpretation of Religion*, 267～268.

21 Hick, *God Has Many Names*, 74；和 Hick, *Second Christianity*, 9。

22 Hick, *God Has Many Names*, 75；和 Hick, *Rainbow of Faiths*, 22～23。

·　終極實在　·

在事業的較後期，為了公平對待自己對宗教語言的性質的理解，希克從談論「上帝」轉為談論「終極實在」（Ultimate Reality）。這個詞比位格的「上帝」更有彈性。對希克來說，世界的偉大宗教是接觸這實在的不同——和互補——方式，這實在存在於人類理解以外。梵文（Sanskrit）的 *sat* 和伊斯蘭用語 *al-Haqq*，都表達這實在，正如耶和華及基督教的上帝一樣。[23]

在這裏，希克以康德對現象（*phenomena*，我們看事物的方式）和物自體（*noumena*，即物自身，是我們不知道的）的區分為基礎，主張神性／實在的部分是我們不知道的，但我們至少可以知道另一部分的一些事情。印度教無屬性的宇宙本體（*nirguna Brahma*）這個觀念，以及有屬性的宇宙本體（*saguna Brahma*）不同，指一些不能以人類知識理解的東西。同樣地，道教那「永恆的道」（eternal Tao）是我們一無所知的，和那「表達的道」
（expressed Tao）不同。[24] 無論那實在有甚麼不同名稱，或者對 164
那實在有甚麼不同進路，根據希克的觀點，都只有一個實在，那終極的神聖。因此，他假設所有宗教都有一個統一的救恩論結構，[25] 他稱之為由自我中心（self-centeredness），轉向以實在為中心（reality-centeredness）。[26]

---

23 Hick, *Interpretation of Religion*, 10～11.

24 John Hick, "Religious Realism and Non-Realism: Defining the Issue," in *Is God Real*? ed. Joseph Runzo (New York: St. Martin's Press, 1993), 6.

25 Hick, *Metaphor of God Incarnate*, 136；Hick, *Problems of Religious Pluralism*, 69；和 Hick, *Interpretation of Religion*, 5～6。

26 Amnell, *Uskontojen Universumi*, 148～149.

17

思想當代歐洲的上帝觀

Reflections on Contemporary European Views of God

二十世紀歐洲上帝的神學，一般都是回應古典上帝論傳統和——或許更重要的是——由笛卡兒開始，並由康德、黑格爾和士萊馬赫等後啟蒙思想家延續的現代追尋，並與這傳統和這追尋對話。

毫無疑問，巴特是古典自由主義那天真的樂觀以及二十世紀帶著兩次世界大戰那破碎的現實之間的橋樑人物。我們很容易過早判斷巴特對自由主義那一面倒的回應和它對上帝超越性的堅持。不過，巴特在自己的處境下工作，他有他自身的限制，但卻幫助基督教神學脫離古典自由主義，同時也繼續著啟蒙運動所提出的綱要。巴特持久的貢獻，是藉著視三一論為神學的構成元素，重新將思想集中在上帝的教義上。巴特不單復興了三一論，又以歷史作為我們認識上帝，以及上帝以真實的方式介入的場所，藉此，有助普遍地重塑上帝的教義。巴特也幫助引導神學家，使他們看到啟示作為上帝教義的出發點，即使很少人跟隨他對聖經的辯證觀點。

田立克來自巴特同一陣營，但他為「世俗的人」建構上帝教義的方式卻證實是與巴特大相徑庭。田立克沉浸在存在主義哲學中，而且很大程度上拋棄了古典的基督教傳統，諷刺的是，他為正在浮現的神死神學（將會在第四部分討論）作準備，又有助在世俗 166
主義的全盛時期令基督教神學對西方文化來說顯得更合理。田立克的進路是十分處境化的，經過引起了大約二十年前所未有的興趣，這進路沒有實現它的承諾——成為一個持續的運動。

龔漢思和拉納兩位天主教神學家，雖然與這兩位處於神學光譜左右兩邊的新教思想家十分不同，但卻有不少田立克的思想傾向。早期的龔漢思，認真接受不同形式的無神論和不可知論（宗教、心理學、哲學和政治）的挑戰。他的《上帝存在嗎？》是基督教神學在推進相信上帝的人，與不想或不能相信的人之間，一次真正對話的里程碑。令龔漢思成了有趣的神學家的是，雖然他堅持基督教的上帝是真實的，但他後期卻轉向宗教神學，更近期則轉向全球倫理。身為真正的天主教包容論者（inclusivist），他從沒有像巴特派那樣，對信仰上帝的挑戰取排他論者（exclusivist）的進路。

龔漢思的同事拉納，雖然深深植根於古典基督教傳統，但和田立克有相同的熱誠——雖然不是方法——嘗試令言說上帝對生活在二十世紀後期的世俗人來說顯得合理。不過，和田立克不同，雖然拉納運用哲學和處境化，但他整個事業都維持大致的正統。他對其他宗教那真誠的包容主義，源自他堅持宗教是人性自然、「固有」的部分。

潘寧博和莫特曼是歐洲當代兩位新教的神學巨人，也是國際舞台的領導人物，他們是邁向第三個一千年的橋樑。雖然曾經是神學上的同事（他們在一九六〇年代初在自己的祖家是同事），但他們卻追求不同的神學事業。潘寧博對上帝問題的進路，其起始點與龔漢思相似，是與無神論互動。例如：從與無神論的接觸，產生了他的龐大研究著作《神學面向中的人類學》(*Anthropology in Theological Perspective*)。這樣的互動，有助他注目於(就像拉納的方式一樣)神學人類學(theological anthropology)，視之為維護相信上帝的合理性的門檻。潘寧博確信，在宗教——因而也包含對上帝的信仰——屬於人類的構成元素這個洞見的幫助下，言說上帝可以變得合乎理性，即使我們不能證明上帝存在。無神論、科學和世俗哲學一直都是潘寧博的主要挑戰者。因此，他花了大半生建立一套關於這些範疇的神學方法。在《系統神學》中，與後啟蒙運動的知識氛圍，以及現代科學和哲學展開批判的對話，他以此來開展自己整個系統。和很多活在後現代時期的神學家不同，潘寧博完全相信關於上帝的言說——總是努力詳細地與聖經和歷史的上帝論傳統對話——不單有權，也勢必發出真理的宣稱。潘寧博對上帝教義的貢獻也在於他的三一論進路，在其中三一論的討論
167 先於上帝的統一性。而且，所有關於三一論的談論都是以啟示為基礎。三一論教義的開始，在於三一的眾位格在聖經經文中可以找到。因此，潘寧博認真看待巴特將歷史引入神聖生命這個想法。

莫特曼對上帝教義的進路和潘寧博不同，雖然莫特曼也從回應無神論開始。他以終末論作為主要引導，以基督的十字架作為神學的準則，發展出一種了解上帝和祂與世界的關係的新進路。這種進路和古典上帝論的分別是：上帝與世界的關係是相互性的(mutual)，受苦構成神聖生命；它也與泛神論不同，上帝仍然是上帝。它也因為同一個原因與進程神學(在第四部分討論)不同。根據莫特曼的萬有在神論，上帝和世界互相影響，而世界倚賴上帝。莫特曼不單推進巴特的綱領，並與潘寧博一起將歷史引入上帝的生命中，也令「上帝的三一歷史」成為他三一論教義的焦點，以致神格的統一性只能夠在上帝終末的互滲互存(*perichōrēsis*)的來臨中找到。莫特曼總是尋求從神學角度向現實生命的問題說話。因此，他

的上帝教義，向政治、社會、性別和教會關注的問題說話。

東正教傳統的代表薛斯奧拿影響了莫特曼，他代表了當代上帝教義的突破。他主張團契作為上帝存在的恰當模式。這是位格性這個歷代常有爭論的問題的解答，也是教會內外羣體這個問題的解答。

我們接著會轉到北美對上帝的看法，期間還會提到很多上述的歐洲的思想家。

第四部

北美視角中的上帝與古典傳統對話

God in North American Perspective
A Dialogue with Classical Traditions

陳永財等譯

在北美——美國和加拿大——對上帝的思想，不言而喻地與歐洲傳統有很多相同之處，而且可以頗為合理地放在歐洲神學的標題下討論。不過，現在已經明顯看到轉變正在發生。歐洲作為世界神學中心的地位正在動搖，中心正朝北美轉移。目前有幾個因素模塑北美對上帝的言說。以下提到的兩個是最具模塑性的。

首先，北美洲有多元文化的人口，提供了肥沃的土壤讓處境化神學興起。令北美獨特的是它目前包括來自各大洲的人，幾乎包括所有國家和語言。因此，有「移民」(immigrant)神學的興起：亞洲裔美國人(Asian American)和拉丁美洲裔美國人(Hispanic American)。北美的不同地區都有大量亞洲和拉丁美洲裔人口，有正在增長的教會和正在出現的神學傳統。

第二，北美的教會景況與歐洲不同。北美的神學潮流，不單包括有龐大神學院和正在增長的神學生產的福音派教會，也有各種自由教會。在歐洲，大部分教會都正在衰落，即使在文化上它們繼續在社會扮演重要的角色，而在傳統教會以外，已經很少學術神
170 學出產。在北美卻不是這樣。在歐洲幾乎不為人所知的神學和教會傳統，在大西洋彼岸卻確為明顯。

以下對北美上帝教義的研究，嘗試公平地對待這些特點。它首先考察對古典上帝論的挑戰，例如一九六〇年代的神死神學，十分有影響力的進程神學，和近年主要是在福音派中對開放神論的辯論（這辯論在歐洲幾乎不為人所知）。這個研究也考察主流福音派神學家的觀點，他們牢牢地站在古典上帝論的傳統上，亦因此批評那些挑戰古典傳統的人。

由於北美的研究包括很多進路和運動，我們不能夠詳細研究個別思想家的神學。這樣，這裏的處理方法和歐洲部分的處理方法不同，後者集中討論個別神學家的貢獻。

18

對古典上帝論的挑戰
世俗神學和神死神學

Challenges to Classical Theism
Secular and Death-of-God Theologies

・ 制訂對「世俗化」的神學回應 ・

北美場景對上帝教義最激進和具爭議性的挑戰，是一些稱為世俗（secular）和神死神學（death-of-God theologies）的觀念。這些運動強調上帝的內在性（immanence），上帝在世界缺席，或者上帝（或者至少是上帝的觀念）的不存在。它們都以西方世界在一九六〇年代達到高峯的世俗主義為背景。

「世俗神學」（secular theology）在這裏指一種對上帝教義的進路，在其中世俗主義不被視為威脅，而是被視為基督教的機會。這個觀點並不限於新教；在一些猶太教和羅馬天主教思想家中也可以找到。[1] 考克斯（Harvey Cox）是北美宣揚這個觀點的最著名人物，而在英國則是羅賓遜（John T. Robinson）主教。「基督

1 參 Eric C. Meyer, "Death of God," in *God in Contemporary Thought: A Philosophical Perspective*, ed. Sebastian A. Matczak (New York: Learned Publications, 1977), 793～805。

教」版本的世俗主義的推動力，很多都來自德國的殉道者潘霍華（Dietrich Bonhoeffer）那很有影響力的思想。

「上帝之死」這個十分富爭議性的句子，在一九六五年十
月一期《時代雜誌》（*Time*）中成了標題。那一期的封面故事以
「上帝是否死了？」（Is God Dead?）為題，製造了好像「神死學」
（theothanatology）（源自希臘詞語，意思是上帝之死）這樣的新
172 詞。它也描述不同的運動和思想家。邁耶（Eric C. Meyer）幫助我
們找出方向：

> 現在大部分猶太和基督教神學家都不會否認，對上帝的信仰漸漸減退……；很多人也不會否認，這個發展似乎在現代徹底世俗化的過程中達到高峯；但比較少人願意以激進的方式肯定這個狀況。激進或神死神學家是那些少數派，他們在現代人極端世俗的處境下對上帝的信仰發生的轉變中，以不同的方式，**不同的程度**，激進地肯定這轉變而「談論上帝」；因此他們正面地談及上帝的消失或缺席，隱蔽或隱藏，甚至消滅或死亡。不過，我們必須強調的是那**不同的程度**。[2]

神死神學可以分為兩個主要陣營：「軟性」（有神論和萬有在神觀點）和「硬性」（不可知和無神論觀點）。[3] 在第一個類別中，思想家並不相信上帝真的死了，而是相信由於徹底世俗化的過程，與正在消逝的猶太—基督教宗教和文化有過分密切聯繫的那種上帝已經死了。他們也相信全然超越的上帝已經死了，他們轉而

2 Meyer, "Death of God," 775.

3 我採用 Meyer, "Death of God," 776～778 那有點含糊的用語。Meyer 的用語大致可以追溯到激進神死神學的其中一個提倡者 William Hamilton, "The Shape of a Radical Theology," *The Christian Century* 82 (6 October 1965): 1220。

專注於上帝作為內在的東西（immanent entity）。考克斯是第一個類別中最著名的神學家。因此，只有第二個類別，「硬性」的不可知和無神論思想家才代表正式的神死神學。這個陣營中最著名的思想家是奧爾蒂澤（Thomas J. Altizer）和漢密爾頓（William Hamilton）。毫無疑問，十分認真看待第二個千年最後幾世紀的世俗主義的神學運動，是對古典上帝論一種獨特的挑戰，古典上帝論將上帝的存在視為理所當然，而所描述的上帝是超越性、無所不能和無所不知的他者。

・　對基督教的上帝的世俗解釋　・

「在我們生命之中的超越者」：潘霍華的遺產

殉道的德國牧師—神學家潘霍華不是「世俗」神學家，但他
強調福音與世俗領域的關係卻間接地影響了世俗神學。以下的討 173
論，簡單地突出他對上帝教義的貢獻。[4]

好像巴特一樣，潘霍華視上帝的啟示為「直接從上而來」（straight from above）。不過，這並非表示潘霍華將信仰和世界分開；事實上，他相信世界已經「及齡」（come of age）。基督教會發覺自己身處其中的世界，人們自主地運作，沒有特別需要提到神聖真理或上帝。較早時，人們需要上帝「填補空隙」（“fill in the gaps”），解釋人類思想中不明白的事情。在世俗時代，人們不再需要上帝作為運作上的假說，只有沒有更好的解釋可用，才會設定了祂。[5] 潘霍華很樂意去掉這個「填補空隙的上帝」（God of the

4　對潘霍華的主要神學思想一個有用的簡介是 Stanley J. Grenz and Roger E. Olson, *Twentieth-Century Theology: God and the World in a Transitional Age* (Downers Grove, Ill.: InterVarsity, 1992), 146～156。

5　Dietrich Bonhoeffer, *Letters and Papers from Prison* (London: Collins, Fontana Books, 1953), 107.

gaps），因為現在已經不再需要祂了。[6] 因此，基督教神學不應該反對「世界的成年」，而應該用對世俗時代有意義的方式談論上帝。[7]

要有意義地言說聖經的上帝，潘霍華提出「非宗教化的基督教」（religionless Christianity）。這個觀念，既反對自由派的觀點，視宗教作為自然的人類商品；也反對敬虔私人主義（privativism），將上帝推到個人內心的內室，帶來對上帝的「魔法式」觀點。潘霍華也拒絕視上帝為人類生命的完滿這個善意的觀點；根據這個觀點，我們需要上帝，就好像蛋糕需要糖霜一樣。我們需要的其實是「對聖經用語作非宗教的解釋。」[8]

潘霍華在聖經中看到的，並可以向世俗時代說話的上帝，是「在我們生命之中的超越者」（"the Beyond in the midst of our life"）。因此，我們要在我們所知之中，而不是在我們所不知之中尋找上帝。[9] 而且，我們要視上帝為世界上的軟弱者和無能者，祂「容許自己被推出世界外，被推到十字架上。」這是「以自己的軟弱在世界上征服能力和空間的」上帝。[10] 結果是潘霍華所說的「聖潔的現世」（holy worldliness）：基督徒在自己日常生活中愛上帝，並在世界的生活中有分於上帝的苦難。這就是潘霍華的神學和上帝觀念的高峯。[11] 上帝的超越性的意義，因而被潘霍華重新解釋為：它並非表示在平凡生活「之外」尋找上帝，而是在平凡中尋找上帝。平凡的生命，由於上帝可以在那裏被找到，而不單是「平凡」（"ordinary"）的了。

6 Bonhoeffer, *Letters and Papers from Prison*, 114～115.

7 Bonhoeffer, *Letters and Papers from Prison*, 108；也參 117。

8 Bonhoeffer, *Letters and Papers from Prison*, 120.

9 Bonhoeffer, *Letters and Papers from Prison*, 93, 104.

10 Bonhoeffer, *Letters and Papers from Prison*, 122.

11 參 Grenz and Olson, *Twentieth-Century Theology*, 153～154。

世俗之城：考克斯 174

和潘霍華一樣，考克斯相信世俗化不是對基督教的威脅，而是聖經信仰，特別是猶太／舊約傳統的一個真正的結果。創造為自然驅魅（disenchants），出埃及將政治非神聖化，西乃之約將價值改作俗用，特別是在禁止偶像中。考克斯的主要論題，是世俗化乃「在歷史中的聖經信仰的影響所帶來的合法結果。」[12] 他對世俗化（secularization）和世俗主義（secularism）作出重要的區分。後者代表一種意識形態或一種封閉的世界觀，發揮著一種新宗教的作用。不過，世俗化卻不是那些認真看待聖經信仰的人所應該反對的事情；世俗化幾乎是一個不可逆轉的過程。基督教神學的任務，是確保世俗化不會進一步強化成世俗主義。[13] 佛洛姆（Erich Fromm）在《愛的藝術》（*Art of Loving*）中，也對世俗化作出類似的分析。[14]

對考克斯來說，世俗化過程的價值，是它幫助基督徒支持自由（liberty）和責任（responsibility）這兩個基本品德（cardinal virtues，或譯「樞德」）。正如潘霍華號召基督徒擁抱「世界的成年」一樣，考克斯促請神學歡迎世俗人的「成年責任」。[15]

考克斯其中一個最富爭議性的論題是，政治現在扮演著宗教和對上帝的信仰所曾經扮演的角色。政治統一社會，為人類的生命提供意義。因此，神學應該向政治生活說話，並參與政治生活（例如民主和人權）。[16] 要基督教神學更有意義地向政

---

12 Harvey Cox, *The Secular City: Secularization and Urbanization in Theological Perspective* (New York: Macmillan, 1965), 17.

13 Cox, *Secular City*, 17~37.

14 Erich Fromm, *The Art of Loving: An Enquiry into the Nature of Love* (New York: Harper & Row, 1956).

15 Cox, *Secular City*, 121.

16 Cox, *Secular City*, 255；也參 241～269。

治和世俗社會說話，它必須放棄上帝這個詞，尋找一個更適合的稱號。

其他人跟隨考克斯的腳步，建構對上帝真正世俗的解釋。其中一把最有模塑力的聲音是范布倫（Paul van Buren），他撰寫《福音的世俗意義》（*The Secular Meaning of the Gospel*）。[17] 在歐洲最明顯的人物則是聖公會的主教羅賓遜。在富爭議性的《對上帝忠誠》（*Honest to God*）中，羅賓遜主張不應該視上帝為「在上面」（up there）或「在外面」（out there）（無論是空間或是形而上或屬靈的意義上），而應該視祂為給予世界意義和方向的東西，特別是給予世界上人際關係意義和方向。羅賓遜跟隨田立克，談論「在這裏」（in here）的上帝——就在存有（being）的和個人關係的深處之中。[18]

175 雖然世俗神學在一九六〇年代很流行，但卻突然終止。這並不是說它的影響停止了。而是它向基督教上帝論提出的挑戰——雖然它不足以支持其作為一個自足的運動本身——卻會以不同的方式被其他神學吸收和採納。對世俗主義更激進的回應，即神死神學，也經歷相同的命運。

・ 神死神學 ・

上帝死了：尼采的遺產

主要的神死神學思想家奧爾蒂澤，往往稱讚尼采（Friedrich Nietzsche）這位在十九世紀否認上帝的主要人物。不過，對尼采來說，「上帝死了」（“God is dead”）的呼聲是大膽、解放的歡呼；但對大部分基督教神學家來說，神死神學運動則是痛苦、絕望地尋

17 Paul van Buren, *The Secular Meaning of the Gospel* (New York: Macmillan, 1963).

18 John A. T. Robinson, *Honest to God* (Philadelphia: Westminster, 1963).

求上帝的人的呼喊。[19]

在《快樂的科學》（*The Gay Science*）中，尼采描述一個瘋子在街上跑，尋找上帝，瘋子呼喊說：

> 上帝死了。上帝仍然死了。我們殺死了祂……這事業的偉大對我們來說不是太偉大嗎？我們自己不一定要成為神祇，只是為了似乎值得這樣嗎？從沒有比這更大的作為；無論誰在我們之後出生——為了這作為，他都會成為比到目前為止所有歷史都更高的歷史的一部分。[20]

尼采將《快樂的科學》第五卷的題目，稱為「我們無畏者」（We Fearless Ones），這卷包括一節關於「我們歡樂的意義」（the meaning of our cheerfulness）。在那裏他承認上帝死了這個「福音」（good news）的含義，在歐洲和以外的地區已經可以看到。[21] 現在已經不可以信任上帝，其他人，人類，「超人」（Superhuman）必須負起責任。由於「對基督教上帝的信仰衰落」，尼采得出的結論是人們必須歡迎「存在的不敬虔……作為給定（given）、明顯和無可爭議的。」[22]

關於將上帝從辭典中刪除：漢密爾頓 176

漢密爾頓對這個主題的第一本重要著作，是一九六一年的

19 那些最終不同程度上成了無神、激進的神死思想家中，不乏關於他們誠懇地尋求上帝的記錄。例如：參 William Hamilton, *The New Essence of Christianity* (New York: Association Press, 1961), 63～65；和 William Hamilton, "The Death of God," *Playboy* 13 (August 1966): 84。

20 Friedrich Nietzsche, *The Gay Science*, in *Portable Nietzsche* (New York: Viking, 1974), no. 125, 95～96.

21 Hans Küng, *Does God Exist? An Answer for Today* (Garden City, N.Y.: Doubleday, 1980), 369.

22 引自 Küng, *Does God Exist*? 370。

《基督教的新本質》(*The New Essence of Christianity*)。在那裏他以尼采、卡繆(Albert Camus)和田立克的觀念為基礎。他的主要目標不在於上帝的死，而更多地是批評古典上帝論無所不能上帝這個護佑觀(providence)。以潘霍華和田立克的精神，漢密爾頓發出號召，除去對上帝的期望，為我們的生命和世界負責任。

其後，漢密爾頓開始言說上帝的實際死亡，這討論在一九六六年他與奧爾蒂澤合著《激進神學與上帝之死》(*Radical Theology and the Death of God*)時達到高峯。離開了在神學院的教席後，漢密爾頓更多地專注於英國文學中與上帝的死亡有關的主題。在一九七四年，他出版了一本稱為《論從辭典中刪除上帝》(*On Taking God out of the Dictionary*)的書。

基督教無神論的福音：奧爾蒂澤

神死運動的主要代表是奧爾蒂澤，他掙扎著為上帝之死這個宣稱尋找一個神學基礎。在他的神學中，世俗化的力量全面表達出來。

令公眾注意奧爾蒂澤的是一九六六年出版他的巨著《基督教無神論的福音》(*The Gospel of Christian Atheism*)。奧爾蒂澤的寫作風格預示很多即將出現的後現代神學，這種風格是兼收並蓄和不容易跟隨的。同一年他也出版與漢密爾頓合著的《激進神學與上帝之死》。這本著作意味深長地獻給田立克，奧爾蒂澤稱他為「現代激進神學之父」。[23] 潘霍華對奧爾蒂澤的影響也是明顯的。

奧爾蒂澤神學的主要觀念是上帝在人類中的絕對內在性，這內在性「甚至消解對上帝的超越性的記憶或它的影子」。[24] 把上帝超越性消解進徹底的內在性，奧爾蒂視之為二十世紀世俗主義的

23 Thomas Altizer, *The Gospel of Christian Atheism* (Philadelphia: Westminster, 1966), 10.

24 Altizer, *Gospel of Christian Atheism*, 22.

基準和對上帝的新看法。這是基督教對佛洛伊德、尼采，對像沙特（Jean-Paul Sartre）和海德格（Martin Heidegger）等存在主義哲學家，以及對眾多其他號召基督教上帝論修訂（或否定）自己以適應現代主義這個號召的人的恰當回應。對奧爾蒂澤來說，基督教神學藉著接受「沒有上帝的生命」，應該「只須共承世人的普遍狀況」。[25]

奧爾蒂澤以腓立比書二章 5 至 11 節（特別是第7節）那著名的 177
kenosis（「倒空」）來解釋上帝之死這個觀念。奧爾蒂澤的解釋遠遠超越聖經文本的字面意思——或正規解釋，他主張神格在自己的 *kenosis* 中徹底「倒空」自己進耶穌中，從而令自己脫去超越性；這就是「上帝的自我毀滅」。上帝藉著透過有限的生命和死亡否定自己的客觀存在而與人類認同。[26] 用奧爾蒂澤自己的話來說：

> 在世界和歷史中行動的上帝是否定自己的上帝，祂漸漸但決定性地消滅自己原本的整體（Totality）。上帝是「墮落」或「下降」的整體，從而更全面地朝與它原來相反的身分移動。上帝藉著經過將祂原來的形式逆轉，成為在基督裏顯明的上帝：因此超越性變成內在性，正如靈成為肉體一樣。[27]

結果是「上帝的死取消超越性，從而令新的和絕對的內在性變得可能，這種內在性脫離超越性的所有記號。」[28]

上帝的死是解放和喜悅的——而從上帝的角度看，這是恩典的行動，為了受造物，它克服了所有「不」（no）的形式，而到達肯定生命的「是」（yes）[29] ——它也帶來不安和對曾經是真實的上帝

25 Altizer, *Gospel of Christian Atheism*, 23.

26 有關簡短、準確的闡釋，參 Meyer, "Death of God," 778。

27 Altizer, *Gospel of Christian Atheism*, 89～90.

28 Altizer, *Gospel of Christian Atheism*, 154.

29 Altizer, *Gospel of Christian Atheism*, 154.

的懷念。因此，貝克特（Samuel Beckett）的《等待果陀》（*Waiting for Godot*）那位從不來到，但人們卻在等待祂回來的「上帝」在上帝之死流行之後變得著名。

上帝的「死」是甚麼意思？

這裏的關鍵問題是，對奧爾蒂澤和漢密爾頓言說上帝之死的方法，我們應該按字面，還是按象徵地理解。范布倫著作的題目《福音的世俗意義：以分析它的語言為基礎》（*The Secular Meaning of the Gospel: Based on an Analysis of Its Language*），反映了很多人繼續言說上帝的死是在某程度上屬象徵性的（或者隱喻性的）。比朗沒有實際上按字面或象徵地言說上帝的死。他想拋棄有意義地言說上帝這整個觀念，包括上帝的死亡。這是分析哲學的進路，這種哲學專注於分析語言，並只視具經驗（無論這個富爭議的詞怎樣定義）指涉的詞語為有意義的。**上帝**這個詞很難符合這個準則，因此需要被視為無意義而被排除。往往被視為神死神學家的瓦哈尼安（Gabriel Vahanian）《上帝之
178 死》（*The Death of God*）這本書是另一個象徵進路的例子。瓦哈尼安沒有否認上帝的存在，而是指向古典上帝論理解那種形式的基督教文化的「死亡」。

相對於這些思想家，「硬性」神死神學家奧爾蒂澤和漢密爾頓確實以字面的方式言說上帝的死。為了避免所有誤解，漢密爾頓在《激進神學與上帝之死》中寫道：

> 這不單是對自然神學或形而上學的古老抗議；不單是尋常的確知，即在聖潔的上帝面前，我們所有語言都變得破碎，粉碎成悖論。實際是我們並不知道，並不愛慕，並不擁有，並不相信上帝。不單是我們裏面一種能力乾涸了；我們不認為這

> 全部只是關於我們無力的精神的陳述，我們認為這是關於世界的本質的陳述，我們也嘗試說服別人。上帝死了。我們不是談及缺乏對上帝的經驗（the absence of the experience of God），而是談及經驗上帝的缺席（the experience of the absence of God）。[30]

不過，漢密爾頓和其他人視這是真正基督教的神學形式。[31]

好像世俗神學一樣，神死神學也不能支持自己。它不單受到教會人士和大眾批評，批評它將無神論和異教引入基督教信仰；也受到好像吉爾基（Langdon Gilkey）等人認真的神學批評，因為它將上帝這個詞從基督教神學和基督教傳統的領域中剔除。[32]

---

30 Thomas Altizer and William Hamilton, *Radical Theology and the Death of God* (Indianapolis: Bobbs-Merrill, 1966), 27～28.

31 Altizer, *Gospel of Christian Atheism*, 12.

32 參 Langdon Gilkey, *Naming the Whirlwind: The Renewal of God-Language* (Indianapolis: Bobbs-Merrill, 1969), 148。

19

進程神學的上帝

God in Process Theology

・ 動態的實在觀點 ・

現代許多對上帝的追尋，一直是懷疑或拋棄形而上學觀念的一種活動，這是從啟蒙運動到古典自由主義到分析哲學到世俗神學和神死運動的主要趨勢，進程哲學（process philosophy）和進程神學（process theology）是這個法則的顯著例外，而且是把（後）現代世界觀（[post]modern worldview）建立在形而上學之上的最強而有力的嘗試，而基於進程思想的啟發者是一個來自分析哲學學派的數學家的事實，這就更具涵義了。懷德海（Alfred H. Whitehead）約在退休之時，從英國移居美國，開始從事哲學家的新事業。[1]

1 關於他作為一個數學家和一個「哲學家—神學家」（philosopher-theologian）的角色之間的關係，參 Ralph M. Martin, "On the Whiteheadian God," in *God in Contemporary Thought: A Philosophical Perspective*, ed. Sebastian A. Matczak (New York: Learned Publications, 1977), 615～618。

建基於形而上學的決定，並非由反對科學的渴望所激發
的；相反地，懷德海致力於切合新科學觀點對實在（reality）的
理解。科學已經丟棄靜態的牛頓式形而上學（static Newtonian
metaphysics），包括其因果關係的觀念，以及其對實在的「具體」
建構砌塊的觀念。與許多其他人一樣，進程哲學家設想了一套對實
在的動態（dynamic）形而上理解。夏基（Owen Sharkey）以進程
神學的描述，總結了進程思想的基本特質：「進程神學不是一套
關於上帝奧祕的模糊和孤立的肯斷（affirmations）所作的結集， 180
而是一種對實在的看法，把實在視之為一個有機的整體（organic
whole），由活動（activity）、運動（movement）、改變（change）、
生命（life）所標明。」[2]

進程思想的形塑性作品由懷德海寫下，他的哲學作品被神學家採納。主要的進程神學家是哈茨霍恩（Charles Hartshorne）、格里菲思（Paul Griffith）、奧格登（Schubert Ogden）、皮滕傑（W. Norman Pittenger）、柯布（John B. Cobb, Jr.）和蘇卡奇（Marjorie Hewitt Suchocki）。柯布和格里芬（David Ray Griffin）在他們的《過程神學》（*Process Theology: An Introduction*）一書中，提供了可靠的自我解說（self-exposition）。[3] 把這些神學家放在一起，並不是說他們之間的意見毫無分歧。然而，作為對當代古典上帝論的各種挑戰和增加所作的導論性縱覽，把他們視為一個運動的幾部分是合法的（legitimate）。

---

2 Owen Sharkey, "The Mystery of God in Process Theology," in *God in Contemporary Thought*, 683.

3 John B. Cobb Jr. and David Ray Griffin, *Process Theology: An Introduction* (Philadelphia: Westminster, 1976)；中譯本可參小約翰·科布、大衛·格里芬：《過程神學》，曲躍厚譯（北京：中央編譯出版社，1999）。

‧ 世界在進程中：懷德海的形而上學和上帝觀 ‧

形而上的概念

沿著懷德海對實在的動態理解，他設定主體經驗（他稱之為「感通」〔feeling〕）不只存在於人類中，而是存在於一切實在之中。他在此是跟隨康德的，不過沒有把這種「感通」限制於位格人（human persons），於此超越了康德。[4] 對於懷德海來說，在那整體的架構中，所有東西都是有意義（meaning）和涵義（significance）的。沒有意義和涵義的純粹事實是不存在的，而且那涵義是跟每一個其他時刻（moment，有譯作「機因」）和整體運動（total movement）的涵義相關連的。[5]

懷德海提出了一個對「主體」（subject）的全新概念，他稱之為「真實的東西」（actual entity）。**東西**（entity，或譯「存在物」）一詞，通常是指某些堅實和持久的東西，但在此的意思剛好相反。一個「真實的東西」（也稱為一個「經驗的緣現」〔occasion of experience〕）不是一個不變而持久的東西，也不是古典形而上學那客觀的、為首要的質料實體（primarily material substance）。[6] 這些東西（entity）或實在的建構砌塊，也稱為「經驗的點滴」（drops of experience），就構成了實在。經驗的一點一滴是一個活動，一次「生成」（becoming）的出現，然後很快就消失了。那麼，實在是繼起連續的真實的東西（a sucessive sequence of actual entities），它們迅速地一個接續一個地生起，逃脫意識的注意。實在不是靜態的，而是一個進程。每一個「真實的東西」是有價值取向（value-

---

4 Alfred Whitehead, *Adventures of Ideas* (Cambridge: Cambridge University Press, 1933), 252～253.

5 參 Sharkey, "Mystery of God in Process Theology," 686～688。

6 Alfred Whitehead, *Process and Reality* (New York: Free Press, 1978), 28.

oriented）的——即致力朝向一個價值的實現，以及是自我創造並聯繫於整體的。

「真實的東西」是有兩面的；它們是二極的（dipolar）。首先， 181
那是懷德海稱之為「物質極」（physical pole），那就是進入一個人的意識中的感覺資料（sense data，或譯「感覺材料」）。[7] 第二，讓人類意識在經驗中把資料接受為「某些東西」，需要一個「精神極」（mental pole，或譯「心靈極」）。這個「二極性」也可以以物質極代表過去和以精神極代表可成就的未來來表達。[8]

「真實的東西」，不是孤立的；每一個是埋置（embedded）在一道緣現的溪流（stream of occasions）中，而「真實的東西」是倚賴這緣現的。[9] 正如已經提過的，每一個「真實的東西」都是與過去和未來相關連的。懷德海對過去的經驗的用語是**攝受**（prehension）。[10] 每一個「真實的東西」可以接受或拒絕過去的攝受。每一個「真實的東西」也與未來的、「生成中的」（becoming）潛在相關連。在生成的進程中，每一個東西卻面臨或是接納或是拒絕它的「原初目標」（initial aim），就是有助於隨後緣現（subsequent occasions）的最佳可能方式。[11]

每一個真實的東西都是短暫的（fleeting），來去不斷。然而，那是有一種延續性的變化（continuity），此即懷德海稱之為「客觀的不朽性」（objective immortality）。一個東西一旦出現和立即消滅，它並不是完全失去的，不只是因為它是下一個東西的先存事物（predecessor），也是因為它增添了上帝的「經驗」（God's "experience"）。這樣，上帝是每一個東西一旦消

7 Whitehead, *Process and Reality*, 49.

8 Whitehead, *Process and Reality*, 38.

9 Whitehead, *Process and Reality*, 309.

10 Whitehead, *Process and Reality*, 35.

11 Whitehead, *Process and Reality*, 130, 374.

失時的最後容器（final repository）。[12]

上帝作為在世界進程中的東西

那麼，懷德海所理解的上帝是甚麼？懷德海的上帝，不是一切形而上原則的一個例外（exception）而被歸類作一種說明（explanation）的角色——既然於沒有更好的說明可用。相反地，上帝是「他們〔編按：指形而上原則〕主要的例證（exemplification）」。懷德海視人類擁有共同的宗教經驗為理所當然。對於他來說，宗教是「心靈的渴望，存在的事實（the facts of existence），應該在存在的性質（the nature of existence）中找到其證成（justification）」。[13] 無疑，撇開懷德海的哲學主張，那

> 懷德海的上帝是基督徒的上帝。他相信上帝是一個位格性的、超越的，卻是內在的實現性（immanent Actuality，或譯「內在的實顯性」）。他相信神聖的道（divine Logos）已經成為肉身，內在於耶穌。他相信在神格（Godhead）裏面是有一個第三位的神聖位格。他相信上帝是一個愛的實現性（a loving Actuality）。他是從閱讀約翰書信中認識這一點的。[14]

182 他在《宗教的創生》（*Religion in the Making*）首次發展這些觀念。然而，他也是一個哲學家，因此難以說他是否首先設想自己是一個哲學家，然後才是一個基督徒，或是相反。[15]

在他對神性（divinity）的進程觀點中，基本的觀念是「上帝

12 Whitehead, *Process and Reality*, 373.

13 Alfred Whitehead, *Religion in the Making* (1926; reprint, New York: Meridian Books, 1971), 85；中譯本可參懷德海：《宗教的創生》，蔡坤鴻譯（台北市：桂冠，1997）。

14 Sharkey, "Mystery of God in Process Theology," 690.

15 Sharkey, "Mystery of God in Process Theology," 690.

是一個『真實的東西』，故此是在最遙遠的空間之中最微不足道的一縷存在（the most trivial puff of existence in far-off empty space）。」[16] 由於上帝是實在（reality）整體的一部分，就像其他東西一樣，上帝也是受限於它的條件。作為一個「真實的東西」，上帝是有兩面的：「祂擁有一個原初性（primordial nature）以及一個後得性（consequent nature）。」[17]「被視為原初的，」懷德海提出，上帝「是絕對豐富的潛在性（absolute wealth of potentiality）之無限制的概念實現（unlimited conceptual realization）」。[18]「原初性」也可以被視為上帝的非時間性的「精神極」。就其本身而論，上帝在一切「真實的東西」生成的進程中「吸引」（lure，或譯「誘導」）它們。[19] 上帝作為原初的，因而是創造性（creativity）和創新性（novelty）的終極來源。上帝的另一個方面是「後得的」、時間性的、「物質極」（physical pole）。就其本身而論，上帝攝受時間性的世界，而且作為一切正在消失的「真實的東西」的場所（location）。這樣子，上帝經驗了「物質感通的豐滿」（a fullness of physical feeling），[20] 這使上帝成為「偉大的同伴」、「一同受苦者」。[21] 上帝這兩極是互相結合一起的，而且彼此預設。[22]

好幾位北美進程神學家已經把懷德海的哲學式形而上學發展為一套神學系統，而且針對於古典上帝論提出有力的批評。

16 Whitehead, *Process and Reality*, 28.

17 Whitehead, *Process and Reality*, 524；另參頁 519～533，提供了對上帝的二極性（dipolar nature）的詳細討論。哈茨霍恩把這兩極命名為「抽象的本質」（the abstract essence）和「具體的實現性」（the concrete actuality）（*The Divine Relativity: A Social Conception of God* [New Haven: Yale University Press, 1964], 82～83）。

18 Whitehead, *Process and Reality*, 521.

19 Whitehead, *Process and Reality*, 287.

20 Whitehead, *Process and Reality*, 287.

21 Whitehead, *Process and Reality*, 532.

22 Whitehead, *Process and Reality*, 529.

皮滕傑一篇題為〈作為一個概念進程思想重新解釋基督教信仰〉（“Process Thought as Conceptuality for Reinterpreting Christian Faith”）的文章，[23] 說明了他們的主要目標。

・上帝作為「創造性—回應性」的愛・

進程神學對於為上帝的存在提出論證，一直並不特別感興趣；相反地，懷德海及其他人的焦點，一直在於發展一套哲學架
183 構，使上帝的存在合理和有意義。[24] 柯布在其著作《建基於懷德海思想的基督教自然神學》（*A Christian Natural Theology Based on the Thought of Alfred North Whitehead*）中曾作出嘗試，[25] 然而此書中沒有甚麼地方像托馬斯式（Thomistic）或安瑟倫式（Anselmian）的嘗試那樣證明上帝的存在。柯布的目標，沿著他良師的意願，是在宗教與科學與世俗哲學之間建立橋樑。柯布相信，他可在懷德海式（Whiteheadian）的基礎之上建立其上帝觀，這上帝觀重視聖經信仰的位格主義（personalism），以及當代科學的演化（evolutionary）和動態的（dynamic）觀點。

關於上帝的進程觀點，強調上帝是一個動態的行動（dynamic act）。這是有別於古典上帝論的另一選擇，對此，懷德海寫道：「毫無疑問，希臘、希伯來和基督教思想的直覺（intuitions），已經同樣具體顯現了一個上帝俯就世界的靜態上帝的看法。」[26] 進程神學家

23 Norman Pittenger, “Process Thought as a Conceptuality for Reinterpreting Christian Faith,” *Encounter* 44, no. 2 (1983).

24 參 Cobb and Griffin, *Process Theology*, 42。

25 John B. Cobb Jr., *Christian Natural Theology Based on the Thought of Alfred North Whitehead* (Philadelphia: Westminster, 1965).

26 Whitehead, *Process and Reality*, 526；另參 Charles Hartshorne, “Whitehead's Idea of God,” in *The Philosophy of Alfred North Whitehead*, The Library of Living Philosophies 3 (Evanston, Ill.: Northwestern University Press, 1941), 515。

批判那些他們認為是古典上帝論對上帝的各種看法。這些包括：

1. 上帝作為宇宙的道德家（cosmic moralist），其中最惡劣的形象，是上帝作為神聖的立法者和審判官。
2. 上帝作為不改變和不動情的絕對者（unchanging and passionless absolute），不會被任何外在於祂的事物所影響，而且缺乏情感（emotions）。
3. 上帝作為控制的力量，決定在世界中發生之事的每一細節。
4. 上帝作為現況（status quo）的認可者，首要的興趣是在於秩序。
5. 上帝作為男性，意味著支配和力量，而犧牲了情感和感通。[27]

進程神學家否認這樣的上帝的存在，而且認為古典上帝論是「把核心的宗教性觀念不正確地轉變為哲學性的範疇」。[28]

進程神學的上帝是「創造性—回應性」的愛（creative-responsive love），並且是藉說服（persuasion）而非藉權力和強迫（power and coercion）而與世界相關的。[29] 那麼，在進程神學中，上帝不是強迫的力量，而是提供了一種「吸引」（lure），柯布稱這為一個「目的論的拉力」（teleological pull）。柯布認為，這是耶穌論上帝國度的信息的焦點：「那呼召者」（the One who calls）。[30]

然而，那是重要地指出，「主體」不一定接受上帝所提供的「原
初目標」。他們擁有選擇的自由。上帝肯定期望主體會選擇和實現 184
給予他們的目標，然而那不是出於強迫的力量。在這意義上，上帝
是冒了險的（God takes risks）。

27 概括自 Cobb and Griffin, *Process Theology*, 8～10。

28 Hartshorne, *Divine Relativity*, vii.

29 Cobb and Griffin, *Process Theology*, 41～62.

30 John B. Cobb Jr., *God and the World* (Philadelphia: Westminster, 1965), 42～66.

這對於邪惡的概念也有含義：「最明顯的一點是，由於上帝沒有完全控制世界的事件，因此真正邪惡的出現並非不能相容於上帝對祂一切受造物的慈愛。」[31] 此外，上帝是否將會最終戰勝一切邪惡，那是不確定的。進程神學家甚少寫到終末論（eschatology）。顯然，在歷史中不能尋到對邪惡和死亡作出的最終的戰勝。對一個更好的世界的期待，是以一種含糊的方式指到戰勝「抗拒神聖經驗」的力量。這會「完成把我們從邪惡中救贖出來的」。在進程神學中，復活是意指人「被吸收接納進入上帝的生命之中」。[32]

按照進程神學，上帝是一直獨立於世界的——例如，在倫理意義上的獨立[33]——但祂卻真正地影響世界，也受世界影響。在這意義上，上帝是受制於改變的，然而祂不會失去祂作為上帝的本性。對於進程神學來說，改變不必是指到完美（perfection，或譯「完全」）的缺乏——就像古典的傳統所經常假定的。[34]

・ 對古典上帝論的主要挑戰 ・

若要總結進程神學的貢獻，那麼把它與古典上帝論作出對比，那是很有幫助的。

> 進程神學家認為他們的觀點，是對照著並且優於正統或古

31 Cobb and Griffin, *Process Theology*, 53.

32 兩段引文都是取自 Stanley J. Grenz and Roger E. Olson, *Twentieth-Century Theology: God and the World in a Transitional Age* (Downers Grove, Ill.: InterVarsity, 1992), 141；中譯可參葛倫斯、奧爾森：《二十世紀神學評論》，劉良淑等譯（台北：1998）。

33 Hartshorne, *Divine Relativity*, 47.

34 Hartshorne, *Divine Relativity*, 45～46.

> 典的上帝觀。按照後者的觀點，上帝是超越時間，而且超越人類任何需要的。祂對他們處境中任何事物均完全漠然——不動情（impassibility）。對於古典上帝論者而言，獨立性（independence）或絕對性（absoluteness）是正面的特質，而依靠性（dependence，或譯「從屬性」）或相關性（relativity）則被視為是負面的特質。由於上帝被視為是完美的，祂必然不可以擁有這依賴性或相關性。[35]

那榮諾（Ronald H. Nash）在他的精簡卻重要的著作《上帝的概念》（*The Concept of God*）中，與古典上帝論對照，總結了有關上帝的進程觀點：

1. 上帝的存有（being）的看法（古典上帝論）被對生成（becoming）的強調（進程神學）所取代。
2. 與古典上帝論那獨立的上帝對照，進程思想的上帝是一個互相 185
依賴的合作者（interdependent cooperator）。
3. 上帝的神聖不變性（divine immutability）這古典教義，被一個會改變的上帝這看法所取代。
4. 相對於古典上帝論強調上帝的位格性的本性，進程神學同時願意考慮位格性和非位格性的取向。
5. 進程思想拒絕古典上帝論的無時間性（timelessness）教義（並非所有古典上帝論者都支持這觀點，不過大多數是支持的）。
6. 對於古典上帝論者來說，上帝的完美意謂沒有任何東西可以加諸於上帝的存有；然而對於進程神學家來說，上帝的完美（這是進程思想也抱持的信念）是要繼起而得的，即上帝是在成長和演化

35 Millard J. Erickson, *God the Father Almighty: A Contemporary Exploration of the Divine Attributes* (Grand Rapids: Baker, 1998), 57.

中（growing and evolving）的。

7. 進程神學家認為，古典上帝論擁有一個「絕對的」上帝觀，其意思是上帝不可以與世界有任何真正的關係。進程神學家認為他們的上帝觀是「相關的」（relative）。
8. 對於古典上帝論者來說，上帝的無所不知是絕對的；然而，進程神學家認為上帝的知識是完美的，是相對於以往和現在來說的，不過相對於未來則仍然是演化中的。
9. 古典上帝論者強調上帝的角色是世界的動力因（efficient cause）；然而進程神學家則強調上帝的角色是目的因或終極因（final or ultimate cause）。
10. 在古典上帝論中單極（monopolar）的上帝觀被二極的觀點取代。
11. 進程神學不會設定對邪惡會有終極的勝利，而古典上帝論則會。[36]

進程神學——在世俗主義和科學世界觀使形而上學過時的不利形勢下——再次肯定追尋上帝和在可見世界之外的東西的重要性。雖然它花了大量精力批評古典上帝論，但在懷德海及他的神學的追隨者的協助下，進程思想也提供了一個相當具創意的建設性提議。主流的基督教神學繼續質疑進程神學究竟是否過分處境化，屈服於一個萬有在神論式世界觀的架構中，然而這個運動卻成功地激起了神學的辯論。我們在下一個要討論的神學傳統中——特別是開放神論（Open theism），就會發現它是一個充滿挑戰性的對話伙伴。

36 Ronald H. Nash, *The Concept of God: An Exploration of Contemporary Difficulties with the Attributes of God* (Grand Rapids: Zondervan, 1983), 24～30.

開放神論
福音派內部的辯論

Open Theism
A Debate within Evangelicalism

・ 嘗試從內部修訂古典上帝論 ・

對古典上帝論最近期的挑戰來自福音派運動裏面，嘗試以當代的用語陳述正統基督教（因而也是古典上帝論）的本質。在過去十年，福音派的左翼提出一種對上帝的理解，是運動裏面的很多人都相信這是得益於進程神學和相關的觀點多於古典正統主義。這種新觀點的回響已經超越了運動本身，它稱為開放神論（Open theism）或自由意志神論（free will theism）。它最著名的提倡者是潘嘉樂，他在近期關於這個主題的著作《至動的推動者》（*Most Moved Mover*）中，聲稱提出一個對「上帝的開放性的神學」（A Theology of God's Openness）的總結，以及對批評的回應。[1] 其他對這個題目有貢獻的福音派神學家包括賴斯（Richard Rice）、桑德斯（John Sanders）、哈斯克（William Hasker）、貝辛杰（David

1 Clark H. Pinnock, *Most Moved Mover: A Theology of God's Openness* (Grand Rapids: Baker Academic, 2001).

Basinger）和博伊德（Gregory A. Boyd）。[2] 對這個觀點的第一次
187 系統闡釋在一九九四年的一個稱為「上帝的開放性」的座談會中提出。[3] 在會後結集的書的序言中，作者表達他們渴望在正統基督教裏面提出一種對上帝的新理解。

毫不令人驚訝的是，開放神論的出發點是批評對上帝的古典觀念。開放神論者不滿意描述上帝的主權、威嚴和榮耀的方式。根據他們的解釋，古典上帝論視上帝為發生的一切的最終解釋。上帝至高地創造宇宙，實現祂的永恆目的和接受榮耀。由於上帝的旨意是不可抗拒的，世界發生的一切都是祂的旨意和工作的結果。[4] 開放神論的提倡者往往諷刺古典上帝論中源自安瑟倫和其他人的神學，他們稱之為「完美存有神學」（perfect being theology）。[5] 古典上帝論這位「不變的上帝」並不吸引他們。[6] 他們的上帝是「面對一個部分地開放的未來的上帝」。[7] 根據桑德斯，開放神論擁抱四個指導原則。首先，上帝愛我們，渴望我們與他進入相互的關係。第二，上帝至高地決定了使祂的一些行動，有賴我們的要求和行動。第三，上帝選擇行使一般而不是嚴謹的護佑，留下空間給我們

2 Richard Rice, *God's Foreknowledge and Man's Free Will* (Minneapolis: Bethany, 1985)；John Sanders, *The God Who Risks: A Theology of Providence* (Downers Grove, Ill.: InterVarsity, 1998)；William Hasker, *God, Time, and Knowledge* (Ithaca, N.Y.: Cornell University Press, 1989)；David Basinger, *The Case for Freewill Theism: A Philosophical Assessment* (Downers Grove, Ill.: InterVarsity, 1986)，和 Gregory A. Boyd, *God of the Possible: A Biblical Introduction to the Open View of God* (Grand Rapids: Baker, 2000)。

3 Clark Pinnock, Richard Rice, John Sanders, and William Hasker, *The Openness of God: A Biblical Challenge to the Traditional Understanding of God* (Downers Grove, Ill.: InterVarsity, 1994).

4 參 Millard J. Erickson, *God the Father Almighty: A Contemporary Exploration of the Divine Attributes* (Grand Rapids: Baker, 1998), 69～70。

5 例如：參 Rice, *God's Foreknowledge and Man's Free Will*, 14～15。

6 參 Byod, *God of the Possible*, chap. 1。

7 參 Byod, *God of the Possible*, chap. 2 的標題。

運作，並讓上帝在裏面隨機應變地工作。第四，上帝給予我們真正的互諒互讓關係中所需要的相對自由。[8]

·　像父親一樣慈愛的上帝對未來開放　·

開放神論的主要焦點是上帝作為愛。[9] 上帝作為愛、關懷的父母，較例如上帝作為君王是更恰當的形象。上帝關於人類的行動受到人類的行動影響和推動。[10] 開放神論宣稱要令上帝的行動變得真實，人類的自由是重要的。[11]

開放神論藉著引述聖經、歷史和當代的系統性思想支持自己的觀點。雖然它承認古典上帝論與好些孤立的經文有連繫，[12] 但
開放神論宣稱能夠提供更連貫、整全的圖畫，描述整本聖經的文 188
本。博伊德列出好些例子，顯示為甚麼他的觀點比古典上帝論更公平地對待聖經的故事：

- 上帝為了事情的結果而感到遺憾：洪水前的人類（創六 6）；掃羅的君王身分（撒上十五 35）。
- 上帝提問關於將來的問題（民十四 11；何八 5）。
- 上帝面對沒有預期的事：祂的葡萄園長出野葡萄，而不是好果子（賽五 2～4）；上帝「以為」一些事情會發生，但卻沒有發生（耶三 6～7、17～20）。

8　Sanders, *God Who Risks*, 282.

9　Richard Rice, "Biblical Support for a New Perspective," in *Openness of God*, 15.

10　Erickson, *God the Father Almighty*, 71；參考自 Rice, "Biblical Support," 15～16。

11　例如：參 Rice, *God's Foreknowledge and Man's Free Will*, 38。

12　有關對這些經文的批判性細閱，參例如 Byod, *God of the Possible*, 24～51。

- 上帝感到沮喪：上帝似乎不能說服摩西他有能力成為上帝的使者（出四章）。
- 上帝試驗百姓藉以知道他們的品格（創三，二十二章）。
- 基督徒可以加速主的再來，表示未來某程度上是開放的（彼後三 12）。[13]

如果這個開放的觀點在聖經那麼壓倒性地表達出來，為甚麼歷史上的基督教神學錯失了這個觀點？桑德斯的回應是希臘形而上學很快便主導了基督教對上帝的思想，改變了聖經對上帝的動態視角。[14] 正如已經提到，開放神論最近期的闡釋和辯護，由加拿大的榮休教授潘嘉樂（Clark H. Pinnock）提出。

・ 至動的推動者：潘嘉樂 ・

傳統上帝論的危險

過去多年，潘嘉樂都澄清開放神論對上帝的基本理解，以及它與他稱為「傳統的」上帝論的分別。談到好像佛洛伊德和尼采這些無神論者拒絕上帝，潘嘉樂指出：「令人驚訝的不是他們對上帝存在的否認，而是他們所有人都對上帝是愛的位格和關係的位格完全一無所知這個事實。他們談及他們拒絕的上帝時，我看到那上帝和聖經的上帝沒有多少相似之處，雖然我看到祂與傳統上帝論的上帝有相似的地方。」[15]

潘嘉樂譴責古典上帝論的希臘形而上學傳統，認為這是需要克服的「異教遺產」。「耶穌說亞蘭語，不是希臘語，而聖經在耶

13 Byod, *God of the Possible*, 55～75.

14 John Sanders, "Historical Consideration," in *Openness of God*, 59～98.

15 Pinnock, *Most Moved Mover*, 2.

路撒冷而不是雅典寫成。不過，基督教的上帝教義卻在受希臘思 189
想影響的氣氛下形成。」[16] 潘嘉樂提到好些福音派人士，包括沃特斯托夫（Nicholas Wolterstorff）、韓德克斯・柏克富（Hendrikus Berkhof）和布洛施。他們都關注修訂對上帝的正統觀念。[17]

潘嘉樂哀歎傳統的上帝論沒有留下足夠的空間給神本質中的關係性和共融性。他引述卡斯珀（Walter Kasper），後者尖銳地諷刺古典上帝論的上帝是「孤獨自戀的存有，因為自己的完全而受苦」。[18] 托馬斯主義強調上帝的不變性，因而威脅真正的關係；而加爾文主義那麼守護著上帝的絕對主權，以致人類自由這個觀念很容易變成空話。因此，潘嘉樂最新的著作，《至動的推動者》是對亞里士多德—托馬斯式上帝作為不動的推動者的回應。[19]

上帝的開放性質

傳統上帝論那幅上帝的圖畫，需要作出甚麼修改？潘嘉樂列出其中一些：[20]

- 上帝是位格性而不是「絕對的」上帝。
- 上帝是愛的位格。愛是上帝的存有的本質。
- 上帝是羣體相通的（communal）。三一的上帝是一個位格間愛的羣體。[21]
- 上帝擁有「可改變的信實」。「身為愛的團契，上帝的特點是可改變的信實，這個詞比上帝的不可改變性更好。上帝是完全可信賴

16 Pinnock, *Most Moved Mover*, 68。第二章的題目是「克服異教的遺產」。

17 Pinnock, *Most Moved Mover*, 68～79.

18 Pinnock, *Most Moved Mover*, 6，引述 Walter Kasper, *The God of Jesus Christ* (New York: Crossroad, 1986), 306。

19 Pinnock, *Most Moved Mover*, 7～8.

20 Pinnock, *Most Moved Mover*, 79～104.

21 參 Clark Pinnock, *Flame of Love: A Theology of the Holy Spirit* (Downers Grove, Ill.: InterVarsity, 1996), chap. 2。

和忠於自己，但同時在處事時又有彈性，能夠因應環境需要而改變方向。」[22]

- 上帝與世界有親密的關係。上帝身為慈愛的父母參與世界，並受到祂的受造物影響。
- 上帝的主權是「分享的權力」。世界倚賴創造主，但上帝藉著分享權力而不是獨裁來行使主權。上帝運用其無所不能帶來釋放而不是奴役。[23]
- 上帝的無所不知：「每個人都同意上帝是無所不知的，知道任何
190 存有可以知道的一切。祂知道曾經存在的一切，現在存在的一
切，以及將來可以存在的一切……祂也知道祂會做甚麼。因此，上帝可以以富創意的方式回應世界上發生的一切。但沒有存有（being），甚至是上帝，可以預先具體知道自由意志者會做甚麼，即使祂可以十分準確地預測。」[24]
- 上帝是有智慧和足智多謀的位格。

開放觀點視上帝為三一的團契，尋求與人類有愛的關係，為了這個目的而賜他們真正的自由。愛而不是自由才是開放神論的上帝觀的主導主題。潘嘉樂從耶穌關於上帝身為阿爸（*abba*）的親密談話（可十四 36）中看到這方面的反映。在上帝是父親而渴望與兒子有愛的關係這個比喻（路十五11～32）中，這也得到描述。[25]

・ 受到攻擊的開放神論 ・

潘嘉樂和其他開放神論神學家面對福音派同事很嚴厲的批

22 Pinnock, *Most Moved Mover*, 85.

23 Pinnock, *Most Moved Mover*, 95.

24 Pinnock, *Most Moved Mover*, 99～100.

25 Pinnock, *Most Moved Mover*, 3.

評。對這個觀點的指控包括：在主權和自由之間有太大的兩極化，與進程神學關係太密切，否認上帝的最終能力，忽略聖經的教導，損害上帝的榮耀等等。[26] 福音派運動的保守陣營中一些最嚴苛的批評者，直率地指控開放神論的提倡者為異端，視它為一種「新上帝論」（neo-theism），否認基督教的上帝教義。[27] 例如：一些認真的評論者質疑，開放神論是否走得太遠，將啟示的奧祕變得太透明，令上帝的預知的意思變得太含糊。[28]

開放神論者回應說，他們和反對他們的人都相信正統上帝論的基礎：內在的三一；上帝—世界的區分；上帝在歷史中的行動；上帝的良善、不改變、無所不能和無所不知；耶穌基督代贖的死和復活。根據潘嘉樂，差異是「真實」的，但不一定是帶來分歧或不能調和的，而且應該在彼此接納的範圍以內。[29] 可以理解的是，開放神論
在阿米紐斯主義者（Arminians），以及考慮到奧古斯丁派／加爾文 191
派的決定論而關注自由意志的人中得到更正面的聆聽。

很多人探問開放神論與進程神學之間的關係。有些批評者甚至懷疑開放神論只是進程神學一個稍為偽裝的版本。很明顯，它們有很多共通點：上帝的愛作為言說上帝的主要方式；強調人類的自由；批評傳統上帝論；對上帝有動態的理解；以上帝和世界的真實關係為焦點。由於這些共通點，二○○○年進程神學家和開放神論神學家出版了一個共同研究。[30] 賴斯總結說：

26 有關對它的最新批評和回應，參 Pinnock, *Most Moved Mover*, 10～18。

27 Norman L. Geisler, *Creating God in the Image of Man?* (Minneapolis: Bethany, 1997), 11～12；也參 Donald A. Carson, *The Gagging of God: Christianity Confronts Pluralism* (Grand Rapids: Zondervan, 1996), 215 。

28 例如：參 Donald G. Bloesch, *God the Almighty: Power, Wisdom, Holiness, Love* (Downers Grove, Ill.: InterVarsity, 1995), 254～260 。

29 Pinnock, *Most Moved Mover*, 11.

30 John B. Cobb and Clark H. Pinnock, *Searching for an Adequate God: A Dialogue between Process and Free Will Theists* (Grand Rapids: Eerdmans, 2000).

> 上帝的開放性這個觀念和上帝的進程觀念一樣，認為上帝與暫時的世界的關係包含一連串具體的經驗，而不是單一的非時間（timeless）的認知。它也視上帝對世界的經驗為持續的，而不是一次過的事情。它也和進程的上帝論一樣，對上帝作兩重分析或提倡二極的上帝論。它視上帝為既是絕對又是相對，既是永恆又是暫時，既是不變又是改變。它將每一對的一個元素設定為上帝的存有——那基本的神聖品格或具體的神聖經驗——一個合適的方面。[31]

但這兩種神學也有十分大的分別。進程神學是以懷德海的形而上學為基礎的自然神學，而開放的觀點則是建基於聖經—歷史的基督教。進程神學否認基督教的某些主要教義，例如從無中創造，上帝最後戰勝邪惡，以及上帝的愛是自由的愛（而不是形而上學地必須）；但開放神論卻肯定這些觀點。最重要的是上帝的超越性這個問題——上帝與世界之間的存有論差異。因此，開放的觀點視上帝和世界的關係是不對稱的：上帝雖然與世界有關係，但存有上獨立於世界。因此，開放神論和進程神學雖然有些相似，但卻有神學和哲學上的差異。[32]

31 Rice, *God's Foreknowledge and Man's Free Will*, 33；也參他的 "Process Theism and the Open View of God: The Crucial Difference," in *Searching for an Adequate God*, ed. John B. Cobb and Clark H. Pinnock (Grand Rapids: Eerdmans, 2000), chap. 4。

32 參 Pinnock, *Most Moved Mover*, 140～150。

21

福音派神學
重訪古典上帝論

Evangelical Theology
Revisiting Classical Theism

192

・ 福音主義作為神學力量的興起 ・

開放神論的討論表達了福音派左翼的聲音。雖然潘嘉樂和其他開放神論的先驅宣稱他們對福音派有很強的委身，但這一章研究的兩位神學家——卡爾・亨利（Carl F. H. Henry）和他較年輕的同事艾利克森（Millard J. Erickson）——則代表了較溫和的聲音，很多人也會說這是主流的聲音。在探究他們的上帝觀前，我們需要思想**福音派**（或**福音主義**）這個廣泛使用的詞的意思。[1]

福音派這個詞目前有兩個意思。以它原本的意思，**福音派**代表新教神學，相對於天主教神學。因此，有例如信義宗教會或福音派神學院。另一個意思是在二十世紀英語世界（主要是美國，但也包括英國）並加上的。根據這個意思，**福音派**指那些相對於自由派左翼，並持守基督教更正統的版本的新教徒。在近幾十年，福音派運

1 參 Derek J. Tidball, *Who Are the Evangelicals? Tracing the Roots of Today's Movement* (London: Marshall Pickering, 1994)。

動是跨宗派、全球性的，不單代表從信義宗到長老會到浸信會到五
193 旬宗的新教徒，也包括聖公會，它疏遠了極端保守的基要主義（雖然大部分基要主義者自稱「真正的」福音派）。在這本書，**福音派**這個詞依從英語世界確立的用法。

選擇亨利作為當代美國福音派第一代神學家的領袖是沒有多大爭議的。直到目前為止，沒有其他福音派人士以正統啟示觀點為基礎，產生了他那種上帝教義的大全。從較年青一代的福音派人士中，我選了艾利克森，因為他是多產的作家，有很長的教學生涯，而且建立了保守福音派當代發言人的這個地位。他三冊的《基督教神學》（*Christian Theology*）是最多福音派神學院校採用的教科書。而且，對艾利克森來說，正如對亨利來說一樣，上帝的教義既是其神學的主要主題，又是他大量著作的題目。

· 上帝、啟示和權威：卡爾 · 亨利 ·

回到來源

身為大學教授和具有強大影響力的《今日基督教》（*Christianity Today*）很長時間的編輯，亨利是第一代福音派神學思想的縮影。[2] 亨利的神學方案，在極端保守的基要主義和進程神學以及他視為新正統自由主義的神學之間，採取一條中間路線。亨利攻擊士萊馬赫，視他為帶來「神學上的所有錯誤」的其中一個神學家。[3]

亨利的神學在他六卷本巨著《上帝、啟示、權威》（*God, Revelation, and Authority*）中發展得成熟。這本著作的目的是復興上帝論，並以上帝的啟示為基礎，作為基督教神學的至高規範，

2 參 Bob E. Patterson, *Carl F. H. Henry* (Waco: Word, 1983)。

3 Patterson, *Carl F. H. Henry*, 28；有關卡爾 · 亨利與神學左右翼的關係，參38～50。

從而幫助神學回到古典上帝論和古典基督教。由教會教父到新教宗教改革到十七世紀新教到美國十九世紀的奮興運動，這條路線標誌著亨利和他的福音派同道的系譜。

亨利的復興方案要求有力的護教工作。因此，他以哲學性的護教學開始，顯示基督教可以以理性來辯護。亨利在他早期的著作《重塑現代思維》(*Remaking the Modern Mind*)中也嘗試這樣做。在那本書中，亨利被幾個考慮引導：[4]

1. 他感到在現代哲學中出現了驚人的逆轉，因為它對人類的主要問 194
題，也就是對上帝的追尋，給予非基督教的回答。
2. 他確信福音派的聖經上帝論可以填補由哲學引退留下的真空。「當代哲學的極至，是歷史性基督教的機會。」[5]
3. 對他來說，神學自由主義似乎是不一致、不統一和沒有權威性啟示的；它變成了對經驗的分析。
4. 神學基要主義的選擇同樣欠缺吸引力，因為它不尊重科學和哲學，亦不能提供合理的護教學。

亨利對神學和護教學的進路可被恰當地稱為「新奧古斯丁派」(neo-Augustinian)：根據由上帝賜予的亮光，信仰引致理解，而理解又倒過來增強信仰，令它合理。

以上帝的權威為基礎的上帝啟示

亨利的上帝教義那理性、護教進路，是建基於他視聖經為最高權威這觀點。以下的公式最能夠說明這個觀點：

4　參 Patterson, *Carl F. H. Henry*, 58～59 中的總結。

5　Carl F. H. Henry, *Remaking the Modern Mind* (Grand Rapids: Eerdmans, 1946), 7.

> 神聖啟示是所有真理的來源，包括基督教的真理；理性是認出這真理的工具；聖經是它核實的原則；邏輯的一致性是真理的反面測試，連貫性是從屬的測試。基督教神學的任務是將聖經啟示的內容展示為有秩序的整體。[6]

在亨利提出，作為神學和上帝教義的基礎的十五個命題中，以下幾個是最重要的：(1)啟示是「由上帝開展的活動，上帝的自由溝通，惟獨藉此祂將祂的祕密變成對祂的實在的刻意揭示。」[7](2)啟示並不完全抹去上帝超越的奧祕，因為啟示者上帝超越性祂自己的實在。[8](3)上帝啟示自己的方法，主要從應用在上帝的名字中看到，特別是耶和華這個名字。[9]

195 上帝的啟示，包括一般啟示，於祂在歷史中的救贖行為裏達到高峯。[10] 因此，在基督裏的啟示是亨利神學的中心。「上帝特別啟示的高峯是拿撒勒的耶穌，上帝在肉身位格性的道成肉身；在耶穌基督裏，啟示的來源和內容會聚一起並彼此一致。」[11]

傳統古典上帝論中的上帝教義

對亨利來說，神學的出發點是清晰的：「從某個觀點來看，上帝的概念決定所有其他概念；它是個人藉以模塑整個世界觀的阿基米德式(Archimedean)槓杆。」[12] 他長達九百頁的上帝教義，

6 Carl F. H. Henry, *God, Revelation, and Authority*, 6 vols. (Waco: Word, 1976～1983), 1:15.

7 Henry, *God, Revelation, and Authority*, 2:8.

8 Henry, *God, Revelation, and Authority*, 2:47.

9 Henry, *God, Revelation, and Authority*, 2:167～173.

10 Henry, *God, Revelation, and Authority*, 2:247.

11 Henry, *God, Revelation, and Authority*, 3:9.

12 Henry, *Remaking the Modern Mind*, 232.

根據現代的挑戰，例如自由主義、自然主義、進程神學和無神論，提出對古典上帝論觀點的辯論和闡釋。他以討論上帝的本質和存在之間的關係開始，然後提出一個對三一的經典理解。接著是詳細討論上帝的屬性，例如永恆性、無所不知、不可改變性、無所不能、聖潔和愛。最後，亨利進入創造、護佑和邪惡這些主題。

對亨利來說，一個主要肯定是，上帝的實在和存在是世界存在的基礎。[13] 這肯定將批評指向新正統主義，這思想將上帝轉為神聖主體；這肯定也批評邏輯實證主義，這思想原則上否定上帝的存在。亨利總結上帝的本質為「存有、來臨和生成」（being, coming, becoming）：

> 身為存有，聖經的上帝是存有的超越性基礎，在自己裏面自足和完全，活在自己光輝自足的內在三一生命中。身為來臨，上帝這永恆的主權主動來創造、審判和救贖世界及人類。上帝從無中創造世界時，祂屈尊成為為他者的存有（be for others）。身為生成，上帝藉著成為祂所不是的，也就是拿撒勒的神—人（God-man），實現祂的救贖計劃。[14]

・　上帝無所不能的父：艾利克森　・

重述古典的上帝教義

艾利克森在三冊的《基督教神學》中最初展示他的上帝和啟
示教義。在這本著作中，他追隨亨利和古典正統的腳步，肯定啟示 196
作為權威和無誤的。[15] 雖然艾利克森承認在特殊啟示以外也可能
有關於上帝的知識，但這種知識總是部分和不完整的。特殊啟示

13　Henry, *God, Revelation, and Authority*, 5:40.

14　Patterson, *Carl F. H. Henry*, 129～130.

15　參 Millard J. Erickson, *Christian Theology* (Grand Rapids: Baker, 1985), chaps. 9～11。

在基督裏達到高峯，透過聖經讓我們可以接觸到，聖經是上帝可靠和無誤的道。[16]

建立了神聖啟示的權威後，艾利克森沒有先考慮上帝的本質與存在，或祂的屬性與本質之間的關係這些正統神學經常討論的主題，便直接討論上帝的屬性。[17] 艾利克森將上帝的屬性分為兩個類別：

1. 偉大的屬性：靈性、位格性、生命、無限和持久不變。
2. 良善的屬性：道德純潔（聖潔、公義、公正）、正直（真實、誠實、信實）和愛（仁慈、恩典、憐憫、堅持）。[18]

在這裏，艾利克森跟隨柏克富的《系統神學》（*Systematic Theology*）這本二十世紀初最多保守派學院使用的教科書的帶領，那本書談及上帝的「自然」和「道德」屬性。[19]

艾利克森的系統神學[20]以考慮三一論的教義結束。艾利克森藉著以上帝的統一為基礎，提出對三一論典型的正統教義。艾利克森通常與福音派運動以外的聲音進行廣泛對話，例如巴特、潘寧博和莫特曼。不過，在處理三一論時，他只看聖經和信條的歷史，沒有嘗試任何建構性工作。

與非福音派的上帝觀對話

自從完成了《基督教神學》後，艾利克森將精力花在寫作一

16 例如：參 Erickson, *Christian Theology*, 241。

17 艾利克森只簡短地考慮了屬性的本質，以及應該怎樣理解它們與神格的關係，參 Erickson, *Christian Theology*, 265～266。

18 Erickson, *Christian Theology*, chaps. 12～13.

19 Louis Berkhof, *Systematic Theology* (Grand Rapids: Eerdmans, 1953), 55.

20 Erickson, *Christian Theology*, chap. 15.

些對抗其他神學，並為福音派神學辯護的作品上；[21] 面對其他福
音派的建議，界定福音主義 [22]（提倡更保守的看法）；或者專注於 197
某個特定的教義。他的上帝教義在流行 [23] 和學術層面都受到很多
注意。在他近年的《上帝全能的父》（*God the Father Almighty,*
1998）中，艾利克森與多元主義（希克）、進程神學和開放神論互
動，顯示他這位目前北美福音主義的主要發言人，將上帝教義放在
甚麼位置。

艾利克森十分反對由希克和其他人提出的多元論式的上帝教義。他不相信上帝身為位格神和非位格終極實在這兩個觀念，可以被視為同一種屬的不同類別；相反，它們是那麼不同，以致是不能共存的。艾利克森也批評希克傾向忽略不同宗教和它們對神的觀念那些真實的分別。艾利克森也哀歎在多元主義中啟示沒有任何角色，而且多元主義忽略真理問題，因此不能夠為宗教或宗教上的上帝觀念的真理，提供論證。[24]

艾利克森認為進程神學有一些有價值的觀念，雖然它的問題更多。建構真正的形而上學這個嘗試得到很強支持，他也讚賞進程神學嘗試與現時的生活和科學建立關連。不過，根據艾利克森的估計，進程神學拒絕有根本的實體這個觀念，因而令言說位格

21 例如：參 Millard J. Erickson, *Where Is Theology Going? Issues and Perspectives on the Future of Theology* (Grand Rapids: Baker, 1994)；和 Millard J. Erickson, *Truth or Consequences: The Promise and Perils of Postmodernism* (Downers Grove, Ill.: InterVarsity, 2002)。

22 例如：參 Millard J. Erickson, *The Evangelical Left: Encountering Postconservative Evangelical Theology* (Grand Rapids: Baker, 1997)。

23 例如：參 Millard J. Erickson, *Making Sense of the Trinity: Three Crucial Questions* (Grand Rapids: Baker, 2000)；和 Millard J. Erickson, *Does It Mater If God Exists? Understanding Who God Is and What He Does for Us* (Grand Rapids: Baker, 1996)。

24 Millard J. Erickson, *God the Father Almighty: A Contemporary Exploration of the Divine Attributes* (Grand Rapids: Baker, 1998), 46～48.

人和上帝變得極其困難。艾利克森也懷疑如果上帝以某種方式受制於世界進程的結構，因而受制於世界進程的限制，進程神學家怎樣設想上帝與世界所有事件的積極交往。他也質疑他們秉持的人類自由這個概念——回應古典上帝論那甚麼都能的上帝——的基礎，而這是進程神學家建構神的活動和人活動之間的關係的方式，以及關於戰勝邪惡和「最終勝利」這些還沒有得到答案的問題。[25]

接著艾利克森轉向開放神論，他寧願稱它為自由意志神論。他認為這個見解有幾件事值得稱讚，雖然他最終對它持相當批評的態度。正面的特點，包括渴望符合聖經和公平對待聖經啟示中上帝那幅動態的圖畫，與當代處境建立聯繫，辨別希臘形而上學對古典上帝論的影響，以及使上帝的教義適切基督徒的生活。[26] 不過，艾利克森指摘開放神論的同儕選擇性地運用聖經。其次，他認為他們誤解了神聖預知和人類自由之間的關係。他自己的建議是「兼容主義」（compatibilism，編按：意指兼容自由意志與決定
198 論的一種立場），「主張預知只要求對某件事件的確定性而不是必然性。」[27] 簡單來說，艾利克森的結論是，開放神論需要做更多工作才能夠有說服力。[28]

要將福音派和普世教會的探討推進到上帝的屬性，艾利克森的《上帝全能的父》第二部分，就上帝和改變、永恆、上帝的能力、上帝的良善和上帝的內在性和超越性等題目，展開有吸引力的對話。[29]

25 Erickson, *God the Father Almighty*, 60～66.

26 Erickson, *God the Father Almighty*, 84～85.

27 Erickson, *God the Father Almighty*, 89.

28 Erickson, *God the Father Almighty*, 84～92.

29 Erickson, *God the Father Almighty*, part 3.

‧ 思想福音派的上帝神學 ‧

上兩章有證據顯示在福音派中，上帝的神學變得愈來愈多樣化。一方面，（在北美）繼續有關於開放神論的辯論；另一方面，福音派神學家中，也有人渴望與非福音派觀點對話，並更清楚和獨特地界定福音派的進路。

福音主義作為神學運動，面對著張力——我們也可以稱之為資產。一方面，它嘗試堅守古典基督教中最好的東西，包括更保守地閱讀聖經、歷史上的信條和新教宗教改革的貢獻；同時它又要適應第三個千年的後現代處境。與很多其他當代運動——例如進程神學和神死神學——不同，福音主義植根於聖經傳統和早期的信條。不過，這委身帶來關於上帝的聖經和歷史解釋之間的關係的張力。聖經對上帝的敍事以及（古典上帝論）更哲學性的解釋之間有沒有延續性？當然這個問題帶來開放神論運動，很多來自福音派的反對者都視之為接近進程神學，是對基督教更「自由」的解釋。

對上帝作福音思考另一個需要留意的向度，是在三分二世界迅速增長的運動。很多人相信福音派的未來在於非西方教會和它們的神學。但在這裏，說福音派對上帝的解釋會由亞洲、非洲和拉丁美洲的處境，以及它們各自的文化和宗教所模塑，或者會怎樣由它們模塑，似乎都言之過早。

第五部

北美視角中的上帝處境化進路

God in North American Perspective Contextual Approaches

陳永財譯

關於上帝的教義，正如引導本系列三步曲的第一本書《聖靈論：普世、國際和處境化視角中的聖靈》(*Pneumatology: The Holy Spirit in Ecumenical, International, and Contextual Perspective*)的信念一樣，是同樣迫切：

> 在當代世界，神學有責任顯出它對文化的敏感。神學再不能成為一個民族羣體的特權。相反，它必須有特定的處境，在特定的環境中對待上帝和上帝的世界，並回應不同的需要和挑戰。[1]

1 Veli-Matti Kärkkäinen, *Pneumatology: The Holy Spirit in Ecumenical, International, and Contextual Perspective* (Grand Rapids: Baker Academic, 2002), 147.

沒有上帝的教義在真空中運作，或者源自真空。雖然談論「處境化神學」是近年的現象，[2] 但基督教神學一直都是處境化的。令談論處境化神學在今天變得適切的，是神學家在多大程度上**明白**神學需要由處境模塑，即使不是由處境決定。例如：從第四世紀而來的古典信條，在其中對三一上帝的信仰，主要是以希臘形而上學類別來描述，這是以高度處境化的方式提出的基督教信仰。同樣，十二世紀坎特伯雷的安瑟倫嘗試處理 "*Cur Deus homo*?"（「為甚麼上帝成為人？」）這個迫切的問題時，使用中世紀封建社會的階級思想形式。士萊馬赫的神學以主觀的上帝意識為基督，依從的是後啟蒙的浪漫主義。所有這些——我們還可以加上很多其他例子——都顯示基督教神學的處境怎樣模塑和啟發關於上帝和相關課題的言說。當然，這本身並不是神學的限制；它是美好的資產，是令言說上帝變得有意義的一種方法。不過，那挑戰是開放和誠實地面對基
200 督教神學，顯出不情願——並仍然以更隱晦、看不到的方式（例如當神學研究繼續下去，彷彿西方神學是**惟一的**基督教神學時）顯出來——揭露其主要是白人、西方的解釋的種種限制。

已故的費萊（Hans Frei）在死後出版的著作《基督教神學的種類》（*Types of Christian Theology*）中將當代神學分為有五種進路的連續體（continuum）。[3] 第一種處於其中一端，包含那些完全忽略處境，單以基督教傳統為基礎的進路（巴特是一個典型例子，雖然有些人會將他歸為第二類）；在另一端，是那些認真看待

2 有關處境化神學一個有用的神學定向是 Robert J. Schreiter, *Constructing Local Theologies* (Maryknoll, N.Y.: Orbis, 1985)。

3 Hans Frei, *Types of Christian Theology*, ed. George Hunsinger and William C. Placher (New Haven: Yale University Press, 1992)。例如：這個架式見於在 David F. Ford, "Introduction to Modern Christian Theology," in *The Modern Theologians: An Introduction to Christian Theology in the Twentieth Century*, 2nd ed., ed. David F. Ford (Cambridge, U.K.: Blackwell, 1997), 1～15。

周圍的處境，以致餘下很少獨特的基督教信息的進路，在這個類別中，基督教傳統只在配合處境時才會得到使用（神死神學就是一個例子）。有幾個選擇在兩端之間。第二種進路以基督教傳統為規範，嘗試令它能夠被周圍的文化理解，右翼的福音派可能屬於這個類別。第三種立場嘗試將文化和基督教關聯起來（田立克可能是這種立場的理想例子）。第四個選擇以特定的哲學或世界觀為主要引導，並根據它來解釋基督教信仰，同時又盡可能堅守基督教信仰（進程神學可能屬於這類）。雖然這些模式的價值只是嘗試性的，但它們卻提醒我們處境的力量和影響。[4]

這本書的後半部討論全球非西方的上帝教義，包括非洲、亞洲和拉丁美洲的神學。而這部分先專注於北美洲對上帝的處境進路，它豐富的文化、種族、語言和宗教多元化，為對上帝的新穎解釋提供肥沃的土壤。因此，我們在這裏遇到更多對古典上帝論的挑戰。

以下的研究包括幾把北美洲的聲音。首先是美洲土著對基督教的上帝的理解。然後是研究非洲裔美國人的上帝觀和不同的亞洲和拉丁美洲裔移民的神學。這些人是美洲社會迅速增長的部分，也開始有學術的神學著作面世。第三，這部分處理婦女對上帝的不同解釋，包括女性主義、女權主義（非洲裔美國人）和拉丁美洲裔女性的 *mujerista* 神學。

這裏需要提出一個警告。我以這些文化以外的人的身分撰寫這個研究：我並非印第安人、黑人、亞洲人、拉丁美洲人和女性。我不能夠從這些對上帝的解釋的特定處境裏面書寫。我是以歐洲白種男性的身分書寫——而雖然我有豐富的跨文化背景，曾經在歐洲、亞洲和北美洲生活和任教，但我的進路仍然是有限的。

4　參 Stanley J. Grenz, *Theology for the Community of God* (Grand Rapids: Eerdmans, 1994), 19～20。

22

美洲土著神學

Native American Theologies

・ 美洲土著基督教神學？ ・

在一九八四年到訪安大略省（Ontario）米德蘭（Midland）的加拿大殉道者神龕（Shrine of the Canadian Martyrs）時，教宗約望保祿二世（Pope John Paul II）宣告說：「不單基督教與印第安人有關，**基督在祂身體的成員中，自己也是印第安人**。」[1] 另一方面，在美國聖公會（Episcopal Church）一張處理不同土著所關注的問題的海報中，一個尖銳的問題被提出來：「我可以同時是印第安人和基督徒嗎？」那張海報承認，「我們的印第安人當中的基督教故事往往是令人憂愁、困惑的故事。」不過，對那個問題的最終回應是肯定的。[2]

美洲土著神學仍未得到公眾注意，雖然在超過四百個美洲土著

1　引自 Achiel Peelman, *Christ Is a Native American* (Maryknoll, N.Y.: Orbis, 1995), 13。

2　(New York: Episcopal Church Center, 1989), 26.

部落中，現在有、也已經有豐富的基督教傳統。每當主導的文化提到美洲土著的靈性時，**土著**靈性（native spirituality）便成為焦點，卻忽略了特定的**基督教**土著靈性（Christian native spirituality）。查爾斯頓（Steve Charleston）（喬克托人〔Choctaw〕）談到「神學超級市場」（theological supermarkets），評論這點說：

> 好意的顧客可能只是想到這種關於靈性的談論是美洲土著在
> 宗教對話中的聲音……不過，單是靈性部分並不是完整的超
> 級市場。它仍然不是表達土著基督徒的觀點。這些著作在闡 202
> 釋土著傳統上無論是好或壞，也沒有為美洲土著基督教提供
> 清晰的聲音。它們不是土著人民的基督教神學。[3]

這並非否定在美洲土著中土著靈性和基督教信仰之間的緊密連繫，而是對將它們等同起來提出警告。

但美洲土著基督教神學這整個觀念又怎樣呢？很多美洲土著基督徒都承認，嘗試利用主流社會的語言（無論是英語還是法語）和學術性神學的形式化風格來表達土著宗教經驗和觀念，是有潛在危險的。韋斯（James L. West）（切延內人〔Cheyenne〕）稱神學為「非印第安觀念」（non-Indian concept），寧願稱土著宗教傳統為「屬靈的生活方式」。他承認印第安人有關於 *Maheo*——「上帝」（God）——的字彙的悠久傳統，但「神學作為智性的學科，有時和人們的日常生活相當脫節，且對大部分印第安部落的經驗來說都是很陌生的觀念。」[4]

3 Steve Charleston, "The Old Testament of Native America," in *Life Every Voice: Constructing Christian Theologies from the Underside*, ed. Susan Brooks Thistlethwaite and Mary Potter Engle (San Francisco: Harper & Row, 1990), 52.

4 James L. West, "Indian Spirituality: Another Vision," *American Baptist Quarterly* 5, no. 4 (1986): 350。也參 Rosemary McCombs Maxey, "Who Can Sit at the

美洲土著神學聯會（Native American Theological Association）在一九七七年成立，目的是在主流新教教會的土著基督徒中推動領導才能。大約在那時，查爾斯頓（喬克托人）、鮑德里奇（William Baldridge）（切羅基人〔Cherokee〕）、瓦里奧（Robert Allen Warrior）（奧薩格人〔Osage〕）和其他人開始建立獨特的美洲土著神學。在更早的一代中，最著名的神學家是德洛里阿（Vine Deloria, Jr.）（蘇人〔Sioux〕）和廷克（George Tinker）（奧薩格人／切羅基人）。[5]

正如上面提到，土著靈性和基督徒土著靈性是不能等同的。但兩者也不能截然分開。要明白美洲土著的神學和靈性對明白上帝的獨特貢獻，需要認識一些背景。

・ 土著靈性的背景 ・

要外人對美洲土著宗教和文化說任何有效和準確的事情是
203 相當冒險的，原因有幾個。[6] 首先，美洲有很多部落——超過四百個。其次，無可否認，白種基督徒，無論是基督教徒還是天主教徒，對土著文化和宗教都缺乏敏銳性。[7] 第三，即使到了今天，土

Lord's Table? The Experience of Indigenous Peoples," in *Theology and Identity: Traditions, Movements, and Polity in the United Churches of Canada*, ed. Daniel L. Johnson and Charles Hambrick-Stowe (New York: Pilgrim, 1990)。也參 James Treat, "Introduction: Native Christian Narrative Discourse," in *Native and Christian: Indigenous Voices on Religious Identity in the United States and Canada*, ed. J. Treat (New York: Routledge, 1995), 1～26；以及 M. Shawn Copeland, "Black, Hispanic/Latino, and Native American Theologies," in *The Modern Theologians: An Introduction to Christian Theology in the Twentieth Century*, ed. David F. Ford (Cambridge, Mass.: Blackwell, 1997), 376～382。

5 參 Treat, "Introduction," 14～15。

6 關於土著靈性的背景一個有用而簡短討論，參 Peelman, *Christ Is a Native American*, chap. 2。

7 關於平衡的陳述，參 Webster Grant, *Moon of Wintertime: Missionaries and the*

著仍然往往被視為住在他們自己土地上的「社會的他者」(social other)。[8]

心裏記著這些考慮,讓我們嘗試對土著文化和宗教——作為思想上帝的背景——說一些有價值的話。概括地說,美洲土著文化和大部分非西方文化一樣,接受一種十分屬靈的生活方式,像一整全的網絡,因為

> 這種經驗的觀念和禮儀通常不限於一種制度,或甚至不由一種制度保存,而這種制度正是以這目的,或與其他制度分離的任何方式,介定其存在。印第安部落的傳統領袖不單扮演政治、社會或法律的角色,也被視為有屬靈能力的領袖。對健康和醫藥的傳統理解沒有將身體的健康從社會、心理或靈性健康分離出來。部落的禮儀並非由教會管理或控制……因此,Maheo〔上帝〕的視象或啟示對部落的任何成員都是潛在的經驗。生於某個部落的生命中,就是生於由 Maheo 或上帝向那羣體啟示的屬靈生命中。[9]

談論屬靈旅程或宗教歷程,比談論宗教可能更適合,因為土著與至高的存有(supreme being)和屬靈世界有經驗上的關係。嚴格來說,美洲土著不用相信上帝。「他們知道上帝是他們所有關係的內在向度(intrinsic dimension)。宇宙的所有生物都神祕地互有關連,並從上帝或從大奧祕(Great Mystery),也就是他們生命的中心和能量的來源接受他們的實體(substance)。」[10] 因此,宗教

Indians of Canada in Encounter since 1543 (Toronto: University of Toronto Press, 1984)。

8 參 Copeland, "Black, Hispanic/Latino, and Native American Theologies," 376。

9 James L. West, "Indian Spirituality: Another Vision," *in Native and Christian*, 31.

10 Peelman, *Christ Is a Native American*, 41.

不是一種分離的制度，而是交織進生命的網絡中。上帝、人類和大地有著生命的連繫。因此，雖然顯得反諷，但印第安語言往往欠缺**上帝**（God）這個特定的詞，不是因為缺乏對上帝的信仰，而是因為靈性包含了生命的整體，不容易歸入為一分離的客體（separate object）。上帝的不同稱號與無所不包的靈性有關，上帝是生命的一部分。*Maheo* 這個詞來自切延內語，意思是「大奧祕」；它嘗試描述一個超越的存有，祂既在這個世界裏面，也超越它，因而是超自然的。[11] 在拉科塔（Lakota）人 *Wakan Tanka* 的意思也是「大奧祕」。在穆斯科吉（Muscogee）（克里克〔Creek〕）語中，「創造者—靈」（creator-spirit）之神明，名字是 *Hesaketvmese*，字面意思是「氣息
204 之主」（Breath Holder）。*Hesaketvmese* 的其他意思包括創造者、支持者、救贖者、介入者、愛者、親密的知己和愛開玩笑的朋友。在整個宇宙中都可以接近神明，神明也存在於整個宇宙中。[12]

天主教的美洲土著基督教專家皮勒文（Achiel Peelman）指出，美洲印第安人的宗教經驗最特別的地方，是它的「聖禮（具體）和神祕（關係）性質。」這表示「美洲印第安人在其中展開屬靈旅程的具體的宇宙，已經被視為神聖或神祕的實在（reality）。」[13] 對上帝的經驗（God-experience），發生在日常生活的普通元素中，是關乎內在和外在和諧的，因為「整個宇宙都被視為充滿屬靈力量的神聖實在。」[14]

皮勒文主張，土著靈性對上帝的看法可以和印度教（Hindu）對上帝的理解相比，即上帝是非位格的（impersonal），因為它是超位格的（suprapersonal）。上帝是完全的他者（the totally

11 West, "Indian Spirituality," 31.

12 Rosemary McCombs Makey, "Who Can Sit at the Lord's Table? The Experience of Indigenous Peoples," in *Native and Christian*, 45.

13 Peelman, *Christ Is a Native American*, 43.

14 Peelman, *Christ Is a Native American*, 46.

Other)，但「它（她、他）的他性（otherness）不能置於我們以外。」[15]

耶和華及土著的上帝

在一篇很有洞見的文章中，查爾斯頓（喬克托人）分享舊約對耶和華的描述，對他身為印第安基督徒的宗教背景而言有甚麼衝擊。作神學院學生時，查爾斯頓已開始因為舊約的世界觀和對上帝的信仰，與他自己本土宗教的很多相似之處而留下深刻的印象。他列出自己族人的傳統和舊約對上帝的觀點的一些連繫：

上帝是一。
上帝創造存在的一切。
上帝是人類歷史的上帝。
上帝是所有時空的上帝。
上帝是所有民族的上帝。
上帝與百姓建立了約的關係。
上帝給百姓一塊「應許地」。
百姓在這片土地上為上帝作管家。
上帝賜給百姓律法或生活方式。
百姓在神聖的空間敬拜上帝。
上帝興起先知和神魅領袖。
上帝透過夢和視象說話。 205
百姓維持敬拜的節期。
百姓相信上帝會解救他們脫離苦難。
上帝可以成肉身來到地上。[16]

15 Peelman, *Christ Is a Native American*, 49.

16 Steve Charleston, "The Old Testament of Native America," in *Native and Christian*, 76.

這些重點表示古以色列的宗教世界觀和宗教焦點，與美洲土著有很多共同之處。

解放的需要是美洲土著基督教的主要主題，因此也是信仰上帝的主要主題。雖然美洲土著神學家沒有毫不批判地接受拉丁美洲或女性解放神學（feminist liberation theology）的議程，[17] 但好像奧薩格族的神學家瓦里奧，卻將出埃及的聖經敘事和立約應用到印第安的情況。這是解放的上帝（God of liberation）為了受壓迫的人而採取的行動。不過，瓦里奧促請基督徒考慮出埃及故事中其他人的視角，例如迦南人，藉以避免接受一位征服的上帝（God of conquest）。[18] 他也不禁想到，美洲土著的解放主義者是否應該在其他地方尋找他們對解放、公義及和平的視象，讓「這個大陸上真正的寄居者（strangers）的諸神在他們當中作戰好了。」[19]

上帝是紅種的：德洛里阿

美洲土著神學家最著名的著作是德洛里阿的《上帝是紅種的》（*God Is Red*）。德洛里阿是聖公會牧師的兒子和孫兒，畢業於一間信義宗的神學院。他是多產的作家，著作包括《卡斯特為你的罪而死：一個印第安宣言》（*Custer Died for Your Sins: An Indian Manifesto*）[20] 和《被破壞的協議背後：印第安獨立宣言》（*Behind the Trail of Broken Treaties: An Indian Declaration of Independence*），[21] 他在政治和宗教事務上都是有力的發言人。

17 參 Copeland, "Black, Hispanic/Latino, and Native American Theologies," 376～378。

18 Robert Allen Warrior, "Canaanites, Cowboys, and Indians: Deliverance, Conquest, and Liberation Theology Today," *Christianity and Crisis* (11 September 1989): 261～265.

19 引自 Peelman, *Christ Is a Native American*, 186。

20 Vine Deloria, Jr., *Custer Died for Your Sins: An Indian Manifesto* (New York: Macmillan, 1969).

21 Vine Deloria, Jr., *Behind the Trail of Broken Treaties: An Indian Declaration of Independence* (New York: Dell, 1974).

在《上帝是紅種的》一 書中，德洛里阿根據土著的信念，批判地研究不同的基督教教義和信念，發覺它們有直接的衝突。根據他的分析，基督教和土著宗教不單在信念上有分別，在思想模式，例如對時間和空間，[22] 以及歷史的概念[23] 方面也有分別。 206

德洛里阿論證說，基督教和土著宗教對上帝的設想最戲劇性的分別，與創造的問題有關：「基督教傳統上似乎將主要強調，放在創造作為特定的事件上，而我們則可以說印第安部落視創造為存在於一個可界定的地方的生態系統。」[24] 一個相關的問題是怎樣定義神性（diety）：大部分美洲印第安人都拒絕以擬人的詞語來描述上帝，即使他們在禱告中使用好像「祖父」這樣的稱號。土著信仰沒有要求與大靈（Great Spirit）有「位格性的關係」（personal relationship），而流行的基督教則強調與上帝的位格性關係。[25]

對批評基督教在美洲的普遍表現形式，以及在保守／基要派（fundamentalistic）圈子的特定表現形式，德洛里阿從不感到厭倦。但令人失望的是，他沒有從土著的角度闡述基督徒對上帝的解釋。新一代的美洲土著神學家、牧者和長老，需要產生一種上帝的神學，是能夠公平地對待他們對基督教那種禮儀性、整全性和先知性解釋的。

22 Vine Deoria, Jr., *God Is Red* (New York: Grosset & Dunlap, 1973), chap. 5.

23 Deoria, *God Is Red*, chaps. 7～8.

24 Deoria, *God Is Red*, 91.

25 Deoria, *God Is Red*, 92～93.

23

非洲裔美國人神學和移民神學

African American and Immigrant Theologies

・ 非洲裔美國人和黑人神學 ・

黑人的解放神學

黑人神學深受讚賞的經典著作《黑人解放神學》（*A Black Theology of Liberation*），由科恩（James H. Cone）撰寫，書名顯示黑人或非洲裔美國人神學的核心：「黑人神學是黑人的解放神學。它尋求根據上帝在耶穌基督裏的啟示探究黑人的狀況，讓黑人羣體可以看到福音是和黑人的成就相等的。」[1]

對科恩來說，基督教神學是解放的神學。因此，它存在的惟一理由是「將上帝在世界的解放行動變成條理整齊的言語。」基督教神學必須「毫無保留地與那些被侮辱和被損害的人認同。」事實上，科恩更進而指出，「神學如果不能從受壓迫的羣體中興起，

1 James H. Cone and Gauraud S. Wilmore, eds., *Black Theology: A Documentary History, Volume One: 1966～1979* (Maryknoll, N.Y.: Orbis, 1979), 101；也參 James H. Harris, *Pastoral Theology: A Black Church Perspective* (Minneapolis: Fortress, 1991), 59～60。

便不再是『福音的神學』，因為它不再可能談論以色列歷史中的上帝，祂是在耶穌基督裏啟示的上帝，它沒有看到上帝**屬於**（of）那 208
些勞苦和背負重擔的人的上帝，也是**為了**（for）他們的上帝。」[2]

根據科恩，黑人神學，因而是關於上帝的「黑人言說」（black-talk），其資源是：黑人經驗、黑人歷史、黑人文化、啟示（作為總是與處境有關的事件）、聖經和傳統。所有言說上帝的出發點，是源自黑人羣體的經驗的黑人言說。[3]

黑人神學的發展

黑人神學並非從天而降，而是黑人羣體與其他少數羣體一起鬥爭的結果。根據羣體的另一位年長神學家埃文斯（James H. Evans）說，黑人神學和傳統神學的分別，很大程度上與非洲裔美國人的基督教和歐洲及北大西洋的基督教之間的分別相似。自從最早的非洲人踏足在這片土地上，非洲人的後裔在新世界便有獨特的經驗。[4]

黑人神學興起的一個重要背景，是華生頓（Joseph R. Washington）的《黑人宗教》（*Black Religion*）在一九六四年出現。在這本富爭議性的書中，本身是非洲裔美國人的華生頓區分了「信仰」和「宗教」。信仰以白種人的正統的傳統形式為代表，相信上帝；而宗教在當時則以未發展成熟的黑人靈性為代表，是「扭曲」了的基督教版本，是一種「民眾宗教」。[5] 根據華盛頓，要真正的信仰成為黑人羣體的一部分（因而取代黑人靈性），黑人宗教團體需要加入白人教會。難怪黑人領袖負面地回應這本書，但它無

2　James H. Cone, *A Black Theology of Liberation*, Twentieth-Anniversary Edition (Maryknoll, N.Y.: Orbis, 1990), 1；強調為原文所有。除了特別聲明外，所有頁碼都是這個版本的。

3　Cone, *Black Theology of Liberation*, 23～35.

4　James H. Evans, *We Have Been Believers: An African-American Systematic Theology* (Minneapolis: Fortress, 1992), 2.

5　Joseph R. Washington, *Black Religion* (Boston: Beacon, 1964), 22, 38～39.

意地有助帶來獨特的黑人神學。

美國黑人神學的第一階段[6] 始於一九六六年全國黑人教徒委員會（National Committee of Negro Churchmen）在《紐約時報》（*New York Times*）[7] 出版一個黑人宣言。三年後，科恩出版他的經典著作《黑人神學和黑人力量》（*Black Theology and Black Power*），[8] 這書結合了馬丁 · 路德 · 金（Martin Luther
209 King, Jr.）的號召，他號召教會徹底成為解放的工具，以及艾克斯（Malcolm X）號召非洲裔美國人愛身為黑人的自己。第二個階段由黑人宗教研究會（Society for the Study of Black Religion）在一九七〇年出現開始。這學會的成立令黑人神學很快便成了一門學術科目。在第三個階段，最具模塑力的事件是黑人神學計劃（Black Theology Project）（一九七五年開始）。這計劃由那些與非洲、亞洲、加勒比海和拉丁美洲自由主義者有密切聯繫的教會人士、社區活躍分子和學者組成。第四和現時的階段始於一九八〇年代中期，這個階段擴闊了黑人神學的領域，包括黑人婦女的神學（女權主義神學），並在好些主要神學院取得已經確立的地位。[9]

科恩和埃文斯是第一代黑人神學家的領袖。另一些人也對黑人上帝的觀念有貢獻。威廉 · 瓊斯（William R. Jones）的《上帝是否白人種族主義者？黑人神學緒論》（*Is God a White Racist? A Preamble to Black Theology*）考慮神義論與上帝作為仁慈的上帝

6 我在這裏依從 Dwight N. Hopkins, *Introducing Black Theology of Liberation* (Maryknoll, N.Y.: Orbis, 1999), 7～12 的分析；chaps. 1～3 提供這些階段的詳細歷史和神學討論。

7 重印為 "Black Power: Statement by the National Committee of Negro Churchmen," in *Black Theology*, 19～26。

8 James H. Cone, *Black Theology and Black Power* (New York: Seabury, 1969).

9 原始文獻的最佳引導和來源，附有加上註釋的書目的是由科恩和威爾莫爾（Wilmore）編輯的兩冊 *Black Theology: A Documentary, Volume One: 1966～1979* 和 *Volume Two: 1980～1992* (Maryknoll, N.Y.: Orbis, 1993)。

的本性這個問題。[10] 梅杰・瓊斯（Major J. Jones）的《黑人覺醒：盼望神學》（*Black Awareness: A Theology of Hope*）[11] 是為了黑人羣體而與莫特曼的神學展開的對話，並溫和地批評科恩對上帝那太狹窄的觀念，科恩視上帝為只站在被壓迫的黑人那邊。米切爾（Henry H. Mitchell）的《黑人信仰》（*Black Belief*）研究黑人對上帝和聖靈的觀念的非洲根源。[12]

被壓迫者的上帝：科恩

科恩一九七五年的著作《被壓迫者的上帝》（*God of the Oppressed*）是對黑人靈性和非洲裔美國人的講道、歌曲、諺語和民間故事反映的上帝觀念一個了不起的神學解釋。他以這些資源為基礎，為自己的基本洞見找到支持，他認為所有神學都受到某特定羣體的社會和歷史處境影響。他的出發點是上帝偏愛被壓迫的人：「上帝不單為他們戰鬥，也將他們那受辱狀況擔在其神聖位格上，從而為窮人打開一個新的未來，是與他們過去和現在的苦況不同的。」[13] 從「黑人經驗」的視角來看，上帝的教義專注於耶穌的死和復活，透過這些事件「上帝釋放我們，讓我們對抗社會和政治 210
結構，而不由它們所決定。」那戰鬥並非無意義，因「上帝是至高的統治者，沒有甚麼可以阻止祂解放被壓迫者這個旨意。」[14]

在《黑人解放神學》中，科恩提出一套整全的黑人神學，包括

10 William R. Jones, *Is God a White Racist? A Preamble to Black Theology* (Garden City, N.Y.: Anchor Books/Doubleday, 1973).

11 Major J. Jones, *Black Awareness: A Theology of Hope* (Nashville: Abingdon, 1971).

12 Henry H. Mitchell, *Black Belief* (New York: Harper & Row, 1975)；另一本經典的研究，現在雖然已經過時，但仍然有趣的，是 Benjamin May, *The Negro's God: As Reflected in His Literature* (1938; reprint, New York: Athenaeum, 1969)。

13 James H. Cone, *God of the Oppressed* (1975; reprint, Maryknoll, N.Y.: Orbis, 1997), 128.

14 Cone, *God of the Oppressed*, 145.

上帝的教義。[15] 科恩不是以創世記一至三章開始他的上帝教義，而是從出埃及記一至三章開始，在那裏以色列人是被壓迫的少數羣體，他們向上帝呼喊，而上帝聽到他們的呼喊。藉著解救這羣百姓脫離埃及的奴役，上帝顯明自己是被壓迫者的上帝。

即使在以色列人歷史的較後時期，上帝仍然特別關注羣體中被壓迫的人。「重要的是，要留意在這方面，上帝的公義並不是上帝存有中的抽象質素，正如希臘哲學那樣；乃是上帝積極參與歷史，將人類做錯的事情糾正過來。」[16] 在耶穌的復活中，上帝的解放工作明顯不單是為了以色列人，而是為了所有被奴役的人。[17]

有些人主張上帝是色盲的。但科恩反對這觀點，他論證說這樣表示上帝無視公義與不公義、對與錯、良善與邪惡。舊約的耶和華，耶穌基督的上帝，站在被壓迫者那邊對抗壓迫者。因此對科恩來說，黑人解放的行動是「上帝的工作，在人類中實行上帝的旨意。」[18]

這並非表示只有黑人受苦，很多其他人也受苦。在這方面，科恩提到田立克認為所有神學語言都具有象徵性質這個觀念。由於人類不能直接描述上帝，我們必須使用象徵指向現實某些不能直接談及的方面。「以黑色為焦點，並非表示在種族歧視的社會中，**只有**黑人是受害人，**只有**黑人受苦；而是黑色是存有論的象徵和可見的實在，最能夠描述在美國受壓迫是甚麼意思。」[19] 因此，神學是參與被壓迫者的受苦。科恩指出，美國神學的罪是它毫無痛苦地談話，因而不能與那些處於社會邊緣的人有關連。堅持憐憫的

15 在一九八六年版的前言中，他提到如果他今天要重新寫這本書，他對神學的進路會較欠缺系統，因為沒有人類經驗是「抽象」的啟示；上帝是在人類狀況中，而不是在一個觀念或概念中與我們相遇（Cone, *Black Theology of Liberation*, xix）。

16 Cone, *Black Theology of Liberation*, 2.

17 Cone, *Black Theology of Liberation*, 3.

18 Cone, *Black Theology of Liberation*, 6.

19 Cone, *Black Theology of Liberation*, 7.

神學，是給予神學一個相對於巴特和其他人的擬人式的出發點。[20]

•上帝是黑種的 211

與巴特不同，對巴特來說，上帝的道是言說上帝的出發點；也與田立克不同，對田立克來說關聯方法是出發點；對科恩來說，出發點是聖經的上帝與黑人爭取解放的鬥爭。[21] 因此，言說上帝永遠都不是學術活動。它是「**危險的**，因為上帝福音的真先知必須成為『反基督教』和『反愛國』。」[22] 這種言談永遠都不能肯定不公義和施壓迫的「白種上帝」。不過，與無神論者和很多存在主義者（例如沙特和卡繆）不同，科恩不打算放棄「上帝的語言」。主因是每一個重要的黑人解放運動都有宗教面向。需要有真正的言說上帝揭露「白種上帝……〔是〕由種族主義者創造的偶像。」[23]

由於黑人知道自己是黑人，並且由於黑色「是令他們愛自己和恨白種的原因，上帝的黑種性（blackness）是我們對上帝的認識的關鍵。」科恩主張，在黑人神學中，無色的上帝是沒有地位的。

> 黑人神學家必須拒絕任何將上帝描述為所有民族的上帝的上帝觀念，從而扼殺黑人的自決。上帝要不是與被壓迫者認同，以致他們的經驗變成上帝的經驗；上帝便是種族主義的上帝。[24]

上帝的黑種性表示上帝令被壓迫的狀況變成祂自己的狀況。根據科恩的分析，這是聖經啟示的本質。藉著揀選以色列的奴隸作為上帝的百姓，並藉著在耶穌基督裏成為那被壓迫者，上帝在被

20 Cone, *Black Theology of Liberation*, 18.

21 Cone, *Black Theology of Liberation*, 59～61.

22 Cone, *Black Theology of Liberation*, 55.

23 Cone, *Black Theology of Liberation*, 59；也參 62。

24 Cone, *Black Theology of Liberation*, 63.

侮辱和被壓迫的人中為人所認識。[25]

上帝的黑種性也是科恩黑人神學的三一論教義的關鍵：

> 認真看待神格的三一觀，黑人神學說：身為創造者，上帝與被壓迫的以色列認同，參與令這百姓成為其所是；身為救贖者，上帝成為那被壓迫者，藉以讓所有人可以脫離壓迫；身為聖靈，上帝繼續解放的工作。聖靈是創造者和救贖者的靈，祂在我們今天的社會那人類解放的力量中工作。在美國，聖靈是黑人為自己的同一作決定，這表示為與白人相遇作預備。[26]

212 根據黑人神學所見，上帝的主要質素是愛和公義。兩者都不能抽象地討論。言說上帝必須總是具體的。[27] 言說上帝與傳統神學語言怎樣聯繫？

‧關於上帝的黑人言談與傳統的神學語言

關於上帝是創造主這句話，黑人神學對關於「自我存在」(aseity)(上帝獨立於創造)的猜測沒有興趣。宣稱上帝是創造者，是講述上帝與祂的受造物的關係，特別是那些被壓迫的受造物。這句話不是關於眾多個體，好像在白人神學一樣；而主要是政治和社會的肯斷。

那麼，上帝的內在性和超越性又怎樣呢？上帝的內在性表示上帝總在歷史性的解放情景下與人相遇。「上帝的內在性是無限者在有限中表達自己」。[28] 上帝的超越性和祂的內在性一樣，不是空間的陳述，而是指人的目的，由無限者為了解放而鬥爭所界定。科恩論證說，身為黑人有超越性的價值。

25 Cone, *Black Theology of Liberation*, 63～64.

26 Cone, *Black Theology of Liberation*, 64.

27 Cone, *Black Theology of Liberation*, 66～74.

28 Cone, *Black Theology of Liberation*, 76.

上帝的護佑直接連繫到我們怎樣在上帝的世界裏思考受苦。黑人神學不能接受任何即使是間接地認為上帝許可人類受苦的觀念。耶穌的死亡和復活，並不表示上帝應許我們一個將來的實在，藉以讓我們可以容忍現在的邪惡。[29] 上帝不能成為黑人的上帝而又要他們受苦。因此，護佑不是關於將來的陳述；它是關於現時的實在的陳述。上帝的無所不能正是必須在這個處境中界定。科恩總結說，上帝的護佑不是指祂成就祂想成就的事的絕對能力，而是指「讓黑人從白種中站出來而成為其自己的能力。」[30]

尚未給定的上帝：埃文斯

在介紹他的神學時，埃文斯提到「非洲裔美國人存在的兩個頑固的事實」，那就是：上帝向黑人羣體啟示自己，而這啟示與黑人在歷史中爭取解放的鬥爭是分不開的。他認為這兩個信念反映了聖經關於呼召摩西的敘事（出三 1～17）和耶穌的宣教宣告（路四16～30）。換句話說，上帝的自我揭示，以及上帝在受壓迫、渴望自由的百姓的處境中那解放的意圖的彰顯之間，是有必需的聯繫
的。在摩西的呼召中，上帝沒有啟示新知識，而是將祂的顯現置於 213
爭取自由的處境中。舊約 *dabar* 這個詞通常翻譯為「話語」，它並非表示「一個遙遠神祇那脫離實體的言語，而是……上帝的積極參與，要帶來上帝宣告的事情。」[31] 因此，上帝的自我啟示是動態的，並且在歷史中發生。它不是抽象、不受時間影響的事件，而是活著的上帝旨意的彰顯。[32]

埃文斯將非洲裔美國人神學中**「上帝」**這個詞的含義概括為「尚未給定的上帝」（the ungiven God，第三章的標題）。他論證

29 Cone, *Black Theology of Liberation*, 80～81.

30 Cone, *Black Theology of Liberation*, 81.

31 Evans, *We Have Been Believers*, 11.

32 Evans, *We Have Been Believers*, 13.

說，雖然人們通常假設非洲裔美國人本身是有宗教的人，但在黑人基督徒中，上帝這個觀念是有困難的，正如埃文斯**尚未給定**（ungiven）這個有點含糊的詞表達那樣。這有兩個主要原因。其中一個與被白人「基督徒」加害和掠奪這個歷史有關；長達幾世紀從屬於白種人，與白種人對非洲後裔人民的神學能力——**無**能力——的種族主義性判斷有關，即他們言說上帝的方法是「原始」的。另一個原因與非洲裔美國人很多言說上帝的非洲來源有關，[33] 也就是在非洲傳統宗教中，對神人關係的創作神話描述相當普遍。根據這個傳統，上帝和人類曾經親密地生活在一起，但由於不順從的行為而疏遠。因此，非洲人既有上帝同在，又有上帝缺席的感覺。與這相關的是，活在不公義的世界，在其中他們的身分以「他者」來界定，非洲裔美國人開始視上帝為超越這個腐敗世界的那一位。上帝被視為一個受壓迫的世界的他者。[34]

根據埃文斯，對任何非洲裔美國人的上帝觀念來說，有三個彼此相關的主題是十分重要的。[35] 首先，上帝是公正的，「不偏待人」（徒十 34）。在不公義的世界中，非洲裔美國人將他們的信心放在那公正地對待黑人和白人的那一位。這肯定不單阻止壓迫者聲稱他們的罪行有神的命令，也保護上帝的自由，它使上帝和種族歧視文化的不公義結構沒有關連。這是肯定上帝的超越性的一種方法。上帝不是限制於個人經驗（無論是白人還是黑人），而是超越它。

第二，非洲裔美國基督徒宣稱上帝不偏待人，同時是偏袒的。
214 祂站在被壓迫者那邊，正如出埃及的故事那樣。這個信念是基於上帝的愛作為上帝存有的本質：「在傳統神學用語中，上帝的偏袒，是上帝的愛的政治性和歷史性彰顯。」[36] 上帝關心，上帝保護，

33 有關非洲裔美國人神學的非洲根源的成分和性質，學者沒有一致的意見，參 Evans, *We Have Been Believers*, 56～57，那裏有基本的書目指引。

34 Evans, *We Have Been Believers*, 54～58.

35 Evans, *We Have Been Believers*, 67～76.

36 Evans, *We Have Been Believers*, 70.

上帝培育。用來表達上帝慈愛的同在的傳統詞語是**內在性**。上帝超越性的自由和內在性的慈愛參與，必須維持動態的關係。

第三，上帝是位格。位格性不是上帝的限制（正如田立克主張那樣，從而拒絕稱上帝為「位格」），根據埃文斯的觀點，只要我們謹慎地將位格的概念應用到上帝便可。在非洲裔美國人的信仰中，具體、位格性的形象是最常見的，但上帝身為靈也得到接受，而這不是相對於位格性上帝，而是與之互補的。

‧　拉丁美洲裔美國人／拉丁美洲裔神學　‧

邊緣神學

北美洲的拉丁美洲裔（Hispanic/Latino）大部分是 *mestizos*——混血兒，他們被北美的主流白人看不起，這些白人認為他們不算美洲人；南美洲和墨西哥人也看不起他們，認為他們不是真正的拉丁美洲男／女（Latino/as）。[37] 不過天主教徒埃利松多（Virgilio Elizondo）主張，*mestizo* 基督教那動態和充滿生氣的傳統有很大潛力豐富新教和天主教對上帝的理解。[38]

北美洲的拉丁美洲裔神學和其他移民神學一樣，為了被邊緣化和身分模塑的問題而掙扎。雖然拉丁美洲裔在北美洲不是新來者——岡薩雷斯（Justo L. González）帶著責備的口吻指出盎格魯裔美國人，而不是拉丁美洲裔美國人才是新來者[39]——而身為主要的少數族裔，且基督徒人數正

37 參 Virgilio Elizondo, *Christianity and Culture* (Huntington, Ind.: Our Sunday Visitor, 1975)；Virgilio Elizondo, *Galilean Journey: The Mexican-American Promise* (Maryknoll, N.Y.: Orbis, 1983)。

38 埃利松多在 Justo L. González, *Mañana: Christian Theology from a Hispanic Perspective* (Nashville: Abingdon: 1990), 13～14 的前言。

39 González, *Mañana*, 31；有關北美洲拉丁美洲裔人的背景，參 chap.2。

在增長，他們需要掙扎著建立自己的神學，相對於一般的拉
丁美洲神學和獨特的解放神學。這並不是說很多北美洲的
拉丁美洲裔神學家並不分享解放神學的基本議題。不過，他
215 們的進路和方法往往和他們在拉丁美洲的同行十分不同。
拉丁美洲裔神學被稱為「邊緣神學」（border theology）。[40]
埃利松多促請他比較年輕的拉丁美洲同事不要限制他們「對上帝
的理解按西方世界的知識方法」，而要有「藉著也透過……〔他
們〕自己伊比利亞美洲（Iberoamerica）的 *mestizo* 世界的思想範
疇，對上帝有遠為大得多的」認識。[41]

獨特的拉丁美洲裔聲音於一九五〇年代在美洲興起，是和拉丁美洲裔在社會和教會——特別是羅馬天主教會——爭取民權運動（*movimiento*）有關連。北美洲的拉丁美洲裔神學的模塑階段始於一九六〇年代後期，由埃利松多領導。他的《加利利旅程：墨西哥裔美國人的應許》（*Galilean Journey: The Mexican-American Promise*）專注於拉丁美洲裔天主教徒的流行虔誠視之為有力的神學資源。他也復興瓜達盧佩的聖母（Our Lady of Guadalupe）的故事，作為墨西哥裔美國人身分的關鍵。[42] 一九八〇年代初有幾個重要的發展，例如神學期刊《記錄》（*Apuntes*）的創辦，在《拉丁美洲裔神學期刊》（*Journal of the Hispanic/Latino Theology*）於一九九三年出現前，《記錄》是這種神學的惟一學術園地。美

40 Yolanda Tarango and Timothy Matovina, "US Hispanic and Latin American Theologies: Critical Distinctions," *Catholic Theological Society of America: Proceedings* 48 (1993): 128。也參 M. Shawn Copeland, "Black, Hispanic/Latino, and Native American Theologies," in *The Modern Theologies: An Introduction to Christian Theology in the Twentieth Century*, 2nd ed., ed. David F. Ford (Cambridge, U.K.: Blackwell, 1997), 367。

41 Elizondo, foreword in González, *Mañana*, 19.

42 參 Allan Figueroa Deck, ed., *Frontiers of Hispanic Theology in the United States* (Maryknoll, N.Y.: Orbis, 1992), xii～xiii。

國天主教拉丁美洲裔神學家學會（Academy of Catholic Hispanic Theologians in the United States, ACHTUS）的出現也是當時的大事。佔美國的拉丁美洲裔神學家大約四分一人口的女性，也參與 *mujerista* 神學和其他拉丁美洲裔女性觀點的發展（會在下面研究）。[43]

美國最著名的拉丁美洲裔神學家是岡薩雷斯。他是教會歷史學家、神學家和《拉丁美洲裔視角的基督教神學》（*Christian Theology from a Hispanic Perspective*）的作者。埃利松多、迪塞爾（Enrique Dussel）和科斯塔斯（Orlando Costas）及其他神學家都是年長一輩的聲音。新一代的拉丁美洲裔神學家也正在成熟，當中包括好些女性。

對上帝的「明天」觀點：岡薩雷斯

• 合法地有偏見的神學

岡薩雷斯以他那本廣為人使用的《基督教思想史》（*History of Christian Thought*）而成名。他承認自己的神學和任何其他神學一樣，並不是沒有偏見的。他論證說，即使聖經也是有偏見的，上帝實行祂特別的目的。「上帝對創造有某些目的，祂將世界和人類朝實現那些目
的推進。某意義上，這表示上帝是有偏見的，祂對抗任何妨礙這些目 216
標的事情，支持所有有助這些目標的事情。」[44] 聖經那有偏見的性質因其「偏好窮人」而增強，這個模式在「閱讀西班牙語聖經」時應該依從。[45] 因此，神學的任務不是對上帝和宇宙的本性鍛造某種中立（「因而是空洞的」）解釋，而是發現上帝的目標。[46] 聖經介紹上帝的方式暗示一個「政治議程」；上帝不單對「屬靈的拯救」感興趣，也對此時此地的生命感興趣。[47]

43　參 Copeland, "Black, Hispanic/Latino, and Native American Theologies," 367～372。

44　González, *Mañana*, 21.

45　González, *Mañana* 第五章的標題。

46　González, *Mañana*, 22.

47　González, *Mañana*, 83～85，引文見 84。

岡薩雷斯自己經驗了兩重的邊緣化，首先在主要是天主教文化的拉丁美洲身為新教徒；不過，身為新教神學家，岡薩雷斯全面接受自己身為拉丁美洲裔人的天主教背景；[48] 後來他又成了北美洲的移民神學家。他屬於被擄的百姓，「坐在巴比倫河畔」。[49] 正是由這「邊緣的經驗」生出他對上帝那「明天」（*Mañana*）的解釋。岡薩雷斯在這裏找到與馬丁 · 路德對上帝進路相似之處。不是「榮耀的神學家」找到上帝，而是「十架的神學家」才找到祂。[50]

・聖經那永活的上帝和死的偶像

對岡薩雷斯來說，關於上帝，關鍵的問題不是上帝是否存在——他對嘗試為上帝的存在提供證明不感興趣；很大程度上，信仰是**信心**——而是這位其存在得到肯定或否定的上帝是誰或是甚麼。他沒有因為很多應該死的神死了而難過——這是為了人類的好處。事實上，岡薩雷斯的出發點是「任何其存在是能夠證明的上帝，都是偶像。」任何人類的創造物被提升到上帝的地位都是偶像。這樣說時，岡薩雷斯並不是反對基督教神學有權運用擬人說來言說上帝。事實上，所有關於上帝的語言必定是擬人化的，因為它必定是人的語言。「我們沒有人以外的範疇來指上帝。」我們嘗試描述上帝時，要不是說上帝比人偉大——上帝作為**無所不**能、**無所不**知、**無所不**在——便是用否定進路，界定上帝不是甚麼，上帝作為**無**情感或**無**限。但否定不能是惟一的說話方式；說上帝不像甚麼，至少預設一些對祂是甚麼的知識。因此，我們毋須害怕擬人說。聖經談及上帝希望以至少某程度上我們可以理解的方式啟示祂自己。[51]

217 根據岡薩雷斯，我們應該言說上帝的方式——而這是能夠令被邊緣化的人感到有意義的方式——是聖經言說上帝的方式。很明

48 參 González, *Mañana*, 55～66；有關拉丁裔普世教會主義的新視野，參 73～74。

49 González, *Mañana*, 41～42.

50 González, *Mañana*, 50.

51 González, *Mañana*, 90.

顯，聖經從沒有試圖言說在上帝本身中的上帝，而總是言說與人關連的上帝。聖經不是將上帝描述為亞里士多德／托馬斯式的不動的推動者，或古典上帝論的「純粹實現性」（pure actuality）。聖經談及上帝時，談及創造和救贖，為我們的上帝（God for us）。

聖經沒有描述上帝是無情感的。相反，聖經一再提到神憤怒、愛，甚至後悔。

> 上帝與雅各摔跤，與亞伯拉罕爭論。上帝好像嚴厲的法官，會因為寡婦的莽撞而受到影響。上帝是愛。因此，如果聖經的上帝以任何意思可以被描述為「不變的」，那與無情感或存有的不動毫無關連，而是與上帝那「堅定的愛持續到永遠」這個保證有關。[52]

聖經的上帝既積極地參與世界的事務，例如呼召一個民族，帶領他們到一片土地；祂也是歷史的對象，甚至受害者。「上帝並非以鐵腕統治世界，好像法老統治埃及或皮諾切特（Pinochet）統治智利（Chile）那樣。」上帝沒有以「來自天上的閃電」消滅所有反對者，反對者也不是上帝創造的東西，「好像軍事獨裁者建立反對黨，藉以宣稱自己的統治是民主的一樣。」這個觀點有沒有削弱上帝的能力？岡薩雷斯說沒有。「被釘十字架的那一位也是復活的那一位，祂會在榮耀中再來，審判活人死人。它所否定的，是輕易地由創造跳到復活而沒有十字架。」十字架是不可或缺的；它是「上帝的能力運作的至高時刻。」但有些人可能宣稱這個觀點否認上帝的無所不能。岡薩雷斯回應說，聖經從沒有宣稱上帝是無所不能，意即祂能夠「做任何上帝喜歡的事。」[53]

---

52 González, *Mañana*, 92.

53 González, *Mañana*, 93.

同樣，考慮到聖經怎樣言說活著的上帝，岡薩雷斯勸我們考慮其他所謂上帝的屬性，例如無限，看看有沒有足夠的聖經材料發出這樣的宣稱。岡薩雷斯對初期基督教和希臘—羅馬性哲學宗教之間相遇時帶來的「偶像」採取批判的看法。初期的神學家處境化和在那環境中為福音辯護的努力，不是這位拉丁美洲裔歷史學家所批判的目標，他所批判的是其後那些不幸的發展。神學家以希臘哲學作為規範和聖經陳述的量度，作為正典外的衡量標準；這帶領我們來到岡薩雷斯那政治敏感地閱讀神學歷史的核心。無所不能、無情感和遠離世界發生的事情的上帝，明顯有助支持地
218 上的權力，包括教會和政治領域。舊約的耶和華將奴隸從壓迫中解救出來，帶領他們到應許地；被無情感的至高存有取代，「祂既看不見被擄的兒女的苦難，也看不見人類社會的不公義，祂肯定也沒有介入窮人和被壓迫的人中。」[54]

• 對三一論信條的三一論批評

岡薩雷斯的《明天：拉丁美洲裔視角的基督教神學》（*Mañana: Christian Theology from a Hispanic Perspective*）其中一個最具創意的部分，是他對基督教神學怎樣以「以三活著的一位」（the One who lives as three，第七章的標題）表達信仰的政治含義那批判性閱讀。岡薩雷斯認為，正統三一論教義的基本困境是上帝絕對不變這個觀念。這個觀念引起的問題，是這樣的上帝怎樣可以與變幻經驗的世界聯繫。亞流主義是處理這個問題的其中一個方法。岡薩雷斯並不相信亞流比正統陣營（亞他拿修及其他人）更關注重新肯定猶太一神論。兩個陣營都受希臘哲學的上帝觀念影響，以祂為不能夠與可變的世界交往；於是需要有一位居間者。對亞流來說，如果那居間者是上帝，便會令上帝成為可變，這樣會破壞上帝作為至高存有這個觀念，令基督教教義比較不適合服務君士坦丁政治。根據

54 González, *Mañana*, 98；也參 96～100。

岡薩雷斯的觀點,「亞流那無情感的上帝……支持帝國政權多於聖經那位永遠的上帝,即使是尼西亞那較溫和的形式。」[55]

岡薩雷斯認為重要的是,能吸引羣眾的不是亞流主義,而是聖父受苦論(patripassianism)。聖父受苦論是上帝實際在子裏面受苦的形態論式觀念,這理論

> 清楚顯示上帝是他們一夥的其中一位。上帝不像皇帝和他的貴族,他們於高高在上的地位過悠閒的生活。上帝辛勞及受苦,就好像他們必須每天辛勞及受苦一樣。關於這點,聖父受苦論者似乎對聖經的上帝有洞見,這是教會那些更有權力的領袖已經開始看不見的。[56]

即使岡薩雷斯視拒絕聖父受苦論為正確的選擇,但他也相信在它的吸引力背後的主題,也就是主張上帝受苦,必定是我們不能忽略的。從神學來說,聖父受苦論背後的形態論式觀念並沒有公平地對待聖經的救恩歷史,也令道成肉身成了只是過渡的時刻。基督教神學,藉升天的教義,令人性成了神格一種永久的質素。岡薩雷斯總結這些初期神學衝突的含義:

> 戰勝亞流主義,確保即使在中世紀和現代的大多數教會中,少 219
> 數派的上帝的聲音仍然能夠聽到——祂以卑微的木匠這個身分成了肉身,屬於被壓迫的民族。勝過聖父受苦論,這向所有時代的基督徒保證,受苦、壓迫和絕望沒有最終決定權,因為在受苦的子和受苦的人類背後,站著為子和所有好像祂那樣受到壓迫和不公義對待的人申寃的那一位;在榮耀的寶座右邊

55　González, *Mañana*, 108～109;有關整個論證,參 101～109。

56　González, *Mañana*, 109.

> 站著上帝的羔羊，祂代表所有好像羔羊一樣被宰殺的人。但這尼西阿信仰的深刻洞見，往往因基督徒現在成了有力量的羣體（很快會成為真正的大多數）這事實而被掩蓋。[57]

岡薩雷斯論證說，聖經的上帝是動態、永活的上帝，是特殊的上帝。這位「上帝並不真的說西班牙語，不是喜歡說這種語言而不是其他語言，而是在聖經的意義上，被壓迫、說西班牙語的人——就好像說黑人英語的人——特別得到聆聽。」岡薩雷斯估計，在祕魯（Peru）上帝說蓋丘亞語（Quechua）而不是西班牙語，那是在邊界和社會的邊緣重要的少數人所說的語言。

・ 亞洲裔美國人神學 ・

為邊緣的人民而寫的自傳神學的可能性

亞洲裔美國人神學在學術圈中，甚至比非洲裔美國人和拉丁美洲裔美國人神學更少人認識這個事實，可以從全球有廣泛代表性的教科書《現代神學家》（*The Modern Theologians*）最近期（一九九七年）的版本得到很好的說明：在介紹二十世紀的基督教神學時也沒有包括北美洲神學的這個視角——雖然非洲、拉丁美洲裔和美洲土著的聲音都得到公平的對待。[59] 根據范彼得（音譯，Peter C. Phan），這樣不受注意是有幾個原因的，例如亞洲人在美國的時間短，他們一般對經驗性和科學性
220 學科以外的學術缺乏興趣。[60] 不過，亞裔美國人羣體是發展迅速的移民

57 González, *Mañana*, 110.

58 González, *Mañana*, 111.

59 有關比較非洲、拉丁美洲裔和亞洲美國人神學，參 Peter C. Phan, "Contemporary Theology and Inculturation in the United States," in *The Multicultural Church: A New Landscape in the U.S. Church*, ed. William Cenkner (New York: Paulist, 1996), 109～130, 176～192。

60 Peter C. Phan, "Introduction: An Asian-American Theology: Believing

羣體，有十分活躍的教會生活，神學院學生的人數也穩步增長，他們進入北美各種神學院校。特定的亞裔美國人神學仍然處於起步階段，但自從一九七〇年代開始，有影響力的聲音倡議在北美處境中發展亞洲神學。這些聲音包括宋泉盛（Choan-Sen Song，台灣）、李炯榮（音譯，Jung Young Lee，北韓）、范彼得（越南）、閔慶錫（音譯，Anselm Kyongsuk Min，南韓）、朴聖（音譯，Andrew Sung Park，南韓，原本是北韓）、長野誠（Paul M. Nagano，日本）和吳大衞（音譯，David Ng，華裔）。[61]

李炯榮依從他一本著作的題目論證說，邊緣性是多元文化神學的關鍵。他的神學認真看待亞裔美國人神學的亞洲來源和它在北美處境中的邊緣地位。它不純粹是亞洲，也不純粹是美洲，而是兩者都是。至少大部分亞裔美國人神學家都在西方接受教育，因此頗為熟悉西方傳統。諷刺的是，他們當中很多人都只花很少時間在自己的亞洲根源上。正如李炯榮論證說，身為移民表示「介於兩者之間」（in-between）。[62] 對美國人來說，他們是外人；對祖國的亞洲人來說，他們已經美國化。當他們回到亞洲，那裏便成了「異鄉」。[63]

不過，身為「介於兩者之間」——范彼得也稱之為身為「在中間和在其間」（betwixt and between）——和在邊緣並非是完全負面的。從

---

and Thinking at the Boundaries," in *Journeys at the Margin: Toward and Autobiographical Theology in American-Asian Perspective*, ed. Peter C. Phan and Jung Young Lee (Collegeville, Minn.: Liturgical Press, 1999), xii.

61 有關這些在美國的人的背景，參 Jung Young Lee, *Marginality: The Key to Multicultural Theology* (Minneapolis: Fortress, 1995), 7～27。術語仍然在形成中，但近年一本名為 *Journeys at the Margin* 的手冊頁 xi n.1 中，「亞洲裔美國人」這個名詞包括中國人、日本人、韓國人、台灣人、越南人，但不包括例如印度人和菲律賓人。在美國的人口普查，「亞洲及太平洋島國人」代表任何遠東、東南亞和印度次大陸或太平洋羣島的本地人。這個類別人很多，包括來自中國、日本、韓國、菲律賓、美屬薩摩亞、印度和越南。

62 Jung Young Lee, "A Life In-Between: A Korean-American Journey," in *Journeys at the Margin*, 23～39.

63 有關這困境的生動說明，參 Julia Ching, "The House of Self," in *Journeys at the Margin*, 41～62。

那掙扎中出現對上帝的解釋的新視角。[64] 亞裔美國人「在兩個世界『**之間以外**』（in-beyond）……藉著創造一個「有自己的中心」的新世界，有助調停權力的兩個世界和中心。但這新世界沒有因為種族、民族、性別或階級而將任何人邊緣化。新世界的中心是包含一切的，令本地人成為移民，移民成為本地人。」[65]

對處於邊緣的人來說，一種合適的神學是自傳神學（autobiographical theology）。當然，這並不是新的觀念。福勒神學院已故的白人普世神學家麥克倫登（James McClendon）在他的《傳記作為神學：生命故事怎樣重塑今天的神學》（*Biography as Theology:*
221 *How Life Stories Can Remake Today's Theology*）[66] 發展了這種進路。
但對亞洲人來說，這是從事神學最自然的方法，因為亞洲文化珍惜故事、敍事、詩歌、神話和民間故事。正如吳大衞曾經說：「個人生命的故事變成生命故事（life story），是一種把事情關聯到護佑的方法。」[67] 這種神學在近年一本由好些著名亞裔美國人神學家合寫的手冊《邊緣的旅程：走向亞裔美國人視角的自傳式神學》（*Journeys at the Margin: Toward an Autobiographical Theology in Asian-American Perspective*）嘗試這種神學方法。不過，自傳對神學雖然重要，但卻並非神學的全部。閔慶錫指出：「神學不能化約為自傳，無論是個人還是集體……自傳在其一切的具體性中顯示一種神學的獨特性，但卻沒有顯示在愈來愈普遍化、互相依存的世界中，它那獨特性與其他獨特性所引來張力的互動中的辯證。」[68]

---

64 Peter C. Phan, "Betwixt and Between: Doing Theology with Memory and Imagination," in *Journeys at the Margin*, 113～133.

65 Phan, "Introduction," xx.

66 James McClendon, *Biography as Theology: How Life Stories Can Remake Today's Theology* (Nashville: Abingdon, 1974).

67 David Ng, "A Path of Concentric Circles: Toward an Autobiographical Theology of Community," in *Journeys at the Margin*, 82.

68 Anselm K. Min, "From Autobiography to Fellowship of Others: Reflections on Doing Ethnic Theology Today," in *Journeys at the Margin*, 158.

努力在北美處境中建立真正亞洲教義的神學家，是韓國已故的李炯榮。他的《亞洲視角的三一論》（*Trinity in Asian Perspective*）代表了他對那可能會聚的意思長達一生的反思。[69] 早很多的時候，他撰寫了《上帝為我們受苦：對神聖受苦的觀念的系統探究》（*God Suffers for Us: A Systematic Inquiry into a Concept of Divine Passibility*）[70]，作為與西方神學的批判性對話。其他現時在美國教書、也在上帝教義方面努力過的亞洲神學家，包括日本的小山晃佑（Kosuke Koyama）和台灣的宋泉盛。他們的貢獻在亞洲神學那部分會詳細交代，因為兩人早期的著作都是仍然在亞裔時寫成，並沒有特別處理亞洲美國人的處境。

亞洲視角的三一論：李炯榮

• 陰陽作為亞洲思想的原則

根據李炯榮，西方和亞洲從事神學的方法的不同，不單在於用詞和題目方面，也在於背後的思想形式和對實在的進路上。亞洲看實在的獨特方式，運用了著名的陰陽象徵性的思考方式。[71] 亞洲人的宇宙觀包含在自然的兩極性，循環地以生長和衰退的階段運作。世上的一切都有其相反，而這些相反是必需和互補的。因此，宇宙的組織性原則是陰和陽。 222

> 陽是天的本質，陰是地的本質。陽向上移動，陰向下移動。陽是雄性的原則，而陰是雌性的原則。陽是正，陰是負。陽是活動，陰是靜止。陽是運動，陰是停息。陽是生命，而陰是死亡。[72]

69 Jung Young Lee, *The Trinity in Asian Perspective* (Nashville: Abingdon, 1999).

70 Jung Young Lee, *God Suffers for Us: A Systematic Inquiry into a Concept of Divine Passibility* (The Hague: Martinus Nijhoff, 1974).

71 Lee, *Trinity in Asian Perspective*, chap. 2 提供陰陽原則的基本進路和它在亞洲思想中的背景。

72 Lee, *Trinity in Asian Perspective*, 25.

雖然陰陽的性質相反，但卻是統一的。陰不單是陰，也是陽；陽不單是陽，也是陰。[73]

十分重要的是，陰和陽是相對的，因為他們是關係性的象徵符號。它們基本上不像古典上帝論，不是存有（ontic）或實體的象徵符號。正如古典上帝論那些象徵一樣。換句話說，由於古典上帝論專注於「實體」，那比亞洲思想更靜態；而亞洲思想是更動態和難以捉摸的。白天是白天，因為它比黑夜光明；黑夜是黑夜，因為它比較黑暗。但白天可以是白天，只是相對於黑夜；反過來也一樣。丈夫相對於妻子是陽，但相對於父親卻是陰。因此，決定某東西是陰還是陽的是關係。[74] 所以，關係先於存有的東西（entity）。[75]

陰陽包括矛盾和相反，但也包括包含。因此它是「既是—以及」和「非此—即彼」。李炯榮以上帝的超越性作為例子。由於上帝是超越性的——即使是在古典上帝論中——祂也被理解為內在性的。[76] 在西方，人們視為理所當然的是「理智的人必須選擇：**非**此**即**彼」，[77] 亞洲的思想格局卻同時將「非此—即彼」和「既是—以及」連在一起。這與陰陽這個象徵性思想是基於「改變是所有存在的基礎」這個事實有關的。[78]

• 對上帝的亞洲式否定進路

李炯榮開始他從亞洲陰陽視角思想上帝時，以東正教的否定神學精神，肯定上帝是不可知的奧祕，是我們不能直接認識的。上帝超越我們的認識，不能以我們有限的表達去分類。呼應《道德

73 Jung Young Lee, *Patterns of Inner Process* (Secaucus, N.J.: Citadel, 1976), 193～205.

74 Lee, *Trinity in Asian Perspective*, 30～32.

75 Lee, *Trinity in Asian Perspective*, 53；也參 52。

76 Lee, *Trinity in Asian Perspective*, 33～34；李炯榮也在他的文章 "Yin-Yang Way of Thinking: A Possible Method for Ecumenical Theology," *International Review of Mission* 51, no. 239 (1971)：363～370 中發展神學含義。

77 Wilfred Cantwell Smith, *The Faith of Other Men* (New York: New American Library, 1963), 72；強調為原文所有。

78 參 Lee, *Trinity in Asian Perspective*, 53～54。

經》的教導，李炯榮說「可名之名，並非是真正的名。」[79] 受造物永 223
遠都不能透徹地描述造物主。更準確地說，神學代表人類對上帝的有限理解，對上帝的象徵式表達。上帝自己不是等同這象徵性的人類言說。因此，李炯榮論證說，神學總是始於人類經驗，而不是以命題式陳述開始。[80]

雖然三一的象徵符號，超越不同的人類處境，但它的意義卻並非這樣，它在不同處境中有不同表達。例如：第三、四世紀的西方，三一的看法與我們在現時多元文化處境中的看法是不同的。因此，三一的意義是相對於處境。神學述句——象徵符號——要有意義，它需要處境。李炯榮相信，即使三一作為基督教信仰的核心是奧祕，它的意義是相對於它的處境，但那象徵本身超越歷史和文化界限。他的目的是透過建基於亞洲處境提供另一個解釋，藉以給這象徵符號新的意義。[81] 李炯榮主張，言說上帝這位不可知者的惟一方法是用三一體論的語言。

・陰陽象徵性語言作為真正的三一論語言

雖然西方神學與上帝是一而三（位格）這個觀念搏鬥，李炯榮以這為不能解釋掉的出發點。如果西方的邏輯令人難以掌握這似乎是悖論的意義，是邏輯的「規則」而不是三一論的語言需要修改。理解「一包括三」或「三包括一」的困難與西方思考的排斥方式有關，即排中的邏輯。因此，陰陽思考作為包容性和關係性，是真正的三一論語言。李炯榮進一步解釋說：

> 當二（或陰和陽）包括彼此，並被彼此包括時，便創造三一的關係。由於陰和陽是關係性象徵符號，沒有陽，陰便不能存在；沒有陰，陽也不能存在。而且，陰和陽是相對於彼此，因為它們

79 Lee, *Trinity in Asian Perspective*, 13.

80 Lee, *Trinity in Asian Perspective*, 13；也參 50。

81 Lee, *Trinity in Asian Perspective*, 14～15.

> 彼此包含。這包容性可以由「在裏面」(in)這個前置詞作為象徵，這是陰和陽的內在連繫原則。耶穌說：「你們當信我，我在父裏面，父在我裏面」(約十四 11)，實際上是作出三一論的陳述。父和子在祂們的「在裏面性」(inness)中是一，但同時祂們也是三，因為「在裏面」代表〔聖靈〕，那是不能獨自存在的內在連繫原則。在那包容的關係中，例如陰和陽兩個關係性象徵符號由於「在裏面」而是三一的，「在裏面」不單將它們統一，也使它們完整。[82]

224 李炯榮懷疑排斥性的「非此一即彼」思想，能否既是一神論又是三一的。陰一陽象徵性思想則是三一式的，不單因為「在裏面」，也因為「以及」。沒有陽，陰不能存在；沒有陰，陽也不能存在。它們以彼此為前設，而不是彼此排斥。用耶穌在約翰福音的話說：「我與父原為一。」(十 30)[83]

李炯榮提到中國的三一論或亞洲的三一論的原則，就是天作為父，地作為母，人作為它們的孩子，也包括其他受造物作為同伴。李炯榮總結說：

> 對我來說，這就是基督教經世(*oikoumene*)(上帝的家庭)的觀念的性質。而且，運用家庭的象徵符號來將宇宙人格化，與基督教三一論的觀念十分接近：父、聖靈和子。父和天上的領域十分接近，因此稱為天父。聖靈身為支持者和陰性的面向，和地上緊密相連，因此是母親的象徵符號。子和孩子或百姓緊密認同，他們是父和母的產物。這是把亞洲三一論視角與基督教三一論概念關聯的其中一個最有用的範式。[84]

---

82 Lee, *Trinity in Asian Perspective*, 58.

83 Lee, *Trinity in Asian Perspective*, 58～59.

84 Lee, *Trinity in Asian Perspective*, 64.

24

女性主義神學、女權主義神學和拉丁美洲裔女性神學

Feminist, Womanist, and Latina Theoogies

・ 女性主義神學 ・

為上帝命名是否製造上帝？上帝語言的困難

在一九七〇年在紐約市的「女性解放日」集會上，弗里達（Betty Friedan）說那十年的問題，是「上帝是他嗎？」這個問題在神學討論中仍然是相關的。[1] 女性主義者關於上帝的辯論，歸結到用於上帝的合適語言這個問題。簡單地說，那辯論是關於言說上帝的語言是象徵／比喻還是「真實」和應否找出另一種翻譯上帝的方式來取代傳統的男性——很多人甚至認為是性別歧視的——語言。

福音派的布洛施代表傳統主義者的觀點。他將這個問題釐清：「二十年前〔寫於一九八五年〕教會的主要問題是聖經應該去神話化（布特曼）還是去字面化（田立克）。現在的主要問題是聖經應否

1 引自 Margo G. Houts, "Language, Gender, and God: How Traditionalists and Feminists Play the Inclusive Language Game" (Ph.D. Diss., Fuller Theological Seminary, Pasadena, California, 1993), 1。

再象徵化。」[2] 再象徵化（resymoblization）這個詞的意思，和相對於
226 永恆上帝的「真實知識」的比喻或象徵相同。[3] 根據布洛施，女性主義和傳統稱呼上帝的方式的不同在於前者強調比喻語言，並認為關乎啟示來說，語言是含糊的；因此，意義是歧義的，對上帝的知識是不明的（不是真實的）。相對來說，傳統神學則強調類比或命題性語言。即使知識是部分性的，上帝語言（God-language）的參照點是單義的。因此，關於啟示的語言是半透明的。[4]

對身為傳統主義者立場代表的布洛施來說，建構聖經的意象就是轉化**上帝**這個詞的意思。因此，「關於性別歧視的語言的辯論，最終是關於上帝的本質的辯論。」[5] 這實際上是女性主義者要論證的。用索斯凱斯（Janet Martin Soskice）的話來說：「一個隱喻的含義和另一個隱喻的含義十分不同……隱喻不是言語的中立或裝飾性的層面。」[6] 女性主義者不同意聖經的上帝——即使上帝超越性別——「選擇以男性的形式——身為父、子和聖靈——與我們交往」這個立場。[7] 右翼傳統主義者主張聖經想我們將上帝想為主，將主想為權威。[8] 但大部分傳統主義者——更不要提女性主義者——都不同意這個對聖經的解釋。在富爭議性的《迦南

2 Donald G. Bloesch, *The Battle for the Trinity*: *The Debate Over Inclusive God-Language* (Ann Arbor, Mich.: Vine Books, 1985), 1.

3 Bloesch, *Battle for the Trinity*, 11～12.

4 Bloesch, *Battle for the Trinity*, 62～63；和 Houts, "Language, Gender, and God," 11。

5 Donald G. Bloesch, *Is the Bible Sexist? Beyond Feminism and Patriarchalism* (Westchester, Ill.: Crossway, 1982), 66.

6 Janet Martin Soskice, *Metaphor and Religious Language* (Oxford: Clarendon, 1985), 62～63.

7 Donald G. Bloesch, *A Theology of Word and Spirit: Authority and Method in Theology* (Downers Grove, Ill.: InterVarsity, 1992), 91.

8 John M. Frame, "Men and Women in the Image of God," in *Recovering Manhood and Womanhood: A Response to Evangelical Feminism*, ed. John Piper and Wayne Grudem (Wheaton: Crossway, 1991), 229～230.

的語言和女性主義的語法》(*The Language of Canaan and the Grammar of Feminism*)這本書中,埃勒(Vernard Eller)提出一個命題:在女性主義運動那包容性語言(inclusive language)背後有一個隱藏的議程,就是避免讓自己服從權威。[9]

阿克邁耶(Elizabeth Achtemeier)是北美主要反對女性主義的女神學家,她對抗在討論上帝時採用女性語言。她不單拒絕以女性象徵取代男性象徵——大部分傳統主義者對此至少在某程度上會感到自在——也反對在運用男性象徵時同時也包含女性象徵。阿克邁耶的理由是「聖經用來形容上帝的語言是男性的,」藉以令上帝「不會讓自己與受造物等同。」[10] 她看到在使用女性語言 227
背後隱伏著泛神論的危險,對她來說,女性主義必定表示「出生、哺乳、懷胎的形象,以及最重要的是將神性等同萬物中的生命。」[11]

那麼,女性主義者怎樣回應傳統的言說上帝?她們提出甚麼其他選擇?沒有人就這個題目比麥克法格(Sallie McFague)寫了更多著作,她以「隱喻」和「原型」(model)作為解決古典上帝論的困難的合適方法。我們會先討論她對上帝語言的觀點,然後研究女性主義者就怎樣言說上帝提出的一些其他建議。接著我們會簡單考慮女性主義神學近年令人留意的言說上帝的一個重要方面,就是生態與言說上帝的關係:生態女性主義(ecofeminism)。最後,我們會用兩節討論非白種女性的女性神學:黑人女性的女權主義神學和北美洲拉丁美洲裔女性的 *mujerista* 神學。

---

9 Vernard Ellet, *The Language of Canaan and the Grammar of Feminism* (Grand Rapids: Eerdmans, 1982).

10 Elizabeth Achtemeier, "Exchanging God for 'No Gods': A Discussion of Female Language for God," in *Speaking the Christian God: The Holy Trinity and the Challenge of Feminism*, ed. Alvin F. Kimel Jr. (Grand Rapids: Eerdmans, 1992), 8.

11 Elizabeth Achtemeier, *Nature, God and Pulpit* (Grand Rapids: Eerdmans, 1992), 108～109.

描述上帝的隱喻語言：麥克法格

麥克法格首先在《隱喻神學：宗教語言中上帝的原型》(*Metaphorical Theology: Models of God in Religious Language*)中發展她那包容性言說上帝的觀念，然後在廣受好評的《上帝的原型》(*Models of God*)中進一步改進這個觀念。[12] 麥克法格思想的基礎是區分兩種宗教語言：隱喻性和概念性。對她來說，所有言說上帝都必然是隱喻性、間接的。沒有詞或句子是直接或確實地指涉上帝，它們只是指向上帝。不過這間接、非確實的言語卻傳遞關於上帝的真知識。隱喻和原型的分別在於原型是隱喻已經確立的用法，言說某事物的習慣方式；原型是有「持久力」的隱喻。[13]

麥克法格將她的立場定為相對於兩個極端立場。一方面，她反對她稱為基要主義的立場，這種立場拒絕接受上帝語言的隱喻性質，將上帝的道等同人類的語言。相反，隱喻神學的本質是拒絕將人類的建構等同神性實在。[14] 另一方面，她批評那些人，看不見給某物件命名會重大地影響我們怎樣看那物件，即「它對我們來
228 說是甚麼」。[15] 我們怎樣稱呼上帝，很大程度上決定我們怎樣看上帝。「父權原型的支配性……排除出現其他原型來表達上帝與世界的關係，因此這個原型變成了偶像，令傳統的意象犯了時代錯誤。」[16] 現在需要的是解構父權語言和重構互補，更適合的言說上帝的原型。這種嘗試可以稱為「隱喻」或「啟發」神學。在這意義上，神學是虛構的，但麥克法格強調有些「虛構」比其他更好這個

12 Sallie McFague, *Metaphorical Theology: Models of God in Religious Language* (Philadelphia: Fortress, 1982)；Sallie McFague, *The Models of God: Theology for an Ecological, Nuclear Age* (Minneapolis: Fortress, 1987).

13 McFague, *Models of God*, 31～36，簡潔地總結了基本的觀點；也參 chap. 2, "Metaphorical Theology"；和 *Metaphorical Theology*, chap. 3。

14 McFague, *Models of God*, 22.

15 McFague, *Models of God*, 3.

16 McFague, *Models of God*, ix.

事實，因此我們使用哪一個是重要的。[17] 需要——由每一代神學家——提出的問題是：我們的隱喻是否適合我們的時代？[18]

根據麥克法格，用隱喻來指上帝時——例如麥克法格喜歡以上帝為朋友——上帝不是等同那獨特的隱喻。我們可以根據它的一些特點來理解上帝。

以她的隱喻進路為基礎，麥克法格提出另一些稱呼上帝的方式，是挑戰傳統的「君王原型」的。[19]

- 上帝作為母親，將性別引入上帝。性別也在男人和女人中反映出來，他們是按著上帝的形象受造的。上帝作為母親的原型也談及愛和創造。
- 上帝作為愛人引入了慾愛（*eros*）的觀念，傳統上這觀念被描述為渴望與自己想望的對像聯合。上帝的愛也包括拯救這方面，包括拯救大地和醫治個體、社會及地球。
- 上帝作為朋友象徵三方面，就是愛作為友愛（*philia*），是沒有妒忌的開放性連繫；支持朋友的生命的工作；和「伴同」。

是那位所事是她：其他稱呼上帝的方式

除了麥克法格的隱喻進路外，女性主義神學家的言說上帝也採取其他路線。[20] 有些女性主義神學家想將女性象徵凌駕於男性象
徵之上，這個進路從《諸神的改變：女性主義與傳統宗教的終結》 229

17 McFague, *Models of God*, xi～xii, 25～26.

18 McFague, *Models of God*, 30～31.

19 有關「君主原型」，參 McFague, *Models of God*, 63～69；有關她的選擇，參 chaps. 4～6。

20 彼得斯（Ted Peters）提出兩個廣泛的分類，*God–World's Future: Systematic Theology for a Postmodern Era* (Minneapolis: Fortress, 1992), 113～114：「革命性」，想以多神或非上帝論語言取代傳統基督教關於上帝的語言；和「改革性」，批評傳統基督教言說上帝的危險，試圖修改它，使它變得更包容。

(*Changing of the Gods: Feminism and the End of Traditional Religions*)[21] 這個書名可以看到。有些則想拋棄所有上帝的擬人語言，特別是父這個詞，正如戴利的〈父上帝死後〉("After the Death of God the Father")[22] 那樣。不過，大部分女性主義神學家仍然滿足於保留擬人的語言，只要它的性別歧視和排他性危險得到揭露和糾正。例如：戴利反對天父上帝這個形象，因為它令「壓迫女性的機制顯得正確和合適」；她認為父親形象使男性主導在社會中取得合法性。[23] 甚至更具批判性的是，「如果上帝是男性，那麼男性就是上帝。」[24]

約翰遜(Elizabeth A. Johnson)的《是那位所是的她》(*She Who Is*)是對聖經、基督教傳統和其他傳統的龐大研究。她提出如果想留在基督教的神學傳統內，基本上有三種方式處理性別歧視的語言。[25] 其中一個是對上帝加上女性的特徵，例如培育和照顧。這個進路本身是有限的，因為它仍然表示上帝是天父，但有一些「較溫和的特徵」。第二個方法，是為上帝中的女性存在尋找更存有論的基礎；這裏的主要路線，是以女性詞彙言說聖靈(希伯來語的 *ruach* 是女性的)。聖靈往往聯繫到典型女性的事件和特點，例如保護和

21 Naomi R. Goldenberg, *Changing of the Gods: Feminism and the End of Traditional Religions* (Boston: Beacon, 1979)。也參 Judith Plaskow and Joan Arnold Romero, eds., *Weaving the Visions: New Patterns in Feminist Spirituality* (San Francisco: HarperCollins, 1989)；和 Carol P. Christ, "What Are the Sources of My Theology?" *Journal of Feminist Studies in Religion* 1 (1985): 120～123。

22 Mary Daly, "After the Death of God the Father," in *Womanspirit Rising: A Feminist Reader in Religion*, ed. Carol P. Christ and Judith Plaskow (San Francisco: Harper & Row, 1979), 52～63。留意在她的 *Beyond God the Father: Toward a Philosophy of Women's Liberation* (Boston: Beacon, 1973) 中，戴利(Mary Daly)仍然謹慎地支持神聖的雌雄同體。也參 Daphne Hampson, *Theology and Feminism* (Oxford: Basil Blackwell, 1990)。

23 Daly, "After the Death of God the Father," 54.

24 Daly, *Beyond God the Father*, 19.

25 Elizabeth A. Johnson, *She Who Is: The Mystery of God in Feminist Theological Discourse* (New York: Crossroad, 1992), 47～57.

帶來生命。即使這個進路也是有限的，因為它保持神的男性—女性二元性。第三個進路是約翰遜喜歡的，就是尋找上帝作為男性和女性的象徵。「上帝的奧祕應該正確地理解為不是男性或女性，而是以不能想像的方式超越性兩者。」[26] 以包括聖經的基督教傳統為基礎，約翰遜尋找以女性的方式言說上帝，平衡男性方式，結果得出這三個表達方式：聖靈—智慧、耶穌—智慧和母親—智慧。[27]

已故的拉庫尼亞（Catherine M. LaCugna）是溫和的天主教三一論女性主義神學家。她提出「父親」不是恰當的名稱，也不是辨別上帝獨特性和個性人的方式。上帝完全與子耶穌認同，甚至
死在十字架上，令我們可能將上帝想為遙遠、無所不能的君王，祂 230
統治世界，就好像任何族長統治他的家庭和財產一樣。[28] 稱上帝為父最獨特的是在關係中看上帝，首先是與子和聖靈的關係，然後是與世界的關係。拉庫尼亞指出，即使稱呼上帝為創造者、救贖者和維護者（或聖化者），**外在**（*ad extra*，在與世界的關係中）是合適的，但**內在**（*ad intra*，在上帝內在三一的關係中）卻不合適。她提出幾個類比以適合這個目的，例如母親—女兒、父親—女兒、母親—兒子、愛人—被愛者和朋友—朋友。[29] 幾位其他婦女神學家提出關係的隱喻，[30] 迪克（Ruth C. Duck）先後提出來源、基督和聖靈，分別發展水泉、後裔和泉源的意象，避免了性別和從屬，暗

26 Johnson, *She Who Is*, 55.

27 Johnson, *She Who Is*, part 3.

28 Catherine M. LaCugna, "Baptismal Formula, Feminist Objections, and Trinitarian Theology," *Journal of Ecumenical Studies* 26 (spring 1989): 243.

29 LaCugna, "Baptismal Formula, Feminist Objections, and Trinitarian Theology," 244～245.

30 參 Gail Ramshaw Schmidt, "Naming the Trinity: Orthodoxy and Inclusivity," *Worship* 60 (November 1986): 491～498；Mary Collins, "Naming God in Public Prayer," *Worship* 59 (July 1985): 291～304；和 Letty Russell, "Inclusive Language and Power," *Religious Education* 80 (fall 1985): 582～602。

示了關係性。[31] 丹吉洛（Mary Rose D'Angelo）提出「上帝，存有的來源；基督，生命的途徑；活水的靈。」[32]

有些女性主義神學家在修改言說上帝之餘，也留意終末論、上帝的未來，那不是以逃避主義的意義來理解，而是作為盼望的來源。這個觀念在近期為美國一位年長的女性主義神學家拉素爾（Letty M. Russell）的紀念文集《解放終末論》（*Liberating Eschatology*）中得到說明。[33] 羅素借用莫特曼的盼望神學，稱自己的進路為「從終結思考。」[34] 它不單是關於基督徒盼望最後在解放中得到勝利，也是關於所有人類，甚至所有受造物，成為「上帝的烏托邦」、上帝的未來。[35]

並非所有女性主義神學家都滿足於這種修訂。有些提出更激進的翻譯。呂特爾（Rosemary Radford Ruether）對性別主義和言說上帝的進路是其中一種最著名和比較激進的。

231 **女／神：呂特爾**

呂特爾指出，宗教中大部分上帝形象都是根據統治階級模塑，因此聖經中上帝的父權形象「容許君王和父權階級透過同樣的宰制和倚賴模式，跟女性、兒童和僕人交往。」不過，呂特爾提出一個重要的限制，是關於耶穌的教導，在其中上帝作為父親的觀念不是基

31 Ruth C. Duck, *Gender and the Name of God: The Trinitarian Baptismal Formula* (New York: Pilgrim, 1991), 186.

32 引自 Houts, "Language, Gender, and God," 158。

33 Margaret A. Farley and Serene Jones, eds., *Liberating Eschatology: Essays in Honor of Letty M. Russell* (Louisville: Westminster John Knox, 1999).

34 Letty M. Russell, *Human Liberation in Feminist Perspective* (Philadelphia: Westminster, 1974), 27～28；和 Letty M. Russell, *Future of Partnership* (Philadelphia: Westminster, 1979), 51～53。也參 Anne E. Carr, *Transforming Grace: Christian Tradition and Women's Experience* (San Francisco: Harper & Row, 1988), 153。

35 Rosemary Radford Ruether, *New Woman New Earth* (New York: Seabury/Crossroad, 1975), 74.

於有階級的關係，而是支持所有基督徒作為弟兄及姊妹的平等。[36]

為了打破言說上帝的二元性——男性／女性、靈／肉、內在性／超越性等——呂特爾應用田立克上帝作為存有的根基這個觀念，提出好像「原初的母體」(primal Matrix)或「女／神」(God/ess)等詞語。對呂特爾來說，女／神不是超越性、位格的存有，而是「存有的超越性母體，在我們自己的存在和我們那新存有持續的潛力背後，並支持著它們。」[37] 女／神不再與靈、超越性或男性等同，就好像不與物質、內在性和女性等同。女／神擁抱二元性。[38] 呂特爾將女／神等同女性主義的婦女那解放了的自我：「與女／神的解放性相遇總是與我們真正的自我相遇，它們從被疏離的自我底下復活。」[39] 她明顯試驗上帝論的界限。很多人認為她已經逾越了界限。[40]

呂特爾的泛神論進路令人考慮上帝(言說)與創造之間的關係。這不單是女性主義研究快速發展的方面，也是基督教神學中往往稱為生態神學或綠色神學這個新領域。它是很多女性主義神學的論證必不可少的一部分，以致在研究女性主義神學和言說上帝時不能忽略它。

上帝的身體：生態神學

麥克法格的《上帝的原型》的副題是《生態、核子時代的神學》(*Theology for an Ecological, Nuclear Age*)。在修訂言說上

36 Ruether, *New Woman New Earth*, 65～66。

37 引自 Mary Hembrow Snyder, *The Christology of Rosemary Radford Ruether* (Mystic, Conn.: Twenty-Third Publications, 1988), 107。

38 Rosemary Radford Ruether, *Sexism and God-Talk: Toward a Feminist Theology* (Boston: Beacon, 1983), 193～194.

39 Ruether, *Sexism and God-Talk*, 71.

40 例如：參 Stanley J. Grenz and Roger E. Olson, *Twentieth-Century Theology: God and the World in a Transitional Age* (Downers Grove, Ill.: InterVarsity, 1992), 233。

帝時，她號召對我們的地球有「一種新的敏銳」，[41] 特別是關於核子災難的威脅。上帝父權式的語言的危險是它是帝國式、勝利式
232 的，而且可能危害這個星球上生命的延續。[42] 重要的補救是修訂上帝語言，令它更整全、非二元性和敏銳。麥克法格對新的敏銳的號召，包括對實在那整全或生態演化性的觀點；接受人類對核子知識的責任；察覺所有人類事業的建設性特質。[43] 以整全、非二元、非階級的實在觀為基礎的隱喻性言說上帝是麥克法格的計劃的中心。它呼應菲奧倫札（Elisabeth Schüssler Fiorenza）那出色的話：「耶穌的視象的中心不是蒙揀選的人的聖潔，而是所有人的整全。」[44] 與很多世俗女性主義者[45] 和例如戴利[46] 的一些女性主義神學家不同，麥克法格沒有宣稱推崇一種對實在的一元觀，在其中人類和其他生命形式的區別被夷平，她推崇的實在觀是基於世界作為上帝的身體這個模式。這個模式促進相互性和互相倚靠，並展望好像耶穌的身體那樣「復活」和「升天」。[47] 這個隱喻——麥克法格再次顯示她神學的隱喻性（因而是啟發性）本質——令上帝的內在性成為她上帝觀的焦點。

麥克法格其後以另一本著作繼續她對這個主題的思考——《上帝的身體：生態神學》（*The Body of God: An*

41 McFague, *Models of God*, 第一章的標題。

42 McFague, *Models of God*, xi.

43 參 McFague, *Models of God*, chap. 1。

44 Elisabeth Schüssler Fioernza, *In Memory of Her: A Feminist Theological Reconstruction of Christian Origins* (New York: Crossroad, 1983), 121，引自 McFague, *Models of God*, 7。

45 例如：參 Ynestra King, "Making the World Live: Feminism and the Domination of Nature," in *Women's Spirit Bonding*, ed. Janet Kalven and Mary I. Buckley (New York: Pilgrim, 1984)；和 Susan Griffin, *Woman and Nature: The Roaring Inside Her* (New York: Harper & Row, 1978).

46 Mary Daly, *Pure Lust: Elemental Feminist Theology* (Boston: Beacon, 1984)；Mary Daly, *Gyn/Ecology: The Metaphysics of Radical Feminism* (Boston: Beacon, 1979).

47 McFague, *Models of God*, chap. 3.

Ecological Theology）。在較早的著作中，麥克法格建構了好像是上帝作為母親、愛人和朋友等原型，專注於上帝的內在性；但在這本書，她卻「以內在性的方式看上帝的超越性——『世界是我們與上帝相遇的地方。』」[48] 焦點在於上帝作為體現（embodiment），這是古典傳統會認為頗為古怪的主題。

在《上帝的身體》中，麥克法格根據將要來到的生態危機，將
她那上帝和創造之間那相互性、互相倚賴的關係這個觀念精細化。
其中一個主要主題是道成肉身這個傳統教義需要擴展到「包括所
有物質。上帝是道成世界。」[49] 同時，世界作為上帝的身體這個觀念
也是神聖內在性的徹底化，因為上帝不是只臨在於一個地方，正如
拿撒勒人耶穌那樣，而是在所有身體內，並透過所有身體存在，「太
陽和月亮，樹木和河流，動物和人的身體。」[50] 不過，對麥克法格來
說，這既不是偶像崇拜，也不是泛神論：世界、創造不與上帝等同或 233
混淆。它是上帝向我們臨在的地方。「一切都可以是上帝的隱喻，因
為沒有一樣東西是上帝。」[51] 提到出埃及記三十三章的敍事，在其中
摩西獲准看見上帝的背而不是祂的面，麥克法格說：「所有身體都
是上帝的反映，所有身體都是神聖榮耀的背面。」[52] 麥克法格視她自
己的上帝原型為對古典上帝論一個必需的糾正。[53]

類似地，另一位著名的女性主義者西斯爾斯韋特（Susan B. Thistlethwaite）談及「上帝和她於核子時代中的存活。」[54] 她論證說

48 Sallie McFague, *The Body of God: An Ecological Theology* (Minneapolis: Fortress, 1993), vii.

49 McFague, *Body of God*, xi；第五章特別用來討論上帝的教義。

50 McFague, *The Body of God*, 133.

51 McFague, *The Body of God*, 134；強調為原文所有。

52 McFague, *The Body of God*, 134.

53 McFague, *The Body of God*, 136；有關古典傳統中主要的上帝原型，也參 136～141。

54 Susan B. Thistlethwaite, "God and Her Survival in a Nuclear Age," in *Constructive Christian Theology in the Worldwide Church*, ed. William R. Barr (Grand Rapids: Eerdmans, 1997), 127～142.

美國的右派神學家——無論是政治右派還是基要主義的天啟派，她稱為「用炸彈的救恩神學——都是上帝教義的挫傷。雖然她讚賞好像考夫曼（Gordon Kaufman）[55] 這些對生態危機敏感的神學家，但卻論證說新教和天主教神學傳統都沒有成功以適切核子時代的方式言說上帝。「也就是說，自由主義的上帝處於人類歷史的鬥爭之上，祂並不關心我們是否統治世界，因此沒有甚麼有危險。」不過，她說「核子主義的上帝有所有危險。」[56] 西斯爾斯韋特同情戴利，她論證說父權主義是**謀殺生命**（biocide， 生命自殺）的另一個詞。**愛生命**（biophila，對創造的愛）是在女性中找到的反作用力，但只有在她們接觸到戴利所說的宇宙的「元素」的時候。父權主義將「元素」變成「基本」，女性主義則擁抱元素，這可以被稱為在所有自然中靈和物質之間的相互關連。這就是戴利《純粹慾望：基礎女性哲學》（*Pure Lust: Elemental Feminist Philosophy*）的重點。戴利認為核子彈主要建築師奧本海默（Oppenheimer）稱這致命設施為「三一」（Trinity）並非偶然。傳統神學以其男性強調引致使用武力。相反，女性主義神學的整全女神語言——根據戴利和其他很多人的意見[57] ——是將思想和身體，靈和物質，超越性和內在性之間徹底中止連繫這些父權主義的缺陷重新整合的象徵。[58]

234 正如已經提過，生態神學或綠色神學的發展不單是女性主義神學家的任務。很多其他人也加入這事業，最近期的是著有《聖靈的片斷》（*Fragments of the Spirit*）[59] 的華萊士（Mark I. Wallace）。

---

55 Gordon Kaufman, *Theology for a Nuclear Age* (Philadelphia: Westminster, 1985).

56 Thistlethwaite, "God and Her Survival," 133.

57 Thistlethwaite "God and Her Survival," 135；和 Carol P. Christ, "Why Women Need the Goddess: Phenomenological, Psychological, and Political Reflections," in *Womanspirit Rising*, 273～287。

58 Daly, *Pure Lust*, 73.

59 Mark I. Wallace, *Fragments of the Spirit: Nature, Violence, and the Renewal of Creation* (New York: Continuum, 1996)；有關簡短的討論，參我的 *Pneumatology:*

·　女權主義神學　·

女權主義神學的議程

沃克（Alice Walker）一九八三年的奠基性著作《尋找我們母親的花園》（*In Search of Our Mothers' Gardens*）對黑人女性發展她們自己對性別主義的回應的權利和需要，作出有力的陳述。[60]「女權主義神學」[61] 這個詞被不同神學和宗教圈子的黑人婦女用來指兩件事情。首先，它強調非洲裔美國婦女的正面經驗（她們按著上帝的形象受造），作為從事神學和倫理學的基礎。第二，它號召人們留意黑人婦女在社會和教會遇到——並繼續遇到——的性別主義經驗。[62] 女權主義神學興起的另一個動機，是黑人神學和黑人解放運動可見的失敗不能處理黑人羣體中的不平等問題，也就是女性的地位邊緣化。[63] 黑人婦女好像拉丁美洲裔美國人一樣，不想與白種女性主義者認同，因為白種人的議程與黑人或拉丁美洲女性不同。這個衝突在格朗（Jacquelyn Grant）的《白人女性的基督與黑人女性的耶穌》（*White Women's Christ and Black Women's Jesus*）[64] 這

The Holy Spirit in International, Ecumenical, and Historical Perspective (Grand Rapids: Baker Academic, 2002), 159～164。

60 有關這個主題一個有用、最新的介紹是 Stephanie Y. Mitchem, *Introducing Womanist Theology* (Maryknoll, N.Y.: Orbis, 2002)。

61 Alice Walker, *In Search of Our Mothers' Gardens: Womanist Prose* (New York: Harcourt Brace Jovanovich, 1983).

62 Dwight N. Hopkins, *Introducing Black Theology of Liberation* (Maryknoll, N.Y.: Orbis, 1999), 129。也參 Teresa L. Fry, "Avoiding Asphyxiation: A Womanist Perspective on Intrapersonal and Interpersonal Transformation," in *Embracing the Spirit: Womanist Perspective on Hope, Salvation, and Transformation*, ed. Emilie M. Townes (Maryknoll, N.Y.: Orbis, 1997), chap. 6。

63 Jacquelyn Grant, "Black Theology and the Black Woman," in *Black Theology: A Documentary History, Volume One: 1966～1979*, ed. James H. Cone and Gauraud S. Wilmore (Maryknoll, N.Y.: Orbis, 1979), 423.

64 Jacquelyn Grant, *White-Women's Christ and Black Women's Jesus: Feminist Christology and Womanist Response* (Atlanta: Scholars Press, 1989).

本書的書名中可以清楚看到。

女權主義的言說上帝

以她們每天面對的壓迫為基礎，黑人女性談及上帝為「生命
235 的力量」和「賜能力的靈」：「上帝既不單是存有的終極基礎，我們在密契的經驗中被祂抓著；祂也不是某個終極的參照點，讓我們主要藉著理性理解的。」[65] 按定義來說，人類關於上帝的言說是有限的；這是朝「非拜偶像地」想像上帝的第一步。不過，雖然那是有限的，但卻不單是人類的言說。「對上帝的信仰必須源自一些更深刻更古老的東西……所有創造的神聖基礎，所有存在和所有將會存在的——上帝自身（God Godself）。」[66]

女權主義神學在傳統北美洲（和其他西方）的上帝論述中看到幾個弱點。受到希臘—羅馬哲學影響，傳統論述在身體和靈魂之間作出明確區分，偏重靈性／精神多於身體，相信普遍、適合一切的神學是可能的。[67] 這引致鄙視身體和平凡生命，視它們為與靈和「屬靈的」相對。根據女權視角，西方的基督教在接觸不同文化時也已經「獨特地患有類偏狂型精神分裂和強迫神經官能症。」[68] 女權主義神學家渴望發展出一種言說上帝，那是以黑人婦女的獨特狀況為出發點的。

曠野中的姊妹：威廉斯

系統神學家格朗提出一個問題：上帝和人類在哪裏相遇？她的回答是兩重的：一方面，上帝藉著直接與貧窮的非洲裔美國婦

---

65 Karen Baker-Fletcher and Garth Baker-Fletcher, *My Sister, My Brother: Womanist and Xodus God-Talk* (Maryknoll, N.Y.: Orbis, 1997), 27.

66. Baker-Fletcher and Baker-Fletcher, *My Sister, My Brother*, 28.

67. Mitchem, *Introducing Womanist Theology*, 35.

68. Mitchem, *Introducing Womanist Theology*, 37.

女溝通而為人所認識。另一方面，上帝的啟示在聖經中出現，但卻需要在一羣百姓的處境中被接受。近期，女性主義者和女權主義聖經詮釋學，幫助非洲裔美國人從他們自己的視角閱讀聖經；其中一個例子是威廉斯（Delore S. Williams）一九九三年的著作《曠野中的姊妹：女權主義的言語上帝的挑戰》（*Sisters in the Wilderness: The Challenge of Womanist God-Talk*）。

與她的男性同業不同，威廉斯以夏甲的曠野經驗而不是以色列人的出埃及事件作為神學範式。在出埃及敘事中，解放站在最前線；在夏甲的故事中，生存是關鍵；上帝參與夏甲和她孩子的生存。上帝在曠野與逃走的女奴相遇，叫她回去撒拉那裏，回到束縛之中，不是為了再受束縛，而是為了生存，因為夏甲不能在曠野生孩子。[69] 這個故事最有指導意義的地方——對黑人婦女有範式作用的地方——是夏甲是聖經中惟一被給予為神命名這個權力的人 236
（創十六 13）。她用壓迫她的亞伯拉罕和撒拉用來描述上帝的稱號，但也給上帝一個新名字——*El Roï*，即「看顧人的上帝」。這位上帝也應許照顧她的兒子以實瑪利，雖然撒拉不會給夏甲遺產（創二十一 9～10）。[70]

在她對夏甲故事的解讀中，威廉斯不單挑戰白人女性神學，也挑戰黑人男性神學。她論證說上帝是否**所有**受壓迫者的解放者是成疑的，這是科恩和其他男性黑人神學家的宣稱。關於很多非希伯來女性和男性奴隸（「被受壓迫者壓迫的人」），聖經的上帝也有非解放的一面。上帝似乎是「偏袒和有區別的。」[71] 威廉斯也從立約法典（出二十～二十三章）和聖潔法典（利十九章）中選取例子，在這些法典中上帝賜下的誡命沒有平等對待男性和女性奴隸，也沒有平等

69. Delores S. Williams, *Sisters in the Wilderness: The Challenge of Womanist God-Talk* (Maryknoll, N.Y.: Orbis, 1993), 5.

70 Williams, *Sisters in the Wilderness*, 20～27.

71 Williams, *Sisters in the Wilderness*, 144～145.

對待自由的女性和女性奴隸。威廉斯總結說，女權主義神學和科恩和其他男性的解放主義神學不同，女權主義神學不能不加限制地以出埃及和揀選主題作為範式。[72] 這也是白人女性主義者的「解放鏡片」和黑人女權主義者的「生存鏡片」之間的基本分別；即使她們有共同的關注，她們也因為不同處境而有不同的進路。[73] 黑人男性神學家開始與女性同道對話，聆聽她們的聲音這個事實，可以從貝克—弗萊徹（Garth Kasimu Baker-Fletcher）的《Xodus：非洲裔美國男性的旅程》（*Xodus: An African-American Male Journey*）這類著作中看到。這本書提供一個包容性的議程。[74]

拉丁美洲裔女性神學

令公眾注意拉丁美洲裔美國女性的議程的著作，是由伊薩西—迪亞斯（Ada Maria Isasi-Diaz）和特倫戈（Yolanda Tarango）編輯的《拉丁美洲裔婦女：教會中的先知聲音》（*Hispanic Women: Prophetic Voice in the Church*）。[75] 這是第一次嘗試將拉丁美洲裔女性的神學，稱為 *mujerista* 神學的重要觀念集合在一起。「*Mujerista*是偏好地選擇拉丁美洲婦女，支持我們的解放鬥爭的人。」[76] 因此，那神學核心（*locus theologicus*）是 *mestizaje*（拉丁美洲的白人和土著混血兒）和 *mulatez*（黑人
237 和白人混血兒），以及他們身為種族和文化混血兒的狀況。[77] 從

72 Williams, *Sisters in the Wilderness*, 144～146；第六章用來考慮女權主義言說上帝和黑人解放神學之間的關係。

73 Williams, *Sisters in the Wilderness*, 197；第七章用來討論這個題目。

74 Garth Kasimu Baker-Fletcher, *Xodus: An African-American Male Journey* (Minneapolis: Fortress, 1996).

75 Ada Maria Isasi-Diaz and Yolanda Tarango, eds., *Hispanic Women: Prophetic Voice in the Church* (San Francisco: Harper & Row), 1988).

76 Ada Maria Isasi-Diaz, *Mujerista Theology: A Theology for the Twenty-First Century* (Maryknoll, N.Y.: Orbis, 2001), 61.

77 Isasi-Diaz, *Mujerista Theology*, 62～63.

那鬥爭生出對上帝的知識，一種「從下而上的神學」，相對於「學術和教會」的神學，這種神學提供的上帝知識是「支離破碎、偏袒、猜測性和臨時性的。」[78] 相對於主流的北美神學——這種神學通常視民眾宗教為原始的—— *mujerista* 神學「承認民眾宗教是」對神「可信的經驗」。[79] 因此，*mujeristas* 參與上帝的聖潔；他們也是按神的形象和樣式受造的。[80] 而且，*mujeristas*為他們自己取得宗教權威，「身為上帝的形象，身為神聖的隱喻。」[81]

因此，*Mujerista* 神學替北美拉丁美洲裔婦女聲音，她們對與主流女性神學完全認同感到不安，視那種神學為白人女性的事業。在她的《在那鬥爭中：拉丁美洲裔婦女的解放神學》（*En la Lucha: A Hispanic Women's Liberation Theology*）中，現時該運動的主要思想家伊薩西—迪亞斯專注於「草根拉丁美洲女性的宗教理解，以及那些引導他們日常生活的理解」，她說：「我們十分相信那些宗教理解是上帝持續啟示的一部分，這啟示存在於信仰羣體之中，並給拉丁美洲裔婦女爭取解放的鬥爭力量。」[82]

拉丁美洲裔女性羣體很多其他女性神學家也發展出一套解放神學。《我們求生的呼喊：來自拉丁美洲的女性神學》（*Our Cry for Life: Feminist Theology from Latin America*）[83] 的作者阿基諾（Maria Pilar Aquino）發展出一套神學，是不限於北美，更擴展到所有拉丁美洲婦女的解放的。阿基諾和例如羅德里格斯（Jeanette

---

78 Isasi-Diaz, *Mujerista Theology*, 71～72.

79 Arturo Bañuelas, "U. S. Hispanic Theology," *Missiology* 20, no. 2 (1992): 290～291, 引自 Isasi-Diaz, *Mujerista Theology*, 75。

80 Isasi-Diaz, *Mujerista Theology*, 174.

81 Isasi-Diaz, *Mujerista Theology*, 198.

82 Ada Maria Isasi-Diaz, *En la Lucha [In the Struggle]: A Hispanic Women's Liberation Theology* (Minneapolis: Fortress, 1993)。也參她的 *Mujerista Theology*, 1～2。

83 Maria Pilar Aquino, *Our Cry for Life: Feminist Theology from Latin America* (Maryknoll, N.Y.: Orbis, 1993).

Rodriguez)[84] 等其他人沒有視自己為 *mujerista* 神學家，即使她們的工作與伊薩西－迪亞斯和她的同事有很多相似之處。阿基諾和羅德里格斯倚靠社會學和人口學研究，結合神學和宗教分析。

伊薩西－迪亞斯最新的著作《*Mujerista* 神學》（*Mujerista Theology*, 2001）嘗試就目前北美的拉丁美洲裔女性神學提供一個全面的觀點。她認為 *mujerista* 神學是由活躍的神學家進行的解
238 放實踐。即使它的焦點是拉丁美洲裔女性的處境和鬥爭，它也不是單為了他們的神學，而是「來自拉丁美洲裔女性視角的神學。」[85]

La lucha——「鬥爭」是拉丁美洲裔女性神學言說上帝的模式。耶穌的苦難是模範，但伊薩西－迪亞斯並不相信耶穌受苦比其他人類為多，也不相信耶穌稱為父的上帝要求耶穌受苦來實現祂在地上的使命。苦難可能是無可避免的，但它本身不是好的，沒有甚麼值得渴望的地方。[86]

Mujeristas 經常使用的一個聖經故事，是兩個收生婆施弗拉和普阿的故事（出一 15～21）。「她們行動的主要推動力和推動原則是對上帝的敬畏」，不是害怕懲罰，而是一種 *mysterium tremendum*（奧祕可畏）的感覺。這份可畏的感覺不單是負面的，它「也是表達信心、信靠、愛和團契，以上帝那她們不配得、白白賜給她們、她們沒有賺到的愛為基礎。」[87]

Mujersita 神學十分欣賞的一種價值是團結一體（solidarity）。團結一體表示參與解放的持續過程，它是「揭示上帝的親屬國度（kin-dom）」時的重要正面力量。[88] 救恩來自上帝，但卻是在上帝和每個在人類中間的人類之間實行出來的。

---

84 Jeanette Rodriguez, *Our Lady of Guadalupe: Faith and Empowerment among Mexican-American Women* (Austin, Tex.: University of Texas Press, 1994).

85 Isasi-Diaz, *Mujerista Theology*, 1.

86 Isasi-Diaz, *Mujerista Theology*, 129～130.

87 Isasi-Diaz, *Mujerista Theology*, 163.

88 Isasi-Diaz,*Mujerista Theology*, 89.

思想北美洲的場景

Reflections on the North American Scene

在研究當代北美洲神學的上帝觀結束時，我們思想兩個互有關連的問題：不同的進路有甚麼相似和不同特點？這些觀點怎樣挑戰古典上帝論？

正如在這一部分開始時提到，北美洲的場景是十分多元化的，無論是在文化還是在教會方面；它也以不同形式吸收了很多第三世界的聲音。在「白人」神學中，右翼的福音派繼續古典上帝論的傳統——以上帝無謬誤的道（主要理解為命題式真理，如果不是單單這樣理解的話）的權威為基礎。而神學的左翼，至少有一段時間提出上帝之死。在這兩個極端相反的觀點之間，則是對動態、關係性，更內在性的上帝教義的追尋。這由進程神學家將上帝理解為在世界其他存在東西中的存在東西最有力地宣告。它在神學上較保守的版本——開放神論，則嘗試以神學歷史上並非獨一無二，但也是更保守的基督徒不會使用的方式修訂古典上帝論。

北美上帝神學的另一方面，稱為處境或少數聲音神學，這些神學以十分新的方式推動了文化和神學之間的對話，特別是自從一九六〇年代開始。女性神學家——女性主義、女權主義、拉丁美洲裔女性，以及程度較小、來自亞洲背景的女性——對聖經、歷史和當代以男性和因而（根據她們的解釋）是性別歧視的語言言說上
240 帝的傳統，提出最嚴厲的批評。雖然女性主義進路的神學的推動力，很大程度上來自教會以外的女性主義運動，女性神學家勇敢地接受重新創造言說上帝的挑戰，不單相對於古典上帝論，也相對於學術神學界，因為那裏仍然由男性主導。在文化線上也有普遍的女性聲音，這有助少數羣體（非洲裔美國人、亞洲人和拉丁美洲婦女）發出獨特的聲音。女權主義神學，或許要在黑人（由男性主導的）神學、白人女性主義者和古典傳統之間找到自己的身分是最艱難的。來自拉丁美洲背景的神學家，無論是男還是女，都需要掙扎著取得自己的身分。很多教科書通常都將他們歸為解放神學。

北美神學家的主要對話伙伴是歐洲神學。其中一個明顯原因是歐洲不單提供了大部分神學傳統，也是很多北美神學家接受（至少部分）教育時的導師。整體來說，北美洲關於上帝的思想遠遠沒有那麼倚賴神學巨人，而是更多地與思想流派有關。這是它與歐洲的主要分別，歐洲在巴特和田立克之後很少，甚至沒有學派興起（即使二人也是邀請批判的對話多於吸引門徒）。

文化和神學——言說上帝和特定處境——之間的關係，隨著我們進入這個研究的最後一部分時增強，這部分包括非洲、亞洲和拉丁美洲神學在各自處境中的上帝觀。

第六部

非西方視角中的上帝

God in Non-Western Perspective

蔡錦圖譯

李炯榮（音譯，Jung Young Lee）是來自韓國的神學家，他的上帝觀見於第二十三章的討論，他提醒我們基督教的激烈改變是如何影響神學和神學教育：

> 隨著基督教的人口統計的圖畫，從第一世界移向第三世界的國家，基督教不再僅被視為是一個西方的宗教。事實上，基督教已經不再只是一個世界性宗教，更是一個世界性的基督宗教。這是說基督教不能只從西方的觀點來理解。同樣地，神學教育也必須採納了一個全球性的觀點，因為我們的神學也是一個世界性的神學。[1]

1 Jung Young Lee, *The Trinity in Asian Perspective* (Nashville: Abingdon, 1999), 11.

基督教教會的轉變十分迅速，即使是專家也難以追蹤。按照詹金斯（Philip Jenkins）的《下一個基督王國》（*Next Christendom*）那近期評估轉變的嘗試，在第三千年的首十年裏，典型的基督徒是一個非白人、非富裕、非北方的人，而且往往是婦女。「假如我們想要描繪一個『典型』的當代基督徒，我們就應該想像一個住在奈及利亞（Nigeria）村落或巴西**貧民區**的婦人。」[2] 或正如肯亞（Kenyan）神學家莫比提（John S. Mbiti）所
242 述的：「教會普遍的中心，不再是在日內瓦、羅馬、雅典、巴黎、倫敦和紐約，而是在金夏沙（Kinshasa，譯註：薩伊共和國〔Zaire〕的首都）、布宜諾斯艾利斯（Buenos Aires）、阿地斯阿貝巴（Addis Ababa）和馬尼拉。」[3] 拉丁美洲裔學者岡薩雷斯（Justo L. González）提到「二十世紀的宗教改革」。[4] 詹金斯稱這現象為「基督教南移」，[5] 並且描述它為「在宗教歷史——不只是基督教的——的改變時期之一，那是普世的。」[6]

統計是驚人的：到了二〇五〇年，在全球三十億的基督徒中，將會只有大約五分之一是非拉丁美洲裔的白人。因此，諸如「第三教會」的用語已經出現了，那是建基於第三世界的類比。[7] 沃爾斯（Andrew Walls）是非洲基督教的主要學者，他認為一個獨特的

2 Peter Jenkins, *The Next Christendom: The Coming of Global Christianity* (Oxford: Oxford University Press, 2001), 2；中譯本可參菲立浦・詹金斯：《下一個基督王國——基督宗教全球化的來臨》，梁永安譯（台北：立緒文化，2003）。

3 摘引自 Kwame Bediako, *Christianity in Africa* (Maryknoll, N.Y.: Orbis, 1995), 154。

4 Justo L. González, *Mañana: Christian Theology from a Hispanic Perspective* (Nashville: Abingdon, 1990), 48.

5 這是詹金斯的《下一個基督王國》的基本論題。他在第一章中特別解釋他選擇以北方和南方作為主要的模式，這一章也有優秀的書目介紹。基本的統計來源，參 David B. Barrett, George T. Kurian, and Todd M. Johnson, *World Christian Encyclopedia*, 2nd ed. (New York: Oxford University Press, 2001)；關於全球的統計，參頁 12～15。

6 Jenkins, *Next Christendom*, 1.

7 Walbert Buhlmann, *The Coming of the Third Church* (Slough, U.K.: St. Paul, 1976).

新傳統——「一個新的教會」——實際上在非洲出現了，它是世界基督教迅速發展的中心。這個新的教會，結合了較古老的教會、新的五旬宗／靈恩派的靈性，以及獨立出現的信仰和實踐（通常帶有本地色彩的），代表了在天主教、新教和東正教之外的第四股主要力量。沃爾斯指這就是「現今時代的標準基督教」。[8]

這些發展對上帝教義有何意義？首先，李炯榮說明，在當代神學中，真正的跨文化互動是有需要的：

> 一個亞洲人的觀點補充了一個西方人或美國人的觀點，因為基督教同時是屬於亞洲和西方的。假如基督教只是一個西方的宗教，對基督教的非西方視角就應該被視為附屬於西方的視角。即使是今天〔在一九九九年〕，許多傳統神學家認為大部分第三世界的神學，包括解放神學和本色神學，都是傳統西方神學的附屬。只要第三世界神學繼續嘗試按照西方神學的觀點來證明他們的工作是有效的，它們將會繼續成為西方神學的附庸……我的工作不是嘗試補充三一的傳統觀念，而是從一個亞洲人的角度補充它，對三一提出一個新的解釋。[9]

那麼，這是意指歐洲和北美的上帝神學（包括古典上帝論的 243
傳統）有需要被取代嗎？不一定。即使沒有人否認發展文化上相關的上帝教義的迫切性，下述也是真的：即使在非洲、亞洲和拉丁美洲，許多在神學上發生的事情，仍然是對過去二千年的基督教傳

8　Christopher Fyfe and Andrew Walls, eds., *Christianity in Africa in the 1990s* (Edinburgh: Centre of African Studies, University of Edinburgh, 1996), 3。另參 Andrew Walls, *The Missionary Movement in Christian History* (Maryknoll, N.Y.: Orbis, 1996)。

9　Lee, *Trinity in Asian Perspective*, 12.

統的一個回應。南半球的基督教主要(即使不是全部)是由西方傳教士傳入的基督教。在世界三分之二地方的聖經學院，許多神學院和教會中所教導的上帝教義，主要是歸功於奧古斯丁和阿奎那，而不是西方的世俗神學。因此，在神學上，世界三分之二地方的教會部分活在「前啟蒙運動」的時代。我這個評語，並不是說這些教會是「落後的」(primitive)。

此外——正如詹金斯所說的——「新基督教」在南半球，並不是屬於「熱情的自由派、激進主義派，甚至是革命派」，這並非如自由派、世俗派導向的西方學者自一九六〇年代所預言的，而新基督教似乎是保守派和傳統主義者。[10] 這些教會大多數按照字面方式閱讀聖經，視「超自然」為「自然」，而且仰望那位被視之為會介入干預的上帝。他們大多數人認為實在(reality)是包括著上帝和祂的敵手——撒但和邪靈的力量。古典的基督教的事件，例如夢、視象、預言和神蹟，尤其是醫治，是大部分非洲、亞洲和拉丁美洲基督徒日常生活會遇到的現象。這個「新基督教」不具逃避現實的他世性；它跟自由主義的、世俗的西方有所分別，這分別在於其相信上帝應該跟日常生活的處境有關，例如失望、貧窮、病患、分娩、濫用毒品等問題。巴西五旬宗教會信徒所講述的，也可以適用於來自南半球的許多其他基督徒：「他們的主要訴求，是他們呈現了一位你可以運用的上帝……五旬宗羣體所擁有的上帝，將會解決我今天和明天的難題。今天的人是在尋找解決方法，而不是永恆。」[11]

以下是討論由幾位主要神學家所代表的非洲、亞洲和拉丁美洲的上帝觀。

10 Jenkins, *Next Christendom*, 6～8.

11 摘引自 Jenkins, *Next Christendom*, 77。

非洲神學中的上帝

God in African Theologies

・ 非洲人言說上帝的處境 ・

即使沃爾斯最近宣稱：「任何人若想對現代基督教進行嚴肅的研究，就必須認識非洲的事情」，[1] 系統神學對上帝的反省，並沒有太多注目於非洲的神學和靈性如何挑戰古典上帝論和當代的言說上帝。[2] 波比（John Pobee）已經主張：「假如基督福音要有認真的和深入的溝通和植根，那麼非洲人的印記將會取代歐洲人的印記。」[3]

在字面上非洲的種族和語言數以千計，在這當中，要想為言說上帝提供一個非洲世界觀作為背景，我們能夠說得上甚麼普遍的東西呢？可以理解地，學術性的評估相當分歧。然而，接納某些構

1 Andrew Walls, "Eusebius Tries Again," *International Bulletin of Missionary Research* 24, no. 3 (2000): 105.

2 參 Kwesi Dickson, "African Theology: Origin, Method and Content," *Journal of Religious Thought* 30, no. 2 (1975): 37。

3 John Pobee, *Toward an African Theology* (Nashville: Abingdon, 1979), 17.

成了大多數非洲文化基礎的基本取向，似乎十分合理，這些文化塑造了傳統宗教，也被傳統宗教所塑造，從而轉過來塑造了基督教對上帝的解釋。非洲人處境慣常被賦予的特徵，包括如下：[4]

246 • 非洲人的世界觀最具特色之處，也許是（正如許多亞洲人和拉丁美洲裔的文化也是一樣）宗教滲透入生活的每一部分。在莫比提的用語中，「介乎神聖與世俗之間」或介乎「屬靈和物質的生活領域」之間沒有正式的區分。[5]
• 和諧與安康的意識，反映在非洲人對創造秩序的注目上。自然的季節就像是人的生命一樣，見證了秩序。即使面對著生命的恐懼、含混和許多威脅，和諧是被肯定的。
• 對非洲人的思維來說，精靈的世界猶如可見的世界般真實，或許甚至更真實。可見的世界是「封存在不可見的屬靈世界之中」。[6]
• 生命和世界被相信是由上帝、祖先和（其他）精靈所掌管的。在莫比提對於非洲超過三百人的一份研究中，全都對上帝作為至高存有擁有某些概念。[7]
• 精靈，包括祖先，均與上帝生活在一個密切關係中。這些真實的力量以不同的名字命名，是由上帝創造以傳遞祂的能力，並佔有一個低於上帝的地位。按照當代學者的評價，對精靈經常作出顯然可見的敬拜，不可能與大多數非洲宗教的基本一神論取向妥協。這眾靈、祖先是生活在活人的羣體的身邊，這是一切非洲人宗教

4 關於簡要的縱覽，參 William Dyrness, *Learning about Theology from the Third World* (Grand Rapids: Zondervan, 1990), 43～52。

5 John S. Mbiti, *African Religions and Philosophy* (London: Heinemann, 1969), 2.

6 Tokunboh Adeyemo, "Unapproachable God: The High God of African Traditional Religion," in *The Global God: Multicultural Evangelical Views of God*, ed. Aída Besançon Spencer and William David Spencer (Grand Rapids: Baker, 1998), 130～131.

7 Dyrness, *Learning about Theology*, 44；以及 Mbiti, *African Religions and Philosophy*, 29。

性的核心特徵。

- 一個此世性的取向，包括注目於人類社羣及其安康，那是非洲人宗教性那人皆所知的特徵。這個取向，並沒有排除他世性的實在；當然，宗教是與此生和這些獨特的百姓有關的。[8]
- 悔改往往被理解為是兩個或數個拯救系統之間的一次相遇，而且是某類權能的相遇。所相信的上帝若是最強的，是可以對之盡忠的。[9]

對非洲人上帝概念的研究，複雜的地方大多數在於神學是以口語的形式出現。非洲人對於他們的上帝信仰，並不是較少「神學性」的，[10] 他們只是以不同的形式進行神學思考。

解放的主題—— 經濟、社會和政治，又如何？莫比提宣稱，非 247
洲神學較常開始於喜樂的叫喊以及對生命的肯定，多過是對解困的呼喊。[11] 慣常地，非洲神學是分為兩個類別的：非洲神學和黑人神學。後者往往是指黑人解放神學，特別是在南非的處境中；前者是指一般的非洲神學。不過，某些解放神學不是南非的，而且有幾位非洲神學家在政治上十分活躍。[12]

在非洲言說上帝的處境的另一個特徵，就是在傳統宗教信

8　參 Cyril C. Okorocha, "Religious Conversion in Africa: Its Missiological Implications," *Mission Studies* 9.2, no. 18 (1992): 168～181。

9　參 Cyril Okorocha, "The Meaning of Salvation: An African Perspective," in *Emerging Voices in Global Christian Theology*, ed. William A. Dyrness (Grand Rapids: Zondervan, 1994), 59～92。

10　Kwesi Dickson, *Theology in Africa* (London: Darton, Longman & Todd, 1984), 13.

11　摘引自 Dyrness, *Learning about Theology*, 36。

12　參 John Parratt, *Reinventing Christianity: African Theology Today* (Grand Rapids: Eerdmans, 1995), 25～28。另參 Alfred T. Hennelly, *Liberation Theologies: The Global Pursuit of Justice* (Mystic, Conn.: Twenty-Third Publications, 1995), 160～194，那是討論 Bénézet Bujo。參 Mercy Amba Oduyoye and Deane William Ferm, *Third World Liberation Theologies: An Introductory Survey* (Maryknoll, N.Y.: Orbis, 1986), chap. 3，在非洲解放神學的範疇之下，列出了超過十個名字，它們大多數是來自南非以外的。

念的持續和更多影響，以及西方傳教士帶來的基督教保守主義的（往往是基要主義的）版本之間的張力。[13]

以下的研究首先集中於四位非洲神學家，他們都論及非洲的上帝教義：迪克森（Kwesi Dickson），來自西非阿坎人（Akan）文化處境的衞理公會信徒；前述的波比，迦納（Ghana）聖公會神學家；尼亞米蒂（Charles Nyamiti），一個羅馬天主教徒，原本來自坦尚尼亞（Tanzania），他撰寫了許多作品討論肯亞的基庫裕族（Gikuyu）的神學；還有移居海外的奧邦納亞（A. Okechukwu Ogbonnaya），他現在居住在美國，他的作品集中於社羣式的神性（communitarian divinity）的概念，以及它與三一的關係。這些神學家在西方受過教育，認識歐洲和國際的神學；他們也廣泛地用英文寫作。不過，他們全都試圖在本身的處境中提出一套真正的非洲上帝教義。在強調這些神學家之後，本章會略述在非洲獨立教會（African Independent Churches）之中的上帝觀，而非洲獨立教會是非洲基督教迅速增長的本土力量；接着是解放神學的貢獻以及非洲婦女的神學。不過，我們首先會討論傳統非洲人的上帝概念提供了怎樣的教義背景，以供他們發展基督教的上帝教義。

・ 基督教的上帝觀與非洲的上帝觀 ・

甚少（如果有的話）神學家可以就傳統非洲人的上帝信仰對當代基督徒上帝觀的影響提出爭議。在眾多學者之中，[14] 艾杜伍

13 參 Dickson, "African Theology," 34～45，以及 Parratt, *Reinventing Christianity*, chap. 1。傳統基督教神學對非洲處境不合時宜，最嚴肅的宣告是來自 F. Eboussi Bolanga, *Christianity without Fetishes* (Maryknoll, N.Y.: Orbis, 1984) 以及同一作者的 "The African Search for Identity," in *The Churches of Africa: Future Prospects*, ed. C. Geffre and B. Luneau (New York: Seabury, 1977), 26～34。

14 另參 John Kibicho, "The Continuity of the African Concept of God into and through

（Bolaji Idowu）強調兩者之間的延續性，而不是它們的斷非延續性，並且主張非洲傳統宗教基本上是一神論的。他抗拒西方的看法：一個「至高上帝」的概念，他認為每一個部族都有自己的神明，意即多神論。[15] 貝蒂亞克（Kwame Bediako）注意到艾杜伍藉著「建立非洲人的身分」的目的提出的激昂訴求，已經使這兩個上帝的概念之間的真正差異模糊不清。[16] 基比喬（John Kibicho）是延續性原則的另一個擁護者，他描述基庫尤族（Kikuyu）對上帝的概念如下：

> 基庫尤族對上帝（Ngai 或 Mugai）的概念基本上是一神論的。上帝的名稱在基庫尤族中所表達的信念是祂是萬物的擁有者（Nyene）、一切奧祕之源（Mwene-Nyaga）和全能者（Murungu）；祂也是偉大的長老（Githuri）和父親（Baba）。他們相信上帝是無形的，靈性的和無所不在的，超越的和內在的，一切事物的支持者和控制者，對人類仁慈厚愛。祂不只在有需要之時被呼求，也在感恩和尋求指引之際被呼求。這個傳統觀念……在基庫尤族基督教化之後延續，而且仍然是基庫尤族的基本觀念。[17]

Christianity: A Kikuyu Case-Study," in *Christianity in Independent Africa*, ed. E. Fashole-Luke, R. Gray, A. Hastings, and G. Tasie (London: SCM, 1978), 370～388；以及 Gabriel Setiloane, "How the Traditional World-View Persists in the Christianity of the Sotho-Tswana," in *Christianity in Independent Africa*, 402～411。

15 參 K. A. Dickson and S. Torres, eds., *Biblical Revelation and African Beliefs*，論文來自 Consultation of African Theologians, Ibadan, 1966 (Maryknoll, N.Y.: Orbis, 1979), 13～17；以及 Bolaji Idowu, *African Traditional Religions: A Definition* (London: SCM, 1973), 62～65。

16 Kwame Bediako, *Theology and Identity* (Oxford: Oxford University Press, 1990), 352；另參頁 267～302。

17 如 Parratt, *Reinventing Christianity*, 69 所作的撮要。

然而，西方傳教士並不明白基庫尤族的上帝（Ngai）的真正特質，並下結論認為基庫尤族並不認識真神。因此，傳教士要求他們徹底放棄傳統的上帝觀。[18] 塞提隆（Gabriel Setiloane）不只認可了基比喬的觀點，也主張在某程度上，傳統非洲的上帝概念是一個「更廣闊、更深入和包羅萬象的概念」，比「西方神學傳統」寬廣得多。塞提隆提出，事實上西方「基督徒神學家的『上帝』可以很易逝去，因為祂是十分渺小和人性的」，這是相對於非洲人那無限制的、「宏大的、不可理解的、廣闊的、驚人的和獨特的」上帝。[19] 故此，他鼓勵非洲基督徒「把西方基督教的上帝概念非洲化，而且從而把它提升至 Modimo（非洲部落諸宗教的偉大神明）的水平，那是更高的。」[20]

249 帕拉特（John Parratt）在他那廣受稱揚的《重造基督教：今日非洲神學》（*Reinventing Christianity: African Theology Today*）中，採取了中間的立場。他承認塞提隆的批評應受注意，因為它顯示出介紹給非洲人的基督教上帝那片面的圖像，但也疑惑某些非洲神學家究竟是否只在擔憂古典上帝論的觀點，而忽略了聖經中充滿動力、大能的上帝的圖像。[21] 塞提隆的觀念是：基督教的上帝是「軟弱的上帝」，他錯解聖經的上帝概念，其實祂是大能者，卻仍然容許自己參與在世界的苦難中。[22] 尼亞米蒂注意到這一點：

> 對非洲人來說，新穎的是上帝的能力是在軟弱之中彰顯出來的：在基督的卑微、溫順、饒恕罪惡，以及——最令人震驚的

18 Kibicho, "Continuity of the African Concept of God," 379.

19 Gabriel Setiloane, "Where Are We in African Theology," in *African Theology en Route*, ed. K. Appiah-Kubi and S. Torres (Maryknoll, N.Y.: Orbis, 1979), 60.

20 Setiloane, "Where Are We in African Theology," 63.

21 Parratt, *Reinventing Christianity*, 72.

22 Parratt, *Reinventing Christianity*, 73.

——在祂的受苦中、祂在十架上的死亡及其在基督本身的榮耀結果，以及整個創造。[23]

帕拉特和尼亞米蒂的進路試圖克服一對雙生的危險：忽略了傳統非洲人的上帝概念與基督教的上帝概念之間的明顯聯繫，以及毫無批判地強調他們的延續性。實應同時有延續性和非延續性性。例如，尼亞米蒂提議，任何真正的基督教上帝概念在非洲都應該嚴肅對待傳統的元素，例如動態論（dynamism）、團結一體（solidarity）、參與、人類中心論（anthropocentrism），以及超自然的地位。他也提到，基督教神學需要承認非洲宗教命名上帝的方式，例如，上帝作為母親。[24] 同時，非洲神學家應該注意某些傳統宗教的層面是不能被基督教接納的，例如強調上帝的內在性以致排斥祂的超越性，或是強調祂的超越性以致有損於祂對人類的關懷。然而，尼亞米蒂認為主要的分歧，在於基督教的上帝概念是以基督為中心的，即使互有相似之處，這是真正區分的界線。[25]

‧　在阿坎人處境中的上帝：迪克森　‧

為非洲的處境做神學

迪克森[26] 把自己視為是主要的聖經學者之一，尤其是舊約，而

23 Charles Nyamiti, *African Tradition and the Christian God* (Eldoret, Kenya: Gaba, 1976), 57.

24 Nyamiti, *African Tradition and the Christian God*, 15。關於上帝的名字的意義，參 John Mbiti, *Concepts of God in Africa* (London: SPCK, 1970), 327～336。

25 Nyamiti, *African Tradition and the Christian God*, 6～8.

26 我深深受惠 Peter Fulljames, *God and Creation in Intercultural Perspective: Dialogue between the Theologies of Barth, Dickson, Pobee, Nyamiti, and Pannenberg* (New York: P. Lang, 1993) 對迪克森、波比和尼亞米蒂的詳盡平衡的縱覽和評估。

250 且為舊約對非洲基督教和非洲人的上帝觀的重要性作出論辯。他指出，在非洲的許多基督教會，尤其是在獨立教會之中，顯然相當偏向舊約。[27]

讓迪克森得到國際承認的著作，是他在一九八四年的《非洲的神學》(*Theology in Africa*)。他相信真正的非洲神學必然是與文化相關的，而且擁有適合其處境的方法論。兩者都讓非洲人不必按照「西方對思想範圍的定義來做神學」。他恐怕西方「方法論的束縛」迫使非洲人沿著西方人的路線思考，因而妨礙了思想的創見。[28] 非洲神學的一個重要部分見於平民百姓的祈禱、詩歌、讚美和禮儀，而迪克森相信這是不可忽略的。聖經與文化是兩根柱子，供神學作為基礎的。[29]

舊約的上帝與阿坎人的上帝

迪克森對非洲上帝教義的起始點，是宗教在非洲的生活中，一般來說扮演了重要的角色。他給宗教定義為「承認上帝對人類的統治」。[30] 他相信，那是有可能去建立「全地有一位上帝，而且任何宗教在某程度上，是上帝與人相遇這齣劇情的體現」。[31]

若要理解這些陳述對他在非洲的上帝觀的意義，我們便要提到迪克森對舊約的進路，這進路視以色列與非洲之間同時具有延續性與非延續性。舊約是一羣選民的獨特故事(排他主義)，不過它也是「對那些在以色列人傳統以外者的邀請，視他們為分享他

27 Dickson, *Theology in Africa*, 141～143.

28 Dickson, *Theology in Africa*, 119；以及 Kwesi Dickson, “The African Theological Task,” in *The Emergent Gospel*, ed. S. Torres and V. Fabella (Maryknoll, N.Y.: Orbis, 1978), 119。

29 Dickson, *Theology in Africa*, 14.

30 Dickson, *Theology in Africa*, 30.

31 Dickson, *Theology in Africa*, 36.

們的傳統」（普世主義）。[32] 這個普世性的一個層面是，上帝在舊約中被視為是全地的主宰，並且關心所有人，而不只是以色列人。迪克森也強調在以色列與非洲之間的宗教文化的延續性，例如他們對自然、精靈附體和社羣意識的觀點。[33]

迪克森與幾個同儕一起，[34] 哀歎宣教士帶給非洲人的聖經是 251
從字面基要主義的觀點來閱讀的事實。故此，那是傾向把聖經研究限制在美洲大陸上。[35] 帕拉特在此提出了一個有趣的論點，那就是字義主義者的解釋，會驚訝於舊約和新約的神話語言與非洲人口述文學所使用的語言的相似性。[36]

阿坎人的上帝觀作為非洲神學的例子

迪克森在阿坎人的處境中做了許多神學工作（阿坎人是迦納的主要部落，阿坎語是迦納的一種民族語言）。然而，他的目的是發展也適用於非洲大陸其他處境的一套非洲神學，因為他相信在非洲人的基督教及其上帝教義有統一的核心作基礎。[37] 同時，他也迅速指出在聖經（主要是舊約）和阿坎人的上帝概念之間的差異。

在阿坎人的處境中對神明的不同稱謂顯示，上帝是被理解為終極的實在（ultimate reality），一切事物都依靠著祂：

32 Kwesi Dickson, "Continuity and Discontinuity between the Old Testament and African Life and Thought," *Ghana Bulletin of Theology* 4, no. 4 (1973): 99，摘引自 Parratt, *Reinventing Christianity*, 60。

33 Dickson, *Theology in Africa*, 168～170.

34 例如，E. Fashole-Luke, "The Quest for African Christian Theology," *Journal of Religious Thought* 32, no. 2 (1975): 78。

35 Dickson, *Theology in Africa*, 16～17。對於持相反的觀點，在關聯非洲處境底下維護北美基要主義，參 Nigerian B. H. Kato, *Theological Pitfalls in Africa* (Kisumu, Kenya: Evangel Publishing House, 1975)。

36 Parratt, *Reinventing Christianity*, 63.

37 Dickson, *Theology in Africa*, 9。有關討論，以及書目註釋，參 Fulljames, *God and Creation in Intercultural Perspective*, 39～40。

> 上帝是至高存有、創造者、起始者、支持一切事情的力量、無限者、從亙古至永遠長存的一位。萬物都是來自上帝，也是結束於上帝，祂本身是沒有源頭的。[38]

作為一個非洲神學家，迪克森強調祖先在代表一種社羣的意識，以及「羣體性格的概念」(concept of corporate personality) 的重要性，那在以色列中是不知道的。[39] 祖先被認為是社羣的一部分，而且藉著他們的臨在，他們表達了社羣的團結一體。祖先的精靈使用他們的力量造福羣體；這與「並非所有死人都會成為祖先」一致，只有那些活出一個良好的、正直的生活或成為社羣領袖的人才可以。祖先必定比上帝的地位更低，卻比人類更高。[40] 在生命的
252 重要時刻，會向他們呼求。[41] 在迪克森的觀點中，祖先的概念有許多地方是類似舊約對羣體的觀點。[42]

迪克森指出，在阿坎人的上帝神學中，也有一個獨特的**自然**神學，即使**自然**(nature)這特殊用語不見於這語言中(最接近的用語意指「上帝創造的事物」)。阿坎人認為自然是上帝所造的實在(reality)的一個充滿活力、動態的部分。「與自然親密」(kinship with nature)的原則是對任何事物相互聯繫的肯定。「宇宙對他〔非洲人〕而言是一個活著的宇宙，而他是它的一部分。」[43]

在阿坎人的處境中上帝與自然是相互接近的。然而迪克森認為基督教神學不可能把上帝與自然等同，不能較以色列人做得更

38 Fulljames, *God and Creation in Intercultural Perspective*, 41；參 Kwesi Dickson "Introduction to Second Edition," in J. B. Danquah, *The Akan Doctrine of God* (London: Cass, 1968)。

39 Dickson, *Theology in Africa*, 170.

40 Fulljames, *God and Creation in Intercultural Perspective*, 47.

41 Dickson, *Theology in Africa*, 69.

42 Dickson, *Theology in Africa*, 172～174.

43 Dickson, *Theology in Africa*, 52；另參 49～51。

多，像認同迦南人的信仰，視土地為「充滿神靈」的。[44] 然而，以色列把土地看得十分重要，以之為來自上帝的重要禮物，阿坎人也是一樣。土地不是神聖的，它是來自上帝的禮物。[45] 然而，阿坎人文化——以及許多非洲的文化宗教思想，是沒有終末論的概念或對終末的期待的[46]——與基督教神學觀點不一樣，基督教視自然的完滿將要在上帝國度的終末性來臨中發生。[47]

另一個跟所有非洲宗教相關的主題是精靈附體（spirit possession）。迪克森提到，在舊約有幾位先知被上帝的靈掌管，把上帝的話語傳達給百姓。相似的先知經驗，在阿坎人的處境中是常見的。主要的分別是在阿坎人的社會中，先知經常被描繪成和諧的守護者，以色列的先知卻經常被呼召去挑戰現狀。另一個不同之處是在舊約中，經驗是直接源自上帝／上帝的靈；在阿坎人的處境，則是被次等的神明或其他精靈力量所附體。[48]

・　上帝與社羣：波比　・

波比探討在非洲人處境中上帝教義的方法，類似於迪克森。
他同時考慮聖經教導與文化處境兩者；他也大多與迦納的阿坎人 253
一同工作。他對獨特的非洲上帝神學作出貢獻的方式之一，就是運用了非洲的箴言和其他民間智慧。

對於波比來說，來自阿坎人處境的首要論題是社羣的意識。[49] 他在顯明非洲神學中羣體的關鍵角色時，提到笛卡兒（René Descartes）：

44　Dickson, *Theology in Africa*, 166.

45　Dickson, *Theology in Africa*, 165.

46　參 John Mbiti, "Eschatology," in *Biblical Revelation and African Beliefs*, ed. K. A. Dickson and S. Torres (Maryknoll, N.Y.: Orbis, 1979), 159～184 的重要討論。

47　Dickson, *Theology in Africa*, 166.

48　Fulljames, *God and Creation in Intercultural Perspective*, 53～54.

49　特別參 Pobee, *Toward an African Theology*, chap. 3。

「笛卡兒在對西方人說出『我思故我在』（ *cogito ergo sum* ）時，阿坎人的存有論卻是 "*cognaturs ergo sum*" ——即我是由於血緣而相關，因而我存在；或我存在因我屬於一個家庭。」[50] 這使人聯想起莫比提的說法：「我是因為我們是，而且因著我們是，故此我是。」[51]

羣體的概念在阿坎人的處境中有助解釋上帝和道成肉身的意義。在那文化中，人的個性被認為是由三個成分組成的，其中兩個是直接關乎家庭的世系：靈魂（或命運，*kra*）是從上帝而來的，血緣（*mogya*）是從母親而來的，而精神（或品格，*sunsum*）是從父親而來的。耶穌的人性是源自一個婦女（加四 4），而祂是大衛的後裔（羅一 3）。[52] 羣體的概念也是肯定上帝兒子的人性之基礎。罪在阿坎人社會中基本上是一件反社會的、反羣體的行動。耶穌的生命是完全的愛，祂沒有犯罪影響其他人或社羣。[53]

在阿坎人社羣中描述耶穌的方式之一，是耶穌是醫治者。耶穌的醫治行動是上帝權能的記號：「耶穌擁有上帝的能力，而且使用了它。除非祂已經『把靈魂結合』於上帝，祂是不能行使那種能力的。」[54] 正如上文所述，醫治的主題是非洲人靈性與上帝教義的典型部分。

在阿坎人的處境中，上帝被視為是偉大和有能力的。在醫治者的工作中所見到的能力，傳統上被認為是來自上帝的，而且關乎上帝作為創造者的能力。藉著提到耶穌擁有一個「重大的靈魂」（heavy *kra*），阿坎人闡明了這點。一個人的靈魂（*kra*）是直接從上帝領受的，而且代表了上帝在那人中的臨在。[55] 上帝臨在於每一個人之中，

50 Pobee, *Toward an African Theology*, 49.

51 Mbiti, *African Religions and Philosophy*, 106.

52 Pobee, *Toward an African Theology*, 83, 88；以及 Fulljames, *God and Creation in Intercultural Perspective*, 72～73。

53 Pobee, *Toward an African Theology*, 92.

54 Pobee, *Toward an African Theology*, 92.

55 Fulljames, *God and Creation in Intercultural Perspective*, 74.

見於「所有人都是上帝的兒女，沒有人是地上的兒女」的說法。[56]

阿坎人也提到上帝的兒子是領袖的代言人。[57] 藉著在非洲人
世界觀與聖經對上帝的信念之間諸如此類的平行，波比以約翰 254
福音一章14節的模式為基礎，發展一套神學，道（*Logos*）「住在」（希臘文，*skēnōsis*）一個特殊的文化中。[58]

・ 上帝與祖先：尼亞米蒂 ・

朝向一套為非洲人處境而撰的系統神學

尼亞米蒂因他以祖先為題的龐大著作而聞名，這可見於他那廣受讚賞的作品《基督為我們的祖先》（*Christ as Our Ancestor*）。[59] 他的一本早期著作《非洲的傳統與基督徒的上帝》（*African Tradition and the Christian God*, 1976）也注目於肯亞基庫裕族及其他地方中祖先的角色。此外，他也廣泛地撰寫，以滿足發展一套非洲神學的需要。[60]

尼亞米蒂對非洲神學的進路，有別於迪克森和波比的取向，這在於他不介意尋求一種對上帝教義與其他基督教教義更系統性的進路。他十分意識到非洲人的神學主要在禱告、聖詩和其他靈修的形式中出現，但他相信神學家需要超越這一切。原因之一是非洲人正在迅速離開它的「傳統的生活模式，朝向技術和科學的時代」。[61] 尼亞米蒂提到，基督教神學總是傾向系統化的，而且運用

56 Pobee, *Toward an African Theology*, 94.

57 Pobee, *Toward an African Theology*, 94～98.

58 John Pobee, "Mission, Paternalism, and the Peter Pan Syndrome," in *Crossroads Are for Meeting: Essays on the Mission and Common Life of the Church in a Global Society*, ed. Philip Turner and Frank Sugeno (Sewanee: SPCK/USA, 1986), 95～96.

59 Charles Nyamiti, *Christ as Our Ancestor* (Gweru, Zimbabwe: Mambo Press, 1984).

60 Charles Nyamiti, *The Scope of African Theology* (Eldoret, Kenya: Gaba, 1973).

61 John Pobee, "Approaches to African Theology," in *Emergent Gospel*, 35.

現存的哲學和其他方式，呈現一套融貫的信仰，他在這裏以阿奎那為例子。他也呼籲一種更系統化的進路，因為他提出，要在非洲的文化處境與天主教會的傳統及其對聖經信息的解釋之間，進行互動。當然，許多人批評他建議非洲人運用其他文化範疇，[62] 不過他回應說，基督教教義在非洲的處境中的系統化，是要批判性地進行的，而且帶著必然的修正。[63]

尼亞米蒂對發展一套非洲哲學作為工具來說明基督教信仰的可能性，也持開放的態度，這種工作，類似在中世紀時期運用亞里士多德主義那樣。[64] 這項工作既需要肯定那些與基督教信仰和諧
255 的哲學特性，也要批判地審查那些不和諧的。尼亞米蒂主張，這
是基督教神學經常做的事。[65]

上帝作為家長—祖先

有好幾位非洲神學家都用過祖先的意象。尼亞米蒂以三種相互關係的方式，來運用祖先的範疇：

1. 上帝作為祖先；[66]
2. 基督作為祖先[67] 或「兄弟祖先」（brother ancestor）；[68]
3. 聖徒相通作為祖先。[69]

---

62 關於與尼亞米蒂的溫和而建設性的對話，參 Bénézet Bujo, *African Theology in Its Social Context* (Maryknoll, N.Y.: Orbis, 1992), 56。

63 Nyamiti, Scope of African Theology, 33；另參 Fulljames, *God and Creation in Intercultural Perspective*, 98～99。

64 Pobee, "Approaches to African Theology," 35.

65 Pobee, "Approaches to African Theology," 38.

66 Nyamiti, *African Tradition and the Christian God*, chap. 8.

67 Nyamiti, *Christ as Our Ancestor*.

68 這個用法偶爾見於 Nyamiti 的 *African Tradition and the Christian God*。

69 例如，參 Charles Nyamiti, "Uganda Martyrs:Ancestors of All Mankind," *African Christian Studies* 2, no. 1 (1986): 37～60。

最後的用法，可能是在非洲基督教中對祖先概念的最廣泛應用。

對於非洲的處境來說，祖先的主題有何意義？尼亞米蒂以五點來概括。祖先：

1. 在已死和活著的君王之間提供了親密的關係；
2. 擁有神聖的地位，往往是藉著死亡而得的；
3. 在羣體中成為行事的榜樣；
4. 通過祈禱和禮儀，與活人經常溝通；
5. 在上帝與人之間作中介（大多數應用於把基督視為祖先）。[70]

尼亞米蒂的神觀的特色之一，就是他運用家長—祖先（parent-ancestor）這主題的方式。一個家庭在患病的時刻或在農業循環的關鍵時刻，對家長—祖先祈禱和獻祭的對象，是家庭中最年長的存活成員的家長。因此，尼亞米蒂把祖先的範疇應用於上帝，是有別於那些把上帝視為「偉大的祖先」，即人類種族的始祖。[71] 即使父母與子女的血緣關係對於尼亞米蒂的觀點來說是基礎性的（當然，這一點不會用在上帝與人的關係上），他建議上帝可以被類比地理解為一個家長—祖先，因為上述定義的重點是
兒童所反映的父母品格。上帝是一切事物的源頭，不過祂也渴望 256
進入人際的關係中。重要的是，家長—祖先可以是父親或母親，而上帝顯示了父性和母性的特質。[72]

除了可以按祖先的主題來聯繫聖經的信仰與非洲人的處境之外，尼亞米蒂還提到其他幾點：

70　撮要參 Fulljames, *God and Creation in Intercultural Perspective*, 116。

71　這是 J. B. Danquah, *The Akan Doctrine of God*, 2nd ed. (London: Cass, 1968) 的觀點。

72　Fulljames, *God and Creation in Intercultural Perspective*, 115.

- 上帝作為力量和生命；
- 上帝作為相通和分享；
- 上帝作為聖潔的、超自然的和神祕的一位。[73]

一種三一論觀點的祖先主題

尼亞米蒂把祖先的主題應用於基督，是建基於祂作為神人之間的中介角色。基督作為兄弟祖先（brother ancestor）是媒介，上帝藉此與人類溝通。在三一裏面，父與子之間是有一個永恆的祖先式關係，祂們因而可以被描述為祖先和後裔。隨著人被納入在基督的後嗣中，他們也分享了祂與上帝作為祖先的關係。[74]

聖靈作為三一的一員，在此介紹出來：「祖先與後嗣在與通過（in and through）〔聖〕靈互相溝通，而從這個角度看，聖靈似乎成了他們相互之愛的表達——正如彼此之間互相賜予神聖的恩賜而以愛來表達，這神聖的恩賜就是聖靈。」因此，按照尼亞米蒂的觀點，是需要聖靈來保證在祖先與後裔之間的神聖溝通：「因為在上帝裏，這個神聖溝通只可以通過聖靈而作出，神聖祖先和神聖後裔按其本性，是需要聖靈的臨在。」[75]

對於尼亞米蒂來說，基督的救贖活動只可以按照與父（家長—祖先）有永恆關係的那一位的道成肉身來理解。這樣，他把救贖理解為橋樑，連接上帝與人類因罪而出現的鴻溝。[76] 這樣的理解符合非洲人的處境，因為許多非洲人的社羣述說了上帝在與人的友情破裂之後退回天堂的故事。尼亞米蒂也提到，他對道成
257 肉身的觀點是接近希臘教父的，因為對他們來說，「基督拯救一切

73 參 Fulljames, *God and Creation in Intercultural Perspective*, 106～112。

74 Fulljames, *God and Creation in Intercultural Perspective*, 116.

75 Nyamiti, *African Tradition and the Christian God*, 49.

76 Nyamiti, *Christ as Our Ancestor*, 74～76.

人，是藉著披戴人性，以及使其聯合……於上帝」。[77]

那麼，耶穌的受死又如何？尼亞米蒂回應了莫特曼的觀念，認為基督的受死主要是關乎內在三一（inner-trinitarian）的關係。因此，「子的被釘十字架是神聖的溝通，也是那後裔向他的神聖祖先的禮儀性自我呈出，而子藉著父通過聖靈而得榮耀，就是神聖祖先的答案。」[78]

・ 社羣主義式的神性：對三一的一個非洲式進路 ・

奧邦納亞的作品《社羣主義式的神性：一個非洲人對三一的解釋》（*On Communitarian Divinity: An African Interpretation of the Trinity*）的目的，是在北非教父特土良的基礎上，探討三一在非洲的觀念。故此，這部專論是把古典上帝論與非洲神學作出精彩的比較。奧邦納亞期望改正那些試圖把傳統非洲人思想吻合西方模式的人，以及那些沒有見到社羣與三一之間有內在聯繫的人。[79]

奧邦納亞哀歎說，甚至非洲神學家仍然進行一種神學言說，彷彿對神聖者的一神論式概念是基礎性的。其中一個副作用，就是許多在非洲受壓迫的人沒有見到一個解放的社羣式的上帝概念。他認為，非洲人的概念（在羣體中是佔多數的）必須成為普通性的言說上帝和特殊性的三一的起始點。奧邦納亞主張，特土良作為一個非洲人，其作品傾向把三一想像成平等位格的羣體——位格之間的從屬，是時間性的（temporal）作用而不是存有論的（ontological）從屬。[80]

77 Nyamiti, *Christ as Our Ancestor*, 73.

78 Nyamiti, *Christ as Our Ancestor*, 46.

79 A. Okechukwu Ogbonnaya, *On Communitarian Divinity: An African Interpretation of the Trinity* (New York: Paragon House, 1994), ix.

80 Ogbonnaya, *On Communitarian Divinity*, xii～xix.

奧邦納亞的起點清楚明確：羣體性（communality）對於非洲人的世界觀是基本的。[81] 在非洲，面對面接觸是極其重要的，羣體的意識就會超越了真實的身體接觸；靈性繫於經常存在的羣體。「在非洲的處境中，人不只被事物所環繞，也被存在物（beings）環繞——形而上的世界是由存在物所背負的。」[82] 祖先與人們是生為羣體的一部分。故此，它是一個接觸過去、尊重現在、而且展望
258 未來的羣體。所以，奧邦納亞辯說，上帝在非洲基督教神學中的啟示，不應被視為是某些被給予的客觀資據（data）的東西，而是某些在羣體之中發生的事情。[83]

羣體性的原則也應用在神聖者身上：「羣體性是眾神明的本質。」[84] 這帶領我們來到在非洲人傳統宗教中對上帝的理解的爭論核心：不論那是一神論式或多神論式的。對於奧邦納亞來說，這兩個觀點不是惟一的選擇；他更喜歡以神聖者為眾神的羣體這一觀念。[85] 眾神明是與家庭、生育和繁殖有關的。奧邦納亞總結說：「一（the One）的概念在非洲人宗教中出現，然而**多**（the Many）的概念也是一樣」，而這不可以被稱為一神主義或多神主義，而是社羣主義。[86]

當特土良發展他的三一教義時，他以「我們要照著我們的形像造人」（創一 26）和「我們下去，在那裏變亂他們的口音」（創

81 Ogbonnaya, *On Communitarian Divinity*, 1.

82 Ogbonnaya, *On Communitarian Divinity*, 8，摘引自 Gerhardus Cornelis Oosthuizen, "The Place of Traditional Religion in Contemporary South Africa," in *African Traditional Religion in Contemporary Society*, ed. Jacob K. Olupon (New York: Paragon House, 1991), 40。

83 Ogbonnaya, *On Communitarian Divinity*, 9～11.

84 Ogbonnaya, *On Communitarian Divinity*, 13，摘引自 Edmund Ilogu, *Christianity and Igbo Culture* (New York: NOK Press, 1974), 201。

85 Ogbonnaya, *On Communitarian Divinity*, 23。關於一神論和多神論選擇的考慮，參頁14～23。

86 Ogbonnaya, *On Communitarian Divinity*, 27.

十一 7）等聖經經文作為指引，協助他擴展猶太教的一神主義。這些類型的聖經取向，在奧邦納亞的解釋中，所強調的乃是「眾位格的羣體在神聖的一位中」（the community of persons within the Divine One）。[87]

三一對特土良來說是跟創造和拯救連繫的，因而與羣體有關連的，羣體包括一般的人類羣體和特殊的教會羣體。他自由地採納了自然的用語，來談到在上帝神格（Godhead）中的多元性，例如根—枝—果、水源—河流—小溪，以及太陽—光線—光端。他不只運用了宇宙性的概念，也運用了取自社會的關係性概念。其中一個是家庭，這個概念對非洲文化是十分重要的。當思忖內契的三一時，特土良相信獨一上帝不是孤單的：「即使在宇宙創造之前的太初，上帝也不是孤單的，因為在祂裏面具有理性（Reason）〔*Logos*〕，而內在理性之中是祂的道（His Word），藉著在祂裏面鼓動這道，祂把道變成了在祂之外的另一位。」[88] 在內契的三一裏也是互為主體（intersubjectivity）的，因為「道……是常與父在一起」和「我與父原為一」。[89]

奧邦納亞相信，從特土良所提供的線索，非洲神學可以建立一套三一的羣體性教義。「神聖者的這個羣體性是平等的羣體。這個平等是建基於一個事實，即大家分享同一本性。」他撮述，關係性（relationality）也是神聖羣體的一個基本特性。[90]

87 Ogbonnaya, *On Communitarian Divinity*, 55.

88 Ogbonnaya, *On Communitarian Divinity*, 61～62，摘引自 Tertullian, *Adversus Praxeas* 5。

89 Ogbonnaya, *On Communitarian Divinity*, 62，摘引自 Tertullian, *Adversus Praxeas* 8。

90 Ogbonnaya, *On Communitarian Divinity*, 89.

259 ・非洲人獨立教會中對上帝的動態觀點・

基督教在非洲急劇增長的主要原因，是五旬宗／靈恩派運動和非洲獨立教會（African Independent Churches, AIC）。[91] 非洲獨立教會和其他獨立教會已經在人數上拋離他們的母會。[92] 在一九八〇年代初，巴雷特（David B. Barrett）指出，非洲獨立教會宣稱在非洲大陸已經有三千一百萬追隨者；現今的數目顯然更多。[93] 這是貝蒂亞克最近所稱的「普世性的新中心」。[94] 許多人相信，非洲獨立教會擁有潛能，體現一種基督教靈性和信仰，不只是處境化了西方對基督教的解釋的表面元素，更是代表了基督教信仰的一個合法版本、一個非西方的宗教。建基在非洲人的土壤上，非洲獨立教會的神學方式是有別於西方的同伴，而它的口述和敍事方式，也在西方以外的其他地方盛行。[95] 非洲的獨立教會強調靈性在羣體之中的地位，也很值得注意，他們一般比起建制教會沒有那麼強調教義的正統性。[96]

以教義而言，那是難以三言兩語對非洲獨立教會作出總結，因為他們的信念甚少以寫作形式刊行出來。他們之間的神學觀點範

91 W. J. Hollenweger, foreword to *African Initiatives in Christianity: The Growth, Gifts, and Diversities of Indigenous African Churches–A Challenge to the Ecumenical Movement*, ed. John M. Pobee and Gabriel Ositelu II (Geneva: WCC Publications, 1998)。AIC 這個縮略語是代表了幾個相關的標題：African Indigenous Churches、African Initiated Churches 或 African Independent Churches。最後一個名字在近期的神學文獻中較多出現。

92 對於非洲獨立教會最近期的介紹，參 Allan H. Anderson, *African Reformation: African Initiated Christianity in the Twentieth Century* (Trenton, N.J.: Africa World Press, 2000)。

93 David B. Barrett, *Schism and Renewal in Africa: An Analysis of Six Thousand Contemporary Religious Movements* (New York: Oxford University Press, 1982), 815.

94 Kwame Bediako, *Christianity in Africa* (Maryknoll, N.Y.: Orbis, 1995), 111.

95 參 Allan H. Anderson, "Pluriformity and Contextuality in African Initiated Churches"；http://artsweb.bham.ac.uk/aanderson/index.htm (September 1997)。

96 Parratt, *Reinventing Christianity*, 6.

圍是相當廣闊的，「從堅守正統信仰的一端，到明顯是本土文化主義的另一端」。[97] 非洲獨立教會的靈性思想，說明了許多傳統基督教上帝教義在非洲處境中已經失去其相干性。布拉加（F. Eboussi Boulaga）主張，除了典型西方所繼承的神學的理性主義和歷史相對主義這原因之外，這是新一類的基督教靈性學出現的主要原因。「基督教有其信仰表白和理想，但這些信仰表白和理想並非以一般實際的方式從天而降。」他說，這些理想仍然是「不可見之處 260
（the invisible no-place），那裏是靈魂相聚之處」。[98]

當所有非洲教會都承認靈性世界的實在（reality）時：

> 獨立教會人士協助我們見到非洲人首要地關心那源自一個大能上帝屬靈力量，要戰勝威脅人類生命和活力的一切敵人和邪惡，從而展開他們對精神和肉體醫治的廣泛事工。這相當不同於西方對贖罪和赦罪的關注。[99]

在非洲獨立教會和非洲的五旬宗主義中，專職的宗教人士或「屬神的人」（person of God）有能力醫治患病者，遠避邪靈。這種整全的功能沒有把肉體從靈性中區分出來，它得以被強調，而本土居民認為基督教是一個滿足人們需要的有能力的宗教。

·　在非洲處境中的解放神學　·

雖然波比沒有被歸類為一個解放神學家，他卻「指出因著上帝對一切生命的主權無商量餘地的宗旨，基督徒在政治上的參與

97 Parratt, *Reinventing Christianity*, 7.

98 Boulaga, *Christianity without Fetishes*, 63，意譯見於 Parratt, *Reinventing Christianity*, 108。

99 H. W. Turner, *Religious Innovation in Africa* (Boston: G. K. Hall, 1979), 210.

也是無商量餘地的」。[100] 波比把神學理解為一個實踐性的學科，應該引導經濟政策的形成和政治行動。他對於解放神學的許多目標流露了相當大的同情，尤其是南非的黑人神學。[101]

然而，尼亞米蒂在同意有需要討論社會和政治問題例如種族歧視和壓迫時，對於把神學建基在一個獨特的個案上所含有的危機提出警告。他關注到，諸如此類的難題仍然是涉及罪惡以及與上帝的疏離這根本問題。[102]

布喬（Bénézet Bujo）認為，非洲神學在本質上屬解放神學的，因為解放的觀念是內在於非洲的生活概念中，這是被非洲人心態的此世取向所強調的，那是集中於現在而不是未來的。「雖然上帝無疑是臨在每一個境況中，非洲人的看法基本上是人類中心論式的。」[103]

261 南非已經成為非洲的解放神學中心，在種族隔離政策的歷史亮光中，那是可以理解的。波沙克（Allan Boesak）廣泛宣傳了「黑人意識」（black Consciousness）一語，雖然回應著美國黑人神學在科恩之下的類似課題，卻擁有獨特的元素。[104] 對於波沙克來說，正如對其他黑人神學家一樣，神學是關乎解放的。「黑人神學相信，解放不只是福音的『部分』或與福音『一致』，它是耶穌基督的福音的內容和架構。」[105] 他也擁護一個黑人彌賽亞的觀念，而且注目於歷史的耶穌。[106] 不過，他懷疑科恩的方法論，因為它似乎

---

100 John Pobee, "Political Theology in the African Context," *African Theological Journal* 11 (1982): 170.

101 John Pobee, "Church and Politics," *Bulletin of African Theology* 6 (1984): 124～40.

102 Nyamiti, *African Tradition and the Christian God*, 26～43；以及 Nyamiti, "Approaches to African Theology," 42～44。

103 詳情參 Parratt, *Reinventing Christianity*, 122～125。

104 參 Basil Moore, "What Is Black Theology?" in *The Challenge of Black Theology in South Africa*, ed. Basil Moore (Atlanta: John Knox Press, 1974), 1～10。

105 Allan Boesak, *Farewell to Innocence: A Socio-Ethical Study on Black Theology and Black Power* (Maryknoll, N.Y.: Orbis, 1977), 9.

106 Boesak, *Farewell to Innocence*, 41～42.

把黑人的力量等同於福音，而且片面地強調種族主義只是黑人的經驗。此外，波沙克和其他許多南非黑人神學家一樣，特別是杜圖（Desmond Tutu），擁護復和與悔改的觀念。[107]

格魯齊（John W. de Gruchy）的《解放的改革宗神學》（*Liberating Reformed Theology*）是另一個南非人的貢獻，他聆聽加爾文的意見，搜集關於上帝的解放觀點的資源。按照他的觀點，加爾文的神學是「最好被理解為一套解放神學，以大公為內容，以福音為原則，而且有社會性的參與，以及先知性的見證。」然而，他指出在改革宗傳統中，那是模糊的：「他們雖然可能有解放的意圖，但在實踐上卻同時犯了使壓迫合法化的罪。」[108] 格魯齊認為，加爾文、巴特和近年的天主教解放神學家都有許多相同的地方。促進公義的呼籲是給予整個普世教會的工作，基督徒「被呼召在信心中回應，並在盼望和愛中參與上帝的救贖行動，以致整個創造可以藉著恩典從罪惡和壓迫的束縛中得釋放，而且可以在耶穌基督裏、藉著聖靈、回歸上帝的榮耀，恢復其完全的生命。」[109]

・非裔婦女論上帝・

非裔婦女的女性主義神學與第三世界的那些人士分享了以下的情況：[110]

107 Boesak, *Farewell to Innocence*, 92。在查考科恩和波沙克的觀點之後，庫斯特（Volker Küster）（*The Many Faces of Jesus Christ: An Intercultural Christology* [Maryknoll, N.Y.: Orbis, 2001], 147～152）總結說，科恩在他的神學上是比大多數學術見解認為的更接近波沙克。

108 John W. de Gruchy, *Liberating Reformed Theology: A South African Contribution to an Ecumenical Dialogue* (Grand Rapids: Eerdmans, 1991), xii.

109 de Gruchy, *Liberating Reformed Theology*, 281.

110 Ursula King, introduction to *Feminist Theology from the Third World: A Reader*, ed. Ursula King (Maryknoll, N.Y.: Orbis, 1994), 16～19.

262 • 做神學而不是玄思臆測那些與真實世界無關的題目。
• 運用受壓迫、受苦和掙扎的深度，作為做相關神學的起點。
• 重視夢想，不是作為一種逃避的方式，而是作為充權（empowerment）和創意的方式。
• 珍重教會作為羣體的主題，以之為恰當的架構來從事神學思考。[111]
• 在一切層面上注目於解放的需要，以之為指導的原則。

迦納的奧達約伊（Mercy Amba Oduyoye）是最著名的非裔女性主義神學家，她指出在我們試圖成為一體並與人和平共處之中，我們經常忘記，上帝終結了巴別塔的意識形態，並以後來在五旬節更具意義和羣體建構的多元性來取代：「在上帝的聖靈中的生命，是有別於『我們……要傳揚我們的名』（創十一 3～4）的心態。」她提到，我們實際上在我們讀到聖經的主題和意象——包括出埃及、瑪利亞頌、耶穌在拿撒勒閱讀以賽亞書的宣告等等——之時被聯合統一起來。[112]

黑人婦女神學家會提出這樣的問題：在我們的生活中、在家庭中、在工作中的上帝在哪裏？在上帝的形象中成為完全的人是甚麼意思？我們是如何蒙召事奉上帝？[113] 他們承認壓迫和征服的特殊情況是見於大多數非洲國家中，同時維護黑人婦女的價值及其對上帝的信靠。奧達約伊充滿希望地寫道：

111 參 Mercy Amba Oduyoye, "The Value of African Religious Beliefs and Practices for Christian Theology," in *African Theology en Route*, 111。

112 她稱這是「關係中的存有」（"beings-in-relation"）的概念，是非洲處境一個不可或缺的部分。參 Mercy Amba Oduyoye, "Reflections from a Third World Woman's Perspective: Women's Experience and Liberation Theologies," in *Feminist Theology from the Third World*, 24。

113 Roxanne Jordaan and Thoko Mpumlwana, "Two Voices on Women's Oppression and Struggle in South Africa," in *Feminist Theology from the Third World*, 163.

> 我作為人和女性，充滿快樂和責任，我可以在人類社羣中活出頌讚的生命，為了我從其他人接受的禮物，以及我為了羣體的好處而自由地獻上自己的可能性而榮耀上帝，並同時能對上帝負責任和作出回應。只有這樣，我才能夠說，我是完全的人。[114]

來自南非的黑人婦女神學家與她們的男性同儕一起發展一
套解放神學，適用於他們的處境。她們批評黑人神學的起點對黑
人婦女的解放毫不敏感。[115] 她們加入黑人神學，堅持「上帝不是 263
中性的上帝」。然而，她們不是想說，上帝只是站在黑人婦女的一
方，或上帝是一個黑人婦女。奧達約伊論說，在非洲人處境中的
女性主義，不是女性的世界，它是所有「對人類社羣的真正性質有
所意識」的人的世界。[116] 以喬丹（Roxanne Jordaan）和龐姆沃納
（Thoko Mpumlwana）的話說：「首先，黑人婦女是準備接納上帝
對全地的一切人民實施統治的。」[117] 黑人婦女解放主義者也認為，
與上帝團契相通的呼召臨到「非洲的土壤之上」。不過，當土壤被
拿走時，他們如何擁有這相通？這是黑人女性主義神學家的掙扎，
因為他們想讓「上帝跟所有人都是相關的」。[118]

114 Mercy Amba Oduyoye, *Hearing and Knowing: Theological Reflections on Christianity in Africa* (Maryknoll, N.Y.: Orbis, 1986), 137.

115 Jordaan and Mpumlwana, "Two Voices on Women's Oppression," 152.

116 Oduyoye, *Hearing and Knowing*, 121.

117 Jordaan and Mpumlwana, "Two Voices on Women's Oppression," 152～153.

118 Jordaan and Mpumlwana, "Two Voices on Women's Oppression," 155～156.

27

拉丁美洲神學中的上帝

God in Latin American Theologies

・言說上帝的拉丁美洲處境・

在瓜達盧佩（Guadalupe）的民間信仰背後的故事，顯示了許多拉丁美洲的處境。聖母向祖・迪亞哥（Juan Diego，一個貧窮和沒有受過教育的印第安人）顯現，給予他某些指示並要傳遞給墨西哥的主教。當然，主教不想聽這個人的說話，直至有一個神蹟臨到給他確證，指出聖母已經把她自己顯現給這個窮人。「因此，瓜達盧佩的聖母成為一個象徵，肯定印第安人是在西班牙人之上，目不識丁者是在飽學之士之上，受壓迫者是在壓迫者之上。」[1]

可以說，非洲神學是始於喜樂的呼喊，而拉丁美洲神學卻是始於失望的呼喊。我們也可以說，非洲神學家關心文化和身分等問題，而許多拉丁美洲神學家卻跟社會和政治的課題角力。[2]

1 Justo L. González, *Mañana: Christian Theology from a Hispanic Perspective* (Nashville: Abingdon, 1990), 61.

2 William Dyrness, *Learning about Theology from the Third World* (Grand Rapids:

神學家同意，在拉丁美洲，解放是神學的主要動力。不過，在解放這主題的訴求背後，究竟是甚麼東西？貧窮是一個可能的答案。更可能的是，在拉丁美洲的處境中，歷史背景使貧窮的問題成為嚴峻的。解放神學的主要歷史學者迪賽爾（Enrique Dussel）作出敏銳的批評，指出拉丁美洲人總是在撰寫他們自己歷史一事上 265
充當局外人；其他人為他們撰寫了他們的歷史。[3] 換言之，他們的歷史是由他們的征服者撰寫的歷史。

羅納爾多·穆尼奧斯（Ronaldo Muñoz）是一個在聖地牙哥地區工人階層中生活和工作的智利神學家，他分析了言說上帝的不同用法並以之為鑰匙，從解放的角度發展出一套適當的上帝教義。他談到那位「貧窮人的上帝」，祂同時也是所有人的上帝，不只是貧窮人的上帝。按照穆尼奧斯的觀點，今天基督教的主要問題，並不在於我們是否信徒或無神論者；基本的議題是我們所相信的是哪一位上帝，我們所拒絕的又是甚麼神明。他指出，在拉丁美洲的教會中，可以從許多不同的角度探討上帝這話題：

- 享有特權的少數人士運用上帝的名字，伴同他們權力和技術的武器來作戰，以維護他們的財產和權益。
- 沒有特權的少數人士在上帝的名字下瑟縮於他們的窮乏之中，即使愈來愈多人意識到要為解放而奮鬥。
- 那些以政治取向來使用上帝的名字的人，呼籲社會性的復和。
- 對於某些人來說，關於上帝教義的首要事情是正統和正確的信仰，而且他們嘗試使其他人相信他們那獨特的了解。
- 最後，某些人運用上帝的名字，激勵與貧苦人眾團結一體，「為了

Zondervan, 1990), *71*～72.

3　Enrique Dussel, *The History of the Church in Latin America: An Interpretation* (San Antonio, Tex.: Mexican-American Cultural Center, 1974), 3；另參 Dyrness, *Learning about Theology from the Third World*, 75。

一個更正義的世界，在鬥爭中站在他們那一邊，以之為最重要的任務」。[4]

穆尼奧斯在兩個對上帝的簡化進路中找到錯誤：一個進路把上帝只繫於個人死後的得救。根據另一個的進路，其「烏托邦式」的馬克思式解釋，認為救恩是來自集體努力的成果。[5]

・ 上帝在貧窮人中間的自我啟示 ・

拉丁美洲的主教於一九七九年在普埃布拉（Puebla）相聚，提出一個有意義的「神學的—方法論的」觀察：他們把貧窮視為上帝啟示的軌迹。按照他們的意見，解放神學的恰當主題是

> 266 年幼的孩子，由於貧窮而在他們出生之前已被墮胎……本地的人民……在非人的境況中活在邊緣上……農民，作為一羣特別的羣體，他們在我們大陸差不多每一處地方，生活在流亡之中……被邊緣化和過度擠迫的城市居民，他們缺乏有形的資產，相對照的卻是社會的另一邊所炫耀展示的財富。[6]

這種人類的實況——那是窮人、被鄙視者、被邊緣化者——被拉丁美洲神學家理解為神學的「實踐」（praxis）。這用語有三方面是互相關聯的。首先，人類是由政治—歷史的實在（reality）所深深塑造的。第二，人類的實在是互為主體的（intersubjective）：「人類首先並非『非歷史』的『我』（“I”s’），藉著語言表達他們跟其他人

4 Ronaldo Muñoz, *The God of Christians* (Maryknoll, N.Y.: Orbis, 1990), 9, 11.

5 Muñoz, *The God of Christians*, 8.

6 John Eagleson and Philip Scharper, eds., *Pueblo and Beyond: Documentation and Commentary* (Maryknoll, N.Y.: Orbis, 1979), 32～39.

相關聯的獨特本質……所有主體性（subjectivity）都是從人與人之間的互為主體的關係而生起的。」第三，人類必然及能夠有意向地創造歷史，「為了發展人類繁榮而轉化和塑造實在」。[7]

理查茲（Pablo Richards）總結大多數拉丁美洲解放神學的議程：「上帝在窮人世界的臨在的奧祕」是「上帝親自與我們相遇，並且留下了一個自我啟示。窮人的世界現今被視為它的所是：上帝的臨在和啟示的特殊軌迹。」再者，「上帝是被啟示為最貧窮和最受壓迫者的生命、力量、盼望、喜悅和烏托邦。」[8]

不同的解放神學家都對上帝教義都作出過貢獻。祕魯的古鐵雷斯（Gustavo Gutiérrez）雖然不是拉丁美洲解放神學的奠基者，卻已成為它的化身，尤其是在北美和歐洲。烏拉圭的謝根道（Juan Luis Segundo，另譯「賽貢多」）雖然在神學圈子以外較少人知，卻是解放神學家的一個代表人物，特別在神學方法及其對上帝教義的含義上。巴西的博菲（Leonardo Boff）被他的上司禁止發言，但他在幾方面都相當傑出，特別是基督論、教會論和三一的教義。其他可以加上的名字有智利的羅伯特·穆尼奧斯（Robert Muñoz），他從解放的觀點寫了一部關於上帝教義的重要研究；[9] 索本諾（Jon Sobrino），他是解放視角的一個重要基督論學者；庫布林（José Comblin），他是一個聖靈論學者；以及博尼諾（José Míguez Bonino），他以《在革命的處境中做神學》（*Doing Theology in a Revolutionary Situation*）一書，使解放神學普及化。[10]

7　Rebecca S. Chopp, "Latin American Liberation Theology," in *The Modern Theologians*, 2nd ed., ed. David F. Ford (Cambridge, U.K.: Blackwell, 1997), 412.

8　Pablo Richards, "Theology in the Theology of Liberation," in *Mysterium Liberationis*, ed. Ignacio Ellacuria, S. J., and Jon Sobrino, S. J. (Maryknoll, N.Y.: Orbis, 1993), 150～151.

9　Muñoz, *God of Christians*.

10　José Míguez Bonino, *Doing Theology in a Revolutionary Situation* (Philadelphia: Fortress, 1975).

267 ・ 那位拯救歷史的上帝：謝根道 ・

解釋循環作為做神學的起點

所有解放神學都傾向批判現存的世界秩序，以及當權者對邊緣人士的鎮壓。然而，謝根道使這個批判的概念成為他的神學和言說上帝的一塊建構砌塊。他用了一個解釋循環（hermeneutical circle）來表達他的方法論：

1. 我們經歷實在的方式，導致產生意識形態上的懷疑。
2. 我們把我們意識形態上的懷疑，應用在普遍的意識形態上的上層建築，以及特殊的神學上。
3. 一種經歷神學的實在的新方式，導致解經上的懷疑，即認為流行的聖經解釋並沒有考慮到重要的資據。
4. 最後的結果，是按著我們所提供的新元素，產生了一套新的解釋，那是一種解釋聖經的新方式。[11]

這個解釋的循環——或許是螺旋——「繼續運動，朝向一個更本真的真理，那是可以被轉化為更為解放性的實踐」。[12] 在理論與實踐之間有一個相互的關係，各自不斷激活對方。

對於謝根道來說，這個方法論並非次要的議題。他提出了著名的說法：「事實上，惟一可以維護任何一種神學的解放特質的，不是它的內容，而是它的方法論。」[13]

信仰與意識形態

回應「知識的進路」（我們如何理解知識是甚麼）——即現今

11 Juan Luis Segundo, *The Liberation of Theology* (Maryknoll, N.Y.: Orbis, 1976), 9.

12 Segundo, *Liberation of Theology*, 97.

13 Segundo, *Liberation of Theology*, 39～40.

所說的知識社會學——謝根道致力於批判地檢視現存的神學。這稱為意識形態批判，而上帝教義是他的意識形態批判論的主要目標。[14] 他認為，典型的基督徒（天主教徒）的上帝概念，是上帝對於非時間的價值較感興趣，多過努力解決這世界上的歷史難題。這是古典上帝論的遺產。他在天主教的聖禮神學中發現對世界保持距離的相同傾向，那是服事「統治階層的利益，以及是維護現狀其中一個最有力的意識形態因素」。[15]

謝根道提到「意識形態的懷疑」（ideological suspicion），或 268
一個「解釋的懷疑」（hermeneutic of suspicion）——這些用語現在普遍用於解放的論說中——而且致力揭露引導有關上帝的神學和觀點那些潛在假設和解釋。這兩個用語都是指一種神學進路，即致力揭開在神學和聖經解釋中所隱藏的議程和母題的進路。按照他的見解，傳統西方神學是神學的「教科書式例子」，即神學「適應於」主流社會階層的意識形態的利益的例子。這樣的神學並非免受意識形態拘束的（ideology-free），沒有神學是這樣的。故此，它是不可能隱藏於「學術學科的標籤背後，在某些空間的保護中免除解放鬥爭的冒險」。[16]

謝根道在他對聖經（啟示的來源）的觀點的亮光下，思考這個意識形態的挑戰。他的指引原則是聖經包括了信仰和意識形態，然而兩者是有區別的：「一個元素是永恆和獨特的：信仰。另一個卻是不斷改變的，並且和不同的歷史境況關係密切：意識形態。」[17] 基督徒可以用兩種方式來處理。他們可以尋找聖經中最接近現今境

14 Juan Luis Segundo, *Faith and Ideologies* (Maryknoll, N.Y.: Orbis, 1982).

15 Segundo, *Liberation of Theology*, 41.

16 Juan Luis Segundo, *Our Idea of God* (Maryknoll, N.Y.: Orbis, 1973), 27.

17 Segundo, *Liberation of Theology*, 116.

況的處境，然後接納聖經中的意識形態，視之為信仰對今天的正確回應。第二點，是謝根道較為喜歡的一點：

> 要創造一套意識形態，那是我們可以視之為由與我們同時代的福音信息建構的。倘若福音書的基督面對我們今天的難題，祂會說甚麼？假如信仰是歷史的多元性之中的一種，那麼必然有某些意識形態，讓我們可以建造一條橋樑，連接信仰與我們今天的境況，正如以往是有這些意識形態的。[18]

謝根道不相信啟示已經終止了，它是一個進行着的過程。他相信當約翰談到「真理的聖靈」引領耶穌的跟隨者進入「一切真理中」，他是在教導這一點。[19] 謝根道解釋約翰福音十六章16節，「有許多事情是耶穌自己沒有提及的」，他認為「意識形態」可以代替「事情」：耶穌知道祂還沒有說過的新的歷史處境會出現。不過後來，當「他們藉著聖靈說話……他們將會自動地轉向一個跟獨特的歷史處境相關的意識形態，這歷史處境使得這些意識形態更可理解和有用。」[20] 故此，在信仰與意識形態之間是一個動態的關係。一方面，意識形態源自信仰。另一方面，若沒有意識形態，信仰「就僵死如釘：徹底地死去。」[21]

269 偶像崇拜的危險

在《我們有關上帝的觀念》(*Our Idea of God*)中，謝根道從

18 Segundo, *Liberation of Theology*, 117.

19 Segundo, *Liberation of Theology*, 120.

20 Segundo, *Liberation of Theology*, 121.

21 Segundo, *Liberation of Theology*, 122。關於這一段，我是受惠於 Alfred T. Hennelly, *Liberation Theologies: The Global Pursuit of Justice* (Mystic, Conn.: Twenty-Third Publications, 1995), 32～35 的仔細分析。

他的意識形態批判中，提出了神學的結論。他相當質疑傳統對上帝的存在和屬性的討論，對現代信徒究竟有何意義。謝根道也指出神死神學家的錯誤，在於只擔心上帝的存在，而非嘗試找出對受壓迫的人談論上帝的恰當方式。[22] 他相信基督徒與無神論者的相似之處較多數基督徒所認識的為多，因為無神論者所拒絕的上帝，不一定是聖經的上帝，而是由意識形態的神學（ideological theology）所創造的上帝。以他自己的用語說：「我們對上帝的想法，一定不可停止重走那從無神論走向信仰的道路。」[23] 事實上，偶像崇拜——敬拜假神（這些假神離開了統治階層的想像就不再存在）——的危險，遠遠大過無神論的威脅。

謝根道的基本觀察是，上帝的眾多形象是為不同的目標而服務的：

> 一個人描繪了一個容許非人性化的上帝，而另一個人拒絕了這樣的一個上帝，而只相信一個不停地與這些事情爭戰的上帝。現在這兩個神明不可能是相同的。故此，在教會中不會存在一個共同的信仰。大家共同分享的惟一東西，就是用來表達信仰的信仰表白（formula）。由於這個信仰表白不是真的等同於甚麼東西，相對於歷史那決定性的選擇，我們稱之為空洞的信仰表達，難道是沒有理由的嗎？[24]

上帝作為一個諸位格的社羣

那麼，謝根道提出的一個更恰當的上帝觀是甚麼？他的主導觀念是這樣的：上帝是一個諸位格的社羣（society of persons），

22 Segundo, *Our Idea of God*, 4.

23 Segundo, *Our Idea of God*, 182.

24 Segundo, *Our Idea of God*, 43；強調為原書所有。

只會在這世界的歷史中相遇。三一的教義是試圖解釋上帝如何與歷史和人類相關連的。在謝根道的用語中，父是「在我們面前的上帝」；子是「與我們同在的上帝」；聖靈是「在我們裏面的上帝」。祂同時是創造者，設下了歷史的舞台，以及應許的上帝，賜予歷史目的，耶和華啟示祂自己為「在我們面前的上帝」。上帝展示祂對歷史和人類的委身，從而在子的位格、「與我們同在的上帝」中，實現祂的應許。耶穌向祂的門徒應許在聖靈的位格中（「在我們裏面的上帝」）祂不間斷地臨在、上帝的臨在。故此，在謝根道的觀點中，聖經對上帝的描繪是繫於救恩歷史的。[25] 由於上帝被第一代基督徒理解為是與歷史和人有關的，就從猶太教一神主義的土壤中出
270 現了三一上帝作為諸位格的社羣的觀點。祂們由於共同的目標而成為一體，卻是有區別的「位格」。[26]

這幅上帝的圖像因何在神學歷史中退到背景而變得失色？謝根道不相信那是由於從希伯來思想模式轉變成希羅思想模式的思維，希羅思想的模式是基督教護教學所需要的。相反地，他「懷疑必然有某些更深層和更決定性的東西在此發生作用，因為當教會闡述關於上帝作為一個社羣這一正確和清晰的構想時，這些我們推測的影響已經出現。」[27] 對謝根道來說，那「某些更深層的東西」就是西方文化所強調的「私下」（private），也見於資本主義經濟被建立以保護個人權利這一方式中。因此，上帝首先被視為是「私下」的。謝根道甚至懷疑，究竟是否「基督徒一直以來傾向拒絕（實際上）一個成肉身的上帝的看法，而且把它約化為一個不可接近的上帝的看法，祂在其自身〔*in se*〕是完全快樂的。」反過來，這只不過是「把個人感到他可以在一個建基於操縱的社會中找到的自我

25 Segundo, *Our Idea of God*, 21～31, 37～42.

26 Segundo, *Our Idea of God*, 66.

27 Segundo, *Our Idea of God*, 66.

實現的特徵，轉嫁在上帝身上。」[28]

這個「一神論的」看法傾向否定在歷史中上帝與我們同在（God-with-us），而且主要強調「理性的上帝」或神聖本質。[29] 不過，這種上帝並不像耶穌基督的父，甚少關注世界和人類。再者，由於這個上帝擁有永遠不變的完美，沒有甚麼可以加添在祂身上，因此人類的自由就是一個空泛的概念，因為上帝不會被歷史中所發生之事觸動。這種錯誤的上帝觀念，既培養了對社會的看法，也部分源自於這個社會，因為神學與社會之間具有一個相互的關係。[30] 在最後的分析中，這些錯誤的觀念也違反了聖經的啟示。若是承認耶穌基督是上帝在肉身中（God-in-the-flesh），就是承認上帝已經揀選了這個世界及其歷史，作為祂的啟示和工作的所在。「故此，低貶世界和歷史，就是蔑視上帝。」[31]

一個「理性的」、「完美的」上帝，一個「非人格化的」上帝乃神聖的本質（God-as-divine-nature），這種觀念的另一個不幸的含義，就是它讓人可以把同伴非人格化（de-personalize）或非人性化（de-humanize）。諷刺的是，懼怕把太多人的元素歸諸於上帝，藉著剝去神學中的一切歷史實在論（historical realism），已經把神學引往「『淨化』上帝這概念」。不過，謝根道指出，這是最徹底
的擬人化主義。[32] 因此，押於上帝教義的注碼是相當大的，因為它 271
有對社會的觀念和人觀有深遠的含義。

28 Segundo, *Our Idea of God*, 68.

29 Segundo, *Our Idea of God*, 101.

30 Segundo, *Our Idea of God*, 105.

31 意譯見於 Stanley David Slade, "The Theological Method of Juan Luis Segundo" (Ph. D. diss., Fuller Theological Seminary, School of Theology, Pasadena, California, 1979), 361；特別參 Segundo, *Our Idea of God*, 157。

32 Segundo, *Our Idea of God*, 114～115.

‧ 上帝對窮人的選擇：古鐵雷斯 ‧

無疑，古鐵雷斯是拉美解放神學的最著名人物，[33] 而他的著作《解放神學》（*A Theology of Liberation*）也是解放神學的主要課本（初版在一九七一年以葡萄牙文出版）。對於古鐵雷斯來說，神學是一個「在聖道的亮光中對基督徒實踐的批判性反省」。[34] 就其本身而言，它批評「智慧的神學」和「理性知識的神學」為片面的進路。這些神學並不是要被拋棄，而是要在教會的歷史處境和社會處境的亮光下作出修正。

對於「選擇窮人」的以上帝為中心的基礎

按照古鐵雷斯的觀點，對於優先考慮窮人的原因，在於上帝已經選擇在窮人之間啟示祂自己。換言之，對窮人的優先性，不是解放神學的發明，而是按照上帝在聖經中啟示的方式：「對於窮人和受壓迫者的委身之終極原因，不是在於我們所用的社會分析，或在於我們的人性憐憫，或在於我們對貧窮的直接經驗。」[35]

當古鐵雷斯回應批評他的人，他澄清了**優先的**（preferential）一詞的意思：它沒有排他的含義（彷彿上帝的啟示只限於祂臨在於窮人之間），而是指首要性。[36] 按照古鐵雷斯的觀點，「整本聖經，由該隱和亞伯的故事開始，都被上帝對人類歷史中的軟弱者

---

33 關於近年一些國際解放主義者對古鐵雷斯神學的評論，參 Marc H. Ellis and Otto Maduro, *Expanding the View: Gustavo Gutiérrez and the Future of Liberation Theology* (Maryknoll, N.Y.:Orbis, 1998)。

34 Gustavo Gutiérrez, *A Theology of Liberation: History, Politics, and Salvation*, rev. ed. (Maryknoll, N.Y.: Orbis, 1988), 11；參頁 3～12 是對他的神學方法的一段基礎指引。

35 Gustavo Gutiérrez, "Option for the Poor," in *Mysterium Liberationis*, 240。另參 Gustavo Gutiérrez, *The Truth Shall Make You Free: Confrontations* (Maryknoll, N.Y.: Orbis, 1990), 155～168。

36 Gutiérrez, "Option for the Poor," 239.

和被辱者的愛與偏袒所標記」。[37] 對窮人的優先考慮，也是耶穌對上帝統治的宣講的中心。有幾個比喻清楚指出「那在後的，將要在前」（太二十 16）。[38]

這讓我們來到古鐵雷斯另一個相關的強調之處，那就是上帝的愛。對於古鐵雷斯來說，「上帝的愛是一份免費的禮物」。故此， 272
「愛藉著偏愛窮人，這樣做，上帝啟示了這個賞賜。因此，作為耶穌基督的跟隨者，我們也必須這樣優先關顧窮人。」[39] 這樣以上帝為中心、以聖經為依據地優先考慮窮人，是做解放神學的驅動力量：「假如信仰是對上帝和對人類的委身，那就不可能在今天的世界只有相信，而沒有對解放過程的委身。」[40]

結果，「認識上帝就是履行公義」。與上帝相遇的一條重要途徑，就是以具體的行動協助他人這一形式，特別是協助窮人。同樣地，隨著我們把手伸向他們和他們的需要，基督可以在我們的鄰舍中被尋見。因此，古鐵雷斯提到「以人為中介而達至上帝」。對於古鐵雷斯來說，「說上帝的愛是與對鄰舍的愛分不開，那是不足夠的；必須補上一句，對上帝的愛是不能避免地通過對鄰舍的愛來表達的。」[41]

上帝是超越的與物質的

解放神學強調，我們在歷史中與上帝相遇，以及「人〔是〕上帝的聖殿」。古鐵雷斯主張，上帝在百姓中的主動臨在，是聖經最古老和最恆久的應許之一。[42] 先知擴闊了上帝臨在的概念，

37 Gutiérrez, "Option for the Poor," 240.

38 參 Gutiérrez, "Option for the Poor," 241～244。

39 Gustavo Gutiérrez, "Theology and Spirituality in a Latin American Context," *Harvard Divinity Bulletin* 14 (June～August 1984): 4.

40 摘引自 Hennelly, *Liberation Theologies*, 11。

41 Gutiérrez, *Theology of Liberation*, 110～115，引自頁 114～115。

42 Gutiérrez, *Theology of Liberation*, 106～107。他引用的聖經經文是出埃及記二十九

以致它不限於聖殿，因為「上帝住所處處」。這是聖經對超越性（transcendence）和普遍性（universality）的概念。上帝在耶穌裏成為肉身，實現了上帝同在的聖經應許。[43]

耶穌基督，以及上帝在祂的位格中的道成肉身，是發現在上帝的超越性／普遍性與它在信徒中的「靈性的」（由聖靈所動工）彰顯之間的動態關係的關鍵。耶穌基督是上帝的殿，是上帝的臨在。此外，不只是教會，人類也是聖殿，那就是上帝臨在的核心。最後，透過接納聖靈，上帝臨在的「內在化」（internalization）出現在個別信徒的心靈中，古鐵雷斯也稱這是上帝臨在的「一次整合」（an integration）。古鐵雷斯描述上帝這種多重臨在，強調即使根據基督事件和聖靈被個別信徒接納，上帝的臨在也不是限於「靈性的」。它也以「物質地」呈現。

273 > 上帝甚至是更為「物質的」。上帝並不是更少參與在人類的歷史中。相反地，上帝更委身於人類之中的和平與公義的履行。上帝不是更「屬靈的」，而是更親近的，並且同時是更普遍的；上帝是更可見的和同時地更內在的。[44]

這些考慮，對於由上帝帶來的拯救其性質的理解，有著深刻的含義。對於古鐵雷斯來說，從解放角度所看的拯救——他認為那是聖經的角度——是較古典神學更為廣闊的概念。拯救不是某些來世的東西，以致「現世生活只是一場測驗」。拯救（人類與上帝及他人的相通）是某些包括所有人類的實在，並轉化它，引領它朝向在基督裏它的圓滿的實現。古鐵雷斯說，拯救作為「圓滿的實

章45至46節、以西結書三十七章27至28節，以及其他。請留意第四章恰當地稱為「在歷史中與上帝相遇」（"Encountering God in History"）。

43 Gutiérrez, *Theology of Liberation*, 108.

44 Gutiérrez, *Theology of Liberation*, 109～110.

現，包括人類的每一個層面：身體和靈魂、個人和社會、人與宇宙、時間和永恆」。[45]

上帝這個「物質的」一面，藉著聖經強調在創造與拯救之間的整體關係而突顯出來：創造是「首先的拯救行動」。故此，聖經的信仰是「相信上帝是通過歷史事件來賜下自我的啟示，這位上帝是在歷史中拯救的」。[46] 換言之，「上帝從混亂中創造宇宙，跟那位帶領以色列從異化（alienation）走向解放的上帝是同一上帝」。[47]

生命的上帝

聖經的上帝顯示祂自己是《生命的上帝》（*The God of Life*），[48] 這部著作（一部對上帝教義的聖經研究）的基本論題如下：「我們的起點是我們的信仰：我們相信一位生命的上帝。我們的目的是藉著更深地進入聖經啟示的內容，思考這個信仰。而且我們這樣做，是考慮到窮人感受上帝的方式。信仰上帝和反省上帝，是彼此建立的。」[49]

古鐵雷斯同意巴斯噶（Pascal）的觀點，即亞伯拉罕、以撒和雅各的上帝、耶穌基督的上帝，並不等於哲學家的神。事實上，古鐵雷斯承認，哲學難以掌握那位啟示的上帝是誰。哲學的神學是束縛在希臘和亞里士多德式的概念中，因此（例如）上帝的愛這觀念並不符合聖經的意思，按照希臘的思考模式，愛是 *pathos* （「激情」
〔passion〕），意謂著一種需要，並且因而似乎危及歸諸於上帝的 274
完美。在聖經中，上帝是一個神祕卻具體的愛。愛總是會轉向相通，轉向關係。認識任何關於聖經的上帝之惟一方式是通過子，祂是上

45 Gutiérrez, *Theology of Liberation*, 85.

46 Gutiérrez, *Theology of Liberation*, 86～87.

47 Gutiérrez, *Theology of Liberation*, 89.

48 Gustavo Gutiérrez, *The God of Life* (Maryknoll, N.Y.: Orbis, 1991).

49 Gutiérrez, *God of Life*, xvii.

帝成為人。這是符合古鐵雷斯從未試圖強調的一個基本洞見：人類相信上帝是在某一特殊歷史境況的處境中的。正是在此一特殊處境中，上帝可以被面對。「從窮人的死亡這經驗，一個釋放和賜予生命的上帝，仍然可以被肯定。」祂是一位在軟弱中彰顯自己，卻戰勝了死亡的上帝。[50]「上帝是那位並非通過祂的操縱而是通過祂的受苦來拯救我們的上帝……故此，關乎上帝的軟弱作為祂對一個及齡的世界之愛的表達，十字架擁有它極大的啟示潛能。」[51]

聖經中具有上帝的缺席和臨在的雙重主題。聖經的上帝是臨到百姓的上帝：「我下來是要救他們脫離埃及人的手」（出三 8）。然而，上帝也會離開祂所在的地方。先知看到沒有上帝臨在的聖殿，而且耶穌是因著窮人受壓迫的緣故而清空聖殿。古鐵雷斯提到，上帝一再離開的理由，正是因為缺乏真正的崇拜；崇拜不只是關乎禮儀和儀式，更是關乎我們如何面對窮人、瞎子、被遺棄者。「舍建拿」（*shekinah*，另譯「舍姬娜」或「舍金納」，意指上帝的臨在）既可以在整個宇宙中找到，也可以在歷史中找到。古鐵雷斯宣稱，在人類社會的歷史運動及其事件中臨在和行事，那是上帝的選擇。[52]

‧ 人類社會作為三一的形象：博菲 ‧

博菲是一位來自巴西的方濟會（Franciscan）教士，被梵蒂岡禁止發言，因為教會人員相信他支持解放神學的動機，在某程度上威脅著教會的層級制度，以及因著他把馬利亞視為聖靈的「人性」（即使不是道成內身）的表達。然而，博菲那深受讚賞的《三一

50 Gutiérrez, *God of Life*, xiii～xiv.

51 Gustavo Gutiérrez, *Essential Writings*, ed. James B. Nickoloff (Minneapolis: Fortress, 1996), 39.

52 參 Gutiérrez, *God of Life*, 69～91。

與社會》(*Trinity and Society*)，有趣得很，它不是一本具爭議的著作。它是一部對於上帝教義(特別是三一)緊湊地論辯、親切地撰寫的論著，並建基於最佳的聖經的、歷史的和當代的諸傳統。博菲為三一上帝作為諸平等位格的相通的觀點，提出一套有力的建議。三一的這個社羣性教義，成為對施壓迫、不平等的政治和社會模式的批判，而且成為一個新的人類社羣的原型——包括教會，
那是傾向層級性的——這是以「三一的形象和樣式」來完成的，[53] 275
並建基於弟兄姊妹之間平等的、愛的團契。[54] 關於他對三一的社會性議程，博菲參考了幾位當代神學家的作品，特別是拉納、莫特曼和薛斯奧拿。根據拉納的觀點，上帝在其本身(God-in-himself)是等同於祂在拯救歷史中與人相關的方式，那是博菲對於上帝的研究的指引；莫特曼對社羣性類比(social analogy)的堅持是以平等為目的的，這成為博菲的推動力；而薛斯奧拿的相通神學，是復興了古代教父的相通神學的當代工具。

對於博菲來說，主要的目標是把上帝教義視為「從一的孤獨至三的相通」，這是《三一與社會》的開首章題。在莫特曼的精神中，博菲對一種一神主義提出一個批判性的重建：這種一神主義認為上帝是與這個世界及其痛苦無關的，在祂存有的豐富中是圓滿的；談到「愛」，在這種上帝是找不到談論的基礎的。反之，對於博菲來說，上帝是「三一作為包容的奧祕」。[55] 博菲始於「統一的豐足」(richness of unity)的原則，走向一套社羣性教義，那就是「避免孤獨、克服分離和戰勝排他」。[56] 因此，在他的著作中另一章名為「起初是相通」(In the Beginning Is Communion)。[57] 上

53 Leonardo Boff, *Trinity and Society* (Maryknoll, N.Y.: Orbis, 1988), 50.

54 Boff, *Trinity and Society*, 119.

55 標題見於 Boff, *Trinity and Society*, 2。

56 標題見於 Boff, *Trinity and Society*, 3。

57 參 Boff, *Trinity and Society*, 128～148。請留意博菲的標題。與近代英語作品有別，

帝存在於一個愛的、相互的關係。這類在上帝裏的相通「可以被視為是任何公平的、平等主義的（同時尊重差異）社羣組織所參照的一個模式。以他們對三一上帝中的信仰為基礎，基督徒設定一個社會，是三一的形象和樣式。」[58]

按照博菲的觀點，在拉丁美洲以及遍及第三世界的大多數社會都是活在依賴的污名之下，那是造成了富人和窮人、有特權者和無特權者、掌權者和受壓迫者之間深深的二元區分。基督教信仰在這方面的角色含糊不清。基督徒的信息經常服務施壓迫者的目的。博菲提及幾個對於上帝的「瓦解的理解」（disintegrated understandings），助長了在社會中的反目的。以家長式或父權式用語來描述上帝，使人們成為求助的客體，因而產生了操縱的氣氛。把上帝描繪為一個壓制的、支配的和暴君似的形象，造成了權力的「病態表達」。在博菲的用語中，這些都是「一套反三一一神主義的政治危機」。[59]

相通神學，與古典三一論的進路相反。這些進路是以「實體」
276 （substance）或「位格」（person）為範疇而運作，但與拯救歷史和人類社會無關，這是必須矯正的。人類社會並非與上帝教義沒有關係的；事實上，上帝與社會之間是有一個相互的、對等的關係：「故此，人類社會是在指向三一奧祕的道路上，而三一的奧祕，正如我們從啟示所知的，是一個指示器指向社會生活和它的原型。」[60] 我們應該運用 *perichōrēsis*（互滲互存）這個古代語言來談及三一上帝：

> 談論上帝，必然總是意指父、子和聖靈的彼此臨在、完全的相

其被人欣賞的標題，在於它們能夠造成刺激；而博菲經常把他的主要論題撮要在標題中，故此，這些標題往往十分乏味，但卻是有助理解其論點的。

58 Boff, *Trinity and Society*, 11.

59 標題見於 Boff, *Trinity and Society*, 11～16, 20～23。

60 Boff, *Trinity and Society*, 119.

> 互性、在愛之關係的直接性之中，這種關係是一種為另一個、藉著另一個、在另一個裏和與另一個一起（for another, by another, in another and with another）的關係。沒有神聖位格是只為本身目的而存在的，祂們經常和永遠是與另一位有關係的：父是父只因為祂有一個子；子是子只因為祂有一個父；靈是靈只因為愛，在其中父生了子而子回報了父。[61]

在這個互滲互存的統一之中，「每一個〔三一的位格〕都是自
己，而不是他者，但也對他者和在他中開放，由此祂們成為了一個
存在體（entity），即是，祂們是上帝。」[62] 換言之，互滲互存同時
代表了統一和多元、在多元中統一（unity-in-diversity）或在統一 129
中多元（diversity-in-unity）的原則。[63] 神聖的三一被視為愛的相
通，是「對男性、女性特別是對窮人的福音」。[64] 那是人類和教會
社羣的恰當模式，即使沒有人可以與另一個人活於完全的互滲互
存中。這也是對於誤入歧途的專制家長主義的一個矯正。在聖經
中父親的身分不是父權主義式的，而是普世團契的基礎。父的父性
依靠著子和靈的。而一旦父創造了世界，世界開始成為「三一的身
體」的過程，意思是人類和一切受造之物將會「被嵌入在父、子和
聖靈的完全相通之中。」[65]

博菲所關心的一個解放層面，就是克服性別歧視。他對上帝的三一視象堅持「母性的父與父性的母那超越性別主義的神學

61 Boff, *Trinity and Society*, 133。顯然，博菲在此挪用了亞他那修（Athanasius）的古代原則和潘寧博（Wolfhart Pannenberg）的類似看法（正如前文所述），即使他沒有明確的引用。

62 Boff, *Trinity and Society*, 32；聖經的引用是指約翰福音十章30節和十七章21節。

63 Boff, *Trinity and Society*, 148～154.

64 Boff, *Trinity and Society*, 156.

65 Boff, *Trinity and Society*, 108。故此，重要的是，對於博菲來說，談論世界作為上帝的身體的意思是與麥克法格（Sallie McFague）不同的（見前所述）。

（trans-sexist theology）」。博菲宣稱，動態的、活潑的、聖經的上帝教義可以按照父或母或二者結合一起的象徵符號來表達。博菲指出，這不是與古典傳統對立的；多萊托會議（the Council of Toledo, 675）就提過「父的子宮」，子在其中被懷胎。[66]

277 · 拉丁美洲女性論上帝 ·

由於我們已經看過在北美處境中的拉丁美洲裔女性言說上帝的某些重要主題，以及在第三世界女性中非洲女性主義者聲音的討論的進路，本段只是強調那些在墨西哥和南美的女性之間較為可見的觀點。巴西的紀伯拉（Ivone Gebara）概述了拉丁美洲女性做神學方式的某些特徵：

- 神學反省是始於女性在拉丁美洲的生活實況和共同經驗。
- 重新創造（而不只是重複）傳統，以致對拉丁美洲女性的獨特處境有意義，這是一個領導性原則。
- 神學作品反映了一種能力，可以把人生看作是壓迫和解放、恩典和缺乏恩典的核心。
- 在神學以外其他學科的貢獻，例如人類學、心理學和其他社會科學，都可使用以與人生一切豐富的圖畫關連起來。
- 做神學的主要所在是基本的教會羣體（basic ecclesial communities），草根的教會單位。[67]

與其信任由男性主導的哲學、意識形態和分析性的上帝概念，

66 Boff, *Trinity and Society*, 120～121。關於三一位格各自的女性特質，參頁170～171（父）、182～183（子）和 196～198（靈）。

67 Ivone Gebara, "Women Doing Theology in Latin America," in *Feminist Theology from the Third World*, ed. Ursula King (Maryknoll, N.Y.: Orbis, 1994), 55～59.

拉丁美洲女性主義者返回聖經言說上帝的方式，這種言說方式是關乎她們獨特的處境。經常聆聽故事和見證是很明顯的，例如見於坦曼茲（Elsa Tamez）編輯的文集《透過她雙眼》（*Through Her Eyes*）。坦曼茲是一個來自墨西哥的主要拉丁美洲女神學家。[68] 拉丁美洲女性的上帝，是一個活著、動力和關係的上帝：

> 從我們的觀點看，創造性—再創造性的靈性力量（生命和愛的源頭）的臨在，就像一場持續的運動，潮漲潮落般在逐漸湧現的波浪中洗滌一切。就像把一塊石頭拋在平靜的池塘上；漣漪散開更廣更遠，直至它們到達岸濱，在那裏似乎反彈歸回它們開始的起點；這就影響池塘的整個表面。[69]

在主要是天主教的大陸上，重塑傳統的一個層面，涉及對馬利亞（上帝之母，"the mother of God"）的角色之探討，視之為作一個女人的原型（archetype）：

> 馬利亞作為上帝之母，童貞女，無玷污，以及被接受為升上天 278
> 上……馬利亞的奧祕，帶領我們回到更大的奧祕、上帝的奧祕，而且它開啟了一個獨特和新穎的角度來觀察這個奧祕：女性的角度。信仰的傳統，已經集中在馬利亞（耶穌的母親）的女性（feminine）上。那是認為一切婦女的潛在可能都在她身上實現……若是在馬利亞的教義中，確認上帝所啟示的那種女性的痕迹、上帝的女性元素的神學面貌，那麼從女性主義的角度所看見的上帝的面貌，是某些我們在此

68 Elsa Tamez, ed., *Through Her Eyes: Women's Theology from Latin America* (Maryknoll, N.Y.: Orbis, 1989).

69 Alida Verhoeven, "The Concept of God: A Feminine Perspective," in *Through Her Eyes*, 54～55.

將要時常致力記住的東西。[70]

拉丁美洲的女神學家試圖重新創造言說上帝，使它更為包容和解放。[71] 而創造、拯救和成聖的神性奧祕，不可能首先等同於兩性中的一性。[72]

許多美洲拉丁裔女性也認為，三一的教義對於他們的目的有許多潛在的可能性。[73] 三一是關於三個神聖位格的相通的奧祕。說上帝是父、子和聖靈，跟上帝是男性並無關係。因此，父上帝也可以被稱為母，或母性化的父親（Maternal Father），或父性化的母親（Paternal Mother）。某些拉丁美洲裔女性驚訝於 *rahamim*（「子宮」）一字（其運用是有聖經的先例）可以用於上帝的愛。「這個神聖的女性子宮，孕育懷胎和誕生，與父等同，也見於已成肉身的子中。」關於聖靈，賓格默（Maria Clara Bingemer）提供了這個形象：「聖靈被差遣，就像一個充滿愛的母親撫慰那些因著耶穌的離去而留下來的孩子（約十四 18、26），而且耐心地教導他們宣告父的名稱，阿爸（羅八 15）。」[74]

在拉丁美洲的處境中，上帝的教義是從解放的角度來探索的。下一章則注目於亞洲對上帝的了解，解放的主題再次出現，不過它在這個擁有豐富的宗教和文化傳統的處境中，聚焦於一個新的焦點。

70 Ivone Gebara and Maria Clara Bingemer, "Mary-Mother of God, Mother of the Poor," in *Feminist Theology from the Third World*, 280.

71 參 Ana Maria Tepedino and Margarida L. Ribeiro Brandão, "Women and the Theology of Liberation," in *Mysterium Liberationis*, 222～231.

72 Maria Clara Bingemer, "Women in the Future of the Theology of Liberation," in *Feminist Theology from the Third World*, 314～315.

73 參 Maria Clara Bingemer, "Reflections on the Trinity," in *Through Her Eyes*, 81～95。

74 Bingemer, "Women in the Future of the Theology of Liberation," 315.

28

亞洲神學中的上帝

God in Asian Theologies

· 對於言說上帝的亞洲處境 ·

只有到了二十世紀最後的部分，才出現了獨特的亞洲基督教神學。儘管在亞洲的大部分地區中，基督徒只佔少數，它的基督教傳統卻相當豐富。[1] 在亞洲中出現了三個基督教傳統。首先，按照最古老的傳統，使徒多馬在中東和印度的西南沿海地區傳揚福音。第二個傳統是關於在中世紀後期發現通往印度和亞洲其他地方的海路之後，天主教傳教重要的影響。基督教教會就這樣擴散遍佈亞洲。第三個和較近期的傳統主要歸因於歐洲（後來是美洲）起源的現代宣教運動，那主要是新教的。[2]

1 基督徒在亞洲的人數大概從少於一巴仙至最多幾個巴仙，例外的是羅馬天主教主導的菲律賓（大約八十五巴仙是基督徒）、南韓（基督徒少於三分一），以及中國（不同的估計數目分別很大）。

2 George Gispert-Sauch, S. J., "Asian Theology," in *The Modern Theologians: An Introduction to Christian Theology in the Twentieth Century*, 2nd ed., ed. David F. Ford (Cambridge, U.K.: Blackwell, 1997), 455.

今天，在這片超過世界一半人口生活的大陸上，不容易區
分不同的神學中心。[3] 或許最豐富的地方是印度和斯里蘭卡。
由於在這些國家中英語教育有悠久的傳統，他們對於正在冒升
280 的國際神學思考有相當重要的貢獻。例如潘尼卡（Raimundo
Panikkar）、阿希斯克塔納達（Swami Abhishiktananda）、托
馬斯（Madathilparampil M. Thomas）、薩馬撒（Stanley J.
Samartha）和皮爾斯（Aloysius Pieris）等神學家不論在亞洲內外
都是著名的人物。南韓（Korea）是神學思想正在興起的中心，教
會也有驚人的增長。南韓的神學的範圍，由跨越宗派界限的福音
派神學，到較為自由派路線的亞洲多元論和民眾神學。某些日本
神學家（例如小山晃佑〔Kosuke Koyama〕）已經進入國際的神學
院校，台灣人宋泉盛（Choan-Seng Song）也是一樣。

亞洲的基督教神學在西方影響的漫長霸權之後，仍然在浮現中和區分中。[4] 可以理解的是，亞洲的神學家不乏對西方神學及其上帝觀點的批判。斯里蘭卡的巴拉蘇里亞（Tissa Balasuriya）哀歎西方神學是民族中心主義、教會中心主義、教權主義、父權式、支持資本主義、缺乏社會經濟的分析，以及非實踐的。[5] 亞洲解放神學家在另一位斯里蘭卡神學家皮爾斯的領導下，抱怨西方的進路對於亞洲的社會和政治境況缺乏相干性。[6] 宋泉盛詬病西方神

3 我是運用和接納了 Gispert-Sauch, "Asian Theology," in *The Modern Theologians*, 456 中的分類。

4 有用的討論見於 Merrill Morse, *Kosuke Koyama: A Model for Intercultural Theology* (Frankfurt am Main: Peter Lang, 1991), chap. 5。

5 Tissa Balasuriya, "Toward the Liberation of Theology in Asia," in *Asia's Struggle for Full Humanity: Toward a Relevant Theology*, ed. Virginia Fabella (Maryknoll, N.Y.: Orbis, 1980), 26。另參 Tissa Balasuriya, *Planetary Theology* (Maryknoll, N.Y.: Orbis, 1984), 2～10。

6 Aloysius Pieris, *An Asian Theology of Liberation* (Maryknoll, N.Y.: Orbis, 1988), 81～83.

學的理性主義和缺乏想像。[7] 他的夢想是發展一套《孕育自亞洲母胎的神學》（*Theology from the Womb of Asia*）。[8] 李炯榮（Jung Young Lee）批評西方的進路被擄於亞里士多德式的邏輯，那是與亞洲那包含一切在內的陰陽思想相反的。[9] 日本的竹中正夫（Masao Takenaka）同意並提出呼籲，要求以獨特的亞洲進路來言說上帝，運用例如藝術和戲劇的方式，而不是西方的論證方法。在他那令人愉快卻尖銳的《上帝是米》（*God Is Rice*）中，他稱西方對神學的進路是一套 *ya-ya* 方法。他責備說：「當有兩三個西方神學家聚在一起時，那裏就有關於上帝的爭論。」[10] 他推薦的是另一套稱為「啊呀！」（Ah-hah!）的方法，他視之為聖經的進路。人們不是藉著討論或爭辯來認識上帝，而是藉著經驗祂來認識祂。因此，他說，我們「必須意識在我們中間那種對上帝就是生活的實在的欣賞。在聖經中，我們擁有許多讓人驚異的確認……『啊呀！就是這樣，上帝是在我們的世界工作，以一種我所不認識的方式工作。』」[11]

按照范彼得（Peter C. Phan）的看法，聖經和傳統可以作為獨 281
特的亞洲神學和上帝教義的基礎，[12] 不過聖經和傳統完全不是惟一

7　Choan-Seng Song, *Third-Eye Theology*, rev. ed. (Maryknoll, N.Y.: Orbis, 1990), 19～23；中譯本可參宋泉盛：《第三眼神學》，莊雅棠譯（台南：人光，1989）。

8　Choan-Seng Song, *Theology from the Womb of Asia* (Maryknoll, N.Y.: Orbis, 1986).

9　Jung Young Lee, *Marginality: The Key to Multicultural Theology* (Minneapolis: Fortress, 1995), 64～70；以及 Jung Young Lee, *Trinity in Asian Perspective* (Nashville: Abingdon, 1996), chaps. 2～3。

10　Masao Takenaka, *God Is Rice: Asian Cultures and Christian Faith* (Geneva: World Council of Churches, 1986), 8.

11　Takenaka, *God Is Rice*, 9.

12　Peter C. Phan, "Introduction: An Asian American Theology: Believing and Thinking at the Boundaries," in *Journeys at the Margin: Toward an Autobiographical Theology in American-Asian Perspective*, ed. Peter C. Phan and Jung Young Lee (Collegeville, Minn.: Liturgical Press, 1999), xv；強調為原文所有。

的資源。范彼得提到還有好幾個其他資源。第一個資源是構成亞洲人民的故事，這是他們每天的「喜樂和受苦、盼望和失望、愛和恨、自由和壓制的故事」，[13] 這集體記憶包括了婦女的故事。第二個資源是亞洲宗教和哲學的神聖典籍，以及倫理和靈性的實踐。在亞洲，宗教和哲學交織結合在一起，跟中世紀的基督教世界並無兩樣。范彼得的〈亞洲的基督：論耶穌與長子和祖先〉（"Christ of Asia: An Essay on Jesus and the Eldest Son and Ancestor"）就是一個運用亞洲人的神聖典籍來解釋神學的例子。[14] 第三個資源是亞洲的修道傳統，以及它們的宗教禮儀，禁慾苦行，以及社會參與。第四個資源包含了亞洲整體的文化，包括神話、民間傳說、象徵符號、詩詞、故事、歌曲、視覺藝術和舞蹈。[15]

若要抓住亞洲特色的本質，不論是指基督教或非基督教的靈性生活，皮爾斯的用語就經常被引用：「亞洲的處境可以被描述為由深邃宗教性（或許這是亞洲的最大財富）與極大貧窮混合而成。」[16] 亞洲人的宗教性，完全不是被邊緣化或微弱的，卻是充滿活力和徹底的。隨著科技和教育的急速發展，印度教、佛教、儒教和許多其他宗教，它們大都是見於一向被稱為「精靈論的」（與精靈有關的）形式中，滲透在生活的每一部分，繼續塑造亞洲男女的世界觀和日常生活。宗教在日常生活中隨處可見，也是生活的一部分。故此，對於上帝／神明的言說，可以在任何地方進行，從街市到豪華酒店，到絕望的貧民窟，到色情餐廳。在亞洲的每一處地

參 R. S. Sugirtharajah, ed., *Voices from the Margin: Interpreting the Bible in the Third World* (Maryknoll, N.Y.: Orbis, 1991)。

13 Phan, "Introduction," xvi.

14 Peter C. Phan, "The Christ of Asia: An Essay on Jesus and the Eldest Son and Ancestor," *Missionalia* 45 (1996): 25～55.

15 Phan, "Introduction," xii～xviii，引文源自頁 xvi。我已修改了范彼得的分類。

16 Aloysius Pieris, "Western Christianity and Asian Buddhism," *Dialogue* 7 (May～August 1980): 61～62.

方，基督教神學都是與其他現存的宗教對話，並與其接觸而被塑造。[17] 多元論的挑戰，沒有任何地方比這裏更強烈。

以下縱覽在不同亞洲處境中的上帝教義，由某些主要的亞洲神學家代表：印度的薩馬撒擁護一種以上帝為中心的多元論；也是來自印度的潘尼卡，提出一套對三一上帝的獨特理解，視之為一 282
個神人兩性（theandric）的奧祕；台灣的宋泉盛提供了一種上帝的敍事神學，運用了多種中國和其他亞洲哲學與宗教的資源；以及日本的小山晃佑，他在泰國的佛教處境中提供了一種處境化的上帝教義。本章也在縱覽亞洲解放神學家時處理亞洲處境中的貧窮，以及提供了亞洲女性對上帝教義的貢獻的例子。

・ 上帝中心式多元論：薩馬撒 ・

宗教多元論的挑戰彌漫整個亞洲，特別是印度。有些來自印度的神學家從一個基督徒的角度回應這個挑戰。其中最多產的是薩馬撒，他有力地呼籲重新考慮基督教教義（尤其是上帝論和基督論）與其他世界宗教的關係。[18]

薩馬撒同意基督教傳統認為，上帝的知識是通過基督而來的。不過，特別是在他後期的重要著作《一個基督—多個宗教：朝向一套修訂了的基督論》（*One Christ—Many Religions: Toward a Revised Christology*）中，[19] 薩馬撒主張，基督中心論只可以適用於基督徒。它永遠不可以被視為是通往神聖者的奧祕

17　關於與其他宗教的接觸對基督教神學在亞洲出現的意義，參 Morse, *Kosuke Koyama*, 100～102。

18　參 Stanley J. Samartha, "The Cross and the Rainbow: Christ in a Multireligious Culture," in *Asian Faces of Jesus*, ed. R.S. Sugirtharajah (Maryknoll, N.Y.: Orbis, 1995), 104。

19　Stanley J. Samartha, *One Christ-Many Religions: Toward a Revised Christology* (Maryknoll, N.Y.: Orbis, 1991).

的惟一道路。取代了傳統的基督的「規範的排他性」（normative exclusiveness），他建議基督的「關係的獨特性」（relational distinctiveness）。在此**關係的**（relational）是指出基督教的上帝教義（特別是基督論）並非與其他信仰的鄰居無關。**獨特性**（distinctiveness）是指出偉大的宗教傳統對上帝的奧祕是有不同回應的事實。

按照薩馬撒的觀點，本真的上帝論的關鍵是尊重亞洲人的獨特世界觀和思考模式。這包括了奧祕的概念。對於奧祕意識的接納，以及對於排外態度的拒絕，提供了建構一套亞洲人的上帝神學的工具。奧祕的看法提供了寬容的存有論基礎，否則就會冒上不加批判地友善的危險。對於奧祕的強調，並不是意味著要避免理性探索的需要。相反地，它顯示了理性的探索不是做神學的惟一方式。薩馬撒相信，奧祕超越了上帝論跟非上帝論宗教對立的二分法。[20]

這個觀點可以稱之為一套上帝中心式多元論（theocentric pluralism），它是建基在對上帝的一個獨特理解以及上帝如何與基督關連之上。薩馬撒勉強承認耶穌基督是上帝的一個惟一啟
283 示，並非想要減低基督的重要性，而是——諷刺地——在於他對上帝的理解：「他者〔上帝作為奧祕的他者〕使其他一切事物相對化。事實上，願意接納這種相對性，可能是惟一真確的保證，讓一個人與他者作為終極的實在相遇。」[21] 換言之，那些認為只有上帝是絕對者，就會認為所有宗教都是相對的。故此，這類上帝中心式多元論是有別於古典自由主義的天真理解：上帝是所有人的父，而（歷史的）耶穌是一個已被啟蒙的老師，祂教導關於祂的父。那也是相當不同於希克（John Hick）的多元論版本，在其中上帝教義已

20 Samartha, "Cross and the Rainbow," 111.

21 Stanley J. Samartha, *Courage for Dialogue: Ecumenical Issues in In ter-Religious Relationships* (Maryknoll, N.Y.: Orbis, 1982), 151.

經失去它的超越性，而且甚少分享了基督教的傳統。

・ 三一上帝和宇宙—神—人論的奧祕：潘尼卡 ・

潘尼卡說他是以一個基督徒「離開」歐洲，以一個印度教徒「找到」他自己，而且以一個佛教徒「回歸」，但從沒有停止作為一個基督徒。[22] 這個天主教思想家生於西班牙，有一個西班牙羅馬天主教徒的母親和一個印度教徒的父親。在歐洲和亞洲生活之後——並且完成三個博士學位，以及掌握數種語言——他在美國加州進行最重要的工作。由於潘尼卡是當代最具創意和最難理解的神學家之一，我們在此最主要的是說明他的上帝教義的某些重要部分。[23]

實在的宇宙—神—人結構和三一

即使潘尼卡的神學看法是多層面的，而且包括從上帝到基督到教會到聖禮到救恩等論題，在他對「宇宙—神—人論」（cosmotheandrism）的概念中也凝聚了不同的組成部分。**神人兩性論**（theandrism）一語源自兩個希臘用語，意思是「上帝」和「人」，而其根源特別在於東方神學（亞略巴古的丟尼修和守道者馬克西姆〔Maximus the Confessor〕）。新詞「宇宙—神—人論」在潘尼卡的思想中是有一個技術性的意義，儘管他不是經常以同一方式運用這個用語。潘尼卡說：「宇宙—神—人的原則可以說是

22 Raimundo Panikkar, *The Intrareligious Dialogue* (New York: Paulist, 1978), 2.

23 由一羣來自不同宗派的主要神學家對潘尼卡思想的優秀、最新的討論，參 Joseph Prabhu, ed., *The Intercultural Challenge of Raimon Panikkar* (Maryknoll, N.Y.: Orbis, 1996)。Francis X. D'Sa, S. J., "The Notion of God," 25～45 也對潘尼卡的上帝教義有很好的介紹；Ewert H. Cousins, "Panikkar's Advaitic Trinitarianism," 119～130 強調他的三一論看法。

論到神聖者、人和大地——不論我們喜歡如何稱它們——是三個
284 不能約化的層面，它們構成了實在，即構成任何實在因為其為真實的。」[24] 或者，「沒有人和世界就沒有上帝。沒有上帝和世界就沒有人。沒有上帝和人就沒有世界。」[25] 換言之，宇宙—神—人的原則表達了潘尼卡對於實在的基本結構，那是上帝、人類和世界或宇宙的親密互動。那是沒有等級的，沒有二元論的；三者之中，沒有一位是主導或佔優的。

根據這個看法，潘尼卡在他細小而重要的著作《三一與人的宗教經驗》（*The Trinity and the Religious Experience of Man*）中，建構他的上帝觀。[26] 他認為三一一語，是與「宇宙—神—人論」同義的。[27] 宇宙與聖靈（內在者）、神（theos）與父（超越者），以及人（anthropos）與人（Man）（子），亦是對應的。

不過，潘尼卡為甚麼在他那廣泛而包容一切的宗教看法中，運用三一論的語言？原因是三一論的意念——就像宇宙—神—人——真實地反映了實在的結構。三一的教義不是一個牽強附會的概念。

這樣地承認世界的三一論結構的做法，可以追溯至古代的基督教神學家，特別是奧古斯丁。不過，在闡明對父、子和靈的應用之前，我們必須留意潘尼卡對印度教的概念 *advaita*（不二）的使用，那是意指「非二元對立」（non-duality，字面意思：「不是二」），這是亞洲人所抱的思考方式。按照潘尼卡的觀點，那「不是

24 摘引自 D'Sa, "Notion of God," 34～35。

25 摘引自 Kajsa Ahlstrand, *Fundamental Openness: An Enquiry into Raimundo Panikkar's Theological Vision and Its Presuppositions*, Studia Missionalia Upsaliensia 57 (Uppsala: Uppsala University, 1993), 134。在此，「**人**」(man) 字包括男女。

26 Raimundo Panikkar, *The Trinity and the Religious Experience of Man: Icon-Person-Mystery* (Maryknoll, N.Y.: Orbis Books, 1973)。這本書也被稱為 *The Trinity and the World Religions*。

27 Panikkar, *Trinity and the Religious Experience of Man*, 71.

有兩個實在：上帝與人（或世界），作為徹底的無神論者和徹底的有神論者是辯證地被迫使堅持的。實在是神人二性的；我們觀看的方式導致實在在我們面前，有時是在這個角度底下，有時是在另一個角度底下，因為我們的看法兩者兼具。」[28] 陰陽兩者都是指向同一方向的。因此，考曾斯（Ewert H. Cousins）稱潘尼卡的三一論觀點為「不二式的三一論」（advaitic trinitarianism）。[29] 當應用在三一上帝中的統一與多元的古代難題時，不二的原則暗示父和子不是兩位，但也不是一位。聖靈結合和區分了祂們。[30]

不二式、神人兩性的看法，也強調了關係性（relationality），跟古典上帝論的「實體」（substance）進路相反。潘尼卡指出，假如「存有」可以被歸屬於三一的每一個成員，這就會導致三神論；假如「存有」只可以歸屬於上帝作為一個單一的存有，那麼就難免會 285
變成形態論。[31]

上帝的靜默：佛陀的回答

潘尼卡的宇宙—神—人的三一論看法，超越了他對古典基督教的注目。當他說明三一成員的角色時，這就更為明顯。天父是「無」（Nothing）。對於天父可以說的是「無」。這是否定的方式，以無名的方式接近絕對者。[32] 沒有「父」之在其自身；「父的存有」是「子」。在道成肉身之中、倒空中（*keñosis*），父把祂自己完全給予子。因此，子是上帝。[33]

---

28 Panikkar, *Trinity and the Religious Experience of Man*, 75.

29 Cousins, "Panikkar's Advaitic Trinitariansim," 119～130；關於「不二」（*advaitic*）一語，參頁120。

30 Panikkar, *Trinity and the Religious Experience of Man*, 62.

31 Raimundo Panikkar, *The Silence of God: An Answer of the Buddha* (Maryknoll, N.Y.: Orbis, 1989), 141.

32 Panikkar, *Trinity and the Religious Experience of Man*, 46.

33 Panikkar, *Trinity and the Religious Experience of Man*, 45～47.

潘尼卡相信，這樣的理解是基督教與佛教之間所需要的橋樑，在基督教與不二式印度教（advaitic Hinduism）之間也是一樣。*kenōsis*（「自我倒空」）對於基督教的意義，正如涅槃（*nirvana*）和空性（*sunyata*）對其他兩個宗教的意義一樣。這是他的著作《上帝的靜默：佛陀的回答》（*The Silence of God: An Answer of the Buddha*）的主題。「上帝是完全靜默的。這是被一切世界宗教所確認的。我們被引往絕對，至終找不到甚麼，因為那是無，甚至存有也沒有。」[34]

潘尼卡斷言：「那是上帝的子的所是，並且因而是上帝。」[35]意思是，子是三一的惟一「位格」。為了使這句話有意思，潘尼卡提到**位格**一語，當用在三一的內在生命時，是一個有歧義的用語，在每一個情況中有不同的意義。由於父的「位格」當與子比較時是不同的類型，而〔聖〕靈在本性上是有別於兩者的，故此以**位格**一語來表達這些不同意義時是不適當的。[36] 在那規限的意思中，當潘尼卡說到在基督教神學按照該用詞的通稱而言說時，實際上「沒有上帝」，這也是可以理解的。只有「耶穌基督的上帝」。故此，上帝論的上帝永遠是「子」，人類可以建立關係的只有祂一位。[37]

那麼，〔聖〕靈又如何？〔聖〕靈是「內在性」。使〔聖〕靈的這個意思更為具體，是很挑戰性的：「內在是不能啟示它自己的，因為在用語上那是自相矛盾的；內地性若要彰顯自己的內在，那就不是內在了。」潘尼卡運用意象來談及更多關於〔聖〕靈的事情：父是河
286 流的源頭，子是來自源頭的河流，而〔聖〕靈是河流到達的大海。[38]

在他期望搭建的橋樑中，潘尼卡在印度教和佛教中尋找類比。

34 Panikkar, *Trinity and the Religious Experience of Man*, 52.

35 Panikkar, *Trinity and the Religious Experience of Man*, 51.

36 參 Panikkar, *Trinity and the Religious Experience of Man*, 51～52。

37 Panikkar, *Trinity and the Religious Experience of Man*, 52.

38 Panikkar, *Trinity and the Religious Experience of Man*, 63.

聖靈可以被描述為印度教的「神聖的薩克蒂（*Sakti*），洞悉一切事物和彰顯上帝，在祂的內在性中顯出祂，而且在祂的一切彰顯中臨在。」[39] 潘尼卡相信，在最終的現象中印度教和基督教不是對立的：「基督教與印度教都是屬於基督的，雖然是在不同的層面上。」[40]

‧　孕育自亞洲母胎的神學：宋泉盛　‧

第三眼神學

宋泉盛的神學的特質是說故事，他從台灣移居美國教書，而且曾經擔任世界改革宗教會聯盟（World Alliance of Reformed Churches）的主席。在神學的敘事方法上（神學首要是建基於故事），他見到與上帝本身的故事平行的故事。[41] 故此，神學是「憑著我們自己的謙卑努力，致力與上帝的說故事（storytelling）周旋」。[42] 在宋泉盛的一部早期著作《故事神學》（*Tell Us Our Names: Story Theology from an Asian Perspective*）中，[43] 他呼籲了一個真正的故事神學。他挑戰傳統的神學範疇，例如本質和實體，尤其是對於上帝在世界中的工作和使命，應該建基於民間傳說、神話和比喻。宋泉盛最近期的重要著作《你們來看吧：故事神學的約請》（*The Believing Heart: An Invitation to Story Theology*），探討言說上帝作為故事神學之部分的性質。他提到，

39 Raimundo Panikkar, *The Unknown Christ of Hinduism: Toward an Ecumenical Christophany* (Maryknoll, N.Y.: Orbis, 1981), 57.

40 Panikkar, *The Unknown Christ of Hinduism*, 58～61.

41 Choan-Seng Song, "Five Stages toward Christian Theology in the Multicultural World," in *Toward an Autobiographical Theology*, 2.

42 Choan-Seng Song, "Five Stages toward Christian Theology inthe Multicultural World," 3.

43 Choan-Seng Song, *Tell Us Our Names: Story Theology from an Asian Perspective* (Maryknoll, N.Y.: Orbis, 1984)；中譯本可參宋泉盛：《故事神學》，莊雅棠譯（台南：人光，1991）。

神學一般被理解為對上帝的討論、上帝本性的研究、探討上帝的奧祕。所有事物都是關乎上帝的。不過，宋泉盛問道，這是研究神學和言說上帝的恰當方式嗎？對他來說，更恰當的方法是從與上帝掙扎的優勢之處來探討神學。神學並非把我們的言說上帝等同上帝對我們的言說。我們必須在談論上帝和上帝向我們說話之間作出區分。兩者永遠不可能是等同的。[44]

287 宋泉盛對於一套本真的亞洲神學的貢獻的里程碑，是他的《第三眼神學》（*Third-Eye Theology: Theology in Formation in Asian Settings*）。在宋泉盛看來，神學應該是始自內心的，那是超越理性的，是一道窺見存有的奧祕（上帝）的窗子。心靈是以「第三眼」（third eye）的方式出現的，這個形象是借用自日本禪宗大師鈴木大拙（Daisetz Suzuki）的：

> 禪……要我們打開佛教人士所說的「第三眼」，去看那由於我們無明的緣故而從來未曾聽聞的領域。當無明的雲霧消失時，天堂的無限性就彰顯出來，在那裏我們第一次看見了我們自己存有的本性。[45]

心的神學面對著一個雙重黑暗的挑戰：環繞著道心（the heart of Being，上帝）的黑暗，以及把基督教靈性與亞洲靈性區分的黑暗。當這個雙重黑暗被撤銷，一個真正的「心心相印」的溝通就會發生，而且人們可以「以更圓滿和更豐盛的光來〔見到〕上

44 Choan-Seng Song, *The Believing Heart: An Invitation to Story Theology* (Minneapolis: Fortress, 1999), 23～30；中文譯本參宋泉盛：《你們來看吧：故事神學的約請》，陳文珊譯（台南：人光，2001）。

45 Choan-Seng Song, *Third-Eye Theology: Theology in Formation in Asian Settings*, rev. ed. (Maryknoll, N.Y.: Orbis, 1979), 26～27，引自 Daisetz Suzuki, *Essays in Zen Buddhism,* First Series (London: Luzac, 1927), 1。

帝對這個世界的愛和憐恤」。[46] 這類神學遠不是理性的、「科學化的」神學，這類神學作為一門學術科系，經常把上帝視為一個「理性的」存有來探討。[47] 第三眼神學（心的神學）是更適合於「亞洲人以直覺的進路來把握實在」。[48] 直覺的進路也為在上帝的作為的「不按規則之處」留下空間；宋泉盛不相信一個「直線的上帝」或一套「直線的神學」（straight-line theology）。[49]

一套處境性的亞洲神學，也可以被稱為一套「孕育自亞洲母胎的神學」（*Theology from the Womb of Asia*），這是他另一本書的題目。一套從母親子宮孕育出來的神學是一套解放的神學，涉及新生命的掙扎形成：

> 正如一個母親盡力在她裏面把生命的種子帶來果實，基督徒也一樣必須致力於一個新世界的出現，在其中光明戰勝黑暗，愛壓倒憎恨，以及自由擊敗壓迫。[50]

上帝的愛—疼痛

按照宋泉盛的看法，神學的開端不是人的合理性，而是上帝的「心痛」：「上帝的心疼痛。祂心疼，因為創造的工作岌岌可危」，
那是創造故事所暗示的。[51] 創造是上帝對於由失序和混亂的力量 288
所造成的宇宙性呻吟的回應。救贖是指向在終末中的新創造，那時候上帝要擦去一切的眼淚，不再有死亡和疼痛（啟二十一 4）。在創造和救贖之間的整合的聯繫，也是「做神學的原型」：

---

46 Song, *Third-Eye Theology*, 38.

47 Song, *Third-Eye Theology*, 59～60 批評由托倫斯（Thomas F. Torrance）所代表的古典神學，因為它想成為一個「科學的」、「客觀的」學科。

48 參 Song, *Third-Eye Theology*, 62～64。

49 Choan-Seng Song, *The Compassionate God* (Maryknoll, N.Y.: Orbis, 1982), 25～27.

50 Song, *Third-Eye Theology*, 137.

51 Song, *Third-Eye Theology*, 51.

> 神學始於上帝的心為這個世界疼痛。神學所關切的上帝，不是在真空中的，也不是在上帝那榮耀顯赫和光芒中的，而是與陰間（*tehom*, “abyss”）及黑暗力量相博鬥的上帝，這陰間與黑暗的力量威脅著生命的誕生、成長與結果。上帝的神學是以救贖來實現創造，這樣的神學是在行動中的神學。[52]

宋泉盛取材自已逝的日本神學家北森嘉藏（Kazoh Kitamori），他的《上帝痛苦的神學》（*Theology of the Pain of God*）在一九四六年出版，剛好在第二次世界大戰之後。在這本建構性的著作中，北森嘉藏描述上帝是受苦的。即使北森嘉藏是在他的家鄉遭遇毀滅之後撰寫的，他強調這個觀念是來自聖經的；它亦是植根在佛教的傳統上，佛教也是注目於受苦的。對於北森嘉藏來說，上帝受苦的主要動力，不是來自在歷史中的參與，而是來自在上帝本性中的內在衝突。上帝是愛的上帝，不過祂也是一個憤怒的上帝。痛苦就是來自這個兩難。痛苦的神學跟隨耶利米和保羅，描述了「上帝心靈的最深處」。[53]

按照宋泉盛的觀點，北森嘉藏對痛苦的強調，以致深入地理解上帝和上帝與世界的關係。「對於那些把福音視為是要來的世界的歡愉、快樂和成功，這是挑戰。他的神學引起亞洲靈性，尤其是佛教傳統所孕育之靈性的共鳴。」[54] 當宋泉盛極大讚賞北森嘉藏的作品時，他也批評把上帝的痛苦置於上帝自己本身衝突這一事實，表明了北森嘉藏是處於西方的神學傳統之中，這傳統同時由馬丁・路德，以及莫特曼的當代改革宗神學所說明。[55] 宋泉盛也

52 Song, *Third-Eye Theology*, 56～57.

53 參 Kazoh Kitamori, *The Theology of the Pain of God* (Richmond, Va.: John Knox Press, 1965), 19～21。

54 Song, *Third-Eye Theology*, 75～76.

55 Song, *Third-Eye Theology*, 77.

不喜歡北森嘉藏把痛苦說成是「上帝的本質」。[56] 北森的講法意含
著，在最終的分析中，痛苦支配了上帝。北森嘉藏的上帝「不只是
一位有其痛苦的上帝，更是上帝就是痛苦」。宋泉盛也提到，假如
上帝的痛苦只是關於在上帝之內其愛與憤怒之間的衝突，那麼它
就甚少跟人類有關了。「上帝在愛與憤怒之間的內在掙扎，可以是
上帝拯救人類的一部分。但更重要的是，拯救是在外的事件，在 289
其中上帝的痛愛（pain-love）見於找出無家可歸的人，以及把他們
贏取歸回上帝。」[57]

宋泉盛所喜愛討論上帝痛苦的方式，是涉及上帝的愛。他提出上帝的「痛愛」（pain-love），指出當以中文談論時，我們可以一口氣說出**愛**和**痛**兩個字（痛愛）。上帝的痛愛在舊約中表達為 *hesed* 的用語，而在新約中是 *agapē* 這用字，耶穌基督乃後者的首要例子。[58] 宋泉盛同情進程神學，那是避開了不變的、不為所動的上帝，而且把上帝論述成某位對世界起作用，以及對世界有感觸的。宋泉盛認為，這是在聖經中呈現的上帝，尤其是在舊約。[59]

宋泉盛強調「受苦僕人的謙卑神學」作為上帝的神學之模式的重要性。耶穌是「外邦人的光」，並且把救恩帶給所有人（賽四十九 6）。宋泉盛註釋以賽亞書五十二至五十三章，那是描述耶和華的僕人的無罪受苦：

> 在僕人的這個悲劇結局之中，上帝的愛和憐憫完全表達出來。僕人的上帝是一切受苦者的上帝，祂是那些被視為人類的渣滓的上帝……它向我們顯示，上帝並沒有按

56 Kitamori, *Theology of the Pain of God*, 47.

57 Song, *Third-Eye Theology*, 84～85.

58 Song, *Third-Eye Theology*, 84.

59 Song, *Third-Eye Theology*, 85～86.

照我們的神學原則來行事表現。[60]

・ 一小時三哩路的上帝：小山晃佑 ・

水牛神學

日本神學家小山晃佑在成為東南亞神學研究院的院長之前，以宣教士的身分在泰國事奉之際，就開始建立他那獨特的亞洲「鄉間神學」。[61] 最後驅使小山晃佑邁向發展一套本真的亞洲神學——首先見於他那廣泛流傳的《水牛神學》（*Waterbuffalo Theology*）——乃是他牧養泰國山區農民的經驗：「在我前往鄉間教會時，我總會見到一羣水牛在泥濘田野中放牧。這些水牛告訴我，我必須向這些農民宣講即時可知的道……『黏黏的米』……『下雨的季節』、『充滿滲漏的屋子』。」[62] 泰國的農民並不關心上帝的形而上難題，但他們會有興趣聽到「雨季是不會弄濕上帝的！
290 上帝是雨季的主。祂按照自己的旨意差來雨水」。[63]

嚴肅面對做神學的處境，是比表面看來更為複雜的。泰國是一個好例子。按照小山晃佑的看法，是有兩個泰國的。「第一個泰國」是傳統的泰國，由佛教和其他源自印度及錫蘭的古代價值觀念所塑造。這個泰國的特徵是「非情的」（*apatheia*）人觀和「非情的」歷史，建基於佛學的「退隱」心理狀態。「第二個泰國」是與西方的殖民主義、現代化和基督教有關的。它的特徵是激情（*patheia*），那是可以追溯至在聖經中那位格的上帝的特別之愛

60 Song, *Compassionate God*, 49.

61 關於近期由一些國際學者對小山晃佑的神學的評價，參 Dale T. Irvin and Akintunde E. Akinade, eds., *The Agitated Mind of God: The Theology of Kosuke Koyama* (Maryknoll, N.Y.: Orbis, 1996)。

62 Kosuke Koyama, *Waterbuffalo Theology* (Maryknoll, N.Y.: Orbis, 1974), vii.

63 Kosuke Koyama, *Waterbuffalo Theology*, 41.

和關懷。這兩個泰國彼此對抗，卻肩並肩活在一起。[64] 小山晃佑看到，在這個對抗的背後是「一個神學的不和」，是源自當代泰國與古代以色列相遇之時。[65]

> 上帝的激情是在泰國工作的，正如在以色列一樣，而且傳統主義和現代化都有助祂的作為。張力點是創造性的，在當中它們預備泰國的靈性，實現在耶穌基督裏的新創造。[66]

對於小山晃佑來說，神學經常是一套第二序的反思（second-order reflection）。[67]「在上帝與神學之間是有差異的。顯然，在妻子（wife）與妻子學（wife-ology）之間也是有分別的……上帝既不等同於神學，也不是被包括在神學之內的……我們有至高的上帝，卻沒有至高的神學。」在最後的分析中，神學是「人非常謙卑地嘗試去說出某些關於上帝的事，因為上帝已經首先向我們說話」。[68] 以另一種方式說：「神學是人對上帝的理解，建基於上帝對人的理解。一個孩子理解他的母親，只是經由他的母親遠更強烈和深刻地對孩子的理解。」[69]

就像宋泉盛一樣，小山晃佑主要是以敘事性的神學風格落筆的。他的許多作品都是默想的性質，以及對聖經材料作出廣泛的對話。在最令人愉快卻有神學洞見的著作《一小時三哩路的上帝》

64 特別參 Kosuke Koyama, "Thailand: Points of Theological Friction," in *Asian Voices in Christian Theology*, ed. Gerald H. Anderson (Maryknoll, N.Y.: Orbis, 1976), 65～86。

65 Koyama, "Thailand: Points of Theological Friction," 75.

66 意譯見於 David J. Hesselgrave and Edward Rommen, *Contextualization: Meanings, Methods, and Models* (Grand Rapids: Baker, 1989), 81。

67 關於有用的討論，參 Morse, *Kosuke Koyama*, 119～126。

68 Kosuke Koyama, *Fifty Meditations* (Maryknoll, N.Y.: Orbis, 1979), 176.

69 Koyama, *Fifty Meditations*, 55.

（*Three Mile an Hour God*）中，小山晃佑指出上帝總是不匆忙的，這位上帝以 *maiphenrai* （意思是某些像「沒關係」或「還可以」的東西）的心態來切合泰國的處境。在曠野中，上帝用了四十
291 年時間來教導以色列人一個功課（申八 1～4）。小山晃佑評論說：「請你留意，四十年學習一堂功課！何等緩慢和何等有耐心！沒有大學可以這樣子運作。」[70] 這是不能在課堂中學習到的功課，而是在曠野中，在一處開放的地方。在這個空間中，危險與應許並存。聖經不是只談到危險，那會把信仰約化為一個「保護以遠離危險的宗教」；聖經也不是只談到應許，那會使信仰變成一個「快樂結局的宗教」。聖經所談的危機境況，是危險與應許並存的。小山晃佑說，這導致我們要相信上帝。[71] 因此，小山晃佑批評西方傳教事業留下來的東西，對向亞洲人呈現了一個擁有一隻「可預期的手指」（predictable finger）的上帝，從而使上帝用來服務人的興趣。

> 我認為那是一個極大的不幸，在亞洲極為有力和廣泛地宣講，是這位擁有可預期的手指的上帝，而不是擁有不可預期的手指的上帝。擁有可預期的手指的上帝（回答的上帝〔the answer-God〕）實際上在亞洲人眼中看來真的十分廉價，他們的心靈更能接納那不可預期的手指之上帝（邀請的上帝〔the invitation-God〕）的信息。[72]

小山晃佑經常提醒我們把上帝馴化的危機。人們期待可預期手指的上帝以輕彈手指來改變世界，正如以往一樣。不過，那類上

70 Kosuke Koyama, *Three Mile an Hour God: Biblical Reflections* (Maryknoll, N.Y.: Orbis, 1979), 3.

71 Koyama, *Three Mile an Hour God*, 3～4.

72 Kosuke Koyama, *No Handle on the Cross: An Asian Meditation on the Crucified Mind* (Maryknoll, N.Y.: Orbis, 1977), 77.

帝只是一個偶像，按照人類目的而被造。[73] 聖經的信仰拒絕了這種上帝觀。小山晃佑提到使徒信經說：「我信上帝。那不是說：『我相信上帝帶給我的東西，假如我相信上帝。』」[74]

故事—上帝在歷史中

對於小山晃佑來說，歷史是故事。結果，聖經的上帝是一個「故事—上帝，而不是一個理論—上帝」。[75] 這位上帝在一切錯綜複雜中的故事縱覽人類，藉著參與其中而親自說話。聖經的上帝親自經歷了歷史。[76]

「約」在聖經中的形象是一個有力的提醒，指出上帝在歷史中真正參與。這有別於佛教的被動，以及它對歷史的輕視。對於小
山晃佑來說，談論上帝參與歷史的方式之一，就是述說上帝的憤 292
怒：「上帝的憤怒是由上帝的『聖潔與愛』在歷史中的干涉所挑起的⋯⋯歷史是上帝對靈魂之擾亂的核心。」這個上帝的觀點是相當有別於古典上帝論把上帝強調為「至高的美善，平靜而無情感」的。「上帝可以被觸動進入憤怒之中，因為祂是在歷史中的上帝。」[77]

上帝以愛和受苦參與世界，聚焦在道成肉身和十字架上。小山晃佑強調，釘十字架是在歷史中發生的。「而且人正是在此見到上帝那立約的勝利！」[78] 小山晃佑承認，這是一幅上帝陌生的圖畫，這幅圖畫被許多人拒絕。「這個上帝是一切事物的創造者，也是對被囚禁者的訪客，『既不是靜止也不是睡了的』，祂是以燃燒憤怒對待人，卻仍然會應許盼望（『我必叫你成為大國』），這個上帝是

73 Koyama, *No Handle on the Cross*, 69～71.

74 Koyama, *Fifty Meditations*, 170.

75 Koyama, *No Handle on the Cross*, 99.

76 Koyama, *Waterbuffalo Theology*, 52.

77 Koyama, *Waterbuffalo Theology*, 103～104.

78 Koyama, *Waterbuffalo Theology*, 152.

陌生的概念。」[79]

按照小山晃佑的看法，猶太基督教傳統提供了獨特而持久的屬靈洞見，「即位格的上帝，祂創造、保存和圓滿實現一切事物，而不是『操縱』著歷史的」。[80] 這個重要的洞見，聚焦於小山晃佑對於「被釘十字架的思維」（crucified mind）這概念與被釘十字架的上帝。

被釘十字架的思維與被釘十字架的上帝

小山晃佑就像宋泉盛一樣，欣賞北森嘉藏的《上帝痛苦的神學》的貢獻。[81] 然而，小山晃佑不是把上帝的痛苦放在上帝的內在生命中，而是在祂對世界的感觸中。在此，他是受惠於馬丁·路德的十字架神學。小山晃佑神學的中心，是他對被釘十字架思維的看法，[82] 這是一片三稜鏡，讓他從中看見上帝在世界中的工作與臨在。釘十字架的思維以基督的釘十字架為其資源，並且以之為模仿對象。小山晃佑也提到使徒保羅，他是在牢獄之苦中撰寫了他大部分的書信。[83]

釘十字架的意義在於上帝的無限之愛，通過耶穌在十字架上的徹底被棄而顯明。小山晃佑強調耶穌在被釘十字架中受拒絕這主題的重要性。耶穌是以罪人的身分被審判的。不過，那並非故事的全部。從創世記通過以色列的歷史而在耶穌基督裏達到高峯，上帝親自承擔了人類對上帝的拒絕，而且轉變它成為救贖。[84] 只有
293 那些被愛的人才會被拒絕——然後被上帝收取。「沒有人像耶穌

79 Koyama, *Theology in Contact* (Madras: Christian Literature Society, 1975), 50.

80 Koyama, *No Handle on the Cross*, 13.

81 參 Koyama, *Waterbuffalo Theology*, chap. 11。

82 Koyama, *Waterbuffalo Theology*, chap. 19；另參 Morse, *Kosuke Koyama*, 145。

83 Koyama, *Waterbuffalo Theology*, 219.

84 Koyama, *Waterbuffalo Theology*, 175～178.

基督一樣受到更大的背棄，因為沒有人是更親近上帝的了。在十字架上的呼喊，是來自說出以下一番話的同一個人：『其實我不是獨自一人，因為有父與我同在』（約十六 32）。」[85]

上帝的愛進入人類的處境中，為了這個痛苦的相遇而冒險和付出代價。這是那些擁有釘十字架思維的人所跟隨的模式。它也把上帝從偶像區分出來：

> 上帝帶著我們。我們可以帶著的任何「神明」都是……一個偶像。我們所能帶著的，都是受到我們控制的…… 然而在試圖帶著西乃山的永活上帝，亞伯拉罕、以撒和雅各的上帝，我們羞辱祂，而且我們毀滅了我們自己。[86]

・ 在亞洲處境中的解放神學 ・

菲律賓主教拉貝贊（Julio Xavier Labazan）以四種方式，描述亞洲人受苦的獨特性質。第一是極其巨大的貧窮、壓迫和不義。第二，亞洲人的苦楚已有數世紀之久，甚至更古老。第三，亞洲人受苦的獨特之處在於它引發宗教性，以致提問：我們如何可以解釋和逃避苦難？第四，亞洲人的受苦是「非基督徒的」（大部分受苦的亞洲人不是基督徒），而它對基督教提出了以下的問題：基督教如何向那些從未認識聖經的上帝的人，啟示上帝在受苦中的臨在？[87]

有兩個名字是凌駕在其他對解放神學有貢獻的亞洲人之上：印度的托馬斯（Madathilparampil M. Thomas）和斯里蘭卡的皮爾斯。

85 Koyama, *Three Mile an Hour God*, 26.

86 Koyama, *Three Mile an Hour God*, 34～35.

87 T. K. Thomas, ed., *Testimony amid Asian Suffering* (Singapore: Christian Conference of Asia, 1977), 19～20。另參 Virginia Fabella, ed., *Asia's Struggle for Full Humanity* (Maryknoll, N.Y.: Orbis, 1980), 152～160；以及 *Report of the Catholic Bishops' International Conference on Mission in Manila*, 1979。

拯救與人性化：托馬斯

托馬斯是一個平信徒神學家，他來自聖多馬印度教會（Mar Thoma Church in India），以亞洲的人性化（humanization）之掙扎，作為他的神學的基石。[88] 托馬斯進入神學的門檻，涉及他的
294 政治和社會意識的出現；[89] 他有一段時間甚至成為共產黨員，當時他正致力於被按立為一個牧師。他的主要作品的標題是《拯救與人性化》（*Salvation and Humanization*），[90] 書中提出如下的主題：論到普遍的宗教與特殊的基督教之有效性，是較少建基於教義的正統性，而較多在於它對人類尋求較佳生活質素和社會公義的貢獻。在《為基督的緣故而冒基督的險》（*Risking Christ for Christ's Sake*）中，[91] 托馬斯試圖建立一個「基督中心的人文主義」（Christ-centered humanism），那是建基於一個宗教的混合觀點。托馬斯的觀點是所有宗教（不只是基督教）都被假設有助於社會難題的緩和。他相信，即使印度的無神論世俗意識形態也被「吸納進被釘十字架的耶穌，其對受苦之人的意義也是如此」。結果，托馬斯批評基督教的解放運動缺乏能力去承認其他宗教的解放力量。把基督教命名為一個獨特的解放論者的宗教，太易產生一個含義，以為其他宗教就沒有解放的力量，因而培育了基督教遠離其他宗教而不健康地孤立自己。[92]

同時，托馬斯無疑有強烈的基督徒委身。他的上帝觀點是基

88 參 M. M. Thomas, "My Pilgrimage in Mission," *International Bulletin of Missionary Research* 13, no. 1 (1989): 28～31。

89 參 M. M. Thomas, "The Absoluteness of Jesus Christ and Christ-Centered Syncretism," *Ecumenical Review* 37 (1985): 390～391。

90 M. M. Thomas, *Salvation and Humanization* (Madras: Christian Literature Society, 1971).

91 M. M. Thomas, *Risking Christ for Christ's Sake: Toward an Ecumenical Theology of Pluralism* (Geneva: World Council of Churches, 1987).

92 例如，參 M. M. Thomas, "Uppsala 1968 and the Contemporary Theological Situation," *Scottish Journal of Theology* 2 (1970): 49。

督中心論的，而且聚焦於他那「宇宙性的基督」（cosmic Christ）的觀念。基督教的上帝以基督乃宇宙性的歷史主宰的形式，臨在任何貧窮、不義和壓迫被抗拒之處。故此，對於更的佳創造和受造生命的每一個嘗試，都是與基督有關的，不論是否為改變的踐行者（agents）所承認。[93]

托馬斯的宇宙性歷史主宰與神聖者的奧祕無關，而是涉及歷史的層面，即跟平等、公義與和平的掙扎有關。「當他們為公義掙扎之時，宇宙性歷史主宰成為諸宗教的交匯點。基督更多時候是人類臨在對更佳的生活的尋求之中，而不是在非歷史的奧祕中出現。故此，對於托馬斯來說，宇宙性歷史主宰和歷史的耶穌（祂是在窮人之間勞苦的）是同一的，分享著同一的目的。」[94]

上帝或瑪門：皮爾斯

斯里蘭卡耶穌會士皮爾斯是一間研究機構的領導人，推動基督徒與佛教徒的對話，也是亞洲解放神學領袖。他的《亞洲的解放神學》（*Asian Theology of Liberation*）在重要性上，足以比擬
古鐵雷斯在拉丁美洲處境中的著作。對於皮爾斯，一般的宗教與 295
特別的基督教信仰之本質是解放，然而他從不厭倦地強調亞洲人處境的獨特性，以及它在許多方面的宗教性。[95] 故此，亞洲人的貧困不能約化為一個純粹「經濟性」或「社會性」的難題。[96]

93 引自 Volker Küster, *The Many Faces of Jesus Christ: Intercultural Christology* (Maryknoll, N.Y.: Orbis, 2001), 84。

94 Priscilla Pope-Levison and John R. Levison, *Jesus in Global Contexts* (Louisville: Westminster John Knox, 1992), 73.

95 Aloysius Pieris, "Toward an Asian Theology of Liberation: Some Religiocultural Guidelines," in *Asian Christian Theology: Emerging Themes,* ed. Douglas Elwood (Philadelphia: Westminster, 1980), 240.

96 Pieris, "Toward an Asian Theology of Liberation: Some Religiocultural Guidelines," 240.

按照皮爾斯的觀點，亞洲人的宗教性是獨特的，這是因為它整合了宇宙性和宏大宇宙性（metacosmic）的拯救論。在此，**宇宙性**（cosmic）一語經常輕蔑地被稱為精靈論式（animistic），是關乎宇宙的力量（熱、火、風等），這些是要以敬畏和懼怕的態度去面對。然而，亞洲不像在非洲和大洋洲，宇宙性宗教已經被採用和結合於主要的「宏大宇宙性的拯救論」（metacosmic soteriologies），那就是，佛教、印度教和道教。這些宗教代表了「超越現象以外」（Transphenomenal Beyond），通過靈知（*gnōsis*）而得以實現。故此，需要某些靈性的精英把「**神祕修道主義式**的唯心論（mysticomonastic idealism）作個人具體化，以端出人類完美的高峯。他們成為『解放者』（liberated persons）的模範和象徵。」[97] 若要與這套獨特的亞洲處境對話，皮爾斯認為，一套獨特的亞洲解放神學是有需要的，他稱這是「在神學中的亞洲意識」（the Asian sense in theology）。[98]

皮爾斯認為，在亞洲的處境中，言說上帝必然是相對於上帝—經驗來進行的。不過，由於在亞洲宗教的一般重點是對解放的關注（有不同的名稱 *vimukti*、*moksha*、*nirvana* 等），所有宗教都應該被視為是解放的催化劑。[99] 這同樣涉及上帝—經驗和對人性的關注：在這兩者之間沒有一個比另一個更優先。皮爾斯相信，上帝的亞洲面貌只可以見於「在宗教和貧困似乎都有相同來源之處的深淵：上帝，祂宣告瑪門是敵人（太六 24）」。不過，哪裏是這種解放活動的核心？對於皮爾斯來說，那不是在教會的基督徒生活中，

97 Pieris, "Toward an Asian Theology of Liberation: Some Religiocultural Guidelines," 242～243.

98 Pieris, "Toward an Asian Theology of Liberation: Some Religiocultural Guidelines," 245～250。另參 Pieris, *Asian Theology of Liberation*, 69。

99 參 Vinoth Ramachandra, *The Recovery of Mission: Beyond the Pluralist Paradigm* (Downers Grove, Ill.: InterVarsity, 1996), 48。

而是上帝子民在教會以外所活出的上帝—經驗。[100]

按照皮爾斯的觀點，加略山把耶穌對窮人的理想帶往高峯，在其中他喚醒窮人的意識：「在上帝即將臨到的全新的秩序中，他們那獨特的解放角色」。在此是沒有中間立場的：「宗教和政治必須結合在一起——不論是為了上帝或攻擊上帝。」[101] 在上帝與窮人之間是有一個「不能取消的約」，正如上帝與瑪門之間是有一個「不能改變的對立」。[102] 不論基督在加略山上所做的事是如何 296
被定義，基督教信仰都不應漠視佛教對解放的努力。這兩個宗教代表了兩種互補的「核心經驗」：在佛教中的 *gnōsis*（解放性的知識），以及在基督教的 *agapē*（救贖性的愛）。[103]

‧ 亞洲女神學家的聲音 ‧

以新的鑰匙來想像上帝

女性主義神學在亞洲的出現，始於一九八〇年代初期。這個運動致力運用亞洲人的神話、故事和其他文化媒介，以較為有意義的方式來表達基督教神學。最早期呈現一套亞洲女性的神學的著作之一，是卡托波（Marianne Katoppo）的《慈悲與自由》（*Compassionate and Free*）。[104] 《在上帝的形象中》（*In God's Image*）這份期刊自一九八〇年代開始，已經成為亞洲女性出版的

100 Pieris, *Asian Theology of Liberation*, 86.

101 Aloysius Pieris, *Love Meets Wisdom: A Christian Experience of Buddhism* (Maryknoll, N.Y.: Orbis, 1988), 49.

102 Pieris, *Asian Theology of Liberation*, 120～121.

103 Pieris, *Love Meets Wisdom*, 110～111。另參 Alfred T. Hennelly, *Liberation Theologies: The Global Pursuit of Justice* (Mystic, Conn.: Twenty-Third Publications, 1995), 209～211。

104 Marianne Katoppo, *Compassionate and Free: An Asian Woman's Theology* (Maryknoll, N.Y.: Orbis, 1980).

主要刊物。[105]

許多亞洲女性不只生活在貧困之下，也活在壓迫、邊緣化、虐待和普遍的賣淫之中，[106] 與她們的非洲和拉丁美洲同儕站在一起，她們創造新的、清新的上帝形象，好適合她們的獨特處境。[107] 它們包括：

- 上帝作為羣體：正如來自菲律賓的多明格斯（Elizabeth Dominguez）說：「活在上帝的形象中，就是活在羣體中。」[108]
- 上帝作為在自然和歷史中的創造者：亞洲女性在她們自己的「創造力中作為一個生育的女性、廚師、園丁、傳播者、一個作家、一個環境、氣氛、生命的創造者」，經歷上帝。[109] 這同一個上帝是與受壓迫者站在一起的，正如在出埃及和耶穌生平中所見證的。
- 上帝作為賜予生命的靈：新正統神學提出一個超越的、絕對他者的上帝，而亞洲女性則談到上帝是一個賜予生命的靈，那是她們可以在自己裏面，以及在養育生命的一切事物裏相遇的。

297 • 上帝作為母親和女性：由於上帝是生命之源，上帝可以被描繪成是母親和女性。這個描繪挑戰著傳統那強調上帝的不變性（以及其他屬性）的觀念。這個形象也批判了把上帝描繪為那宰創的父權圖像。[110]

105 參 Gispert-Sauch, "Asian Theology," 457～458；Chung Hyung Kyung, *Struggle to Be the Sun Again: Introducing Asian Women's Theology* (Maryknoll, N.Y.: Orbis, 1990), chaps. 1～2；以及 Kwok Pui-Lan, "The Future of Feminist Theology: An Asian Perspective," in *Feminist Theology from the Third World,* ed. Ursula King (Maryknoll, N.Y.: Orbis, 1994), 63～75。

106 參 Marianne Katoppo, "The Church and Prostitution in Asia," in *Feminist Theology from the Third World*, 114～122。

107 Kyung, *Struggle to Be the Sun Again*, 48～52.

108 摘引自 Kyung, *Struggle to Be the Sun Again*, 48。

109 Rita Monteiro, "My Image of God," *In God's Image* (September 1988): 35.

110 參 Katoppo, *Compassionate and Free*, 65～76；以及 Ranjini Rebera, "The Feminist

亞洲女性的神學大多——類似許多男性的亞洲神學家的神學——可以在敘事、詩歌、故事和見證等形式中找到。李善愛（音譯，Lee Sun Ai）對上帝的描繪是這套神學的典型：

上帝是運動
上帝是憤怒的海浪
上帝像母親
上帝像父親
上帝像朋友
上帝是存有的能力
上帝是生活的力量
上帝是生育的力量[111]

解放神學：鄭景妍

鄭景妍（音譯，Chung Hyun Kyung）是來自韓國的主要亞洲女神學家，在一九九一年普世基督教會協會（World Council of Churches）的坎培拉會議上，由於她激動人心的演說，而受到相當的爭議性注目。在那次演說中，聖靈被描繪成觀音的形象，那是中國女性菩薩的慈悲象徵，在中國以外不同的亞洲地區中受到尊崇。[112] 按照鄭景妍的觀點，若要為亞洲女性發展一套真正的亞洲神學，「我們要接觸某些真正在我們之中並環繞著我們的東西，為的是遇見上帝」。這意味著，做神學是建基於「上帝在我們日常經驗中的啟示」。若是試圖運用聖經或其他傳統神學資源表達韓國

Challenge," in *The Power We Celebrate*, ed. Musimbi R. A. Kanyoro and Wendy S. Robins (Geneva: World Council of Churches, 1992), 37～50。

111 Lee Sun Ai, "Images of God," *In God's Image* (September 1988): 37.

112 完整的文章見 Michael Kinnamon, ed., *Signs of the Spirit* (Geneva: World Council of Churches, 1991), 37～47。

婦女對上帝的經驗，而沒有理會她們在其受苦和犧牲生命的文化處境中的經驗，那是不足夠的。[113] 此外，「藉著分辨出上帝在我們中間的臨在和行動，我想充權（empower）給我自己的解放過程，以及充權給我的社羣的解放」。[114]

298 鄭景妍在她對上帝的神學中，運用了一個文化資源：「解放」（*han-pu-ri*）的概念。在韓國文化中，「恨」（*han*）一字是有幾個意思的，從受壓迫的經驗，到未解決的憤恨，到人們的「根源經驗」（root experience），那些經驗是「源自階級主義、種族主義、〔以及〕性別主義的罪性聯繫」。[115] 韓國社會的男女因「恨」的詛咒而受苦時，但女性的命運更加嚴苛。從「恨」釋放出來，是韓國的女性的神學的主要目標。*han-pu-ri* 一語是來自韓國的薩滿教（shamanistic religion），在其中透過通神儀式（*kut* ritual）驅逐或制伏鬼靈。這是福音書的福音所關注的：

> 對我們來說，耶穌的福音意味著解放（*Han-pu-ri*）和賜予生命的力量。在這意思下，我們是基督徒。在真正解放（*Han-pu-ri*）的經驗和生命賜予能力之處，我們遇到我們的上帝、基督，以及〔聖〕靈的能力。那就是福音。[116]

一套「好」的神學，是關乎「源自亞洲女性的眼淚和歎息，以及來自她們對解放和整全性（wholeness）的強烈渴望」，這種神

---

113 Chung Hyun Kyung, "'Han-pu-ri': Doing Theology from Korean Women's Perspective," in *We Dare to Dream: Doing Theology as Asian Women*, ed. Virginia Fabella and Sun Ai Lee Park (Kowloon, Hong Kong: Asian Women's Resource Centre for Culture and Theology, 1989), 136.

114 Kyung, *Struggle to Be the Sun Again*, 1.

115 Kyung, "'Han-pu-ri'," 138.

116 Kyung, "'Han-pu-ri'," 144～45.

學挑戰著上帝的沉默。亞洲女性在問：「當我們飢餓時，你在哪裏？在我們的身體被我們的丈夫、警察和殖民國家的士兵強暴、支解和損毀之際，我們呼喊你的名字時，你在哪裏？你聽到我們的呼喊嗎？」[117]

亞洲女性的神學也挑戰著古典上帝論的圖像。亞洲女性不再相信有一位無所不能的、至高的上帝照顧她們生活的每一苦惱，就像一個父親或大哥照料一個無助的小女孩一樣。那種上帝，就像是他們的殖民地者的上帝，以及主流建制教會的上帝，並沒有賦予亞洲女性給予生命的能力。「相反地，『祂』加重他們被棄和無助的感覺，就像一個滿口批評的父親或哥哥，想為一個壞女孩奠立榜樣：『看吧，正如我曾經告訴你的，你應當安靜，順服和死去！』」[118] 亞洲女性現在尋找的上帝，是為她們帶來尊貴，並且培育和加力給她們的，這個上帝是她們可以與之分享眼淚和歎息的上帝，是「一位為我們的痛苦而哭泣的上帝」。[119]

117 Kyung, *Struggle to Be the Sun Again*, 22.

118 Kyung, *Struggle to Be the Sun Again*, 22～23.

119 Kyung, *Struggle to Be the Sun Again*, 23，引自 Kwok Pui-lan, "God Weeps with Our Pain," in *New Eyes for Reading Biblical and Theological Reflections by Women from the Third World*, ed. John S. Pobee and Barbel von Wartenberg-Potter (Geneva: World Council of Churches, 1986), 90。

29

思想非西方的「言說上帝」

Reflections on Non-Western God-Talk

或許就非洲、拉丁美洲和亞洲神學家對上帝的不同解釋的最好清點存貨的方法，就是辨別這些在其他方面有異的神學的共同取向和著重之處。相關的工作，包括評價它們對古典上帝論傳統的意義。

第一，這些神學家真誠地期望把基督徒的言說上帝與他們本地的宗教與文化遺產聯繫起來。例如，非洲神學重新思索傳統宗教多采多姿的豐富圖畫。因此，有好幾位非洲神學家已經接納例如上帝作為祖宗的觀點。把某些異國情調加於西方在其他地方佔主導地位的言說上帝之上，那是不足夠的。相反地，這些神學家尋找一個對上帝的亞洲式、非洲式或拉丁美洲式的解釋。在選擇上的不同，關乎有多少傳統的古典神學語言可以保留在一個處境化的取向中；例如，把尼亞米蒂的取向（他期望建基在古典的托馬斯主義基礎上）與迪克森的進路相比（他把他的上帝教義建基在聖經傳統的基礎上，不過是在阿坎人的處境中）。

第二，這些神學家所運用的神學方法，有別於西方的方法。他們經常運用一種敘事神學，例如亞洲的宋泉盛。他們是從心來接近神學的使命，而不是源自一個抽離的分析性觀點。這種敘事式的進路運用了傳說、神話和詩歌。

第三，因著他們的神學方法和背景考慮，他們的上帝教義是動態的、具體的和「有形的」。在基督徒對上帝的處境性解釋中，所強調的是上帝在世界的臨在——在創造、人類、人類的掙扎中臨在。

第四，羣體——上帝作為羣體，以及人類作為一個與上帝關聯 300
的羣體——在大多數第三世界的上帝神學中是一個重要的範疇。許多非西方文化對羣體、肉體的強調，將會肯定有助西方神學復興聖經的相通共融神學。

第五，拉丁美洲神學家，在古鐵雷斯的領導之下，在前線之中把上帝的教義聚焦於社會、政治和經濟。亞洲的解放論者已經把解放的範疇挪用在他們的獨特境況中，不只涉及社會和政治的關懷，也涉及亞洲普遍的宗教處境。在非洲的處境中，南非對抗種族隔離政策，成為真正解放的黑人神學的先河。

第六，第三世界神學包括了有女性特色的聲音。拉丁美洲裔、亞洲裔和非洲裔女性神學家從他們對邊緣化、貧窮、壓制和虐待的立場發言，提出不只是上帝的女性形象（例如母親和父母），也有涉及出生和自然的形象。在向他們的歐洲／亞洲同儕學習之時，第三世界女性主義者也接納了他們自己的議程。

第七，其他宗教無孔不入的挑戰塑造了上帝的教義。宗教多元主義無疑是對第三個千年的基督教上帝論的一個主要挑戰——即使不是最主要的挑戰。西方對多元主義的談論，將會極其受惠於第三世界神學家對這個問題的大量處理。

最後，雖然三一的教義不是第三世界詮釋上帝的焦點——或許因為第三世界神學在性質上較少玄思臆測性和哲學性——某些關乎三一令人興奮的發展已經出現。博菲把上帝的觀念理解為「平等主義的羣體」，有力地談論到社會和教會的平等；奥邦納亞把三一視為「社羣式的神性」有助提醒羣體在人與上帝的生命中的首要性；至於潘尼卡把三一視為宇宙—神—人的奧祕這種神祕性、非二元對立的看法，引致基督教神學家從三一論基礎去處理宗教的神學。

上述第三世界對於上帝的解釋的取向，與他們的當代歐洲和北美的同儕有何關係？撇開處境的不同，有幾個常見的特徵出現：

- 集中於上帝的內在性和上帝在世界的臨在，而不是祂的超越性；對於上帝屬性的強調，是關乎祂的愛、回應和動力。
- 強調救恩歷史，包括社會和政治的現實，視之為上帝教義的恰當核心。
- 復興羣體的範疇。
301 - 致力於包容地談論上帝，並且從而讓有關論說，對兩性和所有階層都是有意義的。
- 對於言說上帝與其他宗教的關係愈來愈感興趣。

第三世界對上帝的解釋，對於古典上帝論傳統有何貢獻？毫不意外地，它們協助神學家承認了言說上帝的聖經動力和敍事形式。它們也指出有需要就上帝的主動參與這方面，再次評價上帝與世界的關係。此外，它們顯示了所有言說上帝的處境性，那是在聖經的多樣性中已經可見。這不是一種普世的「世界的上帝神學」（world theology of God），而是一種本地處境地、救恩歷史地，和社會地以及政治地去解釋上帝，這種解釋正在浮現中，挑戰著較僵化、較學術的傳統。

「言說上帝」在第三個千年中的未來展望

The Future of God-Talk in the Third Millennium

陳永財譯

在第三個千年開始時，基督教神學的主要挑戰——和靈感——不是來自無神論，而是來自三個相關的來源：西方世界自從啟蒙運動以來，戲劇性地改變了的哲學和宗教氣質；基督教朝南方和東方移動時的徹底轉化；與宗教多元主義和宗教之間的交往所帶來的普遍影響。基督教神學的未來在很大程度上有賴於它怎樣應付這三個挑戰。

正如從這個研究應該可以清楚看到，有意義地言說上帝的條件，在宗教改革後出現了重大的改變。啟蒙運動開始了的事情，後現代主義將之推向極端。

> 愈來愈清楚的是，對上帝和祂與世界的關係那明顯不同的理解漸漸地影響著現代意識。新的內在主義(immanentalism)正在取代前此是天主教和新教神學特點的超越主義(transcendentalism)。今天強調的不是上帝的無所不能，而是祂的脆弱。注意力在於上帝對世界的同理心

> 而不是祂的威嚴，是祂的憐憫而不是祂的無限福氣。受苦的上帝這個觀念，取代無情感的上帝這個在基督教傳統中有力地得到辯護的觀念。上帝不再是在世界歷史以外的無限至高存有，
> 304 現在祂是「有限中的無限」（士萊馬赫），上帝不再是靜止的無限，而是動態的無限，從「無有」中出來，但也「進入」無有（奧羅賓多〔Sri Aurobindo〕）。[1]

古典上帝論的基本類別，根據近年的哲學和世界觀趨勢以及聖經學術而被修訂。伴隨歷史一批判範式衰亡而在聖經學術出現的徹底改變，令系統神學家重新欣賞聖經敍事的動力和適切性。

對上帝教義的第二個主要影響，來自第三世界神學和其他處境化聲音。雖然受尊重的院校尋求聘請來自第三世界的學者，但教科書和課堂卻令人驚訝地沒有改變。不過，國際層面的神學，必須恰當地留意這些處境化聲音，並提供機會給西方和非西方神學，根據聖經和歷史傳統而進行耐心的對話。

宗教多元主義和其他宗教，構成上帝神學的第三個主要挑戰。用哈布庫（John Habgood）的話說：「其他信仰以前屬於其他地方。在自己的地方，可以安全地不理會敵對的主張。或者，如果不是不理會它們，也可以屈尊俯就它們。」[2] 但現在已經不能這樣。其他神明已經不再只居住在外地。他們在我們鄰居當中，在我們學校、工作環境裏，有時甚至透過通婚，存在於我們家庭中。[3] 不過，與其他宗教的接觸對基督教來說，並不是甚麼新事

1 Donald G. Bloesch, *God the Almighty: Power, Wisdom, Holiness, Love* (Downers Grove, Ill.: InterVarsity, 1995), 17.

2 John Habgood, Archbishop of York, preface to *Many Mansions: Interfaith and Religious Tolerance*, ed. Dan Cohn-Sherbok (London: Bellew, 1992), vii.

3 有關宗教多元主義對基督教神學的挑戰，參 Veli-Matti Kärkkäinen, *An Introduction to Christian Theology of Religions: Biblical, Historical, and Contemporary Perspective* (Downers Grove, Ill.: InterVarsity, 2003)。

物。古典上帝論傳統出現的主要推動力，是要努力令聖經對耶和華，耶穌基督的父的信仰，能夠讓其他宗教的追隨者明白。雷斯（Alan Race）在廣為人使用的教科書《基督徒與宗教多元主義》（*Christian and Religious Pluralism*）中宣稱：「基督教神學的未來，在於基督教與其他信仰的相遇。」[4]

考慮到這些挑戰，一般的基督教神學以及特定的上帝教義，有兩重挑戰。能夠研究基督教神學的處境——在其中，基督教神學宣認其對耶和華，耶穌基督的父的信仰——是重要的，但不足夠。不單在非洲、亞洲和拉丁美洲有很多工作需要做，在西方也是這樣，例如，在女性和那些在論述中其聲音得不到正當聆聽的人中。還有，我們需要批判和欣賞地重讀基督教傳統——包括聖經
和歷史。歷史的考察顯示，古典上帝論的不同傳統，包括比人們往 305
往看到的有更多差別、動態和創意。當然，我們不能否認古典傳統的限制。它們畢竟是受時間限制的神學傳統，只是在某一特定處境下，人類所說關於上帝的話。不過，正如我們已經提到，這本書的目的不是支持（或反對）古典上帝論傳統，而是根據古典上帝論和它的挑戰者之間那動態的關係，突出基督教對上帝的解釋的故事，包括過去和現在的。

毫無疑問，關於上帝的論述，會在第三個千年的國際和普世層面佔據神學家的思想——和心靈。在這努力中，我們彼此需要對方的幫助和智慧，這些幫助和智慧，都是來自我們所談論的那位上帝。寫這本關於上帝的書籍，我往往有但丁（Dante）的感受。他在他的傑作《神曲》（*The Divine Comedy*）結束時承認，「我自己的翅膀不能勝任——除非我的思想得到光照，透過那光，我思想中的希望得以實現。因為在這裏的那偉大的想像中，力量是無用的。」[5]

---

4 Alan Race, *Christians and Religious Pluralism: Patterns in the Christian Theology of Religions* (Maryknoll, N.Y.: Orbis, 1982), xi.

5 Dante, *The Divine* Comedy, trans. H. R. Huse (New York: Holt, Rinehart & Winston, 1954), 481.

索引的頁碼為英文原書頁碼，而原書頁碼已標於正文兩旁。

主題及人名索引

一劃

二劃

三劃

四劃

五劃

六劃

七劃

八劃

九劃

十劃

十一劃

十二劃

十三劃

十四劃

十五劃

十六劃

十七劃

十八劃

十九劃

二十劃

二十一劃

二十二劃

二十三劃

二十四劃

索引的頁碼為英文原書頁碼，而原書頁碼已標於正文兩旁。

經文索引

讀者意見表

緊扣時代 服事教會

以文字傳揚基督真道

衷心多謝你購買本社書籍。本社一直致力以出版事工服事教會，幫助信徒扎根於神的話語，促進靈命增長。為使我們的出版更能滿足你的需要，請填寫下列各項資料，並寄回或傳真予本社。

所購書籍：________________

本書最吸引你的地方：

□作者　□適切性　□文筆　□設計　□實用性

□其他：________________

購買本書地點：

□基道書樓　□基督教書店　□非基督教書店

性別：□男　□女　職業：________________

信仰：□基督徒　□非基督徒

年齡：□16歲或以下　□17～25歲　□26～35歲

□36～55歲　□56歲或以上

學歷：□中三或以下　□中五　□預科

□大學　□研究院

□我欲更多了解基道出版社的事工及考慮支持，請寄給我下列資料：

□機構簡介　□新書資料　□基道會員通訊

□《基道文字事工通訊》

姓名：________________ 電話：________________

地址：________________

____

傳真：________________ 電子郵件：________________

其他意見：________________

____

多謝賜教！

基道出版社

意見表可以傳真（2687-0281）或直接郵寄以下地址：

香港沙田火炭坳背灣街26號富騰工業中心1011室

基道出版社編輯部收